U0648190

四部要籍選刊·經部　蔣鵬翔 主編

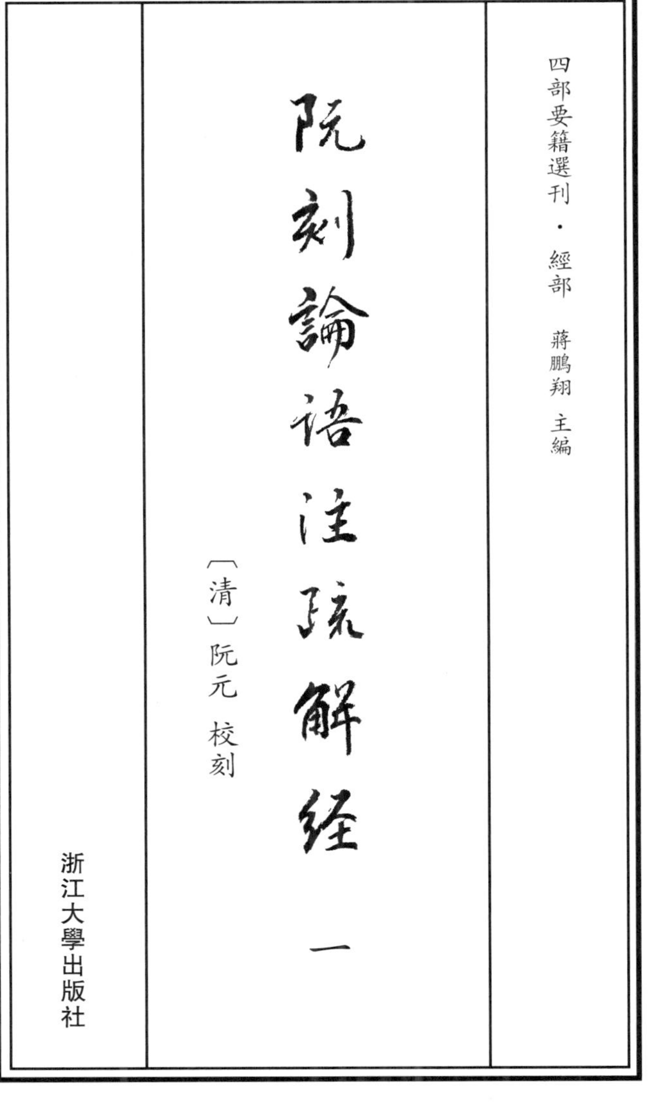

阮刻論語注疏解經　一

〔清〕阮元 校刻

浙江大學出版社

傳古樓據上海圖書館藏
清嘉慶刻本影印原書框
高一七二毫米寬一二五
毫米

出版説明

《論語注疏解經》二十卷，魏何晏注，宋邢昺疏，據清嘉慶二十年江西南昌府學刻本影印。

《禮記正義》南宋越刻八行本卷末黄唐識語云：『六經疏義自京、監、蜀本皆省正文及注，又篇章散亂，覽者病焉。本司舊刊《易》《書》《周禮》，正經注疏萃見一書，便於披繹，它經獨闕。紹熙辛亥仲冬，唐備員司庾，遂取《毛詩》《禮記》疏義，如前三經編彙，精加讎正，用鋟諸木。』這段話是追溯正經注疏合刊源頭的關鍵史料（李盛鐸以爲記録『注疏合刻之時與地，無如此明白者』），越刻八行本也被公認爲正經注疏合刊的起點。張麗娟《宋代經書注疏刊刻研究》將其發展過程大致分爲四個階段：南宋高宗紹興後期首先刊刻《周易注疏》《尚書正義》和《周禮疏》，紹熙三年（一一九二）刊刻《禮記正義》《毛詩注疏》，慶元六年（一二〇〇）刊刻《春秋左傳正義》，嘉泰開禧年間刊刻《論語注疏解經》《孟子注疏解經》。這八種經書均可確定屬於越刻八行本，其中大多數都是該種經書的注疏首次合刊，但《論語》卻是例外，在其越刻八行本之前已經出現不止一種經注疏合刊的本子。

《論語》注疏合刊本的宋元舊槧主要分爲四個系統：一是宋刻元明遞修八行本《論語注疏解經》二十卷，存世皆殘本（臺北故宮博物院和重慶圖書館均藏其卷十一至二十，上海圖書館藏其卷十一、十二），半葉八行，行十六字，小字雙行二十二字，即所謂越刻八行本；二是南宋光宗朝蜀刻本《論語注疏》十卷，藏日本宮内廳書陵部，半葉八行，行十六字，小字雙行約二十五字，即所謂蜀刻大字本；三是元元貞丙申（一二九六）平陽府梁宅刻本《論語注疏解經》十卷，半葉十三行，行二十字，小字雙行三十二字，附刻《論語纂圖》《論語釋文》各一卷，《注疏解經》全書已佚（《纂圖》《釋文》今藏日本名古屋蓬左文庫），幸有清光緒丁未（一九〇七）劉世珩覆刻《玉海堂景宋叢書》本，可藉以考見其面目；四是元刻明修十行本《論語注疏解經》二十卷，半葉十行，行十八字，小字雙行二十三字，傳佈最廣，中國國家圖書館、臺北『國家圖書館』等館有藏。後兩種雖爲元刻，但都可確定是從宋本翻刻而來，這意味著在宋代就已出現四種《論語》注疏合刊本，即八行本、蜀刻本、元貞祖本和十行本。

八行本和蜀刻本是僅存的兩種《論語》注疏宋刻本，均無牌記、識語、序跋等線索用於確定其具體的刊行時間，只能通過諱字、刻工、體例等信息間接推測二者之先後。楊新勛以八行本原版刻工名多與越本《禮記正義》《春秋左傳正義》原版刻工名重合，提出八行本成書略早於蜀刻本的觀點。張麗娟因蜀刻本不避『廓』字諱，推測其刊刻於宋光宗時期，與越本《禮記》《毛詩》相當，而早於八行本。顧永新則認爲八行本和蜀刻本之刊刻幾乎同時，但蜀刻本釐爲十卷，與邢昺《論語正義》單疏本卷數相符，而八行本、十行本及後來諸本都分爲二十卷，『就版本衍生的規律而言，二十卷本必然晚於十卷本』，所以至少從文本上説，蜀刻本比八行本淵源更早。

關於四種宋刻合刊本的關係，顧永新曾做出一系列的假説和考證，約而言之：南宋目録學家陳振孫在《直齋書録解題》中著録的《論語注疏解經》十卷是目前所知較早的《論語》注疏合刊本，該本（可簡稱爲直齋本）或該本的祖本是後來八行本、十行本系統的源頭，當刊行於南宋早期甚至北宋。金世宗大定十六年（一一七六），國子監取該本（或其傳本）付梓。宋光宗、寧宗朝，蜀中以單疏本、經注本和《論語釋文》合成附釋音的《論語注疏》十卷（也可能是據單疏本和經注附釋文本重構而成），這是一個獨立的版本系統，並未受到前述南宋早期合刻本的影響。幾乎與蜀刻本刊行同時，兩浙東路茶鹽司依據南宋早期合刻本刊成《論語注疏解經》，但析爲二十卷，是爲八行本。南宋後期，閩中又據八行本刊刻十行本。

元元貞本當據金刻本摹刻而成，楊守敬、劉世珩、繆荃孫等人都稱其『儼然北宋體格』，雖然付梓時間較晚，卻與宋八行本、十行本同源，所以書名、正文、體例都相同或相近，而與蜀刻本迥然有别（蜀刻本題《論語注疏》，他本皆題《論語注疏解經》）；蜀刻本將《釋文》散入正文中，他本則《釋文》獨立成篇或闕載），於是我們可以將看似紛繁的《論語注疏》合刻諸版本梳理出一條相對簡明的脈絡：最初，與其他經書一樣，《論語》注疏合刻本也是取經注本和單疏本彙編而成，該方法造就了直齋本和蜀刻本，這兩個本子都是十卷本，保留了邢昺單疏的原貌。直齋本在後世流傳過程中又分爲兩脈，一脈是到金刻本再到元元貞本，仍分十卷，附刻《釋文》，面目近古；一脈是到宋八行本再到宋十行本再到元十行本（因翻刻於元泰定年間，又稱元泰定本），改分二十卷，不附《釋文》。元泰定本板片至明尚存，且經歷多次修補，明清兩代的《論語注疏》都是在此元刻明修十行本的基礎上輾轉翻刻而成（其中只有清殿本因爲進行了較大程度的重編，所以文本、體例都呈現出新的特點，應該是從此十行本系統中獨立出來）。需要注意的是：喬秀岩、張麗娟、刁小龍都曾指出正經注疏的大多數宋刻十行本雖然成書時間晚於八行本，但二者都是各自取經注本和單疏本合編，只是合編體例有别，無直接承續關係。這一論斷不適用於《論語注疏》，因爲其宋刻十行本是在八行本基礎上翻刻的，且八行本所依據的底本也是注疏合刻本，而非經注本和單疏本。

元十行本的板片在明代至少經歷過五次修補，分别是正德六年（一五一一）補板、正德十二年（一五一七）補板、正德十六年（一五二一）補板、嘉靖三年（一五二四）補板和嘉靖重校修補（具體時間不詳）。前四次補板的文字、行款與元刻板片相比，無明顯差異，嘉靖重校修補的板片則針對版式、體例做了統一的調整和改良，誤字闕文也進行了大量校補，可以視爲明人修補元十行本板片的定本。明嘉靖年間李元陽本《論語注疏解經》就是以元刻十行本嘉靖重校修補本爲底本。此後明萬曆北監本以李元陽本爲底本，明崇禎毛晉汲古閣本和清乾隆武英殿本以北監本爲底本，一脈相承，直到清嘉慶二十年（一八一五）阮元在江西南昌府學主持校刻《論語注疏解經》時才改用元刻明修十行本爲底本。阮元《論語注疏校勘記》的『引據各本目録』中，其注疏類首列『十行本二十卷』一條，下云：『每葉二十行，每行二十三字，上邊書字數，下邊書刻工姓名，中有一葉下邊書泰定四年年號，知其書雖爲宋刻，元明遞有脩補。又元、徵、宏、桓、慎、殷、樹、匡、敦、讓、貞、懲、崩、完、恒等字，字外竝加一墨圈。書中誤字雖多，然其勝於各本之處亦復不少。』阮元照例將元刻明修十行本誤判爲宋刻十行本，不足爲奇，值得探討的是他所依據的十行本究竟是明正德補板本還是明嘉靖重校修補本。

楊新勛比勘《論語注疏解經》的阮刻本與中國國家圖書館、臺北『國家圖書館』分別收藏的兩部元刻明正德修補本後發現：（一）《序解》首葉疏文『門人相與輯而論纂』，阮刻本所附《校勘記》云『此本「與」字「論」字並闕』，元十行本原板無墨釘，國圖本和臺北本此葉爲正德六年補板，『與』『論』二字處作墨釘，嘉靖重校修板時補入『與』字。（二）卷五第五葉『宰予晝寢』章經文『朽木不可雕也』，阮刻本《校勘記》云『此本唯經文作「雕」，餘仍作「彫」。』國圖本和臺北本此葉爲正德十六年補板，與阮校所言合。（三）同章，阮刻本《校勘記》云：『今乃晝寢。「晝寢」二字闕，今補正。下「故孔子責之」「責」字、「聽其所言」「聽」字、「雖聽其言更觀其行」「聽」「觀」二字、「朽鏝也」「鏝」字、「釋宫」「釋」字、「鏝謂之杇」「鏝」字、「泥塗也李巡曰塗因謂泥塗」三「塗」字並同。』國圖本和臺北本此葉有十五處墨釘，與阮校所言合，而嘉靖重校修版本均已補足。（四）卷十九第七葉『叔孫武叔毁仲尼』章，阮刻本《校勘記》言疏文有十二處闕文，國圖本和臺北本此葉爲正德十六年補板，阮校所言處均作墨釘。（五）同葉『陳子禽謂子貢』章孔注『故能生則榮顯』，阮刻本《校勘記》云『按此「能」字實闕』，國圖本和臺北本之『能』字均作墨釘。由此可見阮元依據的是明正德補板本，而非更晚的明嘉靖重校修補本。

國圖和臺北『國圖』收藏的兩個明正德補板本内部又存在先後印之别，國圖本較早，故文字漫漶問題不像臺北本那麽嚴重。如（一）卷二第四葉疏文『是焛爲温也』，阮元《論語注疏校勘記》云『十行本、閩本「尋」誤「歸」』，臺北本此字漫漶，北京市文物局藏元刻明修本《十三經注疏》之《論語注疏解經》此字作『歸』，國圖本作『焛』；（二）卷二第九葉疏文『泰誓言武王伐紂』，《論語注疏校勘記》云『十行本、閩本「泰」誤「秦」』，臺北本『泰』字漫漶，閩本作『秦』，國圖本和北京市文物局本均作『泰』；（三）卷四第六葉疏文『以禮漸進也』，《論語注疏校勘記》云『十行本作「斬進也」』，臺北本作『斬』，國圖本作『漸』；（四）卷六第九葉疏文『案郊特牲用二爵二觚四觶一角一散』，《論語注疏校勘記》云『十行本「用」誤「刑」，兩「二」字並誤「三」，「一散」誤「三散」』，所言悉與臺北本合，而國圖本不誤。此類例子尚多，詳參楊新勛《元十行本〈十三經注疏〉明修叢考》一文。總而言之，阮元當時所據之十行本是與臺北『國圖』所藏元刻明正德補板本刷印時間相近的後印本，故所言文字多與正德補板早期印本有異，也與後來的嘉靖重校修補本不合。

楊新勛曾比勘衆本，得出的結論是『元刻明正德修補本是不及元刻明嘉靖重校修補本和閩本、監本的，這也可以從阮刻本《校勘記》看得出來，阮刻本底本選得並不好。』但在閩、監、毛、殿各本遞相翻刻的風氣籠罩下，阮元能跳出窠臼，採用當時所能見到的最早的注疏合刻本——元刻明正德修補本爲底本重刻《論語注疏解經》，從版本學的角度來説，這種追根溯源的意圖無疑值得讚賞，而其底本文字内容上的錯訛問題也受益於前期周密的匯校工作，獲得了相當程度的修訂，如《衛靈公》之《直哉史魚章》疏文『不與時政，亦常柔順不忤逆於人』，元刻明正德修補本『時政』二字漫漶，嘉靖重校修補本、閩本、監本、毛本作『政故』，宋刻八行本、蜀刻本、覆元貞本同作『時政』，阮刻本亦作『時政』，就是一個典型的例子。編書刻書固然當以善本爲先，但這決不意味著普本便不能成事，合理的體例和精深的校勘經常能夠有效地扭轉局面，使不善之本發揮近乎善本的作用，類似的故事在清代校勘學史上還有許多。

關於今天影印嘉慶阮刻《論語注疏解經》的意義，還可舉一個例子來説明：楊新勛《宋八行本〈論語注疏解經〉析論》校云：『《子張》之《叔孫武叔毁仲尼章》疏文「至於仲尼之賢則如日月，貞明麗天，不可得而逾也。」元刻明正德修本、嘉靖本、閩本「貞明麗天」作墨釘，監本、毛本作空格，阮本作「之至高人」，今宋八行本不脱，蜀大字本、玉海堂本同，證明阮本臆補也。』阮元校刻《十三經注疏》（中華書局1980年版）此處確實是作『之至高人』，這個版本是以民國時世界書局剪裁拼版縮印本爲底本影印而成，其卷端附道光丙戌（一八二六）朱華臨《重校宋本十三經注疏跋》，所以世界書局的底本很可能是阮刻注疏的道光重校本，然而阮刻嘉慶本此處卻是空缺四字，與世界書局縮印本不同，那麼這裏還是否還應該指摘阮本『臆補』，答案也就不言自明了。讀經校經的目的，不外乎追求真實，希望這部嘉慶原刻影印本的問世能夠爲學界的相關研究提供更多便利，也使讀者能夠更準確全面地認識阮刻注疏。

二〇二一年七月一日　蔣鵬翔撰於湖南大學嶽麓書院

全書目録

第一册

第三册

本册目録

卷七

重栞宋本論語注疏附挍勘記

嘉慶二十年江西南昌府學開雕

太子少保江西巡撫兼提督揚州阮元審定武寧縣貢生盧宣旬校

欽定四庫全書總目論語正義二十卷

魏何晏注宋邢昺疏昺字叔明曹州濟陰人
太平興國中擢九經及第官至禮部尚書事
蹟具宋史本傳是書蓋咸平二年詔昺改定
舊疏頒列學官至今承用而傳刻頗譌集解
所引十三家今本各題曰某氏皇侃義疏則
均題其名案奏進序中稱集諸家之善記其
姓名侃疏亦曰何集注皆呼人名惟包獨言
氏者包名咸何家諱咸故不言也與序文合
知今本爲後來刊版之省文然周氏與周生

烈遂不可分殊不如皇本之有别考邢昺疏中亦載皇侃何氏諱咸之語其疏記其姓名句則云注但記其姓而此連言名者以著其姓所以名其人非謂名字之名也是昺所見之本已惟題姓故有是曲說七經孟子考文稱其國皇侃義疏本爲唐代所傳是亦一證矣其文與皇侃所載亦異同不一大抵互有短長如學而篇不患人之不已知章皇疏有王肅注一條里仁篇君子之於天下也章皇疏有何晏注一條今本皆無觀顧炎武石經

考以石經儀禮校監版或併經文全節漏落則今本集解傳刻佚脫蓋所不免然蔡邕石經論語於而在蕭牆之內句兩本竝存見於隸釋陸德明經典釋文於諸本同異亦皆竝存蓋唐以前經師授受各守專門雖經文亦不能畫一無論注文固不必以此改彼亦不必以彼改此今仍從今本錄之所以各存其舊也㬎疏宋志作十卷今本二十卷蓋後人依論語篇第析之晁公武讀書志稱其亦因皇侃所採諸儒之說刊定而成今觀其書大

抵翦皇氏之枝蔓而稍傳以義理漢學宋學茲其轉關是疏出而皇疏微迨伊洛之說出而是疏又微故中興書目曰其書於章句訓詁名物之際詳矣蓋微言其未造精微也然先有是疏而後講學諸儒得沿溯以窺其奧祭先河而後海亦何可以後來居上遂盡廢其功乎

論語注疏解經序

翰林侍講學士朝請大夫守國子祭酒上柱國賜紫金魚袋臣邢昺等奉　勑校定

序解

疏　正義曰：案漢書藝文志云論語者孔子應荅弟子時人及弟子相與言而接聞於夫子之語也當時弟子各有所記夫子既卒門人相與輯而論纂故謂之論語然則夫子既終微言已絕弟子恐離居已後各生異見而聖言永滅故相與論撰因採時賢及古明王之語合成一法謂之論語也鄭玄云仲弓子游子夏等撰定論者綸也輪也理也次也撰也以此書可以經綸世務故曰綸也圓轉無窮故曰輪也蘊含萬理故曰理也篇章有序故曰次也羣賢集定故曰撰也鄭玄周禮注云荅述曰語以此書所載皆仲尼應荅弟子及時人之辭故曰語而在論下者必經論撰然後載之以示非妄謬也以其口相傳授故經焚書而獨存也漢興傳者則有三家魯論語者魯人所傳即今所行篇次是也常山都尉龔

奮長信少府夏侯勝丞相韋賢及子玄成魯扶卿太子太傅夏侯建前將軍蕭望之並傳之各自名家齊論者齊人所傳別有問王知道二篇凡二十一篇其二十篇中章句頗多於魯論昌邑中尉王吉少府宋畸琅邪王卿御史大夫貢禹尚書令五鹿充宗膠東庸生並傳之唯王吉名家古論語者出自孔氏壁中凡二十一篇有兩子張篇次不與齊魯論同孔安國爲傳後漢馬融亦注之安昌侯張禹受魯論于夏侯建又從庸生王吉受齊論擇善而從號曰張侯論最後而行於漢世禹以論授成帝後漢包咸周氏並爲章句列於學官鄭玄就魯論張包周之篇章考之齊古爲之注焉魏吏部尚書何晏集孔安國包咸周氏馬融鄭玄陳羣王肅周生烈之說并下已意爲集解正始中上之盛行於世今以爲主焉序者何晏次序傳授訓說之人乃已集解之意序爲論語而作故曰論語序

敘曰漢中壘校尉劉向言魯論語二十篇皆孔子弟子記諸善言也大子大傅夏侯勝前將軍蕭望之丞相韋賢及子玄成等傳之

【疏】敘曰至傳之○

正義曰此敘魯論之作及傳授之人也敘與序音義同曰者發語辭也案漢書百官公卿表云中壘校尉掌北軍壘門內外掌西域顔師古曰掌北軍壘門之內而又外掌西域劉向者高祖少弟楚元王之後辟彊之孫德之子字子政本名更生成帝卽位更名向數上疏言得失以向爲中壘校尉向爲人簡易專精○思於經術成帝詔校經傳諸子詩賦每一書已向輒條其篇目撮其指意錄而奏之著别錄新序此言魯論語二十篇皆孔子弟子記諸善言也蓋出於彼故何晏引之對文則直言曰言荅述曰語散則言語可通故此論夫子之語而謂之善言也表又云太子太傅古官秩二千石傳云夏侯勝字長公東平人少好學爲學精熟善說禮服徵爲博士宣帝立太后省政勝以尚書授太后遷長信少府坐議廟樂事下獄繫再更冬會赦出爲諫大夫上知勝素直復爲長信少府遷太子太傅受詔撰尚書論語說賜黃金百斤年九十卒官賜冡塋葬平陵太后賜錢三○百萬爲勝素服五日以報師傅之恩儒者以爲榮始勝每講授常謂諸生曰士病不明經術經術苟明其取青紫如俛拾地芥耳學經不明不如親耕表又云前後左右將軍皆周末官秦因之位上卿金印紫綬漢不常置或有前後或有左右皆掌兵及四夷傳云蕭望之字長倩東海蘭陵人也好學○齊詩事同縣后倉又從夏侯

勝問論語禮服以射策甲科爲郎累遷諫大夫後代丙吉爲御史大夫左遷爲太子太傅及宣帝寢疾選大臣可屬者引至禁中拜望之爲前將軍元帝卽位爲弘恭石顯等所害飲鴆自殺天子聞之驚拊手爲之卻食涕泣哀慟左右長子伋嗣爲關內侯表又云相國丞相皆秦官金印紫綬掌丞天子助理萬機應劭曰丞承也相助也秦有左右高帝卽位置一丞相十一年更名相國綠綬孝惠高后置左右丞相文帝二年。一丞相哀帝元壽二年更名大司徒傳曰韋賢字長孺魯國鄒人也賢爲人質朴少欲篤志於學兼通禮尚書以詩教授號稱鄒魯大儒徵爲博士給事中進授昭帝詩稍遷光祿大夫及宣帝卽位以先帝師甚見尊重本始三年代蔡義爲丞相封扶陽侯年七十餘爲相五歲地節三年以老病乞骸骨賜黃金百斤罷歸加賜第一區丞相致仕自賢始年八十二薨諡曰節侯少子玄成字少翁復以明經歷位至丞相鄒魯諺曰遺子黃金滿籯不如一經玄成爲相七年建昭三年薨諡曰共侯此四人皆傳魯論語

齊論語二十二篇其二十篇中章句頗多於魯論琅邪王卿及膠東庸生昌邑中尉王吉皆以教授。

（疏）齊論

至教授○正義曰此敘齊論語之與及傳授之人也齊論語凡二十二篇其二十篇篇名與魯論正同其篇中章句則頗多於魯論篇者積章而成篇○徧也言出情鋪事明而徧者也積句以成章章者明也總義包體所以明情者也句必聯字而言句者局也聯字分疆所以局言者也琅邪膠東郡國名王卿天漢元年由濟南太守為御史大夫庸生名譚生蓋古謂有德者也昌邑中尉者表云諸侯王高帝初置金璽盭綬掌治其國有太傅輔王內史治國民中尉掌武職丞相統衆官景帝中五年改丞相曰相成帝綏和元年省內史更名相治民如郡太守中尉如郡都尉傳云王吉字子陽琅邪皋虞人也少好學明經以郡吏舉孝廉為郎補若盧右丞遷熒陽令舉賢良為昌邑中尉此三人皆以齊論語教授於人也

故有魯論有齊論【疏】故有魯論有齊論○正義曰既敘魯論齊論之作及傳述之人乃以此言結之也

魯共王時嘗欲以孔子宅為宮壞得古文論語【疏】魯共至論語○正義曰此敘得古論之所由也嘗曾也壞毀也言魯共王時曾欲以孔子宅為宮乃毀之於壁中故得此古文論語也傳曰魯共王餘景帝子程姬所生以孝景前二年立為淮陽王前三年徙王

魯二十八年薨謚曰共王初好治宮室壞孔子舊宅以廣其宮聞鍾磬琴瑟之音遂不敢復壞於其壁中得古文經傳即謂此論語及孝經為傳也故漢武帝謂東方朔云傳曰時然後言人不厭其言又成帝賜翟方進策書云傳曰高而不危所以長守貴也是漢世通謂論語孝經為傳以論語孝經非先王之書是孔子所傳說故謂之傳所以異於先王之書也言古文者科斗書也所謂倉頡本體周所用之以今所不識是古人所為故名古文形多頭麤尾細狀復團圓似水蟲之科斗故曰科斗也

齊論有問王知道多於魯論二篇古論亦無此二篇分堯曰下章子張問以為一篇有兩子張凡二十一篇篇次不與齊魯論同

疏 齊論至魯論同。○正義曰此辨三論篇章之異也齊論有問王知道多於魯論二篇所謂齊論語二十二篇也古論亦無此問王知道二篇非但魯論無之古論亦無也古論亦無此二篇而分堯曰下章子張問以為一篇有兩子張凡二十一篇如淳曰分堯曰篇後子張問何如可以從政以下為篇名曰從政其篇次又不與齊魯論同新論云文異者四百餘字

安

昌侯張禹本受魯論兼講齊說善者從之號曰張侯論爲世所貴包氏周氏章句出焉

（疏）安昌侯至出焉。正義曰此言張禹擇齊魯論之善者從之爲世所重包周二氏爲章句訓說此張侯論語也傳曰張禹字子文河內軹人也從沛郡施讐受易王陽庸生問論語既皆明習舉爲郡文學久之試爲博士初元中立皇太子令禹授太子論語由是遷光祿大夫數歲出爲東平內史成帝即位徵禹以師賜爵關內侯給事中領尚書事河平四年代王商爲丞相封安昌侯爲相六歲乞骸骨就第建平二年薨諡曰節侯禹本受魯論於夏侯建又從庸生王吉受齊論故兼講齊說也傳又云始魯扶卿及夏侯勝王陽蕭望之韋玄成皆說論語篇第或異禹先事王陽後從庸生采獲所安最後出而尊貴諸儒爲之語曰欲不爲論念張文由是學者多從張氏餘家浸微是其善者從之號曰張侯論爲世所貴之事後漢儒林傳云包咸字子良會稽曲阿人也少爲諸生習魯詩論語舉孝廉除郎中建武中入授皇太子論語又爲其章句拜諫議大夫永平五年遷大鴻臚周氏不詳何人章句者訓解科段之名包氏周氏就張侯論爲之章句訓解以出其義理焉不言名而言氏者蓋爲章句之時義在謙退不欲顯題其名但欲傳之私族故直云氏而已若杜元凱集解春秋謂之杜氏也或曰以何氏諱咸故沒其名但言包氏連言周氏耳

古論唯博士孔安國爲之訓解。而世不傳至順帝時南郡大守馬融亦爲之訓說

（疏）古論至訓說○正義曰此敘訓說古文論語之人也史記世家安國孔子十一世孫爲武帝博士時魯共王壞孔子舊宅壁中得古文虞夏商周之書及傳論語孝經悉還孔氏故安國承詔作書傳又作古文孝經傳亦作論語訓解釋詁云訓道也然則道其義釋其理謂之訓解以傳述言之曰傳以釋理言之曰訓解其實一也以武帝末年遭巫蠱事經籍道息故世不傳自此安國之後至後漢順帝時有南郡太守馬融亦爲古文論語訓說案後漢紀孝順皇帝諱保安帝之子也地理志云南郡秦置高帝元年更爲臨江郡五年復故景帝二年復爲臨江郡中二年復故屬荆州表云郡守秦官掌治其郡秩二千石景帝中二年更名太守傳云馬融字季長扶風茂陵人也爲人美辭貌有俊才博通經籍永初中爲校書郎陽嘉二年拜議郎梁商表爲從事中郎轉武都太守三遷爲南郡太守注孝經論語詩易尚

書三禮年八十八延壽九年卒於家 漢末大司農鄭玄就魯論篇章考之齊古爲之註（疏）漢末至之註○正義曰言鄭玄亦爲論語之注也鄭玄字康成北海高密縣人師事馬融大司農徵不起居家教授當後漢桓靈時故云漢末注易尚書三禮論語尚書大傳五經緯候箋毛詩作毛詩譜破許慎五經異義針何休左氏膏肓發公羊墨守起穀梁廢疾可謂大儒作注之時就魯論篇章謂二十篇也復考校之以齊論古論擇其善者而爲之註註與注音義同 近故司空陳羣太常王肅博士周生烈皆爲義說（疏）近故至義說○正義曰此敘魏時注說論語之人也年世未遠人已殁故是近故也司空古官三公也表云奉常秦官掌宗廟禮儀景帝中六年更名太常博士秦官掌通古今魏志云陳羣字長文潁川許昌人也太祖辟羣爲司空西曹屬文帝卽位遷尚書僕射明帝卽位進封潁陰侯頃之爲司空青龍四年薨王肅字子邕東海蘭陵人魏衛將軍太常蘭陵景侯甘露元年薨注尚書禮喪服論語孔子家語述毛詩注作聖證論難鄭玄周生烈燉煌人七錄云字文逸本姓唐魏博士侍中此二人皆爲論語義說謂作注而

說其義故云義說前世傳授師說雖有異同不爲訓解中間爲之訓解至于今多矣所見不同互有得失

疏前世至得失○正義曰將作論語集解故須言先儒有得失不同之說也據今而道往古謂之前世上教下曰傳下承上曰受謂張禹以上至夏侯勝以來但師資誦說而已雖說有異者同者皆不著篇簡以爲傳注訓解中閒爲之訓解謂自古至今中間包氏周氏等爲此論語訓解有二十餘家故云至于今多矣以其趣舍各異故得失互有也

今集諸家之善記其姓名有不安者頗爲改易名曰論語集解

疏今集至集解○正義曰此敘集解之體例也今謂何晏時諸家謂孔安國包咸周氏馬融鄭玄陳羣王肅周生烈也集此諸家所說善者而存之示無勦說故各記其姓名注言包曰馬曰之類是也注但記其姓而此連言名者以著其姓所以名其人非謂名字之名也有不安者謂諸家之說於義有不安者也頗爲改易者言諸家之善則存而不改其不善者頗多爲改易之注首不言包曰馬曰及諸家說下言一曰者皆是何氏自下已言

改易先儒者也名曰論語集解者何氏注解既畢乃自題之也杜氏注春秋左氏傳謂之集解者謂聚集經傳爲之作解也此乃聚集諸家義理以解論語言同而意異也

光祿大夫關內侯臣孫邕光祿大夫臣鄭沖散騎常侍中領軍安鄉亭侯臣曹羲侍中臣荀顗尚書駙馬都尉關內侯臣何晏等上

疏光祿至等上○正義曰此敘同集解之人也表云大夫掌論議有太中大夫中大夫諫大夫皆無員多至數十人太初元年更名中大夫爲光祿大夫秩比二千石無印綬爵級十九曰關內侯顏師古曰言有侯號而居京畿無國邑孫邕字宗儒樂安青州人也晉書鄭沖字文和滎陽開封人也起自寒微卓爾立操魏文帝爲太子命爲文學累遷尚書郎出補陳留太守曹爽引爲從事中郎轉散騎常侍光祿勳表又云侍中散騎中常侍皆加官應劭曰入侍天子故曰侍中晉灼曰魏文帝合散騎中常侍爲散騎常侍也又曰所加或列侯將軍卿大夫將都尉尚書太醫太官令至郎中亡員多至數十人如淳曰將謂都郎將以下也自列侯下至郎中皆得有散騎及中常侍也又曰侍

中中常侍得入禁中散騎。並乘輿車顏師古曰並音步浪反騎而散從無常職也此言中領軍者表無文安鄉亭侯者不在爵級二十之數蓋漢末及魏置亭侯列侯之倫也曹羲沛國譙人魏宗室曹爽之弟荀顗字景倩荀彧之子詵之弟也咸熙中爲司空表又云少府秦官屬官有尚書成帝建始四年初置尚書員五人駙馬都尉掌駙馬武帝初置秩比二千石顏師古曰駙副。也非正駕車皆爲副馬一曰駙近也疾也何晏字平叔南陽宛人也何進之孫咸之子曹爽秉政以晏爲尚書又尚公主著述凡數十篇正始中此五人共上此論語集解也

論語注疏解序終

二品蔭生阮常生披琹

論語注疏挍勘記序

春秋易大傳聖人自作之文也論語門弟子所以記載聖言之文也凡記言之書未有不宗之者也魯齊古本異同今不可詳今所習者則何晏本也臣元於論語注疏舊有挍本且有箋識又屬仁和生員孫同元推而廣之於經注疏釋文皆據善本雠其同異暇輒親訂成書以詒學者云爾阮元記

論語注疏挍勘記序目

引據各本目録

漢石經十卷　據洪适隸釋所載石刻殘字

唐石經十卷　唐開成時石刻本

宋石經　宋紹興時石刻本

皇侃義疏十卷 日本寛延庚午根伯脩遜志挍刻每葉十八行每行二十字前有彼國人平安服元喬敘

高麗本 據海寧陳鱣論語古訓本所引

十行本二十卷 每葉二十行每行二十三字上邊書字數下邊書刻工姓名中有一葉下邊書泰定四年年號知其書雖爲宋刻元明遞有脩補又元徵宏桓慎殷樹匡敦讓貞懲崩完恒等字字外竝加一墨圈書中誤字雖多然其勝於各本之處亦復不少

閩本二十卷 明嘉靖間閩中御史李元陽挍刊每葉十八行每行二十一字下邊書刻工姓名間有書字數者當出於脩補之手雖有訂正十行本之處然亦有不及十行本之善

北監本 明神廟間北國子監所刊行數字數與閩本同上邊書萬歷十四年刊六字字體惡劣誤字亦多

毛本 明崇禎間汲古閣毛子晉挍刊行數字數亦與閩本同下邊大書汲古閣三字雖挍正付刊誤字少於北監本然較之十行本其善處遠不可及矣

論語注疏解經卷第一

何晏集解　邢昺疏

學而第一

（疏）正義曰自此至堯曰是魯論語二十篇之名及第次也當弟子論撰之時以論語爲此書之大名學而以下爲當篇之小目其篇中所載各記舊聞意及則言不爲義例或亦以類相從此篇論君子孝弟仁人忠信道國之法主友之規聞政在乎行德由禮貴於用和無求安飽以好學能自切磋而樂道皆人行之大者故爲諸篇之先既以學爲章首遂以名篇言人必須學也爲政以下諸篇所次先儒不無意焉當篇各言其指此不煩說第順次也一數之始也言此篇於次當一也

子曰學而時習之不亦說乎馬曰子者男子之通稱謂孔子也王曰時者學者以時誦習之誦習以時學無廢業所以爲說懌。有朋自遠方來不亦樂乎包曰同門曰朋人不知而不慍不亦君子乎慍怒也凡人有所不知君子不怒

子曰學而至君子乎○正義曰此章勸人學爲君子也

【疏】子者古人稱師曰子子男子之通稱此言子者謂孔子也曰者說文云詞也從口乙聲亦象口氣出也然則曰者發語詞也以此下是孔子之語故以子曰冠之或言孔子曰者以記非一人各以意載無義例也白虎通云學者覺也覺悟所未知也孔子曰學者而能以時誦習其經業使無廢落不亦說懌乎學業稍成能招朋友有同門之朋從遠方而來與已講習不亦樂乎既有成德凡人不知而不怒之不亦君子乎言誠君子也君子之行非一此其一行耳故云亦也○注馬曰子者至說懌○正義曰云子者男子之通稱者經傳凡敵者相謂皆言吾子或直言子稱師亦曰子是子者男子有德之通稱也云謂孔子者嫌爲他師故辨之公羊傳曰子沈子曰何休云沈子稱子冠氏上者著其爲師也不但言子曰者辟孔子也其不冠子者他師也然則書傳直言子曰者皆指孔子以其聖德著聞師範來世不須言其氏人盡知之故也若其他傳受師說後人稱其先師之言則以子冠氏上所以明其爲師也子公羊子子沈子之類是也若非已師而稱他有德者則不以子冠氏上直言某子若高子孟子之類是也云時者學者以時誦習之者皇氏以爲凡學有三時一身中時學記云發然後禁則扞格而不勝時過然後學則勤苦

而難成故內則云十年出就外傳居宿於外學書計十有三年學樂誦詩舞勺十五成童舞象是也二年中時王制云春秋教以禮樂冬夏教以詩書鄭玄云春夏陽也詩樂者聲聲亦陽也秋冬陰也書禮者事事亦陰也互言之者皆以其術相成又文王世子云春誦夏弦秋學禮冬讀書鄭玄云誦謂歌樂也弦謂以絲播時。陽用事則學之以聲陰用事則學之以事因時順氣於功易。也三日中時學記云故君子之於學也藏焉脩焉息焉遊焉是日日所習也言學者以此時誦習所學篇簡之文及禮樂之容日知其所亡月無忘其所能所以爲說懌也譙周云悅深而樂淺也一曰在內曰說在外曰樂言亦者凡外境適心則人心說樂可說可樂之事其類非一此學而時習有朋自遠方來亦說樂之事耳故云亦猶易云亦可醜也亦可喜也○注包曰同門曰朋○正義曰鄭玄注大司徒云同師曰朋同志曰友然則同門者同在師門以授學者也朋卽羣黨之謂故子夏曰吾離羣而索居鄭玄注云羣謂同門朋友也此言有朋自遠方來者卽學記云三年視敬業樂羣也同志謂同其心意所趣鄉也朋疏而友親朋來既樂友卽可知故略不言也○注慍怒至不怒○正義曰云凡人有所不知君子不怒者其說有二一云古之學者爲已已得先王之道含章內映而他人不見不知而我不怒也

一云君子易事不求備於一人故爲教誨之道若有人鈍根不能知解者君子恕之而不慍怒也

有子曰 孔子弟子有若 **其爲人也孝弟而好犯上者鮮矣** 鮮少也上謂凡在已上者言孝弟之人必恭順好欲犯其上者少也 **不好犯上而好作亂者未之有也君子務本本立而道生** 本基也基立而後可大成 **孝弟也者其爲仁之本與** 先能事父兄然後仁道可大成

〔疏〕「有子曰至本與」○正義曰此章言孝弟之行也弟子有若曰其爲人也孝於父母順於兄長而好陵犯凡在已上者少矣言孝弟之人性必恭順故好欲犯其上者少也既不好犯上而好欲作亂爲悖逆之行者必無故云未之有也是故君子務修孝弟以爲道之基本基本既立而後道德生焉恐人未知其本何謂故又言孝弟也者其爲仁之本歟禮尚謙退不敢質言故云與也○注孔子弟子有若○正義曰史記弟子傳云有若少孔子四十三歲鄭玄曰魯人○注鮮少也○正義曰釋詁云鮮罕也故得爲少皇氏熊氏以爲上謂君親犯謂犯顔諫爭今案注云上謂凡在已上者則皇氏熊氏違背注意其義恐非也

子曰

巧言令色鮮矣仁。包曰巧言好其言語令色善其顔色皆欲令人說之少能有仁也疏子曰巧言令色鮮矣仁○正義曰此章論仁者必直言正色其若巧好其言語令善其顔色欲令人說愛之者少能有仁也

曾子曰馬曰弟子曾參吾日三省吾身爲人謀而不忠乎與朋友交而不信乎傳不習乎言凡所傳之事得無素不講習而傳之。疏曾子曰至習乎○正義曰此章論曾子省身愼行之事弟子曾參嘗曰吾每日三自省察已身爲人謀事而得無不盡忠心乎與朋友結交而得無不誠信乎凡所傳授之事得無素不講習而妄傳乎以謀貴盡忠朋友主信傳惡穿鑿故曾子省愼之○注馬曰弟子曾參○正義曰史記弟子傳云曾參南武城人字子輿少孔子四十六歲孔子以爲能通孝道故授之業作孝經死於魯

子曰道千乘之國馬曰道謂爲之政教司馬法。六尺爲步步百爲畝畝百爲夫夫三爲屋屋三爲井井十爲通通十爲成成出革車一乘然則千乘之賦其地千成居地方三百一十六里有畸唯公侯之封乃能容之雖大國之賦亦不是過焉○包曰道治也千乘之國者百里之國

也古者井田方里爲井十井爲乘百里之國適千乘也融依周禮包依王制孟子義疑故兩存焉**敬事而信**包曰爲國者舉事必敬慎與民必誠信**節用而愛人**包曰節用不奢侈國以民爲本故愛養之**使民以時**包曰作使民必以其時不妨奪農務

疏子曰道至以時○正義曰此章論治大國之法也馬融以爲道謂爲之政教千乘之國謂公侯之國方五百里四百里者也言爲政教以治公侯之國者舉事必敬慎與民必誠信省節財用不奢侈而愛養人民以爲國本作事使民必以其時不妨奪農務此其爲政治國之要也包氏以爲道治也千乘之國百里之國也夏即公侯殷周惟上公也餘同○注馬曰道至存焉○正義曰以下篇子曰道之以政故云道謂爲之政教史記齊景公時有司馬田穰苴善用兵周禮司馬掌征伐六國時齊威王使大夫追論古者兵法附穰苴於其中凡一百五十篇號曰司馬法此六尺曰步至成出革車一乘皆彼文也引之者以證千乘之國爲公侯之大國也云然則千乘之賦其地千成者以成出一乘千乘故千成云居地方三百一十六里有畸者以方百里者一爲方十里者百方三百里者三三而九則爲方百里者九合一成方十里者九百得九百乘也計千乘猶少百乘方百里者一也

又以此方百里者一六分破之每分得廣十六里長百里引而接之則長六百里廣十六里也半折之各長三百里將埤前三百里南西兩邊是方三百一十六里也然西南角猶缺方十六里者一也方十六里者一爲方一里者二百五十六然鄉割方百里者爲六分餘方一里者四百今以方一里者二百五十六埤西南角猶餘方一里者一百四十四又復破而埤三百一十六里兩邊則每邊不復得半里故云三百一十六里有畸也云唯公侯之封乃能容之者案周禮大司徒云諸公之地封疆方五百里諸侯之地封疆方四百里諸伯之地封疆方三百里諸子之地封疆方二百里諸男之地封疆方百里此千乘之國居地方三百一十六里有畸伯子男自方三百里而下則莫能容之故云唯公侯之封乃能容之云雖大國之賦亦不是過焉者坊記云制國不過千乘然則地雖廣大以千乘爲限故云雖大國之賦亦不是過焉司馬法兵車一乘甲士三人步卒七十二人計千乘有七萬五千人則是六軍矣周禮大司馬序官凡制軍萬有二千五百人爲軍王六軍大國三軍次國二軍小國一軍魯頌閟宮云公車千乘明堂位云封周公於曲阜地方七百里革車千乘及坊記與此文皆與周禮不合者禮天子六軍出自六鄉萬二千五百家爲鄉萬二千五百人爲軍地官小司徒云凡起徒役

無過家一人是家出一人鄉爲一軍此則出軍之常也天子六軍既出六鄉則諸侯三軍出自三鄉閟宮云公徒三萬者謂鄉之所出非千乘之衆也千乘者自謂計地出兵非彼三軍之車也二者不同故數不相合所以必有二法者聖王治國安不忘危故令所在皆有出軍之制若從王伯之命則依國之大小出三軍二軍一軍也若其前敵不服用兵未已則盡其境內皆使從軍故復有此計地出軍之法但鄉之出軍是正故家出一人計地所出則非常故成出一車以其非常故優之也包曰道治也者以治國之法不惟政教而已下云道之以德謂道德故易之但云道治也云千乘之國百里之國也者謂夏之公侯殷周上公之國也云古者井田方里爲井者孟子云方里而井井九百畝是也云十井爲乘百里之國適千乘也者此包以古之大國不過百里以百里賦千乘故計之每十井爲一乘是方一里者十爲一乘則方一里者百爲十乘開方之法方百里者一爲方十里者百每方十里者一爲方一里者百其賦十乘方十里者百則其賦千乘地與乘數適相當故曰適千乘也云融依周禮包依王制孟子者馬融依周禮大司徒文以爲諸公之地方五百里侯四百里以下也包氏依王制云凡四海之內九州州方千里州建百里之國三十七十里之國六十五十里之國百有二十凡二

百一十國也又孟子云天子之制地方千里公侯之制皆方百里伯七十里子男五十里包氏據此以爲大國不過百里不信周禮有方五百里四百里之封也馬氏言名包氏不言名者包氏避其父名也云義疑故兩存焉者以周禮者周公致太平之書爲一代大典王制者漢文帝令博士所作孟子者鄒人也名軻師孔子之孫子思治儒術之道著書七篇亦命世亞聖之大才也今馬氏包氏各以爲據難以質其是非莫敢去取於義有疑故兩存其說也○包曰作使至農務○正義曰云作使民必以其時者謂築都邑城郭也以都邑者人之聚也國家之藩衛百姓之保障不固則敗不脩則壞故雖不臨寇必於農隙備其守禦無妨農務春秋莊二十九年左氏傳曰凡土功龍見而畢務戒事也注云謂今九月周十一月龍星角亢晨見東方三務始畢戒民以土功事火見而致用注云大火心星次角亢見者致築作之物水昏正而栽注云謂今十月定星昏而中於是樹板幹而興作日至而畢○注云日南至微陽始動故土功息若其門戶道橋城郭牆塹有所損壞則特隨壞時脩之故僖二十年左傳曰凡啓塞從時是也王制云用民之力歲不過三日周禮均人職云凡均力政以歲上下豐年則公旬用三日焉中年則公旬用二日焉無年則公旬用一日焉是皆重民之力而不妨奪農務也

子曰：弟子入則孝，出則悌。謹而信，汎愛衆而親仁。行有餘力，則以學文。馬曰：文者，古之遺文。【疏】子曰弟子至學文○正義曰：此章明人以德爲本，學爲末。男子後生爲弟。言爲人弟與子者，入事父兄則當孝與弟也，出事公卿則當忠與順也。弟，順也。入不言弟，出不言忠者，互文可知也。下孔子云「出則事公卿，入則事父兄」。孝經云「事父孝，故忠可移於君；事兄弟，故順可移於長」是也。謹而信者，理兼出入，言恭謹而誠信也。汎愛衆者，汎者，寬博之語。君子尊賢而容衆，或博愛衆人也。而親仁者，有仁德者則親而友之。能行已上諸事，仍有閒暇餘力，則可以學先王之遺文。若徒學其文而不能行上事，則爲言非行僞也。注言古之遺文者，則詩、書、禮、樂、易、春秋六經是也。

子夏曰：賢賢易色。孔曰：子夏，弟子卜商也。言以好色之心好賢則善。事父母能竭其力，事君能致其身，孔曰：盡忠節，不愛其身。與朋友交言而有信。雖曰未學，吾必謂之學矣。【疏】子夏曰至學矣○正義曰：此章論生知美行之事。賢賢易色者，上賢謂好尚之也下賢謂有德之人易改也色女人也女有姿色男子悅之故經傳之文通謂女人爲色人多好色不好賢者能改易好色之心以好賢則善矣故曰賢賢易色也事父母能竭其力者謂小孝也言爲子事父雖未能不匱但竭盡其力服其勤勞也事君能致其身者言爲臣事君雖未能將順其美匡救其惡但致盡忠節不愛其身若童汪踦也與朋友交言而有信者謂與朋友結交雖不能切磋琢磨但言約而每有信也雖曰未學吾必謂之學矣者言人生知行此四事雖曰未嘗從師伏膺學問然此爲人行之美矣雖學亦不是過故吾必謂之學矣○注孔曰子夏弟子卜商○正義曰案史記仲尼弟子傳云卜商字子夏衛人也少孔子四十四歲孔子既沒居西河教授爲魏文侯師

子曰君子不重則不威學則不固孔曰固蔽也一曰言人不能敦重既無威嚴學又不能堅固識其義理**主忠信無友不如己者過則勿憚改**鄭曰主親也憚難也

〔疏〕子曰至憚改○正義曰此章勉人爲君子也君子不重則不威學則不固者其說有二孔安國曰固蔽也言君子當須敦重若不敦重則無威嚴又當學先王之道以致博聞強識則不固蔽也一曰固謂堅固言人不能敦重既

無威嚴學又不能堅固識其道理也明須敦重也主忠信者主猶親也言凡所親狎皆須有忠信者也無友不如己者言無得以忠信不如己者爲友也過則勿憚改者勿無也憚猶難也言人誰無過過而不改是謂過矣過而能改善莫大焉故苟有過無得難於改也

曾子曰愼終追遠民德歸厚矣。孔曰愼終者喪盡其哀追遠者祭盡其敬君能行此二者民化其德皆歸於厚也

【疏】曾子曰至厚矣○正義曰此章言民化君德也愼終者終謂父母之喪也以死者人之終故謂之終執親之喪禮須謹愼盡其哀也追遠者遠謂親終既葬日月已遠也孝子感時念親追而祭之盡其敬也民德歸厚矣者言君能行此愼終追遠二者民化其德皆歸厚矣言不偷薄也

子禽問於子貢曰夫子至於是邦也必聞其政求之與抑與之與鄭曰子禽弟子陳亢也子貢弟子姓端木名賜亢怪孔子所至之邦必與聞其國政求而得之邪抑人君自願與之爲治。**子貢曰夫子溫良恭儉讓以得之夫子之求之也其諸異乎人之求之與**

鄭曰：言夫子行此五德而得之，與人求之異，明人君自與之。【疏】子禽至求之○正義曰：此章明夫子由其有德與聞國政之事。子禽問於子貢曰夫子至於是邦也必聞其政求之與抑與之與者，子禽疑怪孔子所至之邦必與聞其國之政事，故問子貢曰：此是孔子求於時君而得之與，抑人君自願與夫子爲治與？抑與皆語辭。子貢曰夫子温良恭儉讓以得之夫子之求之也其諸異乎人之求之與者，此子貢荅辭也。敦柔潤澤謂之温，行不犯物謂之良，和從不逆謂之恭，去奢從約謂之儉，先人後己謂之讓。言夫子行此五德而得與聞國政，他人則就君求之，夫子則脩德，人君自願與之爲治，故曰夫子之求之也其諸異乎人之求之與。諸與皆語辭。○注鄭曰至爲治○正義曰：云子禽弟子陳亢，子貢弟子姓端木名賜者，家語七十二弟子篇云：陳亢，陳人，字子禽，少孔子四十歲。史記弟子傳云：端木賜，字子貢，少孔子三十一歲。云求而得之邪者，邪，未定之辭。

子曰：父在觀其志，父沒觀其行。孔曰：父在，子不得自專，故觀其志而已。父沒，乃觀其行。**三年無改於父之道，可謂孝矣。**孔曰：孝子在喪，哀慕猶若父存，無所改於父之道。【疏】子曰至孝矣○正義曰：此章論孝子之行父在觀其志者在心爲志父在子不得自專故觀其志而已父沒觀其行者父沒可以自專乃觀其行也三年無改於父之道可謂孝矣者言孝子在喪三年哀慕猶若父存無所改於父之道可謂爲孝也

有子曰禮之用和爲貴先王之道斯爲美小大由之有所不行知和而和不以禮節之亦不可行也馬曰人知禮貴和而每事從和不以禮爲節亦不可行

【疏】有子曰至行也○正義曰此章言禮樂爲用相須乃美禮之用和爲貴者和謂樂也樂主和同故謂樂爲和夫禮勝則離謂所居不和也故禮貴用和使不至於離也先王之道斯爲美者斯此也言先王治民之道以此禮貴和美禮節民心樂和民聲樂至則無怨禮至則不爭揖讓而治天下者禮樂之謂也是先王之美道也小大由之有所不行者由用也言每事小大皆用禮而不以樂和之則其政有所不行也知和而和不以禮節之亦不可行也者言人知禮貴和而每事從和不以禮爲節亦不可行也

有子曰信近於義言可復也復猶覆也義不必信信非義也以其言可反覆故曰近義**恭近於禮**

遠恥辱也恭不合禮非禮也以其能遠恥辱故曰近禮也因不失其親亦可宗也。孔曰因親也言所親不失其親亦可宗敬

疏有子曰至宗也○正義曰此章明信與義恭與禮不同及人行可宗之事信近於義言可復也者復猶覆也人言不欺爲信於事合宜爲義若爲義事不必守信而信亦有非義者也言雖非義以其言可反復不欺故曰近義恭近於禮遠恥辱也者恭惟卑巽禮貴會時若巽在牀下是恭不合禮則非禮也恭雖非禮以其能遠恥辱故曰近禮因不失其親亦可宗也者因親也所親不失其親言義之與比也既能親仁比義不有所失則有知人之鑒故可宗敬也言亦者人之善行可宗敬者非一於其善行可宗之中此爲一行耳故云亦也○注義不必信信非義也○正義曰云義不必信者若春秋晉士匄帥師侵齊聞齊侯卒乃還春秋善之是合宜不必守信也云信非義也者史記尾生與女子期於梁下女子不來水至不去抱柱而死是雖守信而非義也

子曰君子食無求飽居無求安鄭曰學者之志有所不暇敏於事而慎於言就有道而正焉可謂好學也已。

孔曰：敏，疾也。有道，有道德者。正，謂問事是非。疏 「子曰君子」至「也已」。○正義曰：此章述好學之事。君子食無求飽，居無求安者，言學者之志，樂道忘飢，故不暇求其安飽也。敏於事而慎於言者，敏，疾也，言當敏疾於所學事業則有成功。說命曰：「敬遜務時敏，厥脩乃來。」是也。學有所得，又當慎言說之。就有道而正焉者，有道謂有道德者，正謂問其是非，言學業有所未曉，當就有道德之人正定其是之與非。易文言曰：「問以辨之。」是也。可謂好學也已者，揔結之也，言能行在上諸事，則可謂之為好學也。

子貢曰：「貧而無諂，富而無驕，何如？」子曰：「可也。孔曰：未足多。未若貧而樂，富而好禮者也。」鄭曰：樂謂志於道，不以貧為憂苦。子貢曰：「詩云：『如切如磋，如琢如磨。』其斯之謂與？」孔曰：能貧而樂道，富而好禮者，能自切磋琢磨。子曰：「賜也，始可與言詩已矣，告諸往而知來者。」孔曰：諸，之也。子貢知引詩以成孔子義，善取類，故然之。往告之以貧而樂道，來荅以切磋琢磨。疏 「子曰」至「來者」。○正義曰：此章言貧之與富皆當樂道自脩也貧而無諂富而無驕何如者乏財曰貧佞說爲諂多財曰富傲逸爲驕言人貧多佞說富多傲逸若能貧無諂佞富不驕逸子貢以爲善故問夫子曰其德行何如子曰可也者此夫子荅子貢也時子貢富志怠於學故發此問意謂不驕而爲美德故孔子抑之云可也言未足多未若貧而樂富而好禮者也者樂謂志於善道不以貧爲憂苦好謂閑習禮容不以富而倦略此則勝於無諂無驕故云未若言不如也子貢曰詩云如切如磋如琢如磨其斯之謂與者子貢知師勵己故引詩以成之此衛風淇奥之篇美武公之德也治骨曰切象曰瑳玉曰琢石曰磨道其學而成也聽其規諫以自脩如玉石之見琢磨子貢言貧而樂道富而好禮其此能切瑳琢磨之謂與子曰賜也始可與言詩已矣者子貢知引詩以成孔子義善取類故呼其名而然之告諸往而知來者者此言可與言詩之意諸之也謂告之往以貧而樂道富而好禮則知來者切瑳琢磨

所以可與言詩也

子曰不患人之不己知患不知人也。

疏 子曰不患人之不己知患不知人也○正義曰此章言人當責己而不責人凡人之情多輕易於知人而患人不知己故孔子抑之云我則不耳不患人之不己知但患己不能知人也

論語注疏解經卷第一

二品蔭生阮常生校栞

論語注疏挍勘記

阮元撰盧宣旬摘錄

論語注疏解經序

翰林侍講學士朝請大夫守國子祭酒上柱國賜紫金魚袋臣邢昺等奉勑校定

此二行題明校刊重修等姓名閩本併一行書刪去等字又改定字爲刊字案宋史邢昺傳咸平二年昺受詔與杜鎬舒雅孫奭李慕清崔偓佺等挍定周禮儀禮公羊穀梁春秋傳孝經論語爾雅義疏據此則等字定字俱當依此本爲是

毛本無此卅一字北監本

序解

唐石經及經典釋文竝作論語序

疏

閩本北監本毛本序解疏併一行寫又此十行本經序注疏文竝頂格寫閩本北監本毛本注疏文竝低一格寫序文經文雖第一節頂格寫其餘亦低一格寫

門人相與輯而論纂

閩本闕論字此本與字論字竝闕今補正又纂字閩本與此本同毛

本改作篹案釋文序錄作撰漢書藝文志作篹篹與撰通又與饌通

齊論者 浦鏜十三經注疏正誤云論下脫語字案古書引用或稱論語或止稱論趙岐孟子注凡稱論者皆指論語浦鏜疑有脫字非也

別有問王知道二篇 北監本作問玉案朱彝尊經義考曰今逸論語見於說文初學記文選注太平御覽等書其詮玉之屬特詳疑齊論中所逸二篇其一乃問玉非問王也考之篆法三畫正均者爲王中畫近上者爲玉初無大異因僞玉爲王耳王應麟亦云問王疑卽問玉亶其然乎

少府朱畸 漢書藝文志釋文序錄並作宋畸

考之齊古爲之註焉 毛本古作古註作注案所改是也○今訂正

敘曰漢中壘挍尉劉向 明監本挍作校不誤毛本作挍與此本同案毛本作挍者避明熹宗諱也周禮校人釋文云校戶教反字從木若從手旁作是比挍之字耳今人多亂之據此則校尉

字亦當從木從手作按者非。今正

言魯論語二十篇 唐石經二十作廿後二十三十字竝放此案說文廿二十併也卅三十併也竝古文省漢石經如此唐石經沿其例

太子太傅 唐石經太作大案釋文出大子大傅云竝音泰則字當作大。今正

敍曰至傳之〇正義曰 毛本至下有等字正義曰上不加。後放此

案漢魯百官公卿表云 閩本同明監本毛本魯作書案魯字誤也。今正

專精思於經術 漢書劉向傳精作積

荅迷曰語 北監本迷誤述不成字

賜冡塋 北監本冡誤家

太后賜錢三百萬 按漢書夏侯勝傳三作二

不如親耕 漢書親作歸

蕭望之字長倩 案倩當作倩○今正

好學齊詩 漢書學下有治字

天子聞之 北監本天作大

哀慟左右 北監本毛本慟作動案漢書蕭望之傳本作慟師古曰慟動也

文帝三年一丞相 漢書百官公卿表三作二年下有復置二字

進授昭帝時 閩本同北監本毛本時作詩案時字誤也今訂正

琅邪王卿 皇侃義疏本琅邪作瑯琊釋文出琅字云音郎本或作瑯案瑯琊乃琅邪之俗字琅本作郎唐元度九經字樣云郎邪郡名郎良也邪道也以地居鄒魯人有善道故爲邪名今經典相承郎字玉旁作良邪字或作耶者訛

皆以教授 皇本授下有之字七經孟子考文足利本作教之

積章而成篇徧也　毛本徧上增篇者二字

局也　毛本局作局案張參五經文字云局从尺下口作局與局皆訛

成帝綏和元年　北監本毛本綏作綏是也今依訂正

更名相　漢書百官公卿表名作令

遷滎陽令　閩本同北監本滎作滎令誤今案漢書王吉傳作雲陽○按滎陽字古皆从火不从水作滎亦誤也今訂正

魯共王時　皇本共作恭案共恭古字通

闘鍾磬琴瑟之音　閩本北監本毛本鍾作鐘案五經文字云鐘樂器鍾量名又聚也今經典或通用鍾爲樂器○按漢書魯恭王餘傳音作聲

形多頭麄尾細　北監本毛本麄作麤後鄉黨篇君子不以紺緅飾節疏麤曰麄同○按麄乃麤

之俗字今改正

爲世所貴 唐石經避太宗諱世作卄後放此

包氏周氏 皇本包作苞後包氏並放此○按廣韻包下云包裹亦姓楚大夫申包胥之後後漢有大鴻臚包咸皇本作苞非也

乞骸就第 漢書張禹傳骸下有骨字

篇第或異 閩本北監本毛本篇第誤篇篇

欲不爲論念張文 漢書張禹傳無不字○按宋板漢書有不字

餘家浸微 漢書張禹傳浸作寖案五經文字云寖經典及釋文或作浸據此則寖浸古通用浦鏜以爲字誤非也

包咸字子長 釋文序錄作子長

昌魯詩論語　閩本北監本毛本昌作倡案古倡字或省作昌周禮樂師遂倡之注故書倡爲昌廣雅釋詁一昌始也疏中古文罕見當以作倡爲是○按後漢書儒林傳昌作習

爲之訓解　皇本解作說○按下文作亦爲之訓說皇本是也

至順帝時　皇本時上有之字

南郡太守　唐石經太作大案釋文出大守云音泰下大常同

亦爲之訓說　攷文足利本無之字

廷壽九年　閩本同北監本毛本廷改延是也○今訂正

考之齊古爲之註　皇本爲上有以字註作注釋文出爲之註云本又作注○按注是

破許慎五經異義　浦鏜云破疑作駮是也

皆爲義說　皇本爲下有之字

年出未遠　北監本毛本出作世世出字誤也○今正

太祖辟羣爲司空西曹屬　魏志陳羣傳曹下有掾字○按掾字不當刪

七錄云字文逸　釋文序錄作文逢

前世傳授師說　皇本授作受

不爲訓解　皇本爲下有之字

今集諸家之善　皇本善下有說字

滎陽開封人也　閩本滎誤榮○案滎字亦非滎澤滎陽字古多从火作熒詳左傳挍勘記

亡員　閩本北監本毛本亡作無案作亡與漢書百官公卿表合

將謂都郎將以下也　漢書百官公卿表注無都字

散騎並乘輿車　漢書百官公卿表重騎字

荀或之子　案或當作彧。今正

駙副也　漢書百官公卿表注副下有馬字

論語注疏解經卷第一　閩本北監本毛本並分二十卷與此本同唐石經分十卷與皇本同攷宋史藝文志卷數正合今按勘記分卷從之

學而第一　何晏集解　邢昺疏

疏　十行本標題如此後卷放此閩本毛本第一行與十行本同第二行下書魏何晏集解第三行下書宋邢昺疏第四行低一格書學而第一與疏接寫後卷放此北監本第一行下書魏何晏集解宋邢昺疏第二三行書明按刊重修等姓名第四行與閩本毛本同後卷放此

曰禮貴於用和　閩本同北監本毛本曰作由是也。今訂正

第順次也　浦鏜云順當訓字誤并也

學而時習之章

不亦說乎　皇本說作悅後竝放此釋文出亦說云音悅注同案說文說說懌也从言兌聲一曰談說蓋古人喜悅字多假借作說唯皇本俱作悅而先進篇無所不說子路篇君子易事而難說也又仍作說

馬曰　皇本作馬融曰後放此

男子之通稱　皇本作男子通稱也北監本通誤道

王曰　皇本作王肅曰後放此

學者以時誦習之　皇本之作也

所以爲說懌　皇本懌下有也字○案皇本注文有也字者甚多此本十去八九今不悉出

有朋自遠方來　釋文出有朋云有或作友非案白虎通辟雍篇引朋友自遠方來又鄭氏康成注此云同門曰朋同志曰友是舊本皆作友字

包曰　皇本作苞氏曰後放此

君子不怒　皇本作君子不慍之也攷文引足利本作君子不慍

學業稍成　本學誤覺今訂正

則扞格而不勝　本扞誤杆今訂正

又文王世子云　北監本子誤于

弦誦以絲播時　禮記文王世子注時作詩是也

於功易也　北監本毛本於誤初案禮記文王世子注作於功易成也

三曰中時　閩本同北監本毛本曰作日曰字誤也○今訂正

其爲人也孝弟章

有子曰　皇本閩本北監本毛本提行寫雅此本與上章疏文接寫後每章首放此

孔子弟子有若　皇本作孔安國曰弟子有若也案孔子疑孔曰之譌皇本凡孔曰皆稱孔安國曰

其爲人也孝弟　皇本弟作悌注及下竝同案釋文出孝弟云本或作悌下同

謂凡在已上者　皇本者下有也字北監本上字空闕

必恭順　皇本必下有有字

其爲仁之本與　攷文引足利本無爲字

先能事父兄然後仁道可大成　皇本此注作苞氏曰又作然後仁道可成也

巧言令色章

鮮矣仁　皇本作鮮矣有仁案包注及疏文當作有仁

吾日三省吾身

與朋友交而不信乎　皇本高麗本交下有言字

傳不習乎　釋文出傳不云鄭注云魯讀傳爲專今從古

得無素不講習而傳之　皇本之下有乎字

弟子曾參　閩本北監本毛本弟子作曾子案以前其爲人也章疏文例之當作弟子馬季長注亦作弟子曾參

以謀貫盡忠　本謀誤講今訂正

道千乘之國章

道千乘之國　皇本高麗本道作導案釋文出道字云音導本或作導

司馬法　攷文引足利本法下有曰字

通十爲成成出革車一乘　皇本成作城

居地方三百一十六里有畸　皇本畸作奇案釋文出有畸云田之殘也則字當作畸

雖大國之賦　釋文出雖大賦云一本或云雖大國之賦

十井爲乘　攷文引足利本十井作井十

融依周禮包依王制孟子　皇本融上有馬字包作苞氏

敬事而信　宋石經避廟諱敬作欽後放此唯子路篇以下則闕筆爲敬

使民以時　唐石經避太宗諱民作𠙚後放此

作使民　皇本同閩本北監本毛本作下有事字案作作事使民文義較明疏中亦有事字

不以此方百里者一　毛本作不乃又字之誤

居地方三百一十六里有畸　各本一並誤二今訂正

下云道之以德　閩本北監本毛本云作文

五十里國　禮記王制里下有之字

百姓之保鄣 案說文鄣紀邑也障隔也保障字亦當作障

水昏正而栽 閩本同毛本栽作裁案裁字誤○今正

於是樹板幹而興作 本幹誤斡今訂正

城郭牆壍 北監本毛本壍作塹案依說文當作壍

弟子入則孝章

出則悌 皇本同毛本悌作弟案釋文出則弟云本亦作悌

古之遺文 皇本文下有也字案釋文引馬注亦有也字

或博愛眾人也 浦鏜云或疑故字誤

賢賢易色章

若童汪踦也 汪踦誤注錡今訂正

君子不重章

言人不能敦重 皇本作言人不敢重案敢當作敦字形相近而訛

既無威嚴 皇本無嚴字

無友不如己者 釋文出毋友云本亦作無下同案古書無毋多通用後子罕篇各本又竝作毋友唯皇本仍作無釋文出毋友云音無

鄭曰 皇本作鄭元曰後放此

愼終追遠章

君能行此二者 皇本君上有人字

皆歸於厚也 皇本皆上有而字

夫子至於是邦也章

子禽問於子貢曰　釋文出子貢云本亦作贛案隸釋載漢石經凡子貢字皆作子贛盍贛贛並當作贛

臧琳經義雜記云說文貝部貢獻功也贛賜也是貢贛不同依說文當爲贛贛卽贛之譌體子貢名賜故字子贛作貢者字之省借耳今禮記樂記子贛見師乙而問焉祭義子贛問曰子之言祭尚存古本餘則多爲後人改易矣

抑與之與　漢石經抑作意

弟子陳亢也　皇本此句下有字子禽也四字下名賜下有字子貢也四字

抑人君自願與之爲治　皇本作抑人君自願與爲治耶

夫子溫良恭儉讓以得之　宋石經避諱讓作遜後放此唯先進篇其言不讓但闕末筆

夫子之求之也其諸異乎人之求之與　皇本與下有也字攷文引足利本作夫子之求也其諸異乎人求之與

明人君自與之　皇本作明人君自願求與爲治也

父在觀其志章

猶若父存　皇本存作在北監本存誤毋

禮之用章

亦不可行也　漢石經無可字

信近於義章

信非義也　皇本作信不必義也

故曰近禮也　皇本近下有於字又此節注作苞氏曰○按僞昌黎論語筆解此節及上節注並作馬曰

亦可宗也　皇本宗下有敬字

君子食無求飽章

可謂好學也已　漢石經作可謂好學已矣皇本作可謂好學也已矣筆解作可謂好學也矣

有道有道德者　皇本作有道者謂有道德者也案太平御覽四百三引亦有謂字

正謂問事是非　閩本北監本毛本事作其案皇本筆解俱作事字太平御覽四百三亦引作事則作其者非

樂道忘飢　閩本北監本飢作饑案説文穀不孰爲饑飢餓也則字當作飢

敬遜務時敏　閩本同毛本敬遜作遜志案後述而篇志於道章疏閩本北監本並與此本同亦作敬遜稚毛本作孫志

貧而無謟章

子貢曰　皇本作子貢問曰案皇疏云子貢問言若有貧者能不横求何如故云貧而無謟也邢疏云若能貧無諂佞富不驕逸子貢以爲善故問夫子曰其德行何如據此則古本當有問字

貧而無謟　北監本毛本謟作諂是也此與閩本凡諂字並誤作謟案五經文字云謟諂上音滔從爪從臼凡字

聲近諂者皆從臽下臽冉反從刀從臼凡字聲從諂者皆從臽

未若貧而樂皇本高麗本樂下有道字唐石經道字旁添案史記仲尼弟子列傳文選幽憤詩注引此文並有道字又下二節孔注及皇邢兩疏亦有道字俱足爲古本有道字之證

不以貧爲憂苦皇本作不以貧賤爲憂苦也

如琢如磨釋文出摩字云一本作磨案磨摩正俗字

告諸往而知來者皇本者下有也字

好謂閑習禮容閩本北監本毛本好下有禮字案疏云樂謂志於善道不以貧爲憂苦好謂閑習禮容不以富而倦略樂道好禮相對成文足證經文本有道字不知者妄加禮字誤甚

此衛風淇奧之篇閩本北監本毛本奧作澳○按澳正字毛詩作奧用古文假借字

象曰瑳閩本北監本毛本瑳作磋案古書瑳磋二字多通用

告諸往而知來者者　閩本北監本毛本脫下者字

不患人之不已知章

不患人之不已知患不知人也　皇本作不患人之不已知也患已不知人也釋文出患不知也云本或作患已不知人也俗本妄加字案經義雜記云據釋文知古本作患不知也蓋與里仁不患莫已知求爲可知也先進居則曰不吾知也如或知爾則何以哉語意同今邢疏及集注本皆作患不知人也人字亦淺人所加○此節皇本有王肅曰但患已之無能知也十一字注各本皆脫

論語注疏校勘記卷一終

論語注疏解經卷第二

爲政第二　何晏集解　邢昺疏

疏　正義曰：左傳曰「學而後入政」，故次前篇也。此篇所論孝敬信勇爲政之德也，聖賢君子爲政之人也，故以爲政冠於章首，遂以名篇。

子曰：爲政以德，譬如北辰居其所而衆星共之。包曰：德者無爲，猶北辰之不移而衆星共之。

疏　「子曰」至「共之」。○正義曰：此章言爲政之要。爲政以德者，言爲政之善，莫若以德。德者，得也，物得以生謂之德。淳德不散，無爲化清，則政善矣。譬如北辰居其所而衆星共之者，譬況也。北極謂之北辰。北辰常居其所而不移，故衆星共尊之，以況人君爲政以德，無爲清靜，亦衆人共尊之也。○注「包曰」至「共之」。正義曰：案爾雅釋天云：「北極謂之北辰。」郭璞曰：「北極，天之中，以正四時。」然則極，中也；辰，時也。以其居天之中，故曰北極；以正四時，故曰北辰。漢書天文志曰：「中宮太極星，其一明者，泰一之常居也。旁三星三公，環之匡衛十二星藩臣，皆曰紫宮

北斗七星所謂琁璣玉衡以齊七政斗爲帝車運於中央臨制四海分陰陽建四時均五行移節度定諸紀皆繫於斗是衆星共之也

子曰：詩三百，孔曰：篇之大數。一言以蔽之，包曰：蔽猶當也。曰：思無邪。包曰：歸於正。

疏 子曰至無邪○正義曰：此章言爲政之道在於去邪歸正，故舉詩要當一句以言之。詩三百者，言詩篇之大數也。一言以蔽之者，蔽猶當也，古者謂一句爲一言，詩雖有三百篇之多，可舉一句當盡其理也。曰思無邪者，此詩之一言，魯頌駉篇文也。詩之爲體，論功頌德，止僻防邪，大抵皆歸於正，故此一句可以當之也。○注孔曰篇之大數○正義曰：案今毛詩序凡三百一十一篇，內六篇亡，今其存者有三百五篇，今但言三百篇，故曰篇之大數。

子曰：道之以政，孔曰：政謂法教。齊之以刑，馬曰：齊整之以刑罰。民免而無恥。孔曰：免，苟免。道之以德，包曰：德謂道德。齊之以禮，有恥且格。格，正。

疏 子曰至且格○正義曰：此章言爲政以德之效也。道之以政者，政謂法教，道謂化誘，言化誘於民以法制教命也。齊之以刑者，齊謂齊整，刑謂刑罰，言道之以政而民不服者，則齊整之以刑罰也。

民免而無恥者免苟免也言君上化民不以德而以法制刑罰則民皆巧詐苟免而心無愧恥也道之以德齊之以禮有恥且格者德謂道德格正也言君上化民必以道德民或未從化則制禮以齊整使民知有禮則安失禮則恥如此則民有愧恥而不犯禮且能自脩而歸正也 子曰吾十有五而志于學。三十而立有所成也。四十而不惑孔曰不疑惑 五十而知天命孔曰知天命之終始。六十而耳順鄭曰耳聞其言而知其微旨 七十而從心所欲不踰矩馬曰矩法也從心所欲無非法。疏子曰至踰矩。○正義曰此章明夫子隱聖同凡所以勸人也吾十有五而志于學者言成童之歲識慮方明於是乃志於學也三十而立者有所成立也四十而不惑者志强學廣不疑惑也五十而知天命者命天之所稟受者也孔子四十七學易至五十窮理盡性知天命之終始也六十而耳順者順不逆也耳聞其言則知其微旨而不逆也七十而從心所欲不踰矩者矩法也言雖從心所欲而不踰越法度也孔子輒言此者欲以勉人志學而善始令終也 孟懿子問孝孔曰魯大夫仲孫何忌懿

論也

子曰無違樊遲御子告之曰孟孫問孝於我我對曰無違鄭曰恐孟孫不曉無違之意將問於樊遲故告之樊遲弟子樊須樊遲曰何謂也子曰生事之以禮死葬之以禮祭之以禮

疏孟懿至以禮○正義曰此章明孝必以禮孟懿子問孝者魯大夫仲孫何忌問孝道於孔子也子曰無違者此夫子荅辭也言行孝之道無得違禮也樊遲御者弟子樊須爲夫子御車也子告之曰孟孫問孝於我我對曰無違者孟孫卽懿子也孔子恐孟孫不曉無違之意而懿子與樊遲友善必將問於樊遲故夫子告之樊遲曰何謂也者樊遲亦未達無違之旨故復問曰何謂也子曰生事之以禮死葬之以禮祭之以禮者此夫子爲言無違之事也生事之以禮謂冬溫夏凊昏定晨省之屬也死葬之以禮謂爲之棺椁衣衾而舉之卜其宅兆而安措之之屬也祭之以禮謂春秋祭祀以時思之陳其簠簋而哀慼之之屬也不違此禮是無違之理也不卽告孟孫者初時意在簡略欲使思而得之也必告樊遲者恐孟孫以爲從父之令是無違故既與別後告於樊遲將使復告孟孫也○注孔子曰至論也○正義曰

春秋定六年經書仲孫何忌如晉傳曰孟懿子往是知孟懿子卽仲孫何忌也謚法曰溫柔賢善曰懿○注鄭曰至樊須正義曰案史記弟子傳曰樊須字子遲齊人少孔子三十六歲也

孟武伯問孝子曰父母唯其疾之憂馬曰武伯懿子之子仲孫彘武謚也言孝子不妄爲非唯疾病然後使父母憂

疏孟武伯問孝子曰父母唯其疾之憂○正義曰此章言孝子不妄爲非也武伯懿子之仲孫彘也問於夫子爲孝之道夫子荅之曰子事父母唯其疾病然後可使父母憂之疾病之外不得妄爲非法貽憂於父母也○注馬曰至父母憂○正義曰案春秋懿子以哀十四年卒而武伯嗣哀公十七年左傳曰公會齊侯於蒙孟武伯相武伯問於高柴曰諸侯盟誰執牛耳季羔曰鄫衍之役吳公子姑曹發陽之役衛石魋武伯曰然則彘也是武伯爲懿子之子仲孫彘也謚法剛彊直理曰武

子游問孝孔曰子游弟子姓言名偃**子曰今之孝者是謂能養至於犬馬皆能有養不敬何以別乎**包曰犬以守禦馬以代勞皆養人者一曰人之所養乃至於犬馬不敬則無以別孟子曰食而不愛豕畜之愛而不敬獸畜之

疏「子游至別乎」○正義曰此章言爲孝必敬子游問孝者弟子子游問行孝之道於孔子也子曰今之孝者是謂能養者此下孔子爲子游說須敬之事今之人所謂孝者是唯謂能以飲食供養者也言皆無敬心至於犬馬皆能有養不敬何以別乎者此爲不敬之人作譬也其說有二一曰犬以守禦馬以代勞皆能有以養人者但畜獸無知不能生敬於人若人唯能供養於父母而不敬則何以別於犬馬乎一曰人之所養乃至於犬馬何其飢渴飲之食之皆能有以養之也但人養犬馬資其爲人用耳而不敬此犬馬也人若養其父母而不敬則何以別於犬馬乎言無以別明孝必須敬也○注孔曰子游弟子姓言名偃○正義曰史記弟子傳曰言偃吳人字子游少孔子四十五歲○注包曰至畜之○正義曰云孟子曰者案孟子盡心篇孟子曰食而不愛豕交之也愛而不敬獸畜之也趙岐注云人之交接但食之而不愛若養豕也愛而不敬若人畜禽獸但愛而不能敬也引之以證孝必須敬彼言豕交之此作豕畜之者所見本異或傳寫誤

子夏問孝子曰色難包曰色難者謂承順父母顏色乃爲難有事弟子服其勞有酒食先生饌馬曰先生謂父兄饌飲食也曾

是以爲孝乎馬曰孔子喻子夏服勞先食汝謂此爲孝乎未孝也承順父母顏色乃爲孝也疏子夏問孝乎○正義曰此章言爲孝必須承順父母顏色也子夏問孝者弟子子夏問於孔子爲孝之道也子曰色難者荅之也言承順父母顏色乃爲難也有事弟子服其勞有酒食先生饌曾是以爲孝乎者孔子又喻子夏服勞先食不爲孝也先生謂父兄饌飲食也曾猶則也言若家有勞辱之事或弟或子服其勤勞有酒有食進與父兄飲食汝則謂是以爲孝乎言此未孝也必須承順父母顏色乃爲孝也

子曰吾與回言終日不違如愚孔曰回弟子姓顏名回字子淵魯人也不違者無所怪問於孔子之言默而識之如愚退而省其私亦足以發回也不愚孔曰察其退還與二三子說釋道義發明大體知其不愚疏子曰至愚○正義曰此章美顏淵之德子曰吾與回言終日不違如愚者回弟子顏淵也違猶怪問也愚無智之稱孔子言我與回言終竟一日亦無所怪問於我之言默而識之如無知之愚人也退而省其私亦足以發回也不愚者言回既退還而省察其在私室與二三子說釋。道義亦足以發明大體乃知其回也不愚○注孔曰至

愚。○正義曰史記弟子傳云顏回者魯人也字子淵少孔子三十歲年二十九髮盡白蚤死

子曰視其所以以用也言視其所行用觀其所由由經也言觀其所經從察其所安人焉廋哉人焉廋哉孔曰廋匿也言觀人終始安所匿其情

疏子曰至廋哉○正義曰此章言知人之法也視其所以者以用也言視其所以行用觀其所由者由經也言觀其所經從察其所安者言察其所安處也人焉廋哉人焉廋哉者廋匿也焉安也言知人之法但觀察其終始則人安所隱匿其情哉再言之者深明情不可隱也

子曰溫故而知新可以爲師矣溫尋也尋繹故者又知新者可以爲人師矣

疏子曰溫故而知新可以爲師矣○正義曰此章言爲師之法溫尋也言舊所學得者溫尋使不忘是溫故也素所未知學使知之是知新也既溫尋故者又知新者則可以爲人師矣○注溫尋也○正義曰案中庸云溫故而知新鄭注云溫讀如燖溫之溫謂故學之熟矣後時習之謂之溫案左傳哀十二年公會吳于橐皋太宰嚭請尋盟子貢對曰盟可尋也亦可寒也賈逵注云尋溫也又有司徹云乃爇尸俎是尋爲溫也言人

舊學已精熟在後更習之猶若溫燖故食也**子曰君子不器**包曰器者各周其用至於君子無所不施〔疏〕子曰君子不器。正義曰此章明君子之德也器者物象之名形器既成各周其用若舟楫以濟川車輿以行陸反之則不能君子之德則不如器物各守一用言見幾而作無所不施也

子貢問君子子曰先行其言而後從之孔曰疾小人多言而行之不周〔疏〕子貢問君子子曰先行其言而後從之。正義曰此章疾小人多言而行之不周也子貢問於夫子曰君子之德行何如夫子荅之曰君子先行其言而後以行從之言行相副是君子也

子曰君子周而不比孔曰忠信爲周阿黨爲比**小人比而不周**〔疏〕子曰君子周而不比小人比而不周。正義曰此章明君子小人德行不同之事忠信爲周阿黨爲比言君子常行忠信而不私相阿黨小人則反是。注曰忠信爲周○正義曰魯語文也

子曰學而不思則罔包曰學不尋思其義則罔然無所得**思而不學則殆**不學而思終卒不得徒使人精神疲殆〔疏〕子曰至則殆。正義曰此章言

教學法也學而不思則罔者言爲學之法既從師學則自思其餘蘊若雖從師學而不尋思其義則罔然無所得也思而不學則殆者言但自尋思而不往從師學終卒不得其義則徒使人精神疲勞倦殆

子曰攻乎異端斯害也已。攻治也善道有統故殊塗而同歸異端不同歸也

疏子曰攻乎異端斯害也已。正義曰此章禁人雜學攻治也異端謂諸子百家之書也言人若不學正經善道而治乎異端之書斯則爲害之深也以其善道有統故殊塗而同歸異端則不同歸也。注攻治至同歸。正義曰云善道有統故殊塗而同歸者正經是善道也皆以忠孝仁義爲本是有統也四術爲教是殊塗也皆以去邪歸正是同歸也異端之書則或粃糠堯舜戕毀仁義是不同歸也殊塗同歸是易下繫辭文也

子曰由誨女知之乎孔曰弟子姓仲名由字子路

知之爲知之不知爲不知是知也

疏子曰至知也。正義曰此章明知也由誨汝知之乎者孔子以子路性剛好以不知爲知故此抑之呼其名曰由我今教誨汝爲知之乎此皆語辭知之爲知之不知爲不知是知也者此誨辭也言汝實知之事則爲知之實不知之事則爲不知此是眞

知也若其知之反隱曰不知及不知妄言我知皆非知也○注孔曰至子路○正義曰史記弟子傳云仲由字子路卞人也少孔子九歲子路性鄙好勇力志抗直冠雄雞佩豭豚陵暴孔子孔子設禮稍誘子路子路後儒服委質因門人請爲弟子

子張學干祿鄭曰弟子姓顓孫名師字子張干求也祿祿位也**子曰多聞闕疑慎言其餘則寡尤**包曰尤過也疑則闕之其餘不疑猶慎言之則少過**多見闕殆慎行其餘則寡悔**包曰殆危也所見危者闕而不行則少悔**言寡尤行寡悔祿在其中矣**鄭曰言行如此雖不得祿亦同得祿之道【疏】子張至中矣○正義曰此章言求祿之法子張學干祿者干求也弟子子張師事孔子學求祿位之法子曰多聞闕疑慎言其餘則寡尤者此夫子教子張求祿之法也尤過也寡少也言雖博學多聞疑則闕之尤須慎言其餘不疑者則少過也多見闕殆慎行其餘則寡悔者殆危也言雖廣覽多見所見危者闕而不行尤須慎行其餘不危者則少悔恨也言寡尤行寡悔祿在其中矣者言若少過行又少悔必得祿位設若言行如此雖偶不得祿亦同得祿之道○注鄭曰至位也

正義曰史記弟子傳云顓孫師陳人字子張少孔子四十八歲

哀公問曰何爲則民服包曰哀公魯君謚

孔子對曰舉直錯諸枉則民服包曰錯置也舉正直之人用之廢置邪枉之人則民服其上

舉枉錯諸直則民不服

【疏】哀公至不服。正義曰此章言治國使民服之法哀公問曰何爲則民服者哀公魯君也問於孔子曰何所云爲則萬民服從也時哀公失德民不服從哀公患之故有此問孔子對曰舉直錯諸枉則民服者此孔子對以民服之法也錯置也舉正直之人用之廢置諸邪枉之人則民服其上也舉枉錯諸直則民不服者舉邪枉之人用之廢置諸正直之人則民不服上也於時羣邪秉政民心厭棄故以此對之也。注包曰哀公魯君謚。正義曰魯世家云哀公名蔣定公之子周敬王二十六年即位謚法云恭仁短折曰哀

季康子問使民敬忠以勸如之何孔曰魯卿季孫肥康謚

子曰臨之以莊則敬包曰莊嚴也君臨民以嚴則民敬其上

孝慈則忠包曰君能上孝於親下慈於民則民忠矣

舉善而

教不能則勸包曰舉用善人而教不能者則民勸勉疏季康至則勸○正義曰此章明使民敬忠勸善之法季康子問使民敬忠以勸如之何者季康子魯執政之上卿也時以僭濫故民不敬忠勸勉故問於孔子曰欲使民人敬上盡忠勸勉爲善其法如之何子曰臨之以莊則敬者此荅之也自上涖下曰臨莊嚴也言君臨民以嚴則民敬其上孝慈則忠者言君能上孝於親下慈於民則民作忠舉善而教不能則勸者言君能舉用善人置之祿位教誨不能之人使之材能如此則民相勸勉爲善也於時魯君蠶食深宮季氏專執國政則如君矣故此荅皆以人君之事言之也○注魯卿季孫肥康謚○正義曰知者據左傳及世家文也謚法云安樂撫民曰康

或謂孔子曰子奚不爲政包曰或人以爲居位乃是爲政子曰書云孝乎惟孝友于兄弟施於有政是亦爲政奚其爲爲政包曰孝乎惟孝美大孝之辭友于兄弟善於兄弟施行也所行有政道與爲政同疏或謂至爲政正義曰此章言孝友與爲政同或謂孔子曰子奚不爲政者奚何也或有一人亡其姓名謂孔子曰子既多才多藝何不居官爲政或

人以爲居位乃是爲政也子曰書云孝乎惟孝友于兄弟施於有政者此周書君陳篇文引之以荅或人爲政之事彼云王若曰君陳惟爾令德孝恭惟孝友于兄弟克施有政孔安國云言其有令德善事父母行已以恭言善事父母者必友于兄弟能施有政令其言與此小異此云孝乎惟孝者美大孝之辭也友于兄弟者言善於兄弟也施行也行於此二者卽有爲政之道也是亦爲政奚其爲爲政者此孔子語也是此也言此孝友亦爲政之道此外何事其爲爲政乎言所行有政道卽與爲政同不必居位乃是爲政

子曰人而無信不知其可也孔曰言人而無信其餘終無可

大車無輗小車無軏其何以行之哉包曰大車牛車輗者轅端橫木以縛軛小車駟馬車軏者轅端上曲鉤衡

疏子曰至之哉○正義曰此章明信不可無也人而無信不知其可也者言人而無信其餘雖有他才終無可也大車無輗小車無軏其何以行之哉者此爲無信之人作譬也大車牛車輗轅端橫木以縛軛駕牛領者也小車駟馬車軏者轅端上曲鉤衡以駕兩服馬領者也大車無輗則不能駕牛小車無軏則不能駕馬其車何以得行之哉言必不能行也以喻人而無信亦不可行也○注包曰至

鉤衡○正義曰云大車牛車者冬官考工記車人爲車大車崇九尺鄭注云大車平地載任之車轂長半柯者也其駕牛故酒誥曰肇牽車牛遠服賈用故曰大車牛車也說文云輗大車轅端持衡者輗轅前也是輗者轅端横木以縛軛者也云小車駟馬車者考工記兵車田車乘車也皆駕駟馬故曰駟馬車也說文云軏者車轅端持衡者考工記云國馬之輈深四尺有七寸注云馬高八尺兵車乘車軹崇三尺有三寸加軫與轐七寸又并此輈深則衡高八尺七寸也除馬之高則餘七寸爲衡頸之間是輈在衡上也轅從軫以前稍曲而上至衡則居衡之上而嚮下鉤之衡則横居輈下是轅端上曲鉤衡者名軏也

子張問十世可知也孔曰文質禮變**子曰殷因於夏禮所損益可知也周因於殷禮所損益可知也**馬曰所因謂三綱五常所損益謂文質三統**其或繼周者雖百世可知也**物類相召世數相生其變有常故可預知

【疏】子張至知也○正義曰此章明創制革命因沿損益之禮子張問十世可知也者弟子子張問於孔子夫國家文質禮變設若相承至於十世世數既遠可得知其禮乎子曰殷因於夏禮所

損益可知也周因於殷禮所損益可知也者此夫子荅以可知之事言殷承夏后因用夏禮謂三綱五常不可變革故因之也所損益者謂文質三統夏尚文殷則損文而益質夏以十三月爲正爲人統色尚黑殷則損益之以十二月爲正爲地統色尚白也其事易曉故曰可知也周因於殷禮所損益可知也者言周代殷立而因用殷禮及所損益事事亦可知也其或繼周者雖百世可知也者言非但順知既往兼亦預知將來時周尚存不敢斥言故曰其或言設或有繼周而王者雖多至百世以其物類相召世數相生其變有常故皆可預知也○注馬曰至三統○正義曰云三綱五常者白虎通云三綱者何謂謂君臣父子夫婦也君爲臣綱父爲子綱夫爲妻綱大者爲綱小者爲紀所以張理上下整齊人道也人皆懷五常之性有親愛之心是以綱紀爲化若羅網有紀綱之而百目張也所以稱三綱何一陰一陽之謂道陽得陰而成陰得陽而序剛柔相配故人爲三綱法天地人君臣法天取象日月屈信歸功也父子法地取法五行轉相生也夫婦取象人合陰陽有施君羣也羣下之所歸心臣牽也事君也象屈服之形也父者矩也以度教子子者孳也孳孳無已也夫者扶也以道扶接婦者服也以禮屈服也云五常者仁義禮智信也白虎通云五常者何謂仁義禮智信也仁者不忍

好生愛人義者宜也斷決得中也禮者履也履道成文智者
知也或於事見微知著信者誠也專一不移故人生而應八
卦之體得五氣以爲常仁義禮智信是也云損益謂文質三
統者白虎通云王者必一質一文者何所以承天地順陰陽
陽道極則陰道受陰道極則陽道受明一陽二陰不能繼也
質法天文法地而已故天爲質地受而化之養而成之故爲
文尚書大傳曰王者一質一文據天地之道禮三正記曰質
法天文法地帝王始起先質後文者順天地之道本末之義
先後之序也事莫不先其質性乃後有其文章也夏尚黑殷
尚白周尚赤此之謂三統故書傳略説云天有三統物有三
變故正色有三天有三生三死故土有三王王特一生死又
春秋緯元命包及樂緯稽耀嘉云夏以十三月爲正息卦受
泰注云物之始其色尚黑以寅爲朔殷以十二月爲正息卦
受臨注云物之牙其色尚白以雞鳴爲朔周以十一月爲正
息卦受復其色尚赤以夜半爲朔又三正記云正朔三而改
文質再而復以此推之自夏以上皆正朔三而改也鄭注尚
書三帛高陽氏之後用赤繒高辛氏之後用黑繒其餘諸侯
用白繒如鄭此意卻而推之舜以十一月爲正尚赤堯以十
二月爲正尚白故曰其餘諸侯用白繒高辛氏以十三月爲
正尚黑故云高辛氏之後用黑繒高陽氏以十一月爲正尚

赤故云高陽氏之後用赤繒有少皞以十二月爲正尚白黃帝以十三月爲正尚黑神農以十一月爲正尚赤女媧以十二月爲正尚白伏羲以上未有聞焉易說卦云帝出乎震則伏羲也建寅之月又木之始其三正當從伏羲以下文質再而復者文質法天地文法天質法地周文法地而爲天正殷質法而爲地正者正朔文質不相須正朔以三而改文質以二而復各自爲義不相須也建子之月爲正者謂之天統以天之陽氣始生爲百物得陽氣微稍動變故爲天統建丑之月爲統者以其物已吐牙不爲天氣始動物又未出不得爲人所施功唯在地中含養萌牙故爲地統建寅之月爲統者以人物出於地人功當須脩理故謂之人統統者本也謂天地人之本然王者必以此三月爲正者以其此月物生細微又是歲之始生王者繼天理物含養微細又取其歲初爲正朔之始既天地人之三者所繼不同故各改正朔不相襲也所尚既異符命亦隨所尚而來故禮緯稽命徵云其天命以黑故夏有玄圭天命以赤故周有赤雀銜書天命以白故殷有白狼銜鉤是天之所命亦各隨人所尚符命雖逐所尚不必皆然故天命禹觀河見白面長人洛予命云湯觀於洛沈璧而黑龜與之書黃魚雙躍泰誓言武王伐紂而白魚入於王舟是符命不皆逐正色也鄭康成之義自古以來皆改正

朔若孔安國則改正朔殷周二代故注尚書湯承堯舜禪代之後革命創制改正易服是從湯始改正朔也○注物類至預知○正義曰物類相召者謂三綱五常各以類相召因而不變也云世數相生者謂文質三統及五行相次周而復始而其世運有數相生變革也

子曰非其鬼而祭之諂也鄭曰人神曰鬼非其祖考而祭之者是諂求福**見義不爲無勇也**孔曰義所宜爲而不能爲是無勇

【疏】子曰至勇也○正義曰此章言祭必已親勇必爲義也非其鬼而祭之諂也者人神曰鬼言若非已祖考而輙祭他鬼者是諂媚求福也見其義不爲無勇也者義宜也言義所宜爲而不能爲者是無勇之人也○注鄭曰至求福○正義曰云人神曰鬼者周禮大宗伯之職掌建邦之天神人鬼地示之禮是人神曰鬼也左傳曰神不歆非類民不祀非族故非其祖考而祭之者是諂求福也○注孔子曰至無勇○正義曰若齊之田氏弒君夫子請討之是義所宜爲也而魯君不能爲討是無勇也

論語注疏解經卷第二

嘉慶二十年重栞
宋本[illegible]藏本校

二品廕生阮常生挍栞

論語注疏挍勘記　阮元撰盧宣旬摘錄

爲政第二

爲政以德章

而眾星共之字　釋文出眾星共云鄭作拱○按拱正字共假借

包曰　皇本作鄭元曰

猶北辰之不移　皇本猶上有譬字釋文出猶北辰之不移云本或作譬猶北辰之不移與皇本合

而眾星共之　皇本之下有也字

案爾雅釋文云　閩本北監本同毛本文作天文字誤也今訂正

中宮太極皇　漢書天文志太作天

所謂琁璣玉衡　毛本琁作璇○按當作旋璇琁皆俗字

詩三百章

篇之大數　皇本數下有也字下歸於正下同

篇之大數　本大誤夫今正

道之以政章

道之以政　皇本高麗本道作導下節同漢石經作道釋文出道之云音導下同○按後漢書朱景王杜馬劉傅堅馬傳論又杜林傳並引作導之以政漢石經作道用假借字

政謂法教　皇本教下有也字下刑罰下遯德下同

民免而無恥　閩本恥作耻乃恥之俗字

免苟免　皇本作苟免罪也

吾十有五而志于學章

吾十有五而志于學漢石經高麗本于作乎皇本于作於案翟灝四書攷異曰此經自引詩書外例用於字今此獨變體爲于疑屬乎字傳寫誤漢石經論衡實知篇作乎而朱注亦云志乎此可思也

有所成也皇本成下有立字

不疑惑皇本惑下有也字下終始下微旨下同

知天命之終始閩本北監本毛本作始終

耳聞其言皇本耳下有順字

從心所欲無非法皇本法下有者字

孟懿子問孝章

仲孫何忌皇本忌下有也字下故告之下樊須下同

我對曰無違漢石經無作毋上無違無字闕

恐孟孫不曉無違之意 皇本無恐字

卜其宅兆而安措之之屬也 閩本北監本毛本措作厝案措正字厝假借字

是無違之理也 毛本理誤禮

孟武伯問孝章

父母唯其疾之憂 閩本母誤毋注同

唯疾病然後使父母憂耳 皇本作唯疾病然後使父母之憂

武伯懿子之仲孫彘也 閩本同北監本毛本之下有子字

子游問孝章

不敬何以別乎 漢石經無乎字

食而不愛豕畜之愛而不敬獸畜之 皇本食作養之下竝有也字

今之人 本今誤今今訂正

字子游 本子誤少今訂正

子夏問孝章

謂承順父母顏色 皇本順作望

先生饌 釋文出先生饌云鄭作餕音俊食餘曰餕案馬注饌飲食也是馬本作饌蓋作饌者古論作餕者魯論也

孔子喻子夏 皇本夏下有曰字

未孝也 皇本作未足爲孝也

乃爲孝也 皇本作乃是爲孝耳

吾與回言終日章

默而識之如愚 皇本愚下有者也二字

回也不愚皇本愚下有也字

說釋道義皇本同北監本毛本釋作繹釋文出繹字云音亦則字當作繹○按說文說下云說釋也說釋即悅懌說悅釋懌皆古今字作繹用假借字

愚無知之稱本知誤智今訂正

觀其所以章

人焉廋哉人焉廋哉漢石經脫下哉字

言觀人終始皇本人下有之字

溫故而知新章

可以爲人師矣皇本作可以爲師也筆解此注首有孔曰二字又師上亦無人字

乃褻尸俎閩本北監本同毛本褻作䙝案褻字誤也今訂正

是歸爲溫也 閩本同北監本毛本歸作尋案所改是也今依訂正

學而不思章

學而不思則罔 釋文出則罔云本又作冈案古罔字本省作网此作冈又古文之省

學不尋思其義 皇本作學而不尋思其義理

攻乎異端章

斯害也已 皇本高麗本已下有矣字是也

由誨汝知之乎章

誨女知之乎 皇本高麗本毛本女作汝後竝放此案釋文出誨女云音汝後可以意求之

不知爲不知 皇本不知下有之字

子張學干祿章

雖愚不得祿　閩本同北監本毛本愚作偶今依訂正

何爲則民服章

舉直錯諸枉　釋文出錯字云鄭本作措投也○按措正字古經傳多假錯爲之

舉正直之人用之　皇本正上有用字人下無用之二字

則民服其上　皇本上下有矣字毛本作則民服其上也

哀公名蔣　史記魯世家作名將世本作蔣

季康子問使民敬忠以勸章

臨之以莊則敬　皇本臨下有民字又則敬則勸作則民敬則民勸案作臨民作臨之俱可若民之連用則不詞矣疑皇本誤

或謂孔子曰章

孝乎惟孝 皇本乎作于釋文出孝于云一本作孝乎案惠棟九經古義云蔡邕石經亦作于故包咸注云孝于惟孝美大孝之辭後世儒者據晉世所出君陳篇改孝于爲孝乎惟以孝屬下句以合之若非漢石經及包氏注亦安從而是正邪

是亦爲政 皇本政下有也字

奚其爲爲政 釋文出奚其爲爲政也云一本不重爲字

孝乎惟孝 皇本乎作于惟孝下有者字

美大孝之辭 皇本無大字辭下有也字

施行也 文選閒居賦注引此注下有政所施行也五字各本皆無

與爲政同 皇本作即是與爲政同耳文選閒居賦注引與上有即字同下有也字

今其言 本今誤令今正

美此孝之辭也孫志祖云此當作大今正

人而無信章

小車無軏案五經文字云軏軏音月轅端上說文下見論語及釋文相承隸省

轅端上曲鉤衡皇本鉤作拘衡下有者也二字案鉤拘古音同第四部故多通用周禮巾車金路鉤注故書鉤爲拘杜子春讀爲鉤

大車崇九尺考工記作三柯

如軫與轐案如當作加如字誤也閩本北監本毛本與又誤輿

爲衡頸之閒閩本同北監本毛本閒作間是也今依訂正

子張問十世章

殷因於夏禮所損益宋石經避宣祖諱殷作商後放此漢石經損作損

雖百世可知也　皇本高麗本可上有亦字

物類相召世數相生　皇本此注作馬融曰召作招世作勢

故可預知　皇本作故可豫知也案豫預古今字

殷則損益之　各本益之二字誤倒今正

勢數相生　案注文及疏末段俱作世數則此不當作勢字今訂正

若羅網有紀綱之而百目張也　今白虎通作若羅網之有紀綱而萬目張也

剛柔相配故人爲三綱　今白虎通人上有六字

取象日月屈信歸功也　今白虎通功下有天字

取法五行　今白虎通法作象

夫婦取象人合陰陽有施　今白虎通作夫婦法人取象人合陰陽有施化端也

以度教子今白虎通作以法度教子也

白虎通云本云誤示今正

五性者何今白虎通性作常是也

仁者不忍好生愛人今白虎通作仁者不忍也施生愛人也案白虎通本有作好字者古人所據之本不必盡同今本且引書亦不盡用元文者不得援彼改此浦鏜遽以好爲誤字非也

或於事爲之今白虎通作不惑於事○按惑正字古多假或

明一陽二陰今白虎通一作二

事莫不先其質性乃後有其文章也今白虎通作事莫不先有質性乃後有文章也

天有三生三死故士有三王今白虎通士作土毛本三死誤二死

女媧以十二月爲正尙白　本正誤王白誤曰今正

又木之始　本木誤未今正

文法天質法地　閩本同案此當作文法地質法天下周文法地殷質法天可證

殷質法而爲地正者　閩本同北監本毛本而上有天字此誤脫也

建丑之月爲地統者　各本脫地字浦鏜挍補下建寅之月爲人統者同

以其物出於地　各本其作人據浦鏜挍改

物生細微　閩本北監本毛本作微細

洛予命云湯觀於洛沈璧而黑龜與之書　浦鏜云予誤子璧誤壁是也今依訂正

泰誓言武王伐紂　本泰誤秦今訂正

而白魚入於王舟　本入誤八今訂正

禪代之後　本代誤伐今訂正

非其鬼而祭之章

是諂求福　皇本作是諂以求福也

義所宜爲字　皇本作義者所宜爲也又下是無勇下亦有也

見其義不爲　孫志祖云其衍字

論語注疏挍勘記卷二終

論語注疏解經卷第三

八佾第三

何晏集解　邢昺疏

【疏】正義曰：前篇論爲政，爲政之善莫善禮樂，禮以安上治民，樂以移風易俗，得之則安，失之則危，故此篇論禮樂得失也。

孔子謂季氏八佾舞於庭，是可忍也，孰不可忍也？

馬曰：孰，誰也。佾，列也。天子八佾，諸侯六，卿大夫四，士二。八人爲列，八八六十四人。魯以周公故受王者禮樂，有八佾之舞。季桓子僭於其家廟舞之，故孔子譏之。

【疏】「孔子」至「忍也」。○正義曰：此章論魯卿季氏僭用禮樂之事。「孔子謂季氏八佾舞於庭」者，謂者，評論之稱。季氏，魯卿，於時當桓子也。佾，列也。舞者八人爲列，八八六十四人。桓子用此八佾舞於家廟之庭，故孔子評論而譏之。「是可忍也，孰不可忍也」者，此孔子所譏之語也。孰，誰也。人之僭禮皆當罪責，不可容忍。季氏以陪臣而僭天子，最難容忍，故曰若是可容忍，他人更誰不可忍也。○注「馬曰」至「譏之」。○正義曰：「孰，誰」，《釋詁》

文佾列書傳通訓也云天子八佾諸侯六大夫四士二者隱五年左傳文也云八人爲列八八六十四人者杜預何休說如此其諸侯用六者六六三十六人大夫四四十六人士二二四人服虔以用六爲六八四十八人大夫四爲四八三十二人士二爲二八十六人今以舞勢宜方行列既減即每行人數亦宜減故同何杜之說天子所以八佾者案隱五年左傳考仲子之宮將萬焉公問羽數於衆仲對曰天子用八諸侯用六大夫四士二夫舞所以節八音而行八風故自八以下杜預云唯天子得盡物數故以八爲列諸侯則不敢用八所謂八音者金石土革絲木匏竹也鄭玄云金鍾鎛也石磬也土塤也革鼓鼗也絲琴瑟也木柷敔也匏笙也竹管簫也所謂八風者服虔以爲八卦之風乾音石其風不周坎音革其風廣莫艮音匏其風融震音竹其風明庶巽音木其風清明離音絲其風景坤音土其風涼兑音金其風閶闔又易緯通卦驗云立春調風至春分明庶風至立夏清明風至夏至景風至立秋涼風至秋分閶闔風至立冬不周風至冬至廣莫風至是則天子之舞所以節八音而行八風故八佾也云魯以周公之故受王者禮樂有八佾之舞者此釋季氏所以得僭之由由魯得用之也案禮記祭統云昔者周公旦有勳勞於天下成王康王賜之以重祭朱干玉戚以舞大武

八佾以舞大夏此天子之樂也重周公故以賜魯又明堂位曰命魯公世世祀周公以天子之禮樂是受王者禮樂也然王者禮樂唯得於文王周公廟用之若用之他廟亦爲僭也故昭二十五年公羊傳稱昭公謂子家駒曰吾何僭哉荅曰朱干玉戚以舞大夏八佾以舞大武此皆天子之禮也是昭公之時僭用他廟也云季桓子僭於家廟舞之故孔子譏之者案經但云季氏知是桓子者以孔子與桓子同時親見其事而譏之故知桓子也何休云僭齊也下效上之辭季氏陪臣也而效君於上故云僭也大夫稱家祭法大夫三廟此經又言於庭魯之用樂見於經傳者皆據廟中祭祀時知此亦僭於其家廟舞之故孔子譏之也

三家者以雍徹　馬曰三家謂仲孫叔孫季孫雍周頌臣工篇名天子祭於宗廟歌之以徹祭今三家亦作此樂。**子曰相維辟公天子穆穆**　包曰辟公謂諸侯及二王之後穆穆天子之容貌雍篇歌此者有諸侯及二王之後來助祭故也今三家但家臣而已何取此義而作之於堂邪**奚取於三家之堂**

〔疏〕三家至之堂。正義曰此章譏三家之僭也三家者以雍徹者此弟子之言將論夫子所譏之語故先設此文以爲首引三家謂仲孫叔孫季孫雍周頌臣工篇名天子祭於宗廟歌之以徹祭今三家亦作此樂以徹祭故夫子譏之子曰相維辟公天子穆穆奚取於三家之堂者此夫子所譏之語也先引詩文後言其不可取之理也相維辟公天子穆穆者此雍詩之文也相助也維辭也辟公謂諸侯及二王之後穆穆天子之容貌雍篇歌此者有諸侯及二王之後來助祭故也今三家但家臣而已何取此義而作之於堂乎○注馬曰至此樂○正義曰三孫同是魯桓公之後桓公適子莊公爲君庶子公子慶父公子叔牙公子季友仲孫是慶父之後叔孫是叔牙之後季孫是季友之後其後子孫皆以其仲叔季爲氏故有此氏並是桓公子孫故俱稱孫也至仲孫氏後世改仲曰孟孟者庶長之稱也言已是庶不敢與莊公爲伯仲叔季之次故取庶長爲始也云雍周頌臣工篇名者即周頌臣工之什第七篇也天子祭於宗廟歌之以徹祭者案周禮樂師云及徹帥學士而歌徹鄭玄云徹者歌雍又小師云徹歌鄭云於有司徹而歌雍是知天子祭於宗廟歌之以徹祭也今三家亦作此樂故夫子譏之也○注包曰至堂邪○正義曰云辟公謂諸侯及二王之後者此與毛傳同鄭玄以辟爲卿士公謂諸侯爲異餘亦同也云穆穆天子之容貌者曲禮云天子穆穆爾雅釋詁云穆穆美也是天子之容貌穆穆然美也云雍篇歌此者有諸侯及二王之

後來助祭故也者將言無諸侯及二王之後助祭則不可歌
也云今三家但家臣而已何取此義而作之於堂邪者鄉大
夫稱家家臣謂家相邑宰之屬來助祭耳何取此雍詩之義
而奏作於堂邪邪語辭魯用天子禮樂以雍徹由是三家僭
之也

子曰人而不仁如禮何人而不仁如樂何 包曰言人而不仁必不能行禮樂

疏 子曰至樂何。正義曰此章言禮樂資仁而行也人而不仁如禮何人而不仁如樂何者如奈也言人而不仁奈此禮樂何謂必不能行禮樂也

林放問禮之本 鄭曰林放魯人

子曰大哉問禮與其奢也寧儉喪與其易也寧戚 包曰易和易也言禮之本意失於奢不如儉喪失於和易不如哀戚

疏 林放至寧戚。正義曰此章明
禮之本意也林放問禮之本者林放魯人也問於夫子禮之
本意如何子曰大哉問者夫子將荅禮本先嘆美之也禮之
末節人尚不知林放能問其本其意非小故曰大哉問也禮
與其奢也寧儉喪與其易也寧戚者此夫子所荅禮本也奢
汰侈也儉約省也易和易也戚哀戚也與猶等也奢與儉易
與戚等俱不合禮但禮不欲失於奢寧失於儉喪不欲失於

易寧失於戚言禮之本意禮失於奢不如儉喪失於和易不如哀戚

子曰夷狄之有君不如諸夏之亡也 包曰諸夏中國亡無也 疏 子曰夷狄之有君不如諸夏之亡也○正義曰此章言中國禮義之盛而夷狄無也舉夷狄則戎蠻可知諸夏中國也亡無也言夷狄雖有君長而無禮義中國雖偶無君若周召共和之年而禮義不廢故曰夷狄之有君不如諸夏之亡也○注包曰諸夏中國○正義曰此及閔元年左氏傳皆言諸夏襄四年左傳魏絳云諸夷必叛華夏皆謂中國而謂之華夏者夏大也言有禮儀之大有文章之華也

季氏旅於泰山子謂冉有曰女弗能救與 馬曰旅祭名也禮諸侯祭山川在其封內者今陪臣祭泰山非禮也冉有弟子冉求時仕於季氏救猶止也 **對曰不能子曰嗚呼曾謂泰山不如林放乎** 包曰神不享非禮林放尚知問禮泰山之神反不如林放邪欲誣而祭之 疏 季氏至放乎○正義曰此章譏季氏非禮祭泰山也季氏旅於泰山者旅祭名也禮諸侯祭山川在其封內者今陪臣祭泰山非禮也子謂冉有曰女弗能救與者冉有弟子冉求時仕於季氏救

猶止也夫子見季氏非禮而祭泰山故以言謂弟子冉有曰汝既臣於季氏知其非禮即合諫止女豈不能諫止與與語辭對曰不能者言季氏僭濫已不能諫止也子曰嗚呼曾謂泰山不如林放乎者孔子嘆其失禮故曰嗚呼曾之言則也夫神不享非禮林放尚知問禮況泰山之神豈反不如林放乎而季氏欲誣罔而祭之也言泰山之神必不享季氏之祭若其享之則是不如林放也○注馬曰至止也○正義曰云旅祭名者周禮太宗伯職云國有大故則旅上帝及四望鄭注云故謂凶烖旅陳也陳其祭事以祈焉禮不如祀之備也故知旅祭名也云禮諸侯祭山川在其封內者王制云諸侯祭名山大川之在其地者是也云今陪臣祭泰山非禮也者陪重也諸侯既爲天子之臣故謂諸侯之臣爲陪臣泰山在魯封內故魯得祭之今季氏亦祭故云非禮云冉有弟子冉求者史記弟子傳云冉求字子有少孔子二十九歲鄭玄曰魯人

子曰君子無所爭必也射乎孔曰言於射而後有爭**揖讓而升下而飲**王曰射於堂升及下皆揖讓而相飲**其爭也君子**馬曰多筭飲少筭君子之所爭

〔疏〕子曰至君子○正義曰此章言射禮有君子之風也君子無所爭者言君子之人謙卑自牧無

所競爭也必也射乎者君子雖於他事無爭其或有爭必也於射禮乎言於射而後有爭也揖讓而升下而飲者射禮於堂將射升堂及射畢而下勝飲不勝其耦皆以禮相揖讓也其爭也君子者射者爭中正鵠而已不同小人厲色援臂故曰其爭也君子○注孔曰言於射而後有爭○正義曰鄭注射義云飲射爵者亦揖讓而升降勝者袒決遂執張弓不勝者襲說決拾卻左手右加弛弓於其上而升飲君子恥之是以射則爭中是於射而後有爭○注王曰至相飲○正義曰云射於堂升及下皆揖讓而相飲者儀禮大射云耦進上射在左並行當階北面揖及階揖升堂揖皆當其物北面揖及物揖射畢北面揖揖如升射是射時升降揖讓也大射又云飲射爵之時勝者皆袒決遂執張弓不勝者皆襲說決拾卻左手右加弛弓于其上遂以執弣揖如始升射及階勝者先升升堂少右不勝者進北面坐取豐上之觶立卒觶坐奠於豐下興揖不勝者先降是飲射爵之時揖讓升降也○注馬曰多至所爭○正義曰云多筭飲少筭者筭籌也鄉射記曰箭籌八十長尺有握握素是也多筭謂勝者少筭謂不勝者勝飲不勝而相揖讓故曰君子之所爭也

子夏問曰巧笑倩兮美目盼兮素以爲絢兮何謂也

馬曰倩笑貌盼動目貌絢文貌此上二句在衛風碩人之二章其下一句逸也 **子曰繪事後素** 鄭曰繪畫文也凡繪畫先布衆色然後以素分布其間以成其文喻美女雖有倩盼美質亦須禮以成之 **曰禮後乎** 孔曰孔子言繪事後素子夏聞而解知以素喻禮故曰禮後乎 **子曰起予者商也始可與言詩已矣** 包曰予我也孔子言子夏能發明我意可與共言詩

〔疏〕子夏至詩已矣○正義曰此章言成人須禮也子夏問曰巧笑倩兮美目盼兮素以為絢兮何謂也者倩笑貌盼動目貌絢文貌此衛風碩人之篇閔莊姜美而不見荅之詩也言莊姜既有巧笑美目倩盼之容又能以禮成文絢然素喻禮也子夏讀詩至此三句不達其旨故問夫子何謂也子曰繪事後素者孔子舉喻以荅子夏也繪畫文也凡繪畫先布衆色然後以素分布其間以成其文喻美女雖有倩盼美質亦須禮以成之也曰禮後乎者此子夏語子夏聞孔子言繪事後素即解其旨知以素喻禮故曰禮後乎子曰起予者商也始可與言詩已矣者起發也予我也商子夏名孔子言能發明我意者是子夏也始可與共言詩也○注馬曰至逸也○正義曰云此上二句在衛風碩人之二章者案今毛詩碩人四

章章七句其二章曰手如柔荑膚如凝脂領如蝤蠐齒如瓠犀螓首蛾眉巧笑倩兮美目盼兮是也云其下一句逸者今毛詩無此一句故曰逸言亡逸也○注鄭曰至成之○正義曰案考工記云畫繢之事雜五色下云畫繢之事後素功是知凡繪畫先布衆色然後以素分布其間以成其文章也

子曰夏禮吾能言之杞不足徵也殷禮吾能言之宋不足徵也包曰徵成也杞宋二國名夏殷之後夏殷之禮吾能說之杞宋之君不足以成也**文獻不足故也足則吾能徵之矣**鄭曰獻猶賢也我不以禮成之者以此二國之君文章賢才不足故也

疏子曰至徵之矣○正義曰此章言夏商之後不能行先王之禮也夏禮吾能言之杞不足徵也殷禮言之宋不足徵也者徵成也杞宋二國言夏殷之後也孔子言夏殷之禮吾能說之但以杞宋之君闇弱不足以成之也文獻不足故也足則吾能徵之矣者此又言不足徵之意獻賢也孔子言我不以禮成之者以此二國之君文章賢才不足故也○注包曰至成也○正義曰徵成釋詁文云杞宋二國名夏殷之後者樂記云武王克殷下車而封夏后氏之後於杞封殷之後於宋

是也

子曰禘自既灌而往者吾不欲觀之矣孔曰禘袷之禮爲序昭穆故毀廟之主及羣廟之主皆合食於太祖灌者酌鬱鬯灌於太祖以降神也既灌之後列尊卑序昭穆而魯逆祀躋僖公亂昭穆故不欲觀之矣

疏　子曰禘自既灌而往者吾不欲觀之矣○正義曰此章言魯禘祭非禮之事禘者五年大祭之名灌者將祭酌鬱鬯於太祖以降神也既灌之後列尊卑序昭穆而魯逆祀躋僖公亂昭穆故孔子曰禘祭自既灌已往吾則不欲觀之也○注孔曰至觀之○正義曰云禘袷之禮爲序昭穆故毀廟之主及羣廟之主皆合食於太祖者鄭玄曰魯禮三年喪畢而祫於太祖明年春禘於羣廟自爾之後五年而再殷祭以遠主初始入祧新死之主又當與先君相接故禮因是而爲大祭以審序昭穆故謂之禘禘者諦也言使昭穆之次審諦而不亂也祫者合也文二年公羊傳曰大祫者何合祭也其合祭奈何毀廟之主陳于太祖未毀廟之主皆升合食於太祖是也云灌者酌鬱鬯灌於太祖以降神者郊特牲云周人尚臭灌用鬯臭鬱合鬯臭陰達於淵泉灌以圭璋用玉氣也既灌然後迎牲致陰氣也鄭注云灌謂以圭瓚酌鬯始獻神也鬱鬱金草釀秬爲酒煮鬱金草和之其氣芬芳調暢故曰鬱鬯言未殺牲先酌

鬱鬯酒灌地以求神於太祖廟也云既灌之後列尊卑序昭穆者言既灌地降神之後始列木主以尊卑陳列太祖前太祖東鄉昭南鄉穆北鄉其餘孫從王父父曰昭子曰穆昭取其鄉明穆取其北面尚敬三年一祫五年一禘禘所以異於祫者毀廟之主陳於太祖與祫同未毀廟之主則各就其廟而祭也云而魯逆祀躋僖公亂昭穆故不欲觀之者春秋文二年秋八月丁卯大事于太廟躋僖公公羊傳曰躋者何升也何言乎升僖公譏何譏爾逆祀也何休云升謂西上禮昭穆指父子近取法春秋惠公與莊公當同南面西上隱桓與閔僖亦當同北面西上繼閔者在下文公緣僖公於閔公爲庶兄置僖公於閔公上失先後之義故譏之是知當閔在僖上今升僖先閔故云逆祀二公位次之逆非昭穆亂也此注云亂昭穆及魯語云將躋僖公宗有司曰非昭穆也弗忌曰我爲宗伯明者爲昭其次爲穆何常之有如彼所言又似閔僖異昭穆者位次之逆如昭穆之亂假昭穆以言之非謂異昭穆也若兄弟相代卽異昭穆設今兄弟四人皆立爲君則祖父之廟卽已從毀知其理必不然故先儒無作此說以此逆祀失禮故孔子不欲觀之也

或問禘之說子曰不知也孔曰答以不知者爲魯諱。知其說者之於天下也其如示諸斯乎指其掌包曰孔子謂或人言知禘禮之說者於天下之事如指示掌中之物言其易了〔疏〕或問至其掌。正義曰此章言諱國惡之禮也或問禘之說者或人問孔子禘祭之禮其說何如子曰不知也者孔子荅言不知禘禮之說荅以不知者爲魯諱諱國惡禮也若其說之當云禘之禮序昭穆時魯躋僖公亂昭穆說之則彰國之惡故但言不知也知其說者之於天下也其如示諸斯乎也者諸於也斯此也孔子既荅或人以不知禘禮之說若不更說恐或人以爲己實不知無以明其諱國惡且恐後世以爲禘祭之禮聖人不知而致廢絕更爲或人言此也言我知禘禮之說者於天下之事中其如指示於此掌中之物言其易了也指其掌者此句弟子作論語時言也當時孔子舉一手伸掌以一手指之以示或人曰其如示諸斯乎弟子等恐人不知示諸斯謂指示何等物故著此一句言是時夫子指其掌也

祭如在孔曰言事死如事生祭神如神在孔曰謂祭百神

子曰吾不與祭如不祭包曰孔子或出或病而不自親祭使攝者爲之不致肅敬於心與不祭同〔疏〕祭如在至不祭。正義曰此章言孔子重祭禮祭如在者謂祭宗廟必致其敬

如其親存言事死如事生也祭神如神在者謂祭百神亦如神之存在而致敬也子曰吾不與祭如不祭者孔子言我若親行祭事則必致其恭敬我或出或病而不自親祭使人攝代己爲之不致肅敬於心與不祭同○注謂祭百神○正義曰百神謂宗廟之外皆是言百神舉成數

王孫賈問曰與其媚於奥寧媚於竈何謂也孔曰王孫賈衛大夫奥内也以喻近臣竈以喻執政賈執政者欲使孔子求昵之微以世俗之言感動之也

子曰不然獲罪於天無所禱也孔曰天以喻君孔子拒之曰如獲罪於天無所禱於衆神

疏王孫至禱也○正義曰此章言夫子守禮不求媚於人也王孫賈者衛執政大夫也問曰與其媚於奥寧媚於竈何謂也者媚趣嚮也奥内也謂室内西南隅也以其隱奥故尊者居之其處雖尊而閒靜無事以喻近臣雖尊不執政柄無益於人也竈者飲食之所由雖處卑褻爲家之急用以喻國之執政位雖卑下而執賞罰之柄有益於人也此二句世俗之言也言與其趣於閒靜之處寧若趣於急用之竈以喻其求於無事之近臣寧若求於用權之執政王孫賈時執國政舉於二句佯若不達其理問於孔子曰何謂也欲使孔子求媚

親昵於己，故微以世俗之言感動之也。子曰：不然，獲罪於天，無所禱也者，孔子拒賈之辭也。然，如此也。言我則不如世俗之言也。天以喻君。獲猶得也。我道之行否由於時君，無求於衆臣；如得罪於天，無所禱於衆神。

子曰：周監於二代，郁郁乎文哉！吾從周。孔曰：監，視也。言周文章備於二代，當從之。

【疏】子曰至從周○正義曰：此章言周之禮文猶備也。周監於二代郁郁乎文哉者，監，視也。二代謂夏、商。郁郁，文章貌。言以今周代之禮法文章迴視夏、商二代，則周代郁郁乎有文章哉！吾從周者，言周之文章備於二代，故從而行之也。

子入太廟，包曰：太廟，周公廟。孔子仕魯，魯祭周公而助祭也。每事問。或曰：孰謂鄹人之子知禮乎？入太廟，每事問。孔曰：鄹，孔子父叔梁紇所治邑。時人多言孔子知禮，或人以爲知禮者不當復問。子聞之，曰：是禮也。孔曰：雖知之，當復問，慎之至也。

【疏】子入至禮也○正義曰：此章言夫子慎禮也。子入太廟者，子謂孔子。太廟，周公廟。孔子仕魯，魯祭周公而助祭，故得入之也。每事問者，言太廟之中禮器之屬，每事輒問於令長也。或曰孰謂鄹人之子知禮乎入太廟每事問者孰誰也鄹人魯鄹邑大夫孔子父叔梁紇也或有人曰誰謂鄹大夫之子知禮者也時人多言孔子知禮或人以爲知禮者不當復問何爲入太廟而每事問乎意以爲孔子不知禮子聞之曰是禮也者孔子聞或人之譏乃言其問之意以宗廟之禮當須重愼不可輕言雖已知之當更復問愼之至也○注包曰至助祭也○正義曰云太廟周公廟者文十三年公羊傳曰周公稱太廟魯公稱世室羣公稱宮故知太廟周公廟也云孔子仕魯者史記孔子世家云孔子貧且賤及長嘗爲季氏吏料量平嘗爲司職吏而畜蕃息由是爲司空其後定公以孔子爲中都宰一年四方皆則之由中都宰爲司空由司空爲大司寇攝相事是仕魯由是故得與助祭也○注孔曰至復問○正義曰云鄹孔子父叔梁紇所治邑者古謂大夫守邑者以邑冠之呼爲某人孔子父鄹邑大夫左傳稱鄹人紇故此謂孔子爲鄹人之子也左傳成二年云新築人仲叔于奚杜注云于奚守新築大夫即此類也

子曰射不主皮馬曰射有五善焉一曰和志體和二曰和容有容儀三曰主皮能中質四曰和頌合雅頌五曰興武與舞同天子三侯以熊虎豹皮爲之言射者不但以中皮爲善亦兼取和容也**爲力不同科古之道也**馬曰爲力力役

之事亦有上中下設三科焉故曰不同科【疏】子曰至古之道也○正義曰此章明古禮也射不主皮者言古者射禮張布爲侯而棲熊虎豹之皮於中而射之射有五善焉不但以中皮爲善亦兼取禮樂容節也周衰禮廢射者無復禮容但以主皮爲善故孔子抑之云古之射者不主皮也爲力不同科者言古者爲力役之事亦有上中下設三科焉周衰政失力役之事貧富兼并強弱無別而同爲一科故孔子非之云古之爲力役不如今同科也古之道也者結上二事皆前古所行之道也○注馬曰至和容也○正義曰云射有五善焉者言射禮有五種之善下所引是也云一曰和至五曰興舞皆周禮鄉大夫職文也云志體和至興舞同皆馬融解義語案彼云退而以鄉射之禮五物詢衆庶一曰和二曰容三曰主皮四曰和容五曰興舞注云以用也行鄉射之禮而以五物詢於衆民鄭司農云詢謀也問於衆庶寧復有賢能者和謂閨門之內行也容謂容貌也主皮謂善射射所以觀士也故書舞爲無杜子春讀和容爲和頌謂能爲樂也無讀爲舞謂能爲六舞玄謂和載六德容包六行也庶民無射禮因田獵分禽則有主皮主皮者張皮射之無侯也主皮和容興舞則六藝之射與禮與樂是也今此注二曰和容衍和字五曰興武武當爲舞聲之誤也云天子三侯以熊虎豹皮爲之者

周禮天官司裘職云王大射則共熊侯虎侯豹侯設其鵠諸侯則共熊侯豹侯卿大夫則共麋侯皆設其鵠注云大射者爲祭祀射主將有郊廟之事以射擇諸侯及羣臣與邦國所貢之士可以與祭者射者可以觀德行其容體比於禮其節比於樂而中多者得與於祭諸侯謂三公及王子弟封於畿內者卿大夫亦皆有采地焉其將祀其先祖亦與羣臣射以擇之凡大射各於其射宮侯者其所射也以虎熊豹麋之皮飾其側又方制之以爲𩊚謂之鵠著於侯中所謂皮侯王之大射虎侯王所自射也熊侯諸侯所射豹侯卿大夫以下所射諸侯之大射熊侯諸侯所自射豹侯羣臣所射卿大夫之大射麋侯君臣共射焉凡此侯道虎九十弓熊七十弓豹麋五十弓列國之諸侯大射大侯亦九十參七十干五十遠尊得伸可同耳所射正謂之侯者天子中之則能服諸侯諸侯以下中之則得爲諸侯鄭司農云鵠鵠毛也方十尺曰侯四尺曰鵠二尺曰正四寸曰質玄謂侯中之大小取數於侯道鄉射記曰弓二寸以爲侯中則九十弓者侯中廣丈八尺七十弓者侯中廣丈四尺五十弓者侯中廣一丈尊卑異等此數明矣考工記曰梓人爲侯廣與崇方參分其廣而鵠居一焉然則侯中丈八尺者鵠方六尺侯中丈四尺者鵠方四尺六寸大半寸侯中一丈者鵠方三尺三寸少半寸謂之鵠者

取名於鳱鵠鳱鵠小鳥而難中是以中之爲儁亦取鵠之言較較者直也射所以直已志用虎熊豹麋之皮示服猛討迷惑者射者大禮故取義衆也不大射士無臣祭無所擇也

子貢欲去告朔之餼羊鄭曰牲生曰餼禮人君每月告朔於廟有祭謂之朝享魯自文公始不視朔子貢見其禮廢故欲去其羊

子曰賜也爾愛其羊我愛其禮包曰羊存猶以識其禮羊亡禮遂廢

［疏］子貢至其禮。○正義曰此章言孔子不欲廢禮也子貢欲去告朔之餼羊者牲生曰餼禮人君每月告朔於廟因有祭謂之朝享魯自文公怠於政禮始不視朔廢朝享之祭有司仍供備其羊子貢見其禮廢故欲并去其羊也子曰賜也爾愛其羊我愛其禮者此孔子不許子貢之欲去羊故呼其名而謂之曰賜也爾以爲既廢其禮虛費其羊故欲去之是愛其羊也我以爲羊存猶以識其禮羊亡禮遂廢所以不去其羊欲使後世見此告朔之羊知有告朔之禮庶或復行之是愛其禮也。○注鄭曰至其羊。○正義曰云牲生曰餼者僖三十三年左傳曰餼牽竭矣餼與牽相對牽是牲可牽行則餼是已殺殺又非熟故解者以爲腥曰餼謂生肉未煑者也其實餼亦是生哀二十四年左傳云晉師乃還餼臧石牛是以生

牛賜之也此及聘禮注皆云牲生曰餼由不與牽相對故爲生也云禮每月告朔於廟有祭謂之朝享者案周禮大史頒告朔于邦國鄭玄云天子頒朔于諸侯諸侯藏之祖廟至朔朝于廟告而受行之此云子貢欲去告朔之餼羊是用生羊告於廟謂之告朔人君即以此日聽視此朔之政謂之視朔文十六年公四不視朔僖五年傳曰公既視朔是也視朔者聽治此月之政亦謂之聽朔玉藻云天子聽朔于南門之外是也其日又以禮祭於宗廟謂之朝廟周禮謂之朝享司尊彝云追享朝享是也其歲首爲之則謂之朝正襄二十九年正月公在楚傳曰釋不朝正於廟是也告朔視朔聽朔朝廟享朝正二禮各有三名同日而爲之也必於月朔爲此告朔聽朔之禮者杜預春秋釋例曰人君者設官分職以爲民極遠細事以全委任之責縱諸下以盡知力之用揔成敗以效能否執八柄以明誅賞故自非機事皆委任焉誠信足以相感事實盡而不擁故受位居職者思效忠善日夜自進而無所顧忌也天下之細事無數一日二日萬端人君之明有所不照人君之力有所不堪則不得不借問近習有時而用之如此則六鄉六遂之長雖躬履此事躬造此官當皆移聽於內官回心於左右政之秕亂常必由此聖人知其不可故簡其節敬其事因月朔朝廟遷坐正位會羣吏而聽大政考其

所行而決其煩疑非徒議將然也乃所以考已然又惡其審聽之亂公也故顯衆以斷之是以上下交泰官人以理萬民以察天下以治也每月之朔必朝於廟因聽政事事敬而禮成以故告特羊然則朝廟朝正告朔視朔皆同日之事所從言異耳是言聽朔朝廟之義也玉藻說天子朝廟之禮云聽朔於南門之外諸侯皮弁聽朔於太廟鄭玄以爲明堂在國之陽南門之外謂明堂也諸侯告朔以特羊則天子以特牛與天子用特牛告其帝及其神配以文王武王諸侯用特羊告太祖而已杜預以明堂與祖廟爲一但明堂是祭天之處天子告朔雖杜之義亦應告人帝朝亨卽月祭是也祭法云王立七廟祖廟曰考廟王考廟皇考廟顯考廟皆月祭之二祧享嘗乃止諸侯立五廟曰考廟王考廟皇考廟皆月祭之顯考廟祖考廟享嘗乃止然則天子告朔於明堂朝享於五廟諸侯告朔於大廟朝享自皇考以下三廟耳皆先告朔後朝廟朝廟小於告朔文公廢其大而行其小故春秋文公六年經云閏月不告朔猶朝于廟公羊傳曰猶者可止之辭也天子玄冕以視朔皮弁以日視朝諸侯皮弁以聽朔朝服以日視朝其閏月則聽朔於明堂闔門左扉立於其中聽政於路寢門終月故於文王在門爲閏云魯自文公始不視朔者卽文六年閏月不告朔是也

子曰事君

盡禮人以爲諂也孔曰時事君者多無禮故以有禮者爲諂〔疏〕子曰至諂也。正義曰此章疾時臣事君多無禮也言若有人事君盡其臣禮謂將順其美及善則稱君之類而無禮之人反以爲諂佞也

定公問君使臣臣事君如之何孔曰定公魯君謚時臣失禮定公患之故問之孔子對曰君使臣以禮臣事君以忠〔疏〕定公問至以忠。正義曰此章明君臣之禮也定公問君使臣臣事君如之何者定公魯君也時臣失禮君不能使定公患之故問於孔子曰君之使臣及臣之事君當如之何也孔子對曰君使臣以禮臣事君以忠者言禮可以安國家定社稷止由君不用禮則臣不竭忠故對曰君之使臣以禮則臣必事君以忠也。注孔曰至問之。正義曰云定公魯君謚者魯世家云定公名宋襄公之子昭公之弟以敬王十一年卽位謚法安民大慮曰定

子曰關雎樂而不淫哀而不傷孔曰樂不至淫哀不至傷言其和也〔疏〕子曰至不傷正義曰此章言正樂之和也關雎者詩國風周南首篇名興后妃之德也詩序云樂得淑女以配君子憂在進賢不淫其色是樂而不

淫也哀窈窕思賢才而無傷善之心焉是哀而不傷也樂不至淫哀不至傷言其正樂之和也　**哀公問社於宰我宰我對曰夏后氏以松殷人以栢周人以栗曰使民戰栗**　孔曰凡建邦立社各以其土所宜之木宰我不本其意妄爲之說因周用栗便云使民戰栗　**子聞之曰成事不說**　包曰事已成不可復解說　**遂事不諫**　包曰事已遂不可復諫止　**既往不咎**　包曰事已往不可復追咎孔子非宰我故歷言此三者欲使慎其後

疏　哀公至不咎。○正義曰此章明立社所用木也哀公問社於宰我者哀公魯君也社五土之神也凡建邦立社各以其土所宜木哀公未知其禮故問於弟子宰我也宰我對曰夏后氏以松殷人以栢周人以栗曰使民戰栗者三代立社各以其土所宜木故宰我舉之以對哀公也但宰我不本其土宜之意因周用栗便妄爲之說曰周人以栗者欲使其民戰栗故也子聞之曰成事不說遂事不諫既往不咎者孔子聞宰我對哀公使民戰栗知其虛妄無如之何故曰事已成不可復解說也事已遂不可復諫止也事已往不可復追咎也歷言此三者以非之欲使慎其後也注孔曰至戰栗。正義曰：云凡建邦立社各以其土所宜之本者，以社者五土之總神，故凡建邦立國必立社也。夏都安邑宜松，殷都亳宜栢，周都豐鎬宜栗，是各以其土所宜木也。謂用其木以爲社主。張包周本以爲哀公問主於宰我，先儒或以爲宗廟主者，杜元凱、何休用之以解春秋，以爲宗廟主，今所不取。

子曰：管仲之器小哉！言其器量小也。或曰：管仲儉乎？包曰：或人見孔子小之，以爲謂之大儉。曰：管氏有三歸，官事不攝，焉得儉？包曰：三歸，娶三姓女。婦人謂嫁曰歸。攝猶兼也。禮，國君事大，官各有人；大夫兼并。今管仲家臣備職，非爲儉。然則管仲知禮乎？包曰：或人以儉問，故荅以安得儉。或人聞不儉，便謂爲得禮。曰：邦君樹塞門，管氏亦樹塞門。邦君爲兩君之好，有反坫，管氏亦有反坫。鄭曰：反坫，反爵之坫，在兩楹之間。人君別内外，於門樹屛以蔽之。若與鄰國爲好會，其獻酢之禮更酌，酌畢則各反爵於坫上。今管仲皆僭爲之，如是是不知禮。管氏而知禮，孰不知

【疏】子曰至知禮○正義曰此章言管仲僭禮也子曰管仲之器小哉者管仲齊大夫管夷吾也孔子言其器量小也或曰管仲儉乎者或人見孔子言管仲器小以爲謂其大儉故問曰管氏儉乎曰管氏有三歸官事不攝焉得儉者孔子荅或人以管仲不儉之事也婦人謂嫁曰歸攝猶兼也焉猶安也禮大夫雖有妾媵嫡妻唯娶一姓今管仲娶三姓之女故曰有三歸禮國君事大官各有人大夫雖得有家臣不得每事立官當使一官兼攝餘事今管仲家臣備職奢豪若此安得爲儉也然則管仲知禮乎者或人聞孔子言管仲不儉便謂爲得禮故又問曰然則管仲是知禮之人乎曰邦君樹塞門管氏亦樹塞門邦君爲兩君之好有反坫管氏亦有反坫者此孔子又爲或人說管仲不知禮之事也邦君諸侯也屏謂之樹人君别內外於門樹屏以蔽塞之大夫當以簾蔽其位耳今管仲亦如人君樹屏以塞門也反坫反爵之坫在兩楹之間人君與鄰國爲好會其獻酢之禮更酌酌畢則各反爵於坫上大夫則無之今管仲亦有反爵之坫僭濫如此是不知禮也管氏而知禮孰不知禮者孔子舉其僭禮於上而以此言非之孰誰也言若謂管氏而爲知禮更誰爲不知禮言唯管氏不知禮也○注包曰至爲儉○正義曰云婦人謂嫁曰歸者隱二年公羊傳文何休曰婦人生以父

毋爲家嫁以夫爲家故謂嫁曰歸明有三歸之道也。注鄭曰至知禮。正義曰云反坫反爵之坫在兩楹之間者以鄉飲酒是鄉大夫之禮於房戶間燕禮是燕已之臣子故尊於東楹之西若兩君相敵則尊於兩楹間故其坫在兩楹間也云人君別內外於門樹屏以蔽之者釋宮云屏謂之樹郭璞曰小牆當門中郊特牲云臺門而旅樹鄭玄云此皆諸侯之禮也旅道也屏謂之樹樹所以蔽行道管氏樹塞門塞猶蔽也禮天子外屏諸侯內屏大夫以簾士以帷是也云若與鄰國爲好會其獻酢之禮更酌酌畢則各反爵於坫上者熊氏云主君獻賓賓筵前受爵飲畢反坫虛爵於坫上於西階上拜主人於阼階上荅拜賓於坫取爵洗爵酌以酢主人主人受爵飲畢反此虛爵於坫上主人阼階上拜賓荅拜是賓主飲畢反爵於坫上也而云酌畢各反爵於坫上者文不具耳其實當飲畢

子語魯大師樂曰樂其可知也始作翕如也大師樂官名。五音始奏翕如盛**從之純如也**從讀曰縱言五音既發放縱盡其音聲純純和諧也**皦如也**言其音節明也**繹如也以成**縱之以純如皦如繹如言樂始作翕如而成於三

〔疏〕子語至以成。正義曰此章明樂子

語魯大師樂者大師樂官名猶周禮之大司樂也於時魯國禮樂崩壞故孔子以正樂之法語之使知也曰樂其可知也者言五音翕然盛也翕盛皃如皆語辭從之純如也者從讀曰縱謂放縱也純和也言五音既發放縱盡其音聲純純和諧也皦如也者皦明也言其音節分明也繹如也者言其音落繹然相續不絶也以成者言樂始作翕如又縱之以純如皦如繹如則正樂以之而成也

儀封人請見鄭曰儀蓋衛邑封人官名**曰君子之至於斯也吾未嘗不得見也從者見之**包曰從者弟子隨孔子行者通使得見**出曰二三子何患於喪乎天下之無道也久矣**孔曰語諸弟子言何患於夫子聖德之將喪亡邪天下之無道已久矣極衰必盛**天將以夫子爲木鐸**孔曰木鐸施政教時所振也言天將命孔子制作法度以號令於天下

〔疏〕儀封至木鐸。正義曰此章明夫子之德天將命之使其定禮樂也儀封人請見衛國儀邑典封疆之人請告於孔子從者欲見孔子也曰君子之至於斯也吾未嘗不得見也者此所請辭也嘗曾也言往者有德之君子至於我斯地也吾嘗得見之未曾有不得見者也從者見之者從者謂弟子隨孔子行者既見其請故爲之紹介通使得見也出曰二三子何患於喪乎者儀封人請既見夫子出門乃語諸弟子曰二三子何須憂患於夫子聖德之將喪亡乎天下之無道也久矣者此封人又說孔子聖德不喪之由也言事不常一盛必有衰衰極必盛今天下之衰亂無道亦已久矣言拯弱興衰屬在夫子天將以夫子爲木鐸者木鐸金鈴木舌施政教時所振也言天將命孔子制作法度以號令於天下如木鐸以振文教也○注鄭曰儀蓋至官名○正義曰云儀蓋衛邑者以左傳衛侯入於夷儀疑與此是一故云蓋衛邑也云封人官名者周禮封人掌爲畿封而樹之鄭玄云畿上有封若今時界也天子封人職典封疆則知諸侯封人亦然也左傳言潁谷封人祭仲足爲祭封人宋高哀爲蕭封人此云儀封人皆以地名封人蓋職典封疆居在邊邑潁谷儀祭皆是國之邊邑也○注包曰至得見○正義曰云通使得見者見謂爲之紹介使之見也若左傳云乃見鱄設諸焉齊豹見宗魯於公孟亦然○注孔曰至天下○正義曰云木鐸施政教時所振也者禮有金鐸木鐸鐸是鈴也其體以金爲之明舌有金木之異知木鐸是木舌也周禮教鼓人以金鐸通鼓大司馬教振旅兩司馬執鐸明堂位云振木鐸於朝是武事

振金鐸文事振木鐸此云木鐸施政教時所振者所以振文教是也

子謂韶盡美矣又盡善也孔曰韶舜樂名謂以聖德受禪故盡善謂武盡美矣未盡善也孔曰武武王樂也以征伐取天下故未盡善

疏子謂至善也。正義曰此章論韶武之樂子謂韶盡美矣又盡善也者韶舜樂名韶紹也德能紹堯故樂名韶言韶樂其聲及舞極盡其美揖讓受禪其聖德又盡善也謂武盡美矣未盡善也者武周武王樂以武得民心故名樂曰武言武樂音曲及舞容則盡極美矣然以征伐取天下不若揖讓而得故其德未盡善也。注孔曰至盡善。正義曰云韶舜樂名者樂記云韶繼也注云韶紹也言舜之道德繼紹於堯也元命包曰舜之時民樂紹堯業其書益稷云簫韶九成鳳皇來儀是韶爲舜樂名也云謂以聖德受禪故盡善者書序云昔在帝堯聰明文思光宅天下將遜于位讓于虞舜孔安國云若使攝遂禪之禪卽讓也是以聖德受禪也。注孔曰至未盡善。正義曰云武武王樂也者禮器云樂也者樂其所自成注云作樂者緣民所樂於已之功然則以武王用武除暴爲天下所樂故謂其樂爲武樂武樂爲一代大事故歷代皆稱大也云以征伐取天下故未盡善者以臣伐君雖曰應天順

人不若揖讓而受故未盡善也

子曰居上不寬爲禮不敬臨喪不哀吾何以觀之哉〔疏〕子曰居上不寬爲禮不敬臨喪不哀吾何以觀之哉○正義曰此章揔言禮意居上位者寬則得衆不寬則失於苛刻凡爲禮事在於莊敬不敬則失於傲惰親臨死喪當致其哀不哀則失於和易凡此三失皆非禮意人或若此不足可觀故曰吾何以觀之哉

論語注疏解經卷第三

二品廕生阮常生挍栞

論語注疏挍勘記　阮元撰盧宣旬摘錄

八佾第三

孔子謂季氏章

金鍾鑄也　毛本鍾作鐘閩本鑄誤鑄北監本鍾亦作鐘鑄亦誤鑄

重周公故以賜魯　禮記祭統重作康

吾何僭哉　公羊傳哉上有矣字

下効上之辭　閩本同北監本毛本効作效案効乃效之俗字今正

三家者以雍徹　釋文出撤字云本或作徹案五經文字云撤去也案字書無此字見論語

今三家亦作此樂　皇本樂下有者也二字○按者是衍文

天子穆穆　皇本穆穆下有矣字

天子之容貌 皇本貌作也

雍篇歌此者 皇本此下有曲字

但家臣而已 本但誤伹今改正

季氏旅於泰山章

季氏旅於泰山 玉篇云祣祭名論語作旅廣韻云祣祭山川名論語只作旅○按說文有旅無祣鄭氏注大司徒云旅陳也陳其祭事以祈焉

女弗能救與 皇本高麗本弗作不

君子無所爭章

多筭飲少筭 毛本筭作算釋文出多筭云本今作筭案五經文字云筭相亂反作筭訛算先卯反從昇見禮經說文筭計厤數者从竹弄算數也从竹具據此則字當作筭

右加弛弓　毛本作弛○按禮注射儀注作弛是正字

揖如始升射　儀禮大射儀無始字

坐奠於豐下與揖　本與誤與今訂正

鄉射記曰　北監本毛本記作禮後射不主皮章疏同○按作記是也

巧笑倩兮章

巧笑倩兮　皇本北監本毛本笑作笑後陽貨篇子之武城章夫子莞爾而笑皇本閩本北監本毛本亦竝作笑五經文字云笑喜也從竹下犬○按釋文注中多作笑竹下犬非古也

美目盼兮　唐石經閩本北監本同毛本盼作盻下竝同○案說文盼詩曰美目盼兮从目分聲盻恨視也从目兮聲音義迴別毛本改从兮是今依訂正

繪事後素　釋文出繪事云本又作繢同畫文也案繪繢古通用周禮考工記凡畫繢之事後素功注及文選夏

侯常侍誄注竝引作繢

凡繪畫先布衆色　皇本作畫繪又色作釆

然後以素分布其閒　皇本無布字

起予者商也　漢石經無者字

可與共言詩　皇本詩下有已矣二字

夏禮吾能言之章

殷禮言之　浦鏜云禮下脫吾能二字

徵成釋詁文　孫志祖云今爾雅釋詁無此文

封殷之後於宋是也　禮記樂記封作投

禘自既灌而往章

列尊卑 皇本列作別

而魯逆祀 皇本魯下有爲字

禘者二年大祭之名 浦鏜云五誤二今正

禘祭自既灌巳往 閩本北監本毛本巳作以○按巳以古字通

五年一禘 本五誤王今正

是知當閔在僖上 本上誤土今正

或問禘之說章

爲魯諱 皇本作爲魯君諱也

如指示掌中之物 皇本掌上有以字

其如示諸斯乎也者 浦鏜云也字衍

言我知禘禮之說者於天下之事中浦鏜云我疑若字誤中字疑衍

祭如在章

不致肅敬於心皇本不上有故字無肅字毛本於誤作其疏文可證也

與其媚於奧章

賈執政者皇本賈下有者字者下有也字

欲使孔子求昵之釋文出求昵云亦作暱案昵暱古字通五經文字云暱昵同尼一反近也

孔子拒之曰皇本拒作距北監本誤作柜五經文字云拒與距同○按距雞距字說文有歫無拒歫卽拒也

擧於二句浦鏜云於疑此字誤

周監於二代章

郁郁乎文哉汗簡云古論語郁作彧案說文彧有文章也彧即𢣉字之省

當從之皇本作當從周也

此章言周之禮文猶備也浦鏜云猶當獨字誤

子入太廟章

子入太廟唐石經皇本太作大下文及注並同後並放此唯本篇管仲之器小哉章注以爲謂之太儉皇本亦作太案釋文出大字云音泰則此當作大爲是

嘗爲季氏史閩本北監本同毛本史作吏今依訂正

射不主皮章

云志體和至與舞同北監本閩本與誤興

行鄉射之禮本鄉誤卿今正

無讀爲舞本讀誤不今正

與禮與樂是也按周禮注無下與字

主將有祭祀之射北監本毛本作主將有郊廟之事浦鏜云主當作王是也

卿大夫亦皆有采地焉本卿誤鄉焉誤馬今並正○案閩本北監本卿亦誤鄉

其將祀其先祖本先誤無閩本同案此無作无形近之譌今正

又方制之以爲章本章誤韋閩本同北監本毛本作章亦誤○今正

鄉射記曰毛本記作禮周禮注作記不誤

討迷士惑者閩本同北監本毛本無士字○補案此士字因下士不大射誤衍

不大射本大誤犬今改正○補毛本不上有士字案此誤脫

子貢欲去告朔之餼羊章

爾愛其羊　唐石經爾作女皇本高麗本作汝

云禮每月告朔於廟　浦鏜云據注文每上脱人君二字

是用牲羊告於廟　閩本同案牲當作生今訂正

則謂之朝政　閩本同毛本政作正是也今依訂正

朝廟享朝正　毛本享上有朝字此誤脱也閩本北監本毛本作朝廟享廟正尤誤

皆委立焉　閩本同毛本立作位是也今依正

雖則履此事　浦鏜云躬誤則今依正

每月之朝　閩本同毛本朝作朔案朝字誤今正

以故告特羊　本特誤時今正

王立七廟祖廟　禮記祭法無祖廟二字按下脱祖考廟三字此葢因下文誤衍

廟享自皇考以下 閩本北監本同毛本廟作朝是也今依正

關雎樂而不淫章

樂不至淫哀不至傷 皇本不上並有而字

哀窈窕 北監本窈作窈窈字非也毛本窈誤窕

哀公問社於宰我章

哀公問社於宰我 釋文出問社云鄭本作主云主田主謂社案左氏文二年經丁丑作僖公主正義云論語哀公問主於宰我古論語及孔鄭皆以爲社主張包周等並爲廟主故杜所依用

使民戰栗 皇本高麗本栗下有也字

不可復追咎 皇本追下有非字

杜元凱 本元誤無今正

管仲之器小哉章

以爲謂之大儉　皇本大作太儉下有乎字按釋文出大儉云音泰

焉得儉　皇本高麗本儉下有乎字

三歸娶三姓女　皇本作三歸者娶三姓女也釋文出取三云本今作娶○按娶正字古多假取字

婦人謂嫁曰歸　皇本曰作爲釋文出謂嫁爲歸云一本無爲字本今作曰歸

便謂爲得禮　皇本作更謂爲得知禮也

邦君爲兩君之好　漢石經避高帝諱邦作國後放此

有反坫管氏亦有反坫　毛本坫並誤玷

人君別內外　皇本作人君有別外內

若與鄰國爲好會　皇本國下有君字

孰不知禮皇本禮下有也字

隱二年公羊傳文各本二誤三今正

反此虛爵於坫上各本此誤坫今正

子語魯大師樂章

子語魯大師樂曰注同閩本毛本作太師按釋文出大師云音泰

樂其可知也皇本高麗本也下有已字

五音始奏皇本五上有言字

從之純如也唐石經避憲宗諱純作紃後放此按史記孔子世家從作縱後漢書班固傳注亦引作縱當是古論

放縱盡其音聲皇本無音字

純純和諧也皇本和上有如字按史記孔子世家集解引此注不重純字

言其音節明也皇本明上有分字

言樂始作翕如而成於三皇本作作於史記孔子世家集解引同皇本三下有者也二字

落繹然相續不絕也補北監本毛本落作絡

儀封人請見章

儀益衞邑皇本衞下有下字

君子之至於斯也皇本高麗本也作者

天下之無道也久矣高麗本無也字

儀封人既請見夫子各本竝誤作請既今訂正

子謂韶章

又盡善也　嘉定錢大昕養新錄云漢書董仲舒傳本引又盡善矣上矣下也語意不同當是論語古本今漢書亦改作也唯宋景祐本是矣字西漢策要與景祐本同

故盡善　皇本作故曰盡善也下作故曰未盡善也

鳳皇來儀　閩本北監本皇作凰○按皇凰正俗字

武樂爲一代大事　盧文弨挍本改武爲夫

論語注疏挍勘記卷三終

論語注疏解經卷第四

何晏集解　邢昺疏

里仁第四

〔疏〕正義曰：此篇明仁。仁者，善行之大名也。君子體仁，必能行禮樂，故以次前也。

子曰：「里仁爲美。鄭曰：里者，仁之所居。居於仁者之里，是爲美。擇不處仁，焉得知？」鄭曰：求居而不處仁者之里，不得爲有知。〔疏〕「子曰」至「得知」。○正義曰：此章言居必擇仁也。里，居也。仁者之所居處謂之里。仁，凡人之擇居，居於仁者之里，是爲美也。擇不處仁焉得知者，焉猶安也。擇求仁爲美者里居也仁者之所居處謂之里仁凡人之擇居居居處而不處仁者之里，安得爲有知也。

子曰：「不仁者不可以久處約，孔曰：久困則爲非。不可以長處樂。孔曰：必驕佚。仁者安仁，包曰：惟性仁者自然體之，故謂安仁。知者利仁。」王曰：知仁爲美，故利而行之。〔疏〕「子曰」至「利仁」。○正義曰：此章明仁性也。不仁者不可以久處約者，言不仁之人不可令久長處貧約，若久困則爲非也。不可以長處樂者，言亦不可令久長處於富貴逸樂若久長處樂則必驕佚仁者安仁者謂天性仁者自然安而行之也知者利仁者知能照識前事知仁爲美故利而行之也○注包曰至安仁○正義曰此經仁者安仁知者利仁與表記正同理亦不異云唯性仁者自然體之者言天性仁者非關利害自然汎愛施生體包仁道易文言曰君子體仁足以長人是也○注王曰至行之○正義曰云知仁爲美故利而行之者言有知謀者貪利而行仁有利則行無利則止非本情也

子曰唯仁者能好人能惡人孔曰唯仁者能審人之所好惡疏子曰唯仁者能好人能惡人○正義曰此章言唯有仁德者無私於物故能審人之好惡也

子曰苟志於仁矣無惡也孔曰苟誠也言誠能志於仁則其餘終無惡疏子曰苟志於仁矣無惡也○正義曰苟誠也此章言誠能志在於仁則其餘行終無惡也

子曰富與貴是人之所欲也不以其道得之不處也孔曰不以其道得富貴則仁者不處貧與賤是人之所惡也不以其道得之不去也時有否泰故君子履道而反貧賤此

則不以其道得之雖是人之所惡不可違而去之　君子去仁惡乎成名孔曰惡乎成名者不得成名爲君子　君子無終食之間違仁造次必於是顚沛必於是馬曰造次急遽顚沛僵仆雖急遽僵仆不違仁

【疏】子曰至於是○正義曰此章廣明仁行也富與貴是人之所欲也不以其道得之不處也者富者財多貴者位高此二者是人之所貪欲也若不以其道而得之雖是人之所欲而仁者不處也貧與賤是人之所惡也不以其道得之不去也者乏財曰貧無位曰賤此二者是人之所嫌惡也時有否泰故君子履道而反貧賤此則不以其道而得之雖是人之所惡而仁者不違而去之也君子去仁惡乎成名者惡乎猶於何也言人欲爲君子唯行仁道乃得君子之名若違去仁道則於何得成名爲君子乎言去仁則不得成名爲君子也君子無終食之間違仁者言仁不可斯須去身故君子無食頃違去仁道也造次必於是顚沛必於是者造次急遽也顚沛僵仆也言君子之人雖身有急遽僵仆之時而必守於是仁道而不違去也○注馬曰至違仁○正義曰云造次急遽者造次猶言草次鄭玄云倉卒也皆迫促不暇之意故云急遽云顚沛僵仆者說文云偃僵也仆頓也則

偃是仰倒也仆是踣倒也雖遇此顛躓之時亦不違仁也 子曰：我未見好仁者。惡不仁者。好仁者無以尚之。孔曰：難復加也。惡不仁者，其爲仁矣，不使不仁者加乎其身。孔曰：言惡不仁者能使不仁者不加非義於己，不如好仁者無以尚之爲優。有能一日用其力於仁。矣乎？我未見力不足者。孔曰：言人無能一日用其力脩仁者耳，我未見欲爲仁而力不足者。蓋有之矣。我未之見也。孔曰：謙不欲盡誣時人言不能爲仁，故云爲能有爾，我未之見也。

【疏】子曰至見也○正義曰：此章疾時無仁也。我未見好仁者，惡不仁者，孔子言我未見性好仁者，亦未見能疾惡不仁者也。好仁者無以尚之者，此覆説上好仁者也。尚，上也。言性好仁者爲德之最上，他行無以更上之，言難復加也。惡不仁者，其爲仁矣，不使不仁者加乎其身，此覆説上惡不仁者也。言能疾惡不仁者亦得爲仁，但其行少劣，故曰其所爲仁矣也。唯能不使不仁者加乎非義於己身也，不如好仁者無以尚之爲優也。有能一日用其力於仁矣乎者，言世不脩仁也。故曰有人能一日之間用其力於仁道矣乎言人誠能一日用其力脩仁者耳我未見力不足者言德輶如毛行仁甚易我欲仁斯仁至矣何須用力故曰我未見力不足者也蓋有之矣我未之見也者此孔子謙不欲盡誣時人言不能爲仁故曰蓋有能爲之者矣但我未之見也

子曰人之過也各於其黨觀過斯知仁矣孔曰黨黨類小人不能爲君子之行非小人之過當恕而勿責之觀過使賢愚各當其所則爲仁矣〔疏〕子曰至仁矣○正義曰此章言仁恕也人之過也各於其黨者黨黨類也言人之爲過也君子小人各於其類也觀過斯知仁矣者言觀人之過使賢愚各當其所若小人不能爲君子之行非小人之過當恕而勿責之斯知仁者之用心矣

子曰朝聞道夕死可矣。言將至死不聞世之有道〔疏〕子曰朝聞道夕死可矣○正義曰此章疾世無道也設若早朝聞世有道暮夕而死可無恨矣言將至死不聞世之有道也

子曰士志於道而恥惡衣惡食者未足與議也

〔疏〕子曰至議也○正義曰此章言人當樂道固窮也士者人之有士行者也言士雖志在善道而衣服飲食好其

華美恥其麤惡者則是志道不篤故未足與言議於道也　子曰君子之於天下也無適也無莫也義之與比。疏子曰至與比○正義曰此章貴義也適厚也莫薄也比親也言君子於天下之人無擇於富厚與窮薄者但有義者則與相親也　子曰君子懷德孔曰懷安也　小人懷土孔曰重遷　君子懷刑孔曰安於法　小人懷惠包曰惠恩惠　疏子曰至懷惠○正義曰此章言君子小人所安不同也君子懷德小人懷土者懷安也君子執德不移是安於德也小人安安而不能遷者難於遷徙是安於土也君子懷刑小人懷惠者刑法制惠恩惠也君子樂於法制齊民是懷刑也小人唯利是親安於恩惠是懷惠也　子曰放於利而行孔曰放依也每事依利而行　多怨孔曰取怨之道　疏子曰放於利而行多怨○正義曰此章惡利也放依也言人每事依於財利而行則是取怨之道也故多爲人所怨恨也　子曰能以禮讓爲國乎何有何有者言不難　不能以禮讓爲國如禮何包曰如禮何者言不能用禮【疏】子曰至禮何○正義曰此章言治國者必須禮讓也能以禮讓爲國乎者爲猶治也禮節民心讓則不爭言人君能以禮讓爲教治其國乎云何有者謂以禮讓治國何有其難言不難也不能以禮讓爲國者言人君不能明禮讓以治民也如禮何者言有禮而不能用如此禮何

子曰不患無位患所以立不患莫已知求爲可知也包曰求善道而學行之則人知已【疏】子曰至知也○正義曰此章勸學也不患無位者言不憂無爵位也患所以立者言但憂其無立身之才學耳不患莫已知者言不憂無人見知於已也求爲可知也者言求善道而學行之使已才學有可知重則人知已也

子曰參乎吾道一以貫之曾子曰唯孔曰直曉不問故荅曰唯子出門人問曰何謂也曾子曰夫子之道忠恕而已矣【疏】子曰至已矣○正義曰此章明忠恕也子曰參乎者呼曾子名欲語之也吾道一以貫之者貫統也孔子語曾子言我所行之道唯用一理以統天下萬事之理也曾子曰唯者曾子直曉其理更不須問故荅曰唯子出者孔子出去

也門人問曰何謂也者門人曾子弟子也不曉夫子之言故問於曾子也曾子曰夫子之道忠恕而已矣者荅門人也忠謂盡中心也恕謂忖己度物也言夫子之道唯以忠恕一理以統天下萬事之理更無他法故云而已矣

子曰：君子喻於義，小人喻於利。孔曰喻猶曉也疏子曰君子喻於義小人喻於利○正義曰此章明君子小人所曉不同也喻曉也君子則曉於仁義小人則曉於財利

子曰：見賢思齊焉，包曰思與賢者等見不賢而內自省也。疏子曰至省也○正義曰此章勉人爲高行也見彼賢則思與之齊等見彼不賢則內自省察得無如彼人乎

子曰：事父母幾諫，包曰幾者微也當微諫納善言於父母見志不從，又敬不違，勞而不怨。包曰見志見父母志有不從己諫之色則又當恭敬不敢違父母意而遂己之諫疏子曰至不怨○正義曰此幷下四章皆明孝事父母幾諫者幾微也父母有過當微納善言以諫於父母也見志不從又敬不違者見父母志有不從己諫之色則又當恭敬不敢違父母意而遂己之諫也勞而不怨者父母使己以勞辱之事己當

盡力服其勤不得怨父母也**子曰父母在不遠遊遊必有方**鄭曰方猶常也【疏】子曰父母在不遠遊遊必有方○正義曰方猶常也父母既存或時思欲見已故不遠遊遊必有常所欲使父母呼已得即知其處也設若告云詣甲則不得更詣乙恐父母呼已於甲處不見則使父母憂也**子曰三年無改於父之道可謂孝矣**鄭曰孝子在喪哀戚思慕無所改於父之道非心所忍爲【疏】子曰三年無改於父之道可謂孝矣○正義曰言孝子在父母喪三年之中哀戚思慕無所改爲父之道非心所忍爲故也此章與學而篇同當是重出學而篇是孔注此是鄭注本或二處皆有**子曰父母之年不可不知也一則以喜一則以懼**孔曰見其壽考則喜見其衰老則懼【疏】子曰父母之年不可不知也一則以喜一則以懼○正義曰言孝子當知父母之年也其意有二一則以父母年多見其壽考則喜也一則以父母年老形必衰弱見其衰老則憂懼也**子曰古者言之不出恥躬之不逮也**包曰古人之言不妄出口爲。身行之將不及

疏子曰古者言之不出恥躬之不逮也○正義曰此章明慎言躬身也逮及也言古人之言不妄出口爲身行之將不及故也

子曰：以約失之者鮮矣。孔曰俱不得中奢則驕佚招禍儉約無憂患

疏子曰至鮮矣○正義曰此章貴儉鮮少也得中合禮爲事乃善設若奢儉俱不得中奢則驕佚招禍儉約無憂患是以約致失者少也

子曰：君子欲訥於言而敏於行。包曰訥遲鈍也言欲遲而行欲疾

疏子曰君子欲訥於言而敏於行○正義曰此章慎言貴行也訥遲鈍也敏疾也言君子但欲遲鈍於言敏疾於行惡時人行不副言也

子曰：德不孤，必有鄰。方以類聚同志相求故必有鄰是以不孤

疏子曰德不孤必有鄰○正義曰此章勉人脩德也有德則人所慕仰居不孤特必有同志相求與之爲鄰也○注方以至不孤○正義曰云方以類聚者周易上繫辭文也方謂法術性行各以類相聚也云同志相求者周易乾卦文言也言志同者相求爲朋友也故必有鄰是以不孤者案坤卦文言曰君子敬以直內義以方外敬義立而德不孤言身有敬義以接於人則人亦敬義以應之是亦德不孤也

子游曰：事君數，

斯辱矣朋友數斯疏矣 數謂速數之數

〔疏〕子游曰事君數斯辱矣朋友數斯疏矣○正義曰此章明爲臣結交當以禮漸進也數謂速數數則瀆而不敬故事君數斯致罪辱矣朋友數斯見疏薄矣○注數謂速數之數○正義曰嫌讀爲上聲去聲故辨之

論語注疏解經卷第四

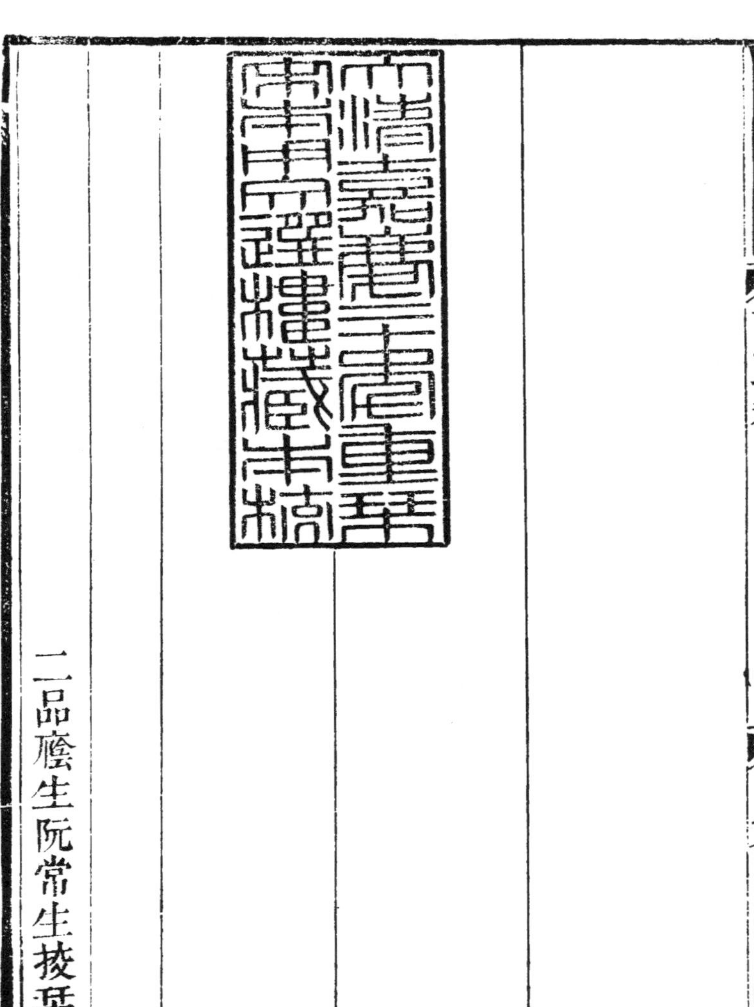

二品廕生阮常生挍栞

論語注疏挍勘記　阮元撰盧宣旬摘録

里仁第四

里仁爲美章

里仁爲美　高麗本美作善

里者仁之所居　皇本作里者民之所居也案此當依皇本作民文選潘岳閒居賦注引作人之所居也當是避唐諱耳

是爲美　皇本作是爲善也案義疏云文云美而注云善者夫美未必善故鄭深明居仁者里必是善也疑邪疏作美誤觀閒居賦注亦引作善可證

擇不處仁　案困學紀聞載張衡思元賦注引論語宅不處仁謂古文本作宅字九經古義云按釋名曰宅擇也擇吉處而營之是宅有擇義或古文作宅訓爲擇亦通

焉得知皇本高麗本知作智後並放此案釋文出知字云音智注及下同

不仁者不可以久處約章

知仁爲美故利而行之皇本作智者知仁爲美故利而行之也

苟志於仁矣章

無惡也漢石經高麗本無也字

富與貴章

是人之所欲也此句也字及下是人之所惡也兩也字疑俱屬後人所加攷初學記十八文選幽通賦注引此二段皆無也字又晉書皇甫謐王沈二傳並云富貴人之所欲貧賤人之所惡亦無也字又後漢書李通傳論陳蕃傳注晉書夏侯湛傳文選鮑照擬古詩注太平御覽四百七十一單引此句亦無也字四書攷異云案此也字唐以前人引述悉略去未必不謀盡同也恐是當時傳本如此○按考異非也古人引書每多節省況有皇侃義疏可證也

偃仆 皇本偃作偃下同案釋文出偃字云本今作偃

言仁不可斯須去身 本去誤立今正

皆迫從不暇之意 十行本促誤從

我未見好仁者章

我未見好仁者惡不仁者 漢石經好仁下無者字

無以尚之爲優 皇本以下有加字優下有也字

有能一日用其力於仁矣乎我未見力不足者 皇本仁下有者字不足者下有也字

蓋有之矣 皇本高麗本矣作乎

故云爲能有爾我未之見也 皇本能下有仁字爾作耳我上有其字無之字

言人誠能一日用其力脩仁者耳　浦鏜云耳當乎字誤

人之過也章

人之過也　皇本高麗本人作民

朝聞道章

夕死可矣　漢石經矣作也

君子之於天下也章

無適也　釋文出適字云鄭本作敵九經古義云古敵字皆作適禮記雜記云赴於適者鄭注云適讀爲匹敵之敵史記范雎傳攷適伐國田單傳適人開戶李斯傳羣臣百官皆畔不適徐廣皆音征敵之敵荀卿子君子篇云天子四海之内無客禮告無適也注讀爲敵

義之與比　皇本比下有也字有注二十二字言君子之於天下無適無莫無所貪慕也唯義之所在也各本竝

脫

君子懷德章

君子懷刑　漢石經刑作荆案說文井部荆罰辠也从井从刀易曰井法也井亦聲今經典相承作刑

參乎章

參乎　釋文云參所金反九經字樣云曑曑上說文下隸省與參字不同參音驂從厽今經典相承通作參孝經參不敏釋文本作曑音所林反

吾道一以貫之　皇本高麗本之下有哉字

事父母幾諫章

又敬不違　皇本敬下有而字

勞而不怨　高麗本無而字

且志不從 補且當作見北監本毛本並是見字

三年無改於父之道章

無所改爲父之道 浦鏜云於誤爲

父母之年章

孔曰 釋文云此章注或云孔注或云包氏又作鄭元語辭未知孰是

古者言之不出章

古者言之不出 皇本作古之者言之不妄出也高麗本出下有也字四書攷異云包氏注云古人之言不妄出口據其文或舊本經原有妄字未可知若上一之字則斷知其流傳訛衍○按皇本妄字必因注文而誤衍也

不妄出口爲身行之將不及 皇本作不妄出口者爲恥其身行之將不及也

以約失之者章

奢則驕佚招禍 皇本佚作溢

儉約無憂患 皇本作儉約則無憂患也

君子欲訥於言章

言欲遲而行欲疾 皇本作言欲遲鈍而行欲敏也

事君數章

數謂速數之數 皇本此注作孔安國曰數下有也字案筆解作包曰

當以禮漸進也 案漸當㶕字之譌閩本北監本毛本並脫此字

論語注疏校勘記卷四終

論語注疏解經卷第五

公治長第五　何晏集解　邢昺疏

〔疏〕正義曰此篇大指明賢人君子仁知剛直以前篇擇仁者之里而居故得學爲君子卽下云魯無君子斯焉取斯是也故次里仁

子謂公冶長可妻也雖在縲絏之中非其罪也孔曰冶長弟子魯人也姓公冶名長縲黑索絏攣也所以拘罪人**以其子妻之**

〔疏〕子謂至妻之。正義曰此章明弟子公冶長之賢也子謂公冶長可妻也者納女於人曰妻孔子評論弟子公冶長德行純備可納女與之爲妻也雖在縲絏之中非其罪也者縲黑索絏攣也古獄以黑索拘攣罪人於時冶長以枉濫被繫故孔子論之曰雖在縲絏之中實非其冶長之罪也以其子妻之者論竟遂以其女子妻之也。注孔曰至罪人。正義曰云冶長弟子魯人也者案家語弟子篇云公冶長魯人字子長爲人能忍恥孔子以女妻之又案史記弟子傳云公冶長齊人而此

云魯人用家語爲說也張華云公冶長墓在陽城姑幕城東南五里所基極高舊說冶長解禽語故繫之縲紲以其不經今不取也

子謂南容邦有道不廢邦無道免於刑戮以其兄之子妻之王曰南容弟子南宮縚魯人也字子容不廢言見用

〔疏〕子謂南容至妻之○正義曰此章孔子評論弟子南容之賢行也邦有道不廢邦無道免於刑戮者此南容之德也若遇邦國有道則常得見用在官不被廢弃若遇邦國無道則必危行言遜以脫免於刑罰戮辱也以其兄之子妻之者言德行如此故以其兄之女與之爲妻也○注王曰至見用○正義曰云南容弟子南宮縚魯人也字子容者此家語弟子篇文也案史記弟子傳云南宮括字子容鄭注檀弓云南宮縚孟僖子之子南宮閱以昭七年左氏傳云孟僖子將卒召其大夫云屬說與何忌於夫子以事仲尼以南宮爲氏故世本云中孫貜生南宮縚是也然則名縚名括又名閱字子容氏南宮本孟氏之後也

子謂子賤孔曰子賤魯人弟子宓不齊君子哉若人魯無君子者斯焉取斯包曰若人者若此人也如魯無君子子賤安得此行而學行之

〔疏〕子謂

子賤至取斯。正義曰此章論子賤之德也君子哉若人魯無君子者斯焉取斯者此評論之辭也因美魯多君子故曰有君子之德哉若此人也魯國若更無君子者斯子賤安得取斯君子之德行而學行之乎明魯多君子故子賤得學爲君子也。注孔曰至不齊。正義曰案家語弟子篇云宓不齊魯人字子賤少孔子四十九歲爲單父宰有才知仁愛百姓不忍欺之故孔子大之也

子貢問曰賜也何如子曰女器也孔曰言女器用之人

曰何器也曰瑚璉也包曰瑚璉黍稷之器夏曰瑚殷曰璉周曰簠簋宗廟之器貴者

〔疏〕子貢至瑚璉也。正義曰此章明弟子子貢之德也子貢曰賜也何如者子貢見夫子歷說諸弟子不及於己故問之曰賜也己自不知其行何如也子曰女器也夫子荅之言女器用之人也曰何器也者子貢雖得夫子言己爲器用之人但器有善惡猶未知己器云何故復問之也曰瑚璉也者此夫子又爲指其定分瑚璉黍稷之器宗廟之器貴者也言女是貴器也。注包曰至貴者。正義曰云瑚璉黍稷之器夏曰瑚殷曰璉周曰簠簋者案明堂位說四代之器云有虞氏之兩敦夏后氏之四璉殷之六瑚周之八簋注云皆黍稷器制之異同未聞鄭注周禮舍人云方

曰簠圓曰簋如記文則夏器名璉殷器名瑚而包咸鄭玄等注此論語賈服杜等注左傳皆云夏曰瑚或引有所據或相從而誤也

或曰雍也仁而不佞馬曰雍弟子仲弓名姓冉**子曰焉用佞禦人以口給屢憎於人不知其仁焉用佞**孔曰屢數也佞人口辭捷給數爲人所憎惡

【疏】或曰至用佞○正義曰此章明仁不須佞也或曰雍也仁而不佞者佞口才也或有一人言於夫子曰弟子冉雍雖身有仁德而口無才辯或人嫌其德未備也子曰焉用佞者夫子語或人言仁人安用其佞也禦人以口給屢憎於人者夫子更爲或人說佞人之短屢數也言佞人禦當於人以口才捷給屢致憎惡於人謂數爲人所憎惡也不知其仁焉用佞者言佞人既數爲人所憎惡則不知其有仁德之人復安用其佞邪○注馬曰雍弟子仲弓名姓冉○正義曰案史記弟子傳冉雍字仲弓鄭玄曰魯人也○注孔曰至憎惡○正義曰屢數也者釋言云屢亟也郭璞云亟亦數也云佞人口辭捷給數謂人所憎惡者案左傳云寡人不佞服虔云佞才也不才者自謙之辭也而此云焉用佞禦人以口給屢憎於人則佞非善事而以不佞爲謙者佞是口才捷利之名本非善惡之稱但爲佞有善

惡耳爲善捷敏是善佞祝鮀是也爲惡捷敏是惡佞即遠佞
人是也但君子欲訥於言而敏於行言之雖多情或不信故
云焉用
佞耳 **子使漆彫開仕對曰吾斯之未能信** 孔曰開弟子漆
彫姓開名仕進之道未能信者未能究習 **子説** 鄭曰善其志道深 疏 子使至子説○正義曰此章明
弟子漆彫開之行子使漆彫開仕者弟子姓漆彫名開孔子
使之仕進也對曰吾斯之未能信者開意志於學道不欲仕
進故對曰吾於斯仕進之道未能信言未能究習也子説者
孔子見其不汲汲於榮祿知其志道深故喜説也○注孔曰
至究習○正義曰案史記弟子傳
漆彫開字子開鄭玄曰魯人也 **子曰道不行乘桴浮**
于海從我者其由與 馬曰桴編竹木大者曰栰小者曰桴 **子路聞之喜**
孔曰喜與己俱行 **子曰由也好勇過我無所取材** 鄭曰子路信夫子欲
行故言好勇過我無所取材者無所取於桴材以子路不解
微言故戲之耳一曰子路聞孔子欲浮海便喜不復顧望故
孔子歎其勇曰過我無所取 子曰至取材○正義曰此
哉言唯取於己古字材哉同 疏 章仲尼患中國不能行己

之道也道不行乘桴浮于海者桴竹木所編小栰也言我之善道中國既不能行即欲乘其桴栰浮渡于海而居九夷庶幾能行已道也從我者其由與者由子路名以子路果敢有勇故孔子欲令從己意未決定故云與以疑之子路聞之喜者喜夫子欲與己俱行也子曰由也好勇過我無所取材者孔子以子路不解微言故以此戲之耳其說有二鄭以爲材桴材也子路信夫子欲行故言好勇過我無所取材者無所取於桴材也示子路令知已但歎世無道耳非實即欲浮海也一曰材讀曰哉子路聞孔子欲浮海便喜不復顧望孔子之微意故孔子歎其勇曰過我無所取哉者言唯取於已無所取於他人哉○注馬曰至曰桴○正義曰云桴編竹木大者曰栰小者曰桴者爾雅云舫泭也郭璞云水中簰筏孫炎云舫水中爲泭筏也方言云泭謂之簰簰謂之筏筏秦晉之通語也方舫泭桴音義同也

孟武伯問子路仁乎子曰不知也孔曰仁道至大不可全名也又問子曰由也千乘之國可使治其賦也孔曰賦兵賦不知其仁也求也何如子曰求也千室之邑百乘之家

可使爲之宰也孔曰千室之邑卿大夫之邑卿大夫稱家諸侯千乘大夫百乘宰家臣不知其仁也赤也何如子曰赤也束帶立於朝可使與賓客言也馬曰赤弟子公西華有容儀可使爲行人不知其仁也

疏孟武至仁也○正義曰此章明仁之難也孟武伯問子路仁乎子曰不知也者魯大夫孟武伯問於夫子曰弟子子路有仁德否乎夫子以爲仁道至大不可全名故荅曰不知也又問者武伯意其子路有仁故夫子雖荅以不知又復問之也子曰由也千乘之國可使治其賦也不知其仁也者此夫子更爲武伯說子路之能言由也有勇千乘之大國可使治其兵賦也不知其仁也言仁道則不全也求也何如者此句又武伯問辭言弟子冉求仁道何如子曰求也千室之邑百乘之家可使爲之宰也不知其仁也者此孔子又荅武伯以冉求之能也言求也若卿大夫千室之邑百乘卿大夫之家可使爲之邑宰也仁則不知也赤也何如者此句又武伯問辭言弟子公西赤仁道何如子曰赤也束帶立於朝可使與賓客言也不知其仁也者此孔子又荅以公西赤之才也言赤也有容儀可使爲行人之官盛服束帶立於朝廷

可使與鄰國之大賓小客言語應對也仁則不知。○注孔曰賦兵賦○正義曰案隱四年左傳云敝邑以賦與陳蔡從服虔云賦兵也以田賦出兵故謂之兵賦正謂以兵從也其賦法依周禮九夫爲井四井爲邑四邑爲丘丘十六井出戎馬一匹牛三頭四丘爲甸甸六十四井出長轂一乘戎馬四匹牛十三頭甲士三人步卒七十二人是也○注孔曰至家臣○正義曰云千室之邑卿大夫之邑者大學云百乘之家不畜聚斂之臣鄭注云百乘之家有采地者也又鄭注云采地一同之廣輪也然則此云千室之邑百乘之家者謂卿大夫采邑地有一同民有千家者也左傳曰唯卿備百邑司馬法成方十里出革車一乘故知百乘之家地一同也○注馬曰至行人○正義曰云赤弟子公西華者案史記弟子傳云公西赤字子華鄭玄曰魯人少孔子四十二歲云有容儀可使爲行人者按周禮有大行人小行人之職掌賓客之禮儀及朝覲聘問之事言公西華任此官也

子謂子貢曰女與回也孰愈孔曰愈猶勝也對曰賜也何敢望回回也聞一以知十賜也聞一以知二子曰弗如也吾與女弗如也包曰既然

子貢不如復云吾與女俱不如者蓋欲以慰子貢也

【疏】子謂至如也。正義曰此章美顏回之德子謂子貢曰女與回也孰愈者愈猶勝也孔子乘間問弟子子貢曰女之才能與顏回誰勝對曰賜也何敢望回者望謂比視子貢稱名言賜也才劣何敢比視顏回也回也聞一以知十賜也聞一以知二者子貢更言不敢望回之事假設數名以明優劣一者數之始十者數之終顏回亞聖故聞始知終子貢識淺故聞一纔知二以明已與回十分及二是其懸殊也子曰弗如也吾與女弗如也者夫子見子貢之荅識有懸殊故云不如也弗者不之深也既然荅子貢不如又恐子貢慚愧故復云吾與女俱不如欲以安慰子貢之心使無慚也

宰予晝寢。孔曰宰予弟子宰我子曰朽木不可雕也。包曰朽腐也彫彫琢刻畫糞土之牆不可杇也。王曰杇鏝也此二者以喻雖施功猶不成。於予與何誅。孔曰誅責也今我當何責於女乎深責之。子曰始吾於人也聽其言而信其行今吾於人也聽其言而觀其行於予與改是。孔曰改是聽言信行更察言觀行發於宰

我之【疏】宰予至汝是○正義曰此章勉人學也宰予晝寢晝寢者弟子宰我晝日寢寐也子曰朽木不可彫也糞土之牆不可杇也者此孔子責宰我之辭也朽腐也彫彫琢刻畫也杇鏝也言腐爛之木不可彫琢刻畫以成器物糞土之牆易爲圮壞不可杇鏝塗塓以成華美此二者以喻人之學道當輕尺璧而重寸陰今乃廢惰晝寢雖欲施功教之亦終無成也於予與何誅者誅責也與語辭言於宰我何足責乎謂不足可責乃是責之深也然宰我處四科而孔子深責者託之以設教畢宰我非實惰學之人也子曰始吾於人也聽其言而信其行今吾於人也聽其言而觀其行於予與改是者與亦語辭以宰予嘗謂夫子言已勤學今乃晝寢是言與行違故孔子責之曰始前吾於人也聽其所言即信其行以爲人皆言行相副今後吾於人也雖聽其言更觀其行待其相副然後信之因發於宰予晝寢言行相違改是聽言信行更察言觀行也○注包曰宰予弟子宰我○正義曰案史記弟子傳云宰予字子我鄭玄曰魯人也○注王曰杇鏝也○正義曰釋宮云鏝謂之杇郭璞云泥塗也李巡曰塗一名杇塗土之作具也然則杇是塗之所用因謂泥塗爲杇子

曰吾未見剛者或對曰申棖包曰申棖魯人子曰棖也慾

焉得剛孔曰慾多情慾【疏】子曰至得剛。○正義曰此章明剛子曰吾未見剛者剛謂質直而理者也夫子以時皆柔佞故云吾未見剛者或對曰申棖者或人聞孔子之言乃對曰申棖性剛子曰棖也慾焉得剛者夫子謂或人言剛者質直寡欲今棖也多情慾情慾既多或私佞媚安得剛乎○注包曰申棖魯人○正義曰鄭云蓋孔子弟子申續史記云申棠字周家語云申續字周

子貢曰我不欲人之加諸我也吾亦欲無加諸人馬曰加陵也子曰賜也非爾所及也孔曰言不能止人使不加非義於己【疏】子貢至及也○正義曰此章明子貢之志子貢曰我不欲人之加諸我也吾亦欲無加諸人者加陵也諸於也子貢言我不欲他人以非義加陵於己吾亦欲無以非義加陵於人也子曰賜也非爾所及也者爾女也夫子言使人不加非義於己亦爲難事故曰賜也此事非女所能及言不能止人使不加非義於己也

子貢曰夫子之文章可得而聞也章明也文彩形質著見可。以耳目循。夫子之言性與天道不可得而聞也性者人之

所受以生也天道者元亨日新之道深微故不可得而聞也

疏 子貢至聞也○正義曰此章言夫子之道深微難知也子貢曰夫子之文章可得而聞也者章明也子貢言夫子之述作威儀禮法有文彩形質著明可以耳聽目視依循學習故可得而聞也夫子之言性與天道不可得而聞也者天之所命人所受以生是性也自然化育元亨日新是天道也與及也子貢言若夫子言天命之性及元亨日新之道其理深微故不可得而聞也○注性者至聞也○正義曰云性者人之所受以生也者中庸云天命之謂性注云天命謂天所命生人者也是謂性命木神則仁金神則義火神則禮水神則信土神則知孝經說曰性者生之質命人所稟受度也言人感自然而生有賢愚吉凶或仁或義若天之付命遣使之然其實自然天性故云性者人之所受以生也云天道者元亨日新之道者案易乾卦云乾元亨利貞文言曰元者善之長也亨者嘉之會也利者義之和也貞者事之幹也謂天之體性生養萬物善之大者莫善施生元爲施生之宗故言元者善之長也嘉美也言天能通暢萬物使物嘉美而會聚故云嘉之會也利者義之和也者言天能利益庶物使物各得其宜而和同也貞者事之幹者言天能以中正之氣成就萬物使物皆得幹濟此明天之德也天本無心豈造元亨

利貞之德也天本無心豈造元亨利貞之名也但聖人以人事託之謂此自然之功爲天之四德也此但言元亨者略言之也天之爲道生生相續新新不停故曰日新也以其自然而然故謂之道云深微故不可得而聞也者言人稟自然之性及天之自然之道皆不知所以然而然是其理深微故不可得而聞也

子路有聞未之能行唯恐有聞孔曰前所聞未及行故恐後有聞不得並行也【疏】子路有聞未之能行唯恐有聞。正義曰此章言子路之志也子路於夫子之道前有所聞未能及行唯恐後有聞不得並行也

子貢問曰孔文子何以謂之文也孔曰孔文子衛大夫孔圉文謚也**子曰敏而好學不恥下問是以謂之文也**孔曰敏者識之疾也下問謂凡在己下者【疏】子貢至文也。正義曰此章言文爲美謚也子貢問曰孔文子何以謂之文也者言文是謚之美者故問衛大夫孔圉有何善行而得謂之文也子曰敏而好學不恥下問是以謂之文也者此夫子爲子貢說文子之美行也敏者疾也下問問凡在己下者言文子知識敏疾而又好學有所未辨不羞恥於問己下之人有此美行是

以謚謂之文也○正義曰云孔文子衛大夫孔圉者左傳文也云文謚也者案謚法云勤學好問曰文

子謂子産有君子之道四焉孔曰子産鄭大夫公孫僑其行已也恭其事上也敬其養民也惠其使民也義

〔疏〕子謂至也義○正義曰此章美子産之德子謂子産有君子之道四焉者孔子評論鄭大夫子産事上使下有君子之道四焉下文是也其行已也恭者一也言已之所行常能恭順不違忤於物也其事上也敬者二也言承事在已上之人及君親則忠心復加謹敬也其養民也惠者三也言愛養於民振乏賙無以恩惠也其使民也義者四也義宜也言役使下民皆於禮法得宜不妨農也○注孔曰至孫僑○正義曰案左傳子産穆公之孫公子發之子名僑公子之子稱公孫襄三十年執鄭國之政故云鄭大夫公孫僑也公子發字子國公孫之子以王父字爲氏據後而言故後或謂之國僑

子曰晏平仲善與人交久而敬之周曰齊大夫晏姓平謚名嬰

〔疏〕子曰晏平仲善與人交久而敬之○正義曰此章言齊大夫晏平仲之德凡人輕交易絶平仲則久而愈敬所以爲善○

注周曰至名嬰。正義曰云齊大夫晏姓平謚名嬰者案左傳文知之是晏桓子之子也謚法治而淸省曰平

子曰臧文仲居蔡包曰臧文仲魯大夫臧孫辰文謚也蔡國君之守龜出蔡地因以爲名焉長尺有二寸居蔡僭也**山節藻梲**包曰節者栭也刻鏤爲山梲者梁上楹畫爲藻文言其奢侈**何如其知也**孔曰非時人謂之爲知。

〈疏〉子曰至知也。正義曰此章明臧文仲不知也子曰臧文仲居蔡者蔡國君之守龜名也而魯大夫臧文仲居守之言其僭也山節者節栭也刻鏤爲山形故云山節也藻梲者藻水草有文者也梲梁上短柱也畫爲藻文故云藻梲此言其奢侈也何如其知也者言僭奢若此是不知也所以非時人謂之爲知。注包曰至僭也。正義曰云臧文仲魯大夫臧孫辰者案世本孝公生僖伯彄彄生哀伯達達生伯氏瓶瓶生文仲辰則辰是公子彄曾孫也彄字子臧公孫之子以王父字爲氏故姓曰臧也云文謚也者謚法云道德博厚曰文云蔡國君之守龜出蔡地因以爲名焉長尺有二寸居蔡僭也者漢書食貨志云元龜爲蔡家語稱漆彫平對孔子云臧氏有守龜其名曰蔡文仲三年而爲一兆武仲三年而爲二兆是大蔡爲大龜蔡是龜之名耳鄭玄包咸皆云出蔡地因

以爲名未知孰是食貨志云龜不盈尺。不得爲寶故知此龜長尺二寸此國君之守龜臧氏爲大夫而居之故云僭也○注包曰至奢侈○正義曰云節者栭也者釋宮文云刻鏤爲山梲者梁上楹畫爲藻文者釋宮云杗廇謂之梁其上楹謂之梲栭謂之楶郭璞曰梲侏儒柱也楶即櫨也此言山節者謂刻鏤柱頭爲斗拱形如山也藻梲者謂畫梁上短柱爲藻文也此是天子廟飾而文仲僭爲之故言其奢侈文二年左傳仲尼謂之作虛器言有其器而無其位故曰虛也

子張問曰令尹子文孔曰令尹子文楚大夫姓鬭名穀字於菟三仕爲令尹無喜色三已之無慍色舊令尹之政必以告新令尹何如子曰忠矣曰仁矣乎曰未知焉得仁但聞其忠事未知其仁也崔子弒齊君陳文子有馬十乘棄而違之孔曰皆齊大夫崔杼作亂陳文子惡之捐其四十匹馬違而去之至於他邦則曰猶吾大夫崔子也違之之一邦則又曰猶吾

大夫崔子也違之何如子曰清矣曰仁矣乎曰

未知焉得仁孔曰文子辟。惡逆去無道求有道當春秋時臣陵其君皆如崔子。無有可止者〔疏〕

子張至得仁。正義曰此章明仁之難成也子張問曰令尹子文三仕爲令尹無喜色三巳之無愠色舊令尹之政必以告新令尹何如者弟子子張問於孔子曰楚大夫令尹子文三被任用仕爲令尹之官而無喜見於顏色三被巳退無愠懟之色舊令尹之政令規矩必以告新令尹慮其未曉也子文有此美行子張疑可謂仁故問曰何如子曰忠矣者孔子荅之爲行如此是忠臣也曰仁矣乎者子張復問子文此德可謂仁矣乎曰未知焉得仁者孔子荅言如其所說但聞其忠事未知其仁也崔子弒齊君陳文子有馬十乘棄而違之至於他邦則曰猶吾大夫崔子也違之之一邦則又曰猶吾大夫崔子也違之何如者此子張又舉齊大夫陳文子之行而問孔子也崔子崔杼也爲齊大夫作亂弒其君光陳文子惡之故家雖富有馬十乘謂四十匹也而輒捐棄違去之至於他國亦遇其亂陳文子則曰猶吾齊大夫崔子也而違去之復往一他邦則又曰猶吾齊大夫崔子也而違去之爲行若此其人何如子曰清矣者孔子荅言文子辟惡逆去無道求有道當春秋時臣陵其君皆如崔子無可止者可謂清潔矣曰仁矣乎者子張意其爲仁故復問之曰可以爲仁矣乎曰未知焉得仁者孔子荅言據其所聞但是清耳未知他行安得仁乎。注孔曰至於菟。正義曰案宣四年左傳云初若敖娶於䢵生鬬伯比若敖卒從其母畜於䢵淫於䢵子之女生子文焉䢵夫人使棄諸夢中虎乳之䢵子田見之懼而歸夫人以告遂使收之楚人謂乳穀謂虎於菟故命之曰鬬穀於菟實爲令尹子文是也令尹宰也周禮六卿太宰爲長遂以宰爲上卿之號楚臣令尹爲長從他國之言或亦謂之宰宣十二年左傳云蔿敖爲宰是也令善也尹正也言用善人正此官也楚官多以尹爲名皆取其正直也。注孔曰至去之。正義曰云皆齊大夫者並見春秋故知之云崔杼作亂者左襄二十五年云四十匹馬者古以四馬共駕一車因謂四匹爲乘經言十乘故知四十匹也

季文子三思而後行子聞之曰再斯可矣。鄭曰季文子魯大夫季孫行父文諡也文子忠而有賢行其舉事寡過不必乃三思。〔疏〕季文子三思而後行子聞之曰再斯可矣。正義曰此章美魯大夫季文子之德文子忠而有賢行其舉事皆三思之然後乃行常寡過咎孔子聞之曰不必乃三思但再思之斯

亦可矣。注鄭曰至三思。正義曰案春秋文六年經書秋季孫行父如晉左傳曰季文子將聘於晉使求遭喪之禮以行其人曰將焉用之文子曰備豫不虞古之善教也求而無之實難過求何害杜預云所謂文子三思故知文子魯大夫季孫行父也謚法云道德博厚曰文

子曰甯武子馬曰衛大夫甯俞武謚也**邦有道則知邦無道則愚其知可及也其愚不可及也**孔曰佯愚似實故曰不可及也

疏子曰至及也。正義曰此章美衛大夫甯武子之德也邦有道則知邦無道則愚者此其德也若遇邦國有道則顯其知謀若遇無道則韜藏其知而佯愚其知可及也其愚不可及也者言有道則知人或可及佯愚似實不可及也。注馬曰衛大夫甯俞武謚也。正義曰案春秋文四年衛侯使甯俞來聘左傳曰衛甯武子來聘公與之燕爲賦湛露及彤弓不辭又不荅賦使行人私焉對曰臣以爲肄業及之也杜元凱注云此其愚不可及也是甯武子即甯俞也謚法云剛彊直理曰武

子在陳曰歸與歸與吾黨之小子狂簡斐然成章不知所以裁之孔曰簡大也孔

子在陳思歸欲去故曰吾黨之小子狂簡者進取於大道妄作穿鑿以成文章不知所以裁制我當歸以裁之耳遂歸

【疏】子在陳曰歸與歸與吾黨之小子狂簡斐然成章不知所以裁之○正義曰此章孔子在陳既久言其欲歸之意也與語辭再言歸與者思歸之深也狂者進取也簡大也斐然文章貌言我所以歸者以吾鄉黨之中末學之小子等進取大道妄作穿鑿斐然而成文章不知所以裁制故我當歸以裁之耳遂歸也不卽歸而言此者恐人怪已故託此爲辭耳

子曰伯夷叔齊不念舊惡怨是用希孔曰伯夷叔齊孤竹君之二子孤竹國名

【疏】子曰伯夷叔齊不念舊惡怨是用希○正義曰此章美伯夷叔齊二人之行不念舊時之惡而欲報復故希爲人所怨恨也○注伯夷叔齊孤竹君之二子孤竹國名○正義曰案春秋少陽篇伯夷姓墨名允字公信伯長也夷謚叔齊名智字公達伯夷之弟齊亦謚也太史公曰伯夷叔齊孤竹君之二子也父欲立叔齊及父卒叔齊讓伯夷伯夷曰父命也遂逃去叔齊亦不肯立而逃之國人立其中子於是伯夷叔齊聞西伯昌善養老盍往歸焉及至西伯卒武王載木主號爲文王東伐紂伯夷叔齊叩馬而諫曰父死不葬爰及干戈可謂孝乎以臣弑君可謂仁乎左

右欲兵之太公曰此義人也扶而去之武王已平殷亂天下宗周而伯夷叔齊恥之義不食周粟隱於首陽山采薇而食之及餓且死者是也孤竹北方之遠國名地里志遼西令支有孤竹城應劭曰故伯夷國

子曰孰謂微生高直孔曰微生姓名高魯人也**或乞醯焉乞諸其鄰而與之**孔曰乞之四鄰以應求

〔疏〕子曰至與之○正義曰此章明直者用意委曲非爲直人者不應委曲也孰謂微生高直者孰誰也孔子曰誰言魯人微生高性行正直或乞醯焉乞諸其鄰而與之者此孔子言其不直之事醯醋也諸之也或有一人就微生高乞醯時自無之即可荅云無高乃乞之其四鄰以應求者用意委曲非爲直人也

子曰巧言令色足恭孔曰足恭便僻貌**左丘明恥之丘亦恥之**孔曰左丘明魯太史**匿怨而友其人**孔曰心內相怨而外詐親**左丘明恥之丘亦恥之**

〔疏〕子曰至恥之○正義曰此章言魯太史左丘明與聖同恥之事巧言令色足恭者孔以爲巧好言語令善顏色便僻其足以爲恭謂前却俯仰以足爲恭也一曰足將樹切足成也謂巧言令色以成其恭取

娟於人也左丘明恥之丘亦恥之者左丘明魯太史受春秋經於仲尼者也恥此諸事不爲適合孔子之意故云丘亦恥之匿怨而友其人者友親也匿隱也言心內隱其相怨而外貌詐相親友也左丘明恥之丘亦恥之者亦俱恥而不爲也○注孔曰足恭便僻貌○正義曰此讀足如字便僻謂便習盤僻其足以爲恭也○注左丘明魯太史○正義曰漢書藝文志文志文者也

顏淵季路侍子曰盍各言爾志子路曰願車馬衣輕裘與朋友共敝之而無憾孔曰憾恨也顏淵曰願無伐善孔曰不自稱己之善無施勞孔曰不以勞事置施於人子路曰願聞子之志子曰老者安之朋友信之少者懷之孔曰懷歸也

〔疏〕顏淵至懷之○正義曰此章仲尼顏淵季路各言其志也顏淵季路侍者二弟子侍孔子也卑在尊旁曰侍子曰盍各言爾志者爾女也盍何不也夫子謂二弟子曰何不各言女心中之所志也子路曰願車馬衣輕裘與朋友共敝之而無憾者憾恨也衣裘以輕者爲美言願以己之車馬衣裘與朋友共乘服而被

敝之而無恨也此重義輕財之志也顏淵曰願無伐善無施勞者誇功曰伐言願不自稱伐己之善不置施勞役之事於人也此仁人之志也子路曰願聞子之志者二子各言其志畢子路復問夫子曰願聞子之志古者稱師曰子子曰老者安之朋友信之少者懷之者此夫子之志也懷歸也言己願老者安己事之以孝敬也朋友信己待之以不欺也少者歸己施之以恩惠也

子曰已矣乎吾未見能見其過而內自訟者也包曰訟猶責也言人有過莫能自責

〔疏〕子曰已矣乎吾未見能見其過而內自訟者也○正義曰此章疾時人有過莫能自責也訟猶責也已終也吾未見有人能自見其己過而內自責者也言將終不復見故云已矣乎

子曰十室之邑必有忠信如丘者焉不如丘之好學也

〔疏〕子曰十室之邑必有忠信如丘者焉不如丘之好學也○正義曰此章夫子言己勤學也十室之邑邑之小者也其邑雖小亦不誣之必有忠信如我者焉但不如我之好學不厭也衛瓘讀焉於虔切爲下句首焉猶安也言十室之邑雖小必有忠信如我者也安不如我之好學也言亦不如我之好學也義並得通故具存焉

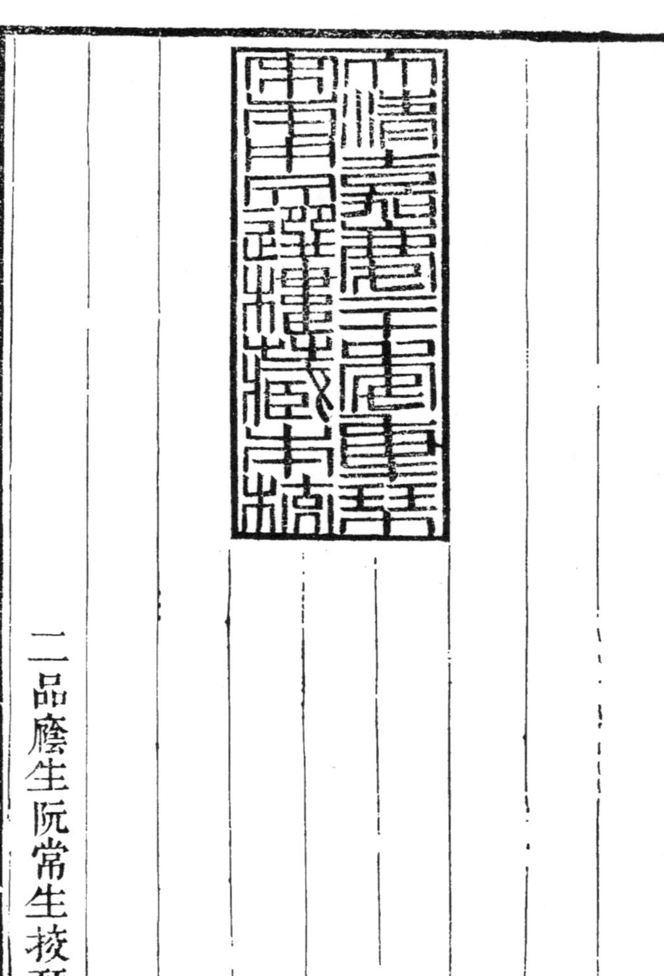

論語注疏解經卷第五

二品廕生阮常生挍栞

論語注疏校勘記

阮元撰　盧宣旬摘錄

公冶長第五

子謂公冶長章

雖在縲絏之中 皇本高麗本絏作紲宋石經亦作紲案字本作紲唐人避太宗諱改作絏釋文出紲字云本今作絏五經文字云絏本文从世緣廟諱偏旁今經典竝準式例變

冶長 皇本作公冶長案孔注下云姓公冶名長則不當單稱冶長

在官不被廢弃 閩本北監本毛本弃作棄後放此案說文棄捐也弃古文棄籒文弃棄葢古今字

南宮括 閩本北監本毛本括作适案史記弟子列傳作括

中孫玃生南宮縚是也 補鏜云玃誤獲按禮記檀弓上疏引世本作獲故補以為獲之

誤然攷甯宫縚之父爲孟僖子僖子卽左氏昭公九年經所書仲孫貜如楚者也據此不得以貜字爲誤

子謂子賤章

安得此行而學行之　皇本得下有取字

賜也何如章

賜也何如　高麗本作如何

瑚璉也　案說文槤胡槤也大徐云今俗作連非九經古義云盤之事明堂位曰夏后氏之四連皆不从玉旁據此則槤爲本字連爲假借从玉者俗字耳○按韓勑禮器碑胡輦器用卽胡連也

此夫子又爲指其定分　本夫誤未今訂正

注此論語　閩本北監本毛本注作說

或引有所據浦鏜云別誤引是也今訂正

雍也仁而不佞章

子曰焉用佞高麗本佞下有也字

屢憎於人高麗本作屢憎民

不知其仁焉用佞皇本高麗本仁下佞下有也字

數爲人所憎惡皇本無惡字有也字

數謂人所憎惡者閩本北監本同毛本謂作爲案所改是也

而以不佞爲嫌者本嫌誤謙

子使漆彫開仕章

子使漆彫開仕閩本北監本毛本彫作雕注疏同案釋文出彫字云本或作凋同四書攷異云舊經漆雕

與後章朽木不可雕雕俱爲彫松柏後彫之彫爲凋體義自合不知何時皆傳寫差此本此處作彫不誤後朽木不可彫經文已作雕雖注疏尚作彫歲寒章亦作彫與閩本北監本毛本同○按依說文當作琱凡琱琢之成文則曰彫今彫行而琱廢雕凋皆假借字

善其志道深 皇本善作喜深下有也字

子使漆彫開仕者 本仕誤化今改正

道不行章

乘桴浮于海從我者其由與 皇本于作於由下有也字高麗本也字同案此經例用於字雖爲政篇吾十有五而志于學及此兩於字變體作于爲政篇于字乃乎字之譌此亦疑本作於傳寫者偶亂耳觀文選𥈭賦注尚引作於可證又由下也字亦與顏師古漢書地理志注大平御覽四百六十七所引合

大者曰桴 皇本桴作筏

子路聞孔子欲浮海　皇本浮上有乘桴二字毛本子路誤孔路

古字材哉同　皇本同下有耳字

水中篺筏　閩本同北監本毛本篺作簰是也

方舫泭浮音義同也　閩本同北監本毛本浮作桴是也

孟武伯問子路仁乎章

可使治其賦也　釋文出賦字云孔云兵賦也鄭云軍賦梁武云魯論作傅

兵賦　皇本賦下有也字下之邑下公西華下行人下同

大夫百乘　皇本作卿大夫故曰百乘也

出戎馬一匹　本戎誤戍今改正下同

女與回也孰愈章

回也聞一以知十 釋文出聞一云本或作問字非

吾與女 釋文出吾與爾云爾本或作女音汝案三國志夏侯淵傳曰仲尼有言吾與爾不如也正作爾字葢與陸氏所據本合

葢欲以慰子貢也 皇本貢下有心字案筆解也作爾

故云不如也 浦鏜云不當作弗

宰予晝寢章

弟子宰我 皇本我下有也字下刻畫下同又此注作苞氏曰案疏述注亦作包曰今本作孔曰疑誤

朽木不可雕也 閩本北監本毛本彫經注疏俱作雕此本雖經文作雕餘仍作彫案唐石經宋石經俱作彫漢書董仲舒傳論衡問孔篇詩大雅棫樸正義亦俱引作彫是作雕者用假借字釋文亦作雕

不可杇也 皇本杇作圬釋文出圬字云本或作杇鏝也案史記弟子列傳漢書董仲舒傳俱作圬葢論語古本

作圬說文杇所以塗也杇當是正字圬乃杇之假借耳

杇鏝也 皇本作圬墁也此本杇竝誤杇今正案釋文出槾字云或作鏝五經文字云槾莫干反見論語經文槾字當卽此注

此二者以諭雖施功猶不成 皇本無此以二字成下有也字

深責之 皇本之下有辭也二字

改是聽言信行 皇本是下有者始二字

更察言觀行發於宰我之晝寢 皇本更上有今字無之字寢下有也字

此孔子責宰我之辭也 此本辭皆作辭案說文詞意內而言外也辭訟也辤不受也籀文作辝據此則此處不當作辝五經文字云辭辤辝上說文中古文下籀文經典相承通用上字

託之以設教耳 本耳誤卑

今乃晝寢 晝寢二字闕今補正下故孔子責之責字聽其所言聽字雖聽其言更觀其行聽觀二字杇鏝也鏝字釋宮釋字鏝謂之杇鏝字泥塗也李巡曰塗因謂泥塗三塗字並同

釋宮云鏝謂之杇郭璞云泥塗也李巡曰塗一名杇 浦鏜云泥塗也鏝誤塗下鏝一名杇因謂泥鏝爲杇二鏝字誤同

塗土之作具也 北監本土誤上浦鏜云工誤土

申棖魯人 棖魯二字闕今補

吾未見剛者章

夫子以時皆柔佞 本佞誤倭今正下同

質直寡欲 閩本北監本毛本欲作慾○按欲正字慾俗字

申棠字周 浦鏜云周上脫子字案史記弟子列傳本無子字浦鏜疑有脫字者據家語也然釋文引

家語亦無子字則今本家語有子字者恐不足據

夫子之文章章

可以耳目循皇本作可得以耳目自修也又筆解此注作孔曰

夫子之言性與天道史記孔子世家作夫子之言天道與性命

不可得而聞也皇本高麗本也下有已矣二字是也按漢書眭兩夏侯京翼李傳贊及匡謬正俗並作已矣

故不可得而聞也本聞誤問今正

孝經說曰性者天之質按禮記中庸注天作生此誤

嘉之會也本嘉誤加下嘉字同今正

成就万物閩本北監本毛本作濟物○按唐人千萬字多作万今改

豈逌元亨利貞之德也閩本同毛本逌作造是也亨作亨誤

子路有聞章

子路有聞未之能行皇本高麗本無之字

孔文子何以謂之文也章

有所未辯此本辯皆作辨案五經文字云辯辨上理也下別也經典或通用之

晏平仲章

久而敬之皇本高麗本而下有人字

治而清省曰平北監本毛本清省改無眚案二本所改蓋據今本周書謚法解攷周書舊本本作清省以今本改古本非也

臧文仲居蔡章

長尺有二寸本寸誤十今正

山節藻棁釋文出棁字云本又作梲。按棁說文訓木杖經典多借用爲梁上短柱之梲

非時人謂之爲知皇本之作以知下有也字

彄生哀伯達本生誤汼今正

故姓曰臧也本姓誤謚今正

道德博厚曰文北監本毛本厚改聞後季文子章疏同案周書舊本亦作厚此亦據今本誤改

龜不盈尺漢書食貨志作盈五寸

𣏌瘤謂之梁閩本同毛本𣏌瘤作𣏌廇是也北監本𣏌亦誤𣏌

令尹子文章

姓鬭名穀字於菟皇本穀作穀釋文出名穀云本又作穀。按說文穀乳也从子𣪊聲釋文穀字

即穀字之譌又作穀用假借字說詳左傳釋文挍勘記

必以告新令尹何如皇本高麗本如下有也字又此注作孔安國曰

崔子弒齊君釋文出崔子云鄭注云魯讀崔爲高今從古又出弒字云本又作殺同案九經古義云王充論衡曰猶吾大夫高子也蓋用魯論語之言

棄而違之唐石經避太宗諱棄作弃後放此

則曰猶吾大夫崔子也高麗本則下有又字

違之之一邦皇本作違之之至他邦高麗本作違之之至一邦案孜文載足利本作違之至一邦疑皇本高麗本竝衍一之字

文子辟惡逆去無道皇本辟作避後竝放此案釋文出辟字云音避本亦作避○按避正字辟假借字

皆如崔子 皇本子作杼案釋文出杼字云直呂反則陸氏所據本亦作崔杼

無有可止者 本止誤且今正

三仕爲令尹 本三誤二今正

從其毋畜於邷 閩本北監本同毛本毋作毋是也今依正

邷子毋 案毋當作田各本竝誤

季文子三思而後行章

再斯可矣 唐石經作再思可矣皇本高麗本作再思斯可矣

不必乃三思 皇本作不必及三思也案及字是也

甯武子章

佯愚似實 皇本佯作詳案佯詳古字通史記蘇秦傳詳僵而棄酒吳太伯世家公子光詳爲足疾皆以詳

爲佯

爲賦湛露及彤弓不辤　閩本北監本毛本辤作辭閩本彤誤彫

子在陳章

不知所以裁之　皇本高麗本之下有也字史記孔子世家不知上有吾字

狂簡者進取於大道妄作穿鑿以成文章　皇本無簡字取作趨妄下無作字案史記孔子世家集解引亦無簡字

我當歸以裁之耳　皇本裁下有制字案文選王簡栖頭陀寺碑文注引不知所以裁製

孰謂微生高直章

或乞醯焉　高麗本或下有人字釋文出乞醯云亦作醯案五經文字云醯作䤈俗

巧言令色足恭章

巧言令色足恭　釋文出色足云一本此章有子曰字恐非

漢書藝文志文者也　各本也上並誤衍者字

願車馬衣輕裘　唐石經輕字旁注案石經初刻本無輕字車馬衣裘見管子小匡及外傳齊語是子路本用成語後人因雍也篇衣輕裘誤加輕字甚誤錢大昕金石文跋尾云石經輕字宋人誤加攷北齊書唐邕傳顯祖嘗解服青鼠皮裘賜邕云朕意在車馬衣裘與卿共敝蓋用子路故事是古本無輕字一證也釋文於赤之適齊節音衣爲于旣反而此衣字無音是陸本無輕字二證也邢疏云願以已之車馬衣裘與朋友共乘服是邢本亦無輕字三證也皇疏云車馬衣裘共乘服而無所憾恨也是皇本亦無輕字四證也今注疏與皇本正文有輕字則後人依通行本增入非其舊矣

敝之而無憾　皇本敝作弊○按敝正字弊俗字

不以勞事置施於人　皇本不作無人下有也字

懷歸也　皇本歸作安

十室之邑章

不如丘之好學也　高麗本學下有者字

論語注疏挍勘記卷五終

論語注疏解經卷第六

何晏集解　邢昺疏

雍也第六

〔疏〕正義曰此篇亦論賢人君子及仁知中庸之德大抵與前相類故以次之

子曰雍也可使南面包曰可使南面者言任諸侯治。〔疏〕子曰雍也可使南面正義曰此章稱弟子冉雍之德行南面謂諸侯也言冉雍有德行堪任爲諸侯治理一國者也仲弓問子桑伯子王曰伯子書傳無見焉子曰可也簡孔曰以其能簡故曰可也仲弓曰居敬而行簡以臨其民不亦可乎孔曰居身敬肅臨下寬略則可居簡而行簡無乃大簡乎包曰伯子之簡太簡子曰雍之言然〔疏〕仲弓至言然○正義曰此章明行簡之法仲弓問子桑伯子者仲弓冉雍字也問子桑伯子其人德行何如子曰可也簡者孔子爲仲弓述子桑伯子之德行也簡略也言其人可也以其行能寬略故也仲弓曰居敬而行簡以臨其民不亦可乎者仲弓因辨簡之可否言若居身敬肅而行寬略以臨其下民不亦可乎言其可也居簡而行簡無乃太簡乎者言居身寬略而行又寬略乃大簡也則子桑伯子之簡是太簡也子曰雍之言然者然猶是也夫子許仲弓之言是故曰然○注王曰伯子書傳無見焉○正義曰書傳無見不知何人也子桑伯子當是一人故此注及下包氏皆唯言伯子而已鄭以左傳秦有公孫枝字子桑則以此爲秦大夫恐非

哀公問弟子孰爲好學孔子對曰有顏回者好學不遷怒不貳過不幸短命死矣今也則亡未聞好學者也

凡人任情喜怒違理顏回任道怒不過分遷者移也怒當其理不移易也不貳過者有不善未嘗復行

［疏］哀公至者也○正義曰此章稱顏回之德哀公問弟子孰爲好學者魯君哀公問於孔子曰弟子之中誰爲樂於好學者孔子對曰有顏回者好學不幸短命死矣今也則亡未聞好學者也者孔子對哀公曰有弟子顏回者其人好學遷移也凡人任情喜怒違理顏回任道怒不過分而當其理不移易不遷怒也人皆有過憚改顏回有不善未嘗不知知之未嘗復行不貳過也

凡事應失而得曰幸應得而失曰不幸惡人横夭則惟其常顔回以德行著名應得壽考而反二十九髮盡白三十二而卒故曰不幸短命死矣亡無也言今則無好學者矣未聞更有好學者也○注凡人至復行○正義曰云凡人任情喜怒違理者言凡常之人信任邪情恣其喜怒違於分理也云顔回任道怒不過分者言顔回好學既深信用至道故怒不過其分理也云有不善未嘗復行者周易下繫辭文彼云子曰顔氏之子其殆庶幾乎有不善未嘗不知知之未嘗復行也韓康伯注云在理則昧造形而悟顔子之分也失之於幾故有不善得之於貳不遠而復故知之未嘗復行也引之以證不貳過也此稱其好學而言不遷怒貳過者以不遷怒貳過由於學問既篤任道而行故舉以言焉以明好學之深也一曰以哀公遷怒貳過而孔子因以諷諫

子華使於齊冉子爲其母請粟子曰與之釜馬曰子華弟子公西華赤之字六斗四升曰釜請益曰與之庾包曰十六斗曰庾冉子與之粟五秉馬曰十六斛曰秉五秉合爲八十斛子曰赤之適齊也乘肥馬衣輕裘吾聞之也君子周

急不繼富鄭曰非冉有與之太多〔疏〕子華至繼富○正義曰此章論君子當賑窮周急子華使於齊者弟子公西赤字子華時仕魯爲魯使適於齊也冉子爲其母請粟者冉子即冉有也爲其子華之母請粟於夫子言其子出使而家貧也子曰與之釜者夫子令與粟六斗四升也請益者冉有嫌其粟少故更請益之曰與之庾者夫子令益與十六斗也冉子與之粟五秉者冉有終以爲少故自與粟八十斛也子曰赤之適齊也乘肥馬衣輕裘吾聞之也君子周急不繼富者此孔子非冉有與之太多也赤子華名適往也言子華使往齊國乘駕肥馬衣著輕裘則是富也富則毋不闕粟吾嘗聞之君子當周救人之窮急不繼接於富有今子華家富而冉與之粟則是繼富故非之也○注馬曰至曰釜○正義曰史記弟子傳云公西赤字子華鄭玄曰魯人少孔子四十二歲云六斗四升曰釜者昭三年左傳晏子曰齊舊四量豆區釜鍾四升爲豆各自其四以登于釜杜注云四豆爲區區十六升四區爲釜釜六斗四升是也○注包曰十六斗曰庾馬曰十六斛曰秉○正義曰案聘禮記云十斗曰斛十六斗曰籔十籔曰秉鄭注云秉十六斛今江淮之間量名以爲籔者今文籔爲逾是庾逾籔其數同故知然也

原思爲之宰包曰弟子原憲

思字也孔子爲魯司寇以原憲爲家邑宰**與之粟九百辭**孔曰九百九百斗辭辭讓不受**子曰毋**孔曰祿法所得當受無讓**以與爾鄰里鄉黨乎**鄭曰五家爲鄰五鄰爲里萬二千五百家爲鄉五百家爲黨

〔疏〕原思至黨乎○正義曰此章明爲受祿之法原思弟子原憲也孔子爲魯司寇以原憲爲家邑宰也與之粟九百辭者孔子與之粟九百斗原思辭讓不受子曰毋者毋禁辭也孔子禁止其讓言祿法所得當受無讓也以與爾鄰里鄉黨乎者言於已有餘可分與爾鄰里鄉黨之人亦不可辭也○注包曰至邑宰○正義曰史記弟子傳曰原憲字子思鄭玄曰魯人云孔子爲司寇以原憲爲家邑宰者世家云孔子由中都宰爲司空由司空爲司寇魯司寇大夫也必有采邑大夫稱家故以原憲爲家采邑之宰也○注鄭曰至爲黨○正義曰云五家爲鄰五鄰爲里者地官遂人職文案大司徒職云五家爲比五比爲閭四閭爲族五族爲黨五黨爲州五州爲鄉故知萬二千五百家爲鄉五百家爲黨也

子謂仲弓曰犂牛之子騂且角雖欲勿用山川其舍諸犂雜文騂赤也角者角周正中犧牲雖欲以其所生犂而不用山川

寧肯舍之乎言父雖不善不害於子之美。〔疏〕子謂至舍諸○正義曰此章復謂冉雍之德也子謂仲弓曰犂牛之子騂且角雖欲勿用山川其舍諸者雜文曰犂騂純赤色也角者角周正也舍棄也諸之也仲弓父賤人而行不善故孔子稱謂仲弓曰譬若雜文之犂牛生純赤且角周正之子中祭祀之犧牲雖欲以其所生犂而不用山川寧肯舍棄之乎言仲弓父雖不善不害於子之美也

子曰回也其心三月不違仁其餘則日月至焉而已矣餘人暫有至仁時唯回移時而不變〔疏〕子曰回也其心三月不違仁其餘則日月至焉而已矣○正義曰此章稱顏回之仁三月爲一時天氣一變人心行善亦多隨時移變唯回也其心雖經一時復一時而不變移違去仁道也其餘則蹔有至仁時或一日或一月而已矣

季康子問仲由可使從政也與子曰由也果包曰果謂果敢決斷於從政乎何有曰賜也可使從政也與曰賜也達孔曰達謂通於物理於從政乎何有曰求也可使從政

也與曰求也藝孔曰藝謂多才藝於從政乎何有〔疏〕季康至何有○正義曰此章明子路子貢冉有之才也季康子問仲由可使從政也歟者康子魯卿季孫肥也問於孔子曰仲由之才可使從一官而爲政治也歟子曰由也果於從政乎何有者果謂果敢決斷何有言不難也孔子言仲由之才果敢決斷其於從政何有難乎言仲由可使從政也曰賜也可使從政也歟者季康子又問子貢也曰賜也達於從政乎何有者達謂通於物理孔子荅言子貢之才通達物理亦言可從政也曰求也可使從政也歟者康子又問冉有也曰求也藝於從政乎何有者藝謂多才藝孔子荅言冉求多才藝亦可從政也

季氏使閔子騫爲費宰孔曰費季氏邑季氏不臣而其邑宰數畔聞子騫賢故欲用之閔子騫曰善爲我辭焉孔曰不欲爲季氏宰託使者善爲我辭焉說令不復召我如有復我者孔曰復我者重來召我則吾必在汶上矣孔曰去之汶水上欲北如齊〔疏〕季氏至上矣○正義曰此章明閔損之賢也季氏使閔子騫爲費宰者費季氏邑季氏不臣而其邑宰數畔聞子騫賢故欲使之也

閔子騫曰善爲我辭焉者子騫不欲爲季氏宰故語使者曰善爲我作辭說令不復召我也如有復我者則吾必在汶上矣者復重也言如有重來召我者則吾必去之在汶水上欲北如齊也○注孔曰至用之○正義曰云費季氏邑者左傳文也云季氏不臣而其邑宰數畔者謂禮樂逐昭公是不臣也昭十二年南蒯以費畔又公山弗擾以費畔是數畔也○注去之汶水上欲北如齊○正義曰地理志云汶水出泰山萊蕪西南入濟在齊南魯北故曰欲北如齊

伯牛有疾馬曰伯牛弟子冉耕**子問之自牖執其手**包曰牛有惡疾不欲見人故孔子從牖執其手也**曰亡之**孔曰亡喪也疾甚故持其手曰喪之**命矣夫斯人也而有斯疾也斯人也而有斯疾也**包曰再言之者痛惜之甚

〔疏〕伯牛至疾也○正義曰此章孔子痛惜弟子冉耕有德行而遇惡疾也伯牛冉耕字也有疾有惡疾也子問之從自牖執其手者自從也伯牛惡疾不欲見人故孔子問之從牖執其手也曰亡之者亡喪也疾甚故持其手曰喪之命矣夫斯人也而有斯疾也斯人也而有斯疾也者行善遇凶非人所召故歸之於命言天命矣夫斯此也此善人也而有此

惡疾也是孔子痛惜之也再言之者痛惜之甚○注馬曰伯牛弟子冉耕○正義曰史記弟子傳曰冉耕字伯牛鄭玄曰魯人○注包曰伯牛有惡疾○正義曰惡疾疾之惡者也淮南子云伯牛癩

子曰賢哉回也一簞食一瓢飲 孔曰簞笥也。 **在陋巷人不堪其憂回也不改其樂賢哉回也** 孔曰顏淵樂道雖簞食在陋巷不改其所樂

疏 子曰至回也○正義曰此章歎顏回之賢故曰賢哉回也云一簞食一瓢飲者簞竹器食飯也瓢瓠也言回家貧唯有一簞飯一瓠瓢飲也在陋巷人不堪其憂回也不改其樂者言回居處又在隘陋之巷他人見之不任其憂唯回也不改其樂道之志不以貧爲憂苦也歎美之甚故又曰賢哉回也○注孔曰簞笥也○正義曰案鄭注曲禮云圓曰簞方曰笥然則簞與笥方圓異而此云簞笥者以其俱用竹爲之舉類以曉人也

冉求曰非不說子之道力不足也子曰力不足者中道而廢今女畫 孔曰畫止也力不足者當中道而廢今女自止耳非力極

疏 冉求曰至女畫○正義曰此章勉人學也冉求曰非

不說子之道力不足也者弟子冉求言已非不說樂子之道而勤學之但以力不足故也子曰力不足者中道而廢今女畫者畫止也此孔子責冉求之不說學也言力不足者當中道而廢今女自止耳非力極也

子謂子夏曰：女爲君子儒，無爲小人儒。孔曰：君子爲儒將以明道，小人爲儒則矜其名。

疏 子謂子夏曰女爲君子儒無爲小人儒○正義曰：此章戒子夏爲君子也。言人博學先王之道以潤其身者皆謂之儒，但君子則將以明道，小人則矜其才名。言女當明道，無得矜名也。

子游爲武城宰。包曰：武城，魯下邑。**子曰：女得人焉耳乎？**孔曰：焉耳乎皆辭。**曰：有澹臺滅明者，行不由徑，非公事未嘗至於偃之室也。**包曰：澹臺，姓；滅明，名；字子羽。言其公且方。

疏 子游至室也○正義曰：此章明子羽公方也。子游爲武城宰者，武城，魯下邑，子游時爲之宰也。子曰女得人焉耳乎者，孔子問子游，言女在武城得其有德之人乎？焉耳乎皆語助辭。曰有澹臺滅明者，此子游對孔子言已所得之人也，姓澹臺，名滅明。行不由徑非公事未嘗至於偃之室也者，此言其人之德也。

行遵大道不由小徑是方也若非公事未嘗至於偃之室是公也既公且方故以爲得人○注包曰至且方○正義曰史記弟子傳云澹臺滅明武城人字子羽少孔子三十九歲狀貌甚惡欲事孔子孔子以爲材薄既已受業退而脩行名施乎諸侯孔子聞之曰吾以貌取人失之子羽是亦弟子也故注不言弟子者從可知也云言其公且方者公無私也方正直也

子曰孟之反不伐孔曰魯大夫孟之側與齊戰軍大敗不伐者不自伐其功**奔而殿將入門策其馬曰非敢後也馬不進也**馬曰殿在軍後前曰啓後曰殿孟之反賢而行勇軍大奔獨在後爲殿人迎功之不欲獨有其名曰我非敢在後拒敵馬不能前進。

疏 子曰至進也○正義曰此章言功以不伐爲善也孟之反不伐者誇功曰伐孟之反魯大夫孟之側也有軍功而不誇伐也奔而殿將入門策其馬曰非敢後也馬不進也者此其不伐之事也在軍後曰殿策捶也魯與齊戰魯師敗而奔孟之反賢而有勇獨在後爲殿人迎功之不欲獨有其名故將入國門乃捶其馬欲先奔者入城也且曰我非敢在後爲殿以拒敵馬不能前進故也○注孔曰魯大夫孟之側○正義曰杜預曰之側孟氏族字反是也○注馬曰至

前進○正義曰云殿在軍後前曰啓後曰殿者案司馬法謀帥篇曰夫前驅啓乘車大震倅車屬焉大震即大殿也音相似襄二十三年左傳曰齊侯伐衛大殿商子游御夏之御寇詩曰元戎十乘以先啓行是殿在軍後前曰啓也案哀十一年左傳說此事云齊師伐我及清孟孺子洩帥右師冉求帥左師師及齊師戰于郊右師奔齊人從之孟之側後入以爲殿抽矢策其馬曰馬不進也文不同者各據所聞而記之也

子曰不有祝鮀之佞而有宋朝之美難乎免於今之世矣孔曰佞口才也祝鮀衛大夫子魚也時世貴之宋朝宋之美人而善淫言當如祝鮀之佞而反如宋朝之美難乎免於今之世害也

疏 子曰不有祝鮀之佞而有宋朝之美難乎免於今之世矣○正義曰此章言世尚口才也佞口才也祝鮀衛大夫子魚也有口才時世貴之宋朝宋之美人善淫時世疾之言人當如祝鮀之有口才則見貴重若無祝鮀之佞而反有宋朝之美難乎免於今之世害也○注孔曰至善也○正義曰云祝鮀衛大夫子魚也時世貴之者春秋定四年會于召陵盟于皐鼬左傳曰將會衛子行敬子言於靈公曰會同難嘖有煩言莫之治也其使祝鮀從公曰善乃使子魚是祝鮀即子魚也傳又曰及

皐鼬將盟將長蔡於衛衛侯使祝鮀私於萇弘文多不載萇弘說告劉子與范獻子謀之乃長衛侯於盟是時世貴之也云宋朝宋之美人而善淫者案定十四年左傳曰衛侯爲夫人南子召宋朝杜注云南子宋女也朝宋公子舊通于南子在宋呼之是朝爲宋之美人而善淫也

子曰誰能出不由戶何莫由斯道也孔曰言人立身成功當由道譬猶出入要當從戶〔疏〕子曰誰能出不由戶何莫由斯道也○正義曰此章言道爲立身之要也故曰誰人能出入不由門戶以譬何人立身不由於此道也言人立身成功當由道譬猶出入要當從戶

子曰質勝文則野包曰野如野人言鄙略也**文勝質則史**包曰史者文多而質少**文質彬彬然後君子**包曰彬彬文質相半之貌〔疏〕子曰至君子○正義曰此章明君子也質勝文則野者謂人若質多勝於文則如野人言鄙略也文勝質則史者言文多勝於質則如史官也文質彬彬然後君子者彬彬文質相半之貌言文華質朴相半彬彬然然後可爲君子也

子曰人之生也直馬曰言人所生於世而自終者以其正直也**罔之生也幸而**

免包曰誣罔正直之道而亦生者。是幸而免〔疏〕子曰人之生也直罔之生也幸而免〇正義曰此章明人以正直爲德言人之所以生於世而自壽終不横夭者以其正直故也罔誣罔也言人有誣罔正直之道而亦生者是幸而獲免也

子曰知之者不如好之者好之者不如樂之者包曰學問知之者不如好之者篤好之者不如樂之者深〔疏〕子曰知之者不如好之者好之者不如樂之者〇正義曰此章言人之學道用心深淺之異也言學問知之者不如好之者篤厚也好之者又不如悅樂之者深也

子曰中人以上可以語上也中人以下不可以語上也王曰上謂上知之所知也。兩舉中人以其可上可下〔疏〕子曰中人以上可以語上也中人以下不可以語上也〇正義曰此章言授學之法當稱其才識也語謂告語上謂上知之所知也人之才識凡有九等謂上上上中上下中上中中中下下上下中下下也上上則聖人也下下則愚人也皆不可移也其上中以下下中以上是可教之人也中人謂第五中中之人也以上謂上中上下中上之人也以其才識優長故可以告語上知之所知也中

人以下謂中下下上下中之人也以其才識暗劣故不可以告語上知之所知也此應云中人以上可以語上以下不可以語上而繁文兩舉中人者以其中人可上可下故也言此中人若才性稍優則可以語上才性稍劣則不可以語上是其可上可下也**樊遲問知子曰務民之義**王曰務所以化道民之義**敬鬼神而遠之可謂知矣**包曰敬鬼神而不黷**問仁曰仁者先難而後獲可謂仁矣**孔曰先勞苦而後得功此所以爲仁〔疏〕樊遲至仁矣。正義曰此章明仁知之用也樊遲問知者弟子樊須問於孔子何爲可謂之知子曰務民之義敬鬼神而遠之可謂知矣者孔子荅其爲知也言當務所以化道民之義恭敬鬼神而疏遠之不褻黷能行如此可謂爲知矣問仁者樊遲又問何爲可謂之仁子曰仁者先難而後獲可謂仁矣者此荅其爲仁也獲猶得也言爲仁者先受勞苦之難而後乃得功此所以爲仁也已**子曰知者樂水**包曰知者樂運其才知以治世如水流而不知已**仁者樂山**仁者樂如山之安固自然不動而萬物生焉**知者動**包曰日進故動**仁者**

靜孔曰無欲故靜知者樂鄭曰知者自役得其志故樂仁者壽包曰性靜者多壽考

〔疏〕子曰至仁者壽○正義曰此章初明知仁之性次明知仁之用三明知仁之功也知者樂水者樂謂愛好言知者性好運其才知以治世如水流而不知已止也仁者樂山者言仁者之性好樂如山之安固自然不動而萬物生焉知者動者言知者常務進故動仁者靜者言仁者本無貪欲故靜知者樂者言知者役用才知成功得志故歡樂也仁者壽者言仁者少思寡欲性常安靜故多壽考也

子曰齊一變至於魯魯一變至於道包曰言齊魯有太公周公之餘化太公大賢周公聖人今其政教雖衰若有明君興之齊可使如魯魯可使如大道行之時

〔疏〕子曰齊一變至於魯魯一變至於道○正義曰此章言齊魯有太公周公之餘化太公大賢周公聖人今其政教雖衰若有明君興之齊可使如魯可一變使如於魯魯可一變使如於大道行之時也

子曰觚不觚馬曰觚禮器一升曰爵二升曰觚觚哉觚哉觚哉觚哉言非觚也以喻爲政不得其道則不成

〔疏〕子曰觚不觚觚哉觚哉○正義曰此章言爲政須遵禮道也觚者禮器所以盛酒二升曰

觚言觚者用之當以禮若用之失禮則不成爲觚也故孔子歎之觚哉觚哉言非觚也以喻人君爲政當以道若不得其道則不成爲政也○注馬曰觚禮器一升曰爵二升曰觚○正義曰案特牲禮刑三爵三觚四觶一角三散是觚爲禮器也異義韓詩說一升曰爵爵盡也足也二升曰觚觚寡也飲當寡少三升曰觶觶適也飲當自適也四升曰角角觸也不能自適觸罪過也五升曰散散訕也飲不省節爲人謗訕揔名曰爵其實曰觴觴者餉也觥亦五升所以罰不敬觥廓也所以著明之貌君子有過廓然著明非所以餉不得名觴此雖言爵觚者略言之也

宰我問曰仁者雖告之曰井有仁焉其從之也孔曰宰我以仁者必濟人於患難故問有仁人墮井將自投下從而出之不乎欲極觀仁者憂樂之所至**子曰何爲其然也君子可逝也不可陷也**孔曰逝往也言君子可使往視之耳不肯自投從之**可欺也不可罔也**馬曰可欺者可使往也不可罔者不可得誣罔令自投下

【疏】宰我至罔也○正義曰此章明仁者之心也宰我問曰仁者雖告之曰井有仁焉其從之也者宰我以仁者必濟人於患難故問曰仁者之人

設有來告曰井中有仁人焉言仁人墮井也此承告之仁人將自投下從而出之不乎意欲極觀仁者憂人樂生之所至也子曰何爲其然也君子可逝也不可陷也者此孔子怪拒之辭逝往也然如是也言何爲能使仁者如是自投井乎夫仁人君子但可使往視之耳不可陷入於井言不可自投從之也可欺也不可罔也者雖可欺之使往視不可得誣罔令自投下也

子曰君子博學於文約之以禮亦可以弗畔矣夫鄭曰弗畔不違道〔疏〕子曰君子博學於文約之以禮亦可以弗畔矣乎。正義曰畔違也此章言君子若博學於先王之遺文復用禮以自撿約則不違道也

子見南子子路不說夫子矢之曰予所否者天厭之天厭之孔曰舊以南子者衞靈公夫人淫亂而靈公惑之孔子見之者欲因以說靈公使行治道矢誓也子路不說故夫子誓之行道既非婦人之事而弟子不說與之呪誓義可疑焉〔疏〕子見至厭之。正義曰此章孔子屈已求行治道也子見南子者南子衞靈公夫人淫亂而靈公惑之孔子至衞見此南子意欲因以說靈公使行治道故也子路不說者子路性剛直未達

孔子之意以爲君子當義之與比而孔子乃見淫亂婦人故不說樂夫子矢之者矢誓也以子路不說故夫子告誓之曰予所否者天厭之天厭之者此誓辭也予我也否不也厭棄也言我見南子所不爲求行治道者願天厭棄我再言之者重其誓欲使信之也○注孔曰至疑焉○正義曰云孔曰舊以南子者衛靈公夫人淫亂而靈公惑之孔子見之者欲因以說靈公使行治道矢誓也子路不說故夫子誓之者先儒舊有此解也云行道既非婦人之事而弟子不說與之呪誓義可疑焉者安國以爲先儒舊說不近人情故疑其義也史記世家孔子至衛靈公夫人有南子者使人謂孔子曰四方之君子不辱欲與寡君爲兄弟者必見寡小君寡小君願見孔子辭謝不得已而見之夫人在絺帷中孔子入門北面稽首夫人自帷中再拜環珮玉聲璆然孔子曰吾鄉爲弗見見之禮荅焉子路不說孔子矢之曰天厭之天厭之是子見南子之事也欒肇曰見南子者時不獲已猶文王之拘羑里也天厭之者言我之否屈乃天命所厭也蔡謨云矢陳也夫子爲子路陳天命也

子曰中庸之爲德也其至矣乎民鮮久矣

庸常也中和可常行之德世亂先王之道廢民鮮能行此道久矣非適今〔疏〕子曰中庸之爲德也其至

矣乎民鮮久矣。正義曰此章言世亂人不能行中庸之德也中謂中和庸常也鮮罕也言中和可常行之德也其至極矣乎以世亂先王之道廢故民罕能行此道久多時矣非適而今也

子貢曰如有博施於民而能濟衆何如可謂仁乎子曰何事於仁必也聖乎堯舜其猶病諸孔曰君能廣施恩惠濟民於患難堯舜至聖猶病其難

夫仁者已欲立而立人已欲達而達人能近取譬可謂仁之方也已孔曰更爲子貢說仁者之行方道也但能近取譬於已皆恕已所欲而施之於人

［疏］子貢至也已。正義曰此章明仁道也子貢曰如有博施於民而能濟衆何如可謂仁乎者子貢問夫子曰設如人君能廣施恩惠於民而能振濟衆民於患難者此德行何如可以謂之仁人之君乎子曰何事於仁必也聖乎堯舜其。病諸者此孔子荅子貢之語也言君能博施濟衆何止事於仁謂不啻於仁必也爲聖人乎然行此事甚難堯舜至聖猶病之以爲難也夫仁者已欲立而立人已欲達而達人能近取譬可謂仁之方也已者此孔子更爲子

貢說仁者之行也方猶道也言夫仁者己欲立身進達而先立達他人又能近取譬於己皆恕己所欲而施之於人己所不欲弗施於人可謂仁道也

論語注疏解經卷第六

臨川盧宣旬校

江西督糧道王賡言
南昌府經歷鍾䆃校

二品廕生阮常生栞

論語注疏校勘記

阮元撰盧宣旬摘録

雍也第六 十行本閩本毛本此下竝有疏文與各第下同北監本脱此疏

雍也可使南面章

雍也可使南面 高麗本面下有也字

言任諸侯治 皇本作言任諸侯可使治國政也釋文出諸侯治云一本無治字本作言任諸侯治國也

孔曰以其能簡故曰可也 皇本無孔曰字

無乃大簡乎 北監本毛本大作太案釋文出大簡云音泰下同

則以此爲秦大夫恐非 孫志祖云則字衍

哀公問弟子章

哀公問弟子孰爲好學 皇本高麗本問下有曰字

有顔回者好學 浦鏜云下脱不遷怒不貳過六字

未聞更有好學者也 案此聞字與下顔回任道顔字互易而誤今訂正

子華使於齊章

包曰十六斗曰庾 本包誤句皇本作十六斗爲庾也

此章論君子當賑窮周急 閩本北監本賑作振案作振是也顔師古匡謬正俗云振給振貸字皆作振振舉救也俗作賑非

區十六升 浦鏜云斗誤十

量名以爲籔者 浦鏜云有誤以是也

原思爲之宰章

辭辭讓不受 皇本辭字不重受下有也字

子曰毋 閩本北監本同毛本毋作毋是也今正

此章明爲受祿之法 各本爲下並有仕字此誤脫也

云孔子爲司寇 浦鏜云爲下脫魯字

由司空爲司寇 浦鏜云爲下脫大字

子謂仲弓章

騂赤也 皇本赤下有色字

不害於子之美 皇本子上有其字美下有也字

中祭祀之犧牲 本犧誤儀今正

回也其心三月不違仁章

餘人暫有至仁時 皇本餘上有言字

復一時而不變移　毛本作移變

其餘蹔有至仁時　北監本毛本蹔作暫案暫蹔正俗字

季康子問仲由章

曰賜也達　皇本高麗本曰上有子字下曰求也藝下同

藝謂多才藝　皇本作藝謂多才能也

季氏使閔子騫爲費宰章

而其邑宰數畔　皇本畔作叛是正字古多假畔字爲之

聞子騫賢故欲用之　皇本子上有閔字之作也

託使者　皇本作語使者曰案釋文出語字云魚據反是陸氏所據本亦作語

善爲我辭焉說令不復召我　皇本作善爲作辭說令不復召我也下重來召我下如齊

下有也字

則吾必在汶上矣　釋文出則吾必在云一本無吾字鄭本無則吾二字案史記弟子列傳亦無則吾字

昭十二年　各本二誤三今訂正

汶水出泰山萊蕪西南入濟　閩本北監本毛本濟誤齊

伯牛有疾章

命矣夫斯人也而有斯疾也斯人也而有斯疾也　史記弟子列傳作命也夫斯人也而有斯疾命也夫

賢哉回也章

簞笥也　皇本此下有瓢瓠也三字又下所樂下有也字案正義亦有三字注脫

子謂子夏章

無爲小人儒 高麗本無作毋

將以明道 皇本明下有其字下其名下有也字又此注作馬融曰

女得人焉耳乎 皇本高麗本乎下有哉字案焉耳乎三字連文已屬不詞下又增哉字更不成文疑耳當爾字之訛攷太平御覽一百七十四二百六十六俱引作爾又張栻論語解呂祖謙論語說眞德秀論語集編蔡節論語集疏四書通四書纂箋諸本並作爾又今坊本亦作爾蓋焉爾者猶於此也言女得人於此乎哉此者此武城也如書作耳則義不可通矣

孟之反不伐章

入迎功之 皇本功上有爲字

曰我非敢在後拒敵 皇本曰作故云二字拒作距敵下有也字○按距别一字說見前

焉不能前進 皇本進下有耳字

箣捶也　本埵誤捶今正

商子游御夏之御寇　北監本毛本此下有崔如爲右燭庸之越駟乘十字閩本亦無

帥右師　本帥誤師今正

不有祝鮀之佞章

衛大夫子魚也　皇本子上有名字

而反如宋朝之美　皇本反作及案釋文出及如云一本及字作反義亦通

難乎免於今之世害也　皇本乎作矣之世作世之

誰能出不由戶章

誰能出不由戶　皇本戶下有者字

質勝文則野章

文質彬彬　說文引作份份○按彬份古今字

人之生也直章

人之生也直　皇本作人生之直

言人所生於世而自終者以其正直也　皇本作言人之所以生於世而自終者以其正直之道也

誣罔正直之道而亦生者是幸而免　皇本無者字免下有也字

知之者章

好之者不如樂之者深　皇本不上有又字深下有也字

中人以上章

上謂上知之所知也　皇本上知字作智之下有人字

樊遲問知章

敬鬼神而不黷　皇本黷作瀆下有也字下爲仁下同釋文出瀆字云本今作黷○按瀆黷古今字

問仁曰　皇本仁下有子字

而後得功　皇本而作乃

不褻黷　本褻誤藝今正

知者樂水章

日進故動　皇本作自進故動也下故靜下故樂下亦有也字

性靜者多壽考　皇本作性靜故壽考也

故多壽考也　本考誤者今正

觚不觚章

二升曰觚正義同皇本二作三觚下有也字案異義引韓詩說及儀禮特牲饋食禮記注周禮梓人疏俱云二升爲觚又廣雅釋器亦云二升曰觚皇本作三者字之譌也

刑三爵三觚四觶一角三散案刑當作用上兩三字當作二下三字當作一閩本北監本毛本二爵誤三爵一散亦誤三散○今並訂正

韓詩說本說誤爲

飲不省節閩本北監本毛本省作自

仁者雖告之曰章

井有仁焉其從之也皇本仁下有者字也作與案孔注云有仁人墮井則仁下當有者字

宰我以仁者皇本以下有爲字

將自投下本將誤得今正

不肯自投從之曰　皇本從作救之下有也字又此節作苞氏

不可得誣罔令自投下　本罔誤固投誤役今正

君子博學於文章

君子博學於文　釋文云一本無君子字兩得案無君子者是經義雜記云集解載鄭注云弗畔不違道旣言君子不嫌其違畔於道後顏淵篇此見再見正本皆無君子字據釋文知此處古本亦無有者衍文顏淵篇釋文云博學於文一本作君子博學於文正義曰或本亦有作君子博學於文蓋皆後人所加後篇朱子皆無

子見南子章

予所否者　史記孔子世家否作不釋文引鄭康成繆播訓爲不與史記合○按不者事之不然者也否者說事之不然者也此當作否

舊以南子者　皇本舊作等以下有爲字案釋文出等以爲男子者云集解本皆爾或不達其義妄去等

字非也今注云舊以南子者

故夫子誓之 皇本之下有曰字釋文出故孔子云一本作夫子

與之呪誓 釋文出之祝云本今作呪○按祝呪正俗字

意欲因以說靈公 本因誤曰今正

如有博施於民章

如有博施於民而能濟衆 皇本有作能衆下有也字

君能廣施恩惠 皇本君作若

己所欲而施之於人 皇本作己所不欲而勿施人也

此孔子荅子貢之語也 本之語誤諸之今正

論語注疏挍勘記卷六終

論語注疏解經卷第七

何晏集解　邢昺疏

述而第七

〔疏〕正義曰此篇皆明孔子之志行也以前篇論賢人君子及仁者之德行成德有漸故以聖人次之

子曰述而不作信而好古竊比於我老彭包曰老彭殷賢大夫好述古事我若老彭但述之耳〔疏〕子曰述而不作信而好古竊比於我老彭○正義曰此章記仲尼著述之謙也作者之謂聖述者之謂明老彭殷賢大夫也老彭於時但述脩先王之道而不自制作篤信而好古事孔子言今我亦爾故云比老彭猶不敢顯言故云竊○注包曰至之耳○正義曰云老彭殷賢大夫者老彭卽莊子所謂彭祖也李云名鏗堯臣封於彭城歷虞夏至商年七百歲故以久壽見聞世本云姓籛名鏗在商爲守藏史在周爲柱下史年八百歲籛音翦一云卽老子也崔云堯臣仕殷世其人甫壽七百年王弼云老是老聃彭是彭祖老子者楚苦縣厲鄉曲仁里人也姓李氏名耳字伯陽謚曰聃周守藏室之史也云好述古事我若老彭但述之耳者言老彭不自制作好述古事仲尼

言我亦若老彭但述之耳子曰默而識之學而不厭誨人不倦何有於我哉鄭曰無是行於我我獨有之疏子曰默而識之學而不厭誨人不倦何有於我哉○正義曰此章仲尼言已不言而記識之學古而心不厭教誨於人不有倦息他人無是行於我我獨有之故曰何有於我哉子曰德之不脩學之不講聞義不能徙不善不能改是吾憂也孔曰夫子常以此四者爲憂疏子曰德之不脩學之不講聞義不能徙不善不能改是吾憂也○正義曰此章言孔子憂在脩身也德在脩行學須講習聞義事當徙意從之有不善當追悔改之夫子常以此四者爲憂憂已恐有不脩不講不徙不改之事故云是吾憂也子之燕。居申申如也夭夭如也馬曰申申夭夭和舒之貌疏子之燕居申申如也夭夭如也○正義曰此章言孔子燕居之時體貌也申申夭夭和舒之貌如若如此義也謂體貌和舒如似申申夭夭也故王藻云受一爵而色洒如也及鄉黨每云如也者皆謂容色如此子曰甚矣吾衰也久

矣吾不復夢見周公。孔曰孔子衰老不復夢見周公明盛時夢見周公欲行其道也

〔疏〕子曰甚矣吾衰也久矣吾不復夢見周公○正義曰此章孔子歎其衰老言我盛時嘗夢見周公欲行其道今則久多時矣吾更不復夢見周公知是吾衰老甚矣

子曰志於道志慕也道不可體故志之而已據於德據杖也德有成形故可據依於仁依倚也仁者功施於人故可倚遊於藝。藝六藝也不足據依故曰遊

〔疏〕子曰志於道據於德依於仁遊於藝○正義曰此章孔子言已志慕據杖依倚遊。習者道德仁藝也○注志慕也道不可體故志之而已○正義曰道者虛通無擁自然之謂也王弼曰道者無之稱也無不通也無不由也況之曰道寂然無體不可爲象是道不可體故但志慕而已○注據杖也德有成形故可據○正義曰德者得也物得其所謂之德寂然至無則謂之道離無入有而成形器是謂德業少儀云士依於德遊於藝文與此類鄭注云德三德也一曰至德二曰敏德三曰孝德周禮師氏掌以三德教國子一曰至德以道爲本二曰敏德以行爲本三曰孝德以知逆惡注云德行內外之稱在心爲德施之爲行至德中和之德覆幬持載含容者也孔子曰中庸之爲德

也其至矣乎敬德仁義順時者也說命曰敬孫務時敏厥修乃來孝德尊祖愛親守其所以生者也孔子曰武王周公其達孝矣乎夫孝者善繼人之志善述人之事者也是德有成形者也夫立身行道唯杖於德故可據也○注依倚也仁者功施於人故可倚○正義曰博施於民而能濟衆乃謂之仁恩被於物物亦應之故可倚賴○注藝六藝也不足據依故曰遊○正義曰六藝謂禮樂射馭書數也周禮保氏云掌養國子教之六藝一曰五禮二曰六樂三曰五射四曰五馭五曰六書六曰九數注云五禮吉凶軍賓嘉也六樂雲門大咸大韶大夏大濩大武也五射白矢參連剡注襄尺井儀也五馭鳴和鸞逐水曲過君表舞交衢逐禽左也六書象形會意轉注處事假借諧聲也九數方田粟米差分少廣商功均輸方程贏不足旁要也此六者所以飾身耳劣於道德與仁故不足依據故但曰遊

子曰自行束脩以上吾未嘗無誨焉孔曰言人能奉禮自行束脩以上則皆教誨之

【疏】子曰自行束脩以上吾未嘗無誨焉○正義曰此章言已誨人不倦也束脩禮之薄者言人能奉禮自行束脩以上而來學者則吾未曾不誨焉皆敎誨之也○注孔曰至誨之○正義曰云言人能奉禮自行束脩以上者案書傳言束脩者多

矣皆謂十脡脯也檀弓曰古之大夫束脩之問不出竟少儀曰其以乘壺酒束脩一犬賜人穀梁傳曰束脩之問不行竟中是知古者持束脩以爲禮然此是禮之薄者其厚則有玉帛之屬故云以上以包之也

子曰不憤不啓不悱不發舉一隅不以三隅反則不復也。鄭曰孔子與人言必待其人心憤憤口悱悱乃後啓發爲說之如此則識思之深也說則舉一隅以語之其人不思其類則不復重教之

【疏】子曰不憤不啓不悱不發舉一隅不以三隅反則不復也○正義曰此章言誨人之法啓開也言人若不心憤憤則孔子不爲開說若不口悱悱則孔子不爲發明必待其人心憤憤口悱悱乃後啓發爲說之如此則識思之深也其說之也略舉一隅以語之凡物有四隅者舉一則三隅從可知學者當以三隅反類一隅以思之而其人若不以三隅反思其類則不復重教之矣

子食於有喪者之側未嘗飽也○喪者哀感飽食於其側是無惻隱之心

【疏】子食於有喪者之側未嘗飽也○正義曰此章言孔子助喪家執事時故得有食饑而廢事非禮也飽而忘哀亦非禮故食而不飽以喪者哀感若飽食於其側是無惻愴隱痛之心也

子

於是日哭則不歌一日之中或哭或歌是䙝於禮容〔疏〕子於是日哭則不歌○正義曰此章言孔子於是日聞喪或弔人而哭則終是日不歌也若一日之中或哭或歌是䙝瀆於禮容故不爲也檀弓曰弔於人是日不樂注引此文是也子謂顏淵曰用之則行舍之則藏唯我與爾有是夫孔曰言可行則行可止則止唯我與顏淵同子路曰子行三軍則誰與孔曰大國三軍子路見孔子獨美顏淵以爲己勇至於夫子爲三軍將亦當誰與己同故發此問子曰暴虎馮河死而無悔者吾不與也孔曰暴虎徒搏馮河徒涉必也臨事而懼好謀而成者也

〔疏〕子謂至者也○正義曰此章孔子言己行藏與顏回同也子謂顏淵曰用之則行舍之則藏唯我與爾有是夫者言時用之則行舍之則藏用捨隨時行藏不忤於物唯我與汝同有是行夫子路曰子行三軍則誰與者大國三軍子路見孔子獨美顏淵以己有勇故發此問曰若子行三軍之時爲三軍之將則當誰與與同子路意其與己也子曰暴虎馮

河死而無悔者吾不與也者空手搏虎爲暴虎無舟渡河爲馮河言人若暴虎馮河輕死而不追悔者吾不與之同也子路之勇若此故孔子抑之也必也臨事而懼好謀而成者也者此又言行三軍所與之人必須臨事而能戒懼好謀而有成功者吾則與之行三軍之事也所以誘子路使慎其勇也○注孔曰大國三軍○正義曰此司馬序官文也○注孔曰暴虎徒搏馮河徒涉○正義曰釋訓文也舍人曰無兵空手搏之郭璞曰空手執也李巡曰無舟而渡水曰徒涉郭璞曰無舟檝詩傳云馮陵也然則空涉水陵波而渡故訓馮爲陵也

子曰富而可求也雖執鞭之士吾亦爲之鄭曰富貴不可求而得之當修德以得之若於道可求者雖執鞭之賤職我亦爲之**如不可求從吾所好**孔曰所好者古人之道

疏　子曰富而可求也雖執鞭之士吾亦爲之如不可求從吾所好○正義曰此章孔子言已脩德好道不諂求富貴也言富貴不可求而得之當脩德以得之若富貴而於道可求者雖執鞭賤職我亦爲之如不可求則當從吾所好者古人之道也○注雖執鞭賤職○正義曰案周禮秋官條狼氏掌執鞭以趨辟王出入則八人夾道公則六人侯伯則四人子男則二人注云趨辟趨而

辟行人若今卒辟車之爲也序官云條狼氏下士故云執鞭賤職也**子之所愼齋戰疾**孔曰此三者人所不能愼而夫子獨能愼之〔疏〕子之所愼齋戰疾○正義曰此一章記孔子所愼之行也將祭散齋七日致齋三日齋之爲言齊也所以齊不齊也故戒愼之左傳曰皆陳曰戰夫兵凶戰危不必其勝重其民命固當愼之君子敬身安體若偶嬰疾病則愼其藥齊以治之此三者凡人所不能愼而夫子能愼之也**子在齊聞韶三月不知肉味**周曰孔子在齊聞習韶樂之盛美故忽忘於肉味**曰不圖爲樂之至於斯也**王曰爲作也不圖作韶樂至於此此齊〔疏〕子在至斯也○正義曰此章孔子美韶樂也子在齊聞韶三月不知肉味者韶舜樂名孔子在齊聞習韶樂之盛美故三月忽忘於肉味而不知也曰不圖爲樂之至於斯也者圖謀度也爲作也斯此也謂此齊也言我不意度作韶樂乃至於此齊也○注王曰至於此齊○正義曰云爲作也者釋言云作造爲也互相訓故云爲作也云不圖作韶樂至於此此齊者言不意作此韶樂至於齊也韶是舜樂而齊得作之者案禮樂志云夫樂本情性浹肌膚而藏骨髓雖經乎千載其遺風餘烈尚猶不絕至

春秋時陳公子完奔齊陳舜之後韶樂存焉故孔子適齊聞韶三月不知肉味曰不圖爲樂之至於斯美之甚也

冉有曰夫子爲衛君乎鄭曰爲猶助也衛君者謂輒也衛靈公逐太子蒯聵公薨而立孫輒後晉趙鞅納蒯聵於戚城衛石曼姑帥師圍之故問其意助輒不乎**子貢曰諾吾將問之入曰伯夷叔齊何人也曰古之賢人也曰怨乎曰求仁而得仁又何怨。**孔曰夷齊讓國遠去終於餓死故問怨邪以讓爲仁豈有怨乎**出曰夫子不爲也**鄭曰父子爭國惡行孔子以伯夷叔齊爲賢且仁故知不助衛君明矣

【疏】冉有至爲也。○正義曰此章記孔子崇仁讓也冉有曰夫子爲衛君乎者爲猶助也衛君謂出公輒也衛靈公逐太子蒯聵公薨而立孫輒輒即蒯聵之子也後晉趙鞅納蒯聵於戚城衛石曼姑帥師圍之子而拒父惡行之甚時孔子在衛爲輒所賓禮人疑孔子助輒故冉有言問其友曰夫子之意助輒不乎子貢曰諾吾將問之者子貢承冉有之問其意亦未決故諾其言我將入問夫子庶知其助不也入曰伯夷叔齊何人也者此子貢問孔子辭也伯夷叔齊孤

竹君之二子兄弟讓國遠去終於餓死今衛乃父子爭國爭讓正反所以舉夷齊爲問者子貢意言夫子若不助衛君應言夷齊爲是夫子若助衛君應言夷齊爲非故入問曰伯夷叔齊何人也曰古之賢人也者孔子荅言是古之讓國之賢人也曰怨乎者此子貢復問曰夷齊初雖有讓國之賢而終於餓死得無怨恨邪所以復問此者子貢意言若夫子不助衛君應言不怨若助衛君則應言有怨也曰求仁而得仁又何怨者此孔子荅言不怨也初心讓國求爲仁也君子殺身以成仁夷齊雖終於餓死得成於仁豈有怨乎故曰又何怨出曰夫子不爲也者子貢既問而出見冉有而告之曰夫子不助衛君也知其父子爭國惡行也孔子以伯夷叔齊爲賢且仁故知不助衛君明矣○注鄭曰至不乎○正義曰云衛靈公逐太子蒯聵者案左傳定十四年蒯聵謀殺靈公夫人南子不能而出奔宋是也云公薨而立孫輒者哀二年左傳曰夏衛靈公卒夫人曰命公子郢爲太子君命也對曰郢異於他子且君沒於吾手若有之郢必聞之且亡人之子輒在乃立輒是也云後晉趙鞅納蒯聵於戚城者亦哀二年春秋文也云衛石曼姑帥師圍之者春秋哀三年春齊國夏衛石曼姑帥師圍戚是也

子曰飯疏食飲水曲肱而枕之樂亦在

其中矣孔曰疏食菜食肱臂也孔子以此爲樂**不義而富且貴於我如浮雲**鄭曰富貴而不以義者於我如浮雲非已之有〔疏〕子曰至浮雲○正義曰此章記孔子樂道而賤不義也子曰飯疏食飲水曲肱而枕之樂亦在其中矣者疏食菜食也肱臂也言已飯菜食飲水寢則曲肱而枕之以此爲樂不義而富且貴於我如浮雲者富與貴雖人之所欲若富貴而以不義者於我如浮雲言非已之有也**子曰加我數年五十以學易可以無大過矣**易窮理盡性以至於命年五十而知天命以知命之年讀至命之書故可以無大過〔疏〕子曰加我數年五十以學易可以無大過矣○正義曰此章孔子言其學易年也加我數年方至五十謂四十七時也易之爲書窮理盡性以至於命吉凶悔吝豫以告人使人從吉不從凶故孔子言已四十七學易可以無過咎矣○注易窮至大過○正義曰云窮理盡性以至於命者說卦文也命者生之極窮理則盡其極也云五十而知天命者爲政篇文云以知命之年讀至命之書故可以無大過矣者漢書儒林傳云孔子蓋晚而好易讀之韋編三絕而爲之傳是孔子讀易之事也言孔子以知天命終始之年讀窮

理盡性以至於命之書則能避凶之吉而無過咎
謙不敢自言盡無其過故但言可以無大過矣

子所雅言孔曰雅言正言也**詩書執禮皆雅言也**鄭曰讀先王典法必正言其音然後義全故不可有所諱禮不誦故言執

〔疏〕子所雅言詩書執禮皆雅言也○正義曰此章記孔子正言其音無所諱避之事雅正也子所正言者詩書禮也此三者先王典法臨文教學讀之必正言其音然後義全故不可有所諱○禮不背文○誦但記其揖讓周旋執而行之故言執也舉此三者則六藝可知

葉公問孔子於子路子路不對孔曰葉公名諸梁楚大夫食菜於○葉僭稱公不對者未知所以荅**子曰女奚不曰其爲人也發憤忘食樂以忘憂不知老之將至云爾**

〔疏〕葉公至云爾○正義曰此章記孔子之爲人也葉公問孔子於子路子路不對者葉公名諸梁楚大夫食菜於葉僭稱公問孔子爲人志行於子路子路未知所以荅故不對子曰女奚不曰其爲人也發憤忘食樂以忘憂不知老之將至云爾者孔子聞子路不能荅故教之矣何也言女何不曰其孔子之爲人

也發憤嗜學而忘食樂道以忘憂不覺老之將至云爾乎。
注孔曰至以荅。○正義曰云葉公名諸梁楚大夫食菜於葉僭稱公者據左傳世本文也名諸梁字子高爲葉縣尹楚子僭稱王故縣尹皆僭稱公也

子曰我非生而知之者好古敏以求之者也鄭曰言此者勸人學

疏 子曰我非生而知之者好古敏以求之者也。○正義曰此章勸人學也恐人以己爲生知而不可學故告之曰我非生而知之者但愛好古道敏疾求學而知之也

子不語怪力亂神王曰怪怪異也力謂若奡盪舟烏獲舉千鈞之屬亂謂臣弒君子弒父神謂鬼神之事或無益於教化或所不忍言

疏 子不語怪力亂神。○正義曰此章記夫子爲教不道無益之事怪怪異也力謂若奡盪舟烏獲舉千鈞之屬也亂謂臣弒君子弒父也神謂鬼神之事或無益於教化或所不忍言也李充曰力不由理斯怪力也神不由正斯亂神也怪力亂神有與於邪無益於教故不言也。注烏獲舉千鈞。○正義曰烏獲古之有力人三十斤爲鈞言能舉三萬斤之重也

子曰。三人行必有我師焉擇其善者而從之其不善者而改之

言我三人行本無賢愚擇善【疏】子曰三人行必有我師焉
從之不善改之故無常師　擇其善者而從之其不善
者而改之○正義曰此章言學無常師也言我三人行本無
賢愚相懸但敵體耳然彼二人言行必有一人善一人不善
我則擇其善者而從之不善者而改
之有善可從是爲師矣故無常師也

子曰天生德於予桓魋其如予何包曰桓魋宋司馬。天生德者謂授我以聖性德合天地吉無不利故曰其如予何

【疏】子曰天生德於予桓魋其如予何○正義曰此章言孔子無憂懼也案世家孔子適宋與弟子習禮大樹下宋司馬桓魋欲殺孔子拔其樹孔子去弟子曰可速矣故孔子發此語言天生德於予者謂天授我以聖性德合天地吉無不利桓魋必不能害我故曰其如予何

子曰二三子以我爲隱乎吾無隱乎爾包曰二三子謂諸弟子聖人知廣道深弟子學之不能及以爲有所隱匿故解之**吾無行而不與二三子者是丘也**包曰我所爲無不與爾共之者是丘之心

【疏】子曰至丘也○正義曰此章言孔子教人無所隱惜也子曰二三子以我爲隱乎吾無隱乎爾者二三子謂諸

弟子也聖人知廣道深弟子學之不能及常以爲夫子有所隱匿故以此言解之言女以我爲隱我實無隱也吾無行而不與二三子者是丘也者言我所行所爲無不與爾等共之者是丘之心也言心者使信其言也

子以四教文行忠信四者有形質可舉以教

疏子以四教文行忠信。正義曰此章記孔子行教以此四事爲先也文謂先王之遺文行謂德行在心爲德施之爲行中心無隱謂之忠人言不欺謂之信此四者有形質故可舉以教也

子曰聖人吾不得而見之矣得見君子者斯可矣疾世無明君

子曰善人吾不得而見之矣得見有恒者斯可矣亡而爲有虛而爲盈約而爲泰難乎有恒矣孔曰難可名之爲有常

疏子曰聖人至恒矣。正義曰此章疾世無明君也子曰聖人吾不得而見之矣得見君子者斯可矣者聖人謂上聖之人若堯舜禹湯也君子謂行善無怠之君也言當時非但無聖人亦無君子也子曰善人吾不得而見之矣得見有恒者斯可矣者善人即君子也恒常也又見善人

之君吾不得而見之矣得見有常德之君斯亦可矣亡而爲有虛而爲盈約而爲泰難乎有恒矣者此明時無常德也亡無也時旣澆薄率皆虛矯以無爲有將虛作盈內實窮約而外爲奢泰行旣如此難可名之爲有常也

子釣而不綱弋不射宿孔曰釣者一竿釣綱者爲大綱以橫絕流以繳繫釣羅屬著綱弋繳射也宿宿鳥

【疏】子釣而不綱弋不射宿○正義曰此章言孔子仁心也釣者以繳繫一竿而釣取魚也綱者爲大綱羅屬著綱以橫絕流而取魚也釣則得魚少綱則得魚多孔子但釣而不綱是其仁也弋繳射也宿宿鳥也夫子雖爲弋射但晝日爲之不夜射栖鳥也爲其欺暗必中且驚衆也○注孔曰至宿鳥○正義曰云釣者一竿釣綱者爲大綱以橫絕流以繳繫釣羅屬著綱者此注文句交互故少難解耳若其次序應云釣者一竿以繳繫釣綱者爲大綱以橫絕流羅屬著綱也繳即綫也釣謂鉤也謂以一竹竿用綫繫鉤而取魚也羅細綱也謂以繩爲大綱用綱以屬著此綱施之水中橫絕流以取魚舉綱則提其綱也云弋繳射也者夏官司弓矢云矰矢茀矢用諸弋射注云結繳於矢謂之矰矰高也茀矢象焉茀之言刜也二者皆可以弋飛鳥刜羅之也然則繳射謂以繩繫矢而射也說文云繳謂生絲爲繩也

子

曰蓋有不知而作之者我無是也包曰時人有穿鑿妄作篇籍者故云然多聞擇其善者而從之多見而識之知之次也孔曰如此者次於天生知之

【疏】子曰至次也○正義曰此章言無穿鑿也子曰蓋有不知而作之者我無是也者言時人蓋有不知理道穿鑿妄作篇籍者我即無此事也多聞擇其善者而從之多見而識之知之次也者言人若多聞擇善而從之多見擇善而志之能如此者比天生知之可以爲次也言此者所以戒人不爲穿鑿

互鄉難與言童子見門人惑鄭曰互鄉鄉名也其鄉人言語自專不達時宜而有童子來見孔子門人怪孔子見之子曰與其進也不與其退也唯何甚孔曰教誨之道與其進不與其退怪我見此童子惡惡一何甚人絜己以進與其絜也不保其往也鄭曰往猶去也人虛己自絜而來當與之進亦何能保其去後之行

【疏】互鄉至往也○正義曰此章言教誨之道也互鄉難與言童子見門人惑者互鄉鄉名也其鄉人言語自專不

達時宜而有童子來見孔子門人怪孔子見之琳公云此互鄉難與言童子見八字通爲一句言此鄉有一童子難與言非是一鄉皆難與言也子曰與其進也不與其退也唯何甚者孔子以門人怪已故以言語之言教誨之道與其進不與其退也怪我見此童子惡惡一何甚乎人絜已以進與其絜也不保其往也者往猶去也言人若虛已自絜而來當與之進亦何能保其去後之行去後之行者謂往前之行今已過去顧懽云往謂前日之行夫人之爲行未必可一或有始無終先迷後得教誨之道絜則與之往日之行非我所保也

子曰仁遠乎哉我欲仁斯仁至矣包曰仁道不遠行之卽是

疏子曰仁遠乎哉我欲仁斯仁至矣○正義曰此章言仁道不遠行之卽是故曰仁道豈遠乎哉我欲行仁卽斯仁至矣是不遠也

陳司敗問昭公知禮乎孔曰司敗官名陳大夫昭公魯昭公孔子曰知禮孔子退揖巫馬期而進之曰吾聞君子不黨君子亦黨乎君取於吳爲同姓謂之吳孟子君而知禮孰不知

禮孔曰巫馬期弟子名施相助匿非曰黨魯吳俱姬姓禮同姓不昏而君取之當稱吳姬諱曰孟子巫馬期以告子曰丘也幸苟有過人必知之孔曰以司敗之言告也諱國惡禮也聖人道弘故受以爲過

【疏】陳司至知之正義曰此章記孔子諱國惡之禮也陳司敗問昭公知禮乎者陳大夫爲司寇之官舊聞魯昭公有違禮之事故問孔子昭公知禮乎孔子曰知禮者荅言昭公知禮也孔子退揖巫馬期而進之曰吾聞君子不黨君子亦黨乎者相助匿非曰黨孔子既荅司敗而退去司敗復揖弟子巫馬期而進之問曰我聞君子不阿黨今孔子言昭公知禮乃是君子亦有黨乎君取於吳爲同姓謂之吳孟子君而知禮孰不知禮者孰誰也魯吳俱姬姓禮同姓不昏而君取之當稱吳姬爲是同姓諱之故謂之吳孟子若以魯君昭公而爲知禮又誰不知禮也巫馬期以告子曰丘也幸苟有過人必知之者巫馬期以司敗之言告孔子也孔子初言昭公知禮是諱國惡也諱國惡禮也但聖人道弘故受以爲過言丘也幸苟有過人必知之也○注司敗官名陳大夫正義曰文十一年左傳云楚子西曰臣歸死於司敗也杜注云陳楚名司寇爲司敗也傳言歸死於司敗知司敗主刑之官司寇是也此云

陳司敗楚子西亦云司敗知陳楚同此名也○注孔曰至孟子正義曰云巫馬期弟子名施者史記弟子傳云巫馬施字子旗少孔子三十歲鄭玄云魯人也云魯吳俱姬姓者魯周公之後吳泰伯之後故云俱姬姓也云禮同姓不昏者曲禮云取妻不取同姓故買妾不知其姓則卜之又大傳曰繫之以姓而弗別綴之以食而弗殊雖百世而昏姻不通者周道然也云而君取之當稱吳姬而諱曰孟子者案春秋哀十二年夏五月甲辰孟子卒左氏傳曰昭公娶於吳故不書姓此云君娶於吳爲同姓謂之吳孟子是魯人常言稱孟子也坊記云魯春秋去夫人之姓曰吳其死曰孟子卒是舊史書爲孟子卒及仲尼脩春秋以魯人已知其非諱而不稱姬氏諱國惡禮也因而不改所以順時世也魯春秋去夫人之姓曰吳春秋無此文坊記云然者禮夫人初至必書於冊若娶齊女則云夫人姜氏至自齊此孟子初至之時亦當書曰夫人姬氏至自吳同姓不得稱姬舊史所書蓋直云夫人至自吳是去夫人之姓直書曰吳而已仲尼脩春秋以犯禮明著全去其文故經無其事也○注孔曰至爲過正義曰云諱國惡禮也者僖元年左傳文也案坊記云善則稱君過則稱已則民作忠善則稱親過則稱已則民作孝是君親之惡務於欲掩之是故聖賢作法通有諱例杜預曰有時而聽之則可也

正以爲後法則不經故不奪其所諱亦不爲之定制言若正爲後法每事皆諱則爲惡者無復忌憚居上者不知所懲不可盡令諱也人之所極唯君與親纔有小惡即發其短非復臣子之心全無愛敬之義是故不抑不勸有時聽之以爲諱惡者禮也無隱者直也二者俱通以爲世教也云聖人道弘故受以爲過者孔子所言雖是諱國惡之禮聖人之道弘大故受以爲過也我荅云孔子得巫馬期之言稱已名云是已幸受以爲過故云苟有過人必知之所以然者昭公不知禮我荅云知禮若使司敗不譏我則千載之後遂永信我言用昭公所行爲知禮則亂禮之事從我而始今得司敗見非而受以爲過則後人不謬故我所以爲幸也繆協云諱則非諱若受而爲過則所諱者又以明矣亦非諱也歸司敗之問則詭言以爲諱今苟將明其義故歸之言爲合禮也苟曰合禮則不爲黨矣若不受過則何禮之有乎

子與人歌而善必使反之而後和之樂其善故使重歌而自和之〔疏〕子與人歌而善必使反之而後和之○正義曰此章明孔子重於正音也反猶重也孔子共人歌彼人歌善合於雅頌者樂其善故使重歌之審其歌意然後自和而荅之

子曰文莫吾猶人也莫無也文無者猶俗

言文不也。文不吾猶人者，凡言文皆不勝於人。**躬行君子，則吾未之有得。**孔曰：身爲君子，己未能也。【疏】「子曰」至「有得」。○正義曰：此章記夫子之謙德也。莫，無也。文無者，猶俗言文不也。文不吾猶人者，言凡文皆不勝於人，但猶如常人也。躬，身也。言身爲君子，己未能也。

子曰：若聖與仁，則吾豈敢？孔曰：孔子謙，不敢自名仁聖。**抑爲之不厭，誨人不倦，則可謂云爾已矣。公西華曰：正唯弟子不能學也。**馬曰：正如所言，弟子猶不能學，況仁聖乎？【疏】「子曰」至「學也」。○正義曰：此章亦記孔子之謙德也。「子曰：若聖與仁，則吾豈敢」者，唯聖與仁，人行之大者也，孔子謙，不敢自名仁聖也。「抑爲之不厭，誨人不倦，則可謂云爾已矣」者，抑，語辭。爲，猶學也。孔子言己學先王之道不厭，教誨於人不倦，但可謂如此而已矣。「公西華曰：正唯弟子不能學也」者，公西華聞孔子云學之不厭，誨人不倦，故荅於孔子曰：正如所言，不厭不倦之二事，弟子猶不能學，況仁聖乎？

子疾病，子路請禱。包曰：禱，禱請於鬼神。**子曰：有諸？**周曰：言有此禱請於鬼神之事**子路對曰有之誄。曰禱爾于上下神祇**孔曰子路失指誄禱篇名**子曰丘之禱久矣**孔曰孔子素行合於神明故曰丘之禱久矣

〔疏〕子疾至久矣。正義曰此章記孔子不謟求於鬼神也子疾病子路請禱者孔子疾病子路告請禱求鬼神冀其疾愈也子曰有諸者諸之也孔子以死生有命不欲禱祈故反問子路曰有此禱請於鬼神之事乎子路對曰有之誄曰禱爾于上下神祇者誄禱篇名誄累也累功德以求福子路失孔子之指故曰有之又引禱篇之文以對也子曰丘之禱久矣者孔子不許子路故以此言拒之若人之履行違忤神明罹其咎殃則可禱請孔子素行合於神明故曰丘之禱久矣也

子曰奢則不孫儉則固與其不孫也寧固孔曰俱失之奢不如儉奢則僭上儉不及禮固陋也

〔疏〕子曰奢則不孫儉則固與其不孫也寧固。正義曰此章戒人奢僭也孫順也固陋也言奢則僭上而不順儉則偪下而窶陋二者俱失之與其不順也寧爲窶陋是奢不如儉也以其奢則僭上儉但不及禮耳

子曰君子坦蕩蕩小人長戚戚鄭曰坦蕩蕩寬廣貌

長戚戚。疏子曰君子坦蕩蕩小人長戚戚。○正義曰此章言君子小人心貌不同也坦蕩蕩寬廣貌長戚戚多憂懼也君子內省不疚故心貌坦蕩蕩然寬廣也小人好爲咎過故多憂懼

子溫而厲威而不猛恭而安疏子溫而厲威而不猛恭而安。○正義曰此章說孔子體貌也言孔子體貌溫和而能嚴正儼然人望而畏之而無剛暴雖爲恭孫而能安泰此皆與常度相反若臯陶謨之九德也他人不能唯孔子能然故記之也

論語注疏解經卷第七

清嘉慶二十年江西南昌府學栞

臺盧宣旬校

二品廕生阮常生挍栞

論語注疏挍勘記

阮元撰盧宣旬摘録

述而第七

述而不作章

但述之耳　皇本但作祖案筆解亦作祖

楚苦縣　閩本同北監本毛本苦作苦案苦字誤今正

默而識之章

默而識之　釋文出默而云俗作嘿五經文字云默與嘿同經典通爲語默字

無是行於我我獨有之之也　皇本作人無有是行於我我獨有

德之不脩章

德之不脩學之不講聞義不能徙不善不能改　皇本高麗本每句下竝有

也字又高麗本徙作從又注爲憂下皇本有也字下章注之貌下同

子之燕居章

子之燕居釋文出燕居云鄭本作宴案後漢書仇覽傳注引作宴與鄭本合○案宴正字燕假借字

甚矣吾衰也章

久矣吾不復夢見周公皇本高麗本公下有也字又釋文出云據陸氏所見本知經無復字乃後人援注所增以經云久矣吾不夢見先時曾夢見故注云不復夢見復字正釋久矣字陸氏反以無復字爲非不審之至

不復夢見周公本公字空闕今補正

欲行其道也本也字空闕今據北監本增入○案攷文所載足利本亦無也字

志於道章

遊於藝　皇本閩本北監本毛本遊竝作游唐石經亦作遊○案遊俗字

寂然無體不可爲象　閩本空闕二格脱無體不三字

一曰至德以道爲本二曰敏德以行爲本　周禮師氏作一曰至德以爲道本二曰敏德以爲行本此誤

覆幬持載含容者也　本幬誤壽今正

六藝謂禮樂射馭書數也　毛本馭作御案馭御古今字周禮作馭

五禮吉凶軍賓嘉也　周禮保氏注軍賓作賓軍正義引注同

轉註處事　閩本北監本同毛本處作指註作注○案周禮注作處事劉歆班固首象形次象事指事即象事也鄭司農作處事非也

自行束脩以上章

注孔曰至誨之　本曰誤予今正

故云其上以包之也　案其當作以今正

不憤不啓章

舉一隅　皇本高麗本隅下有而示之三字案文選西京賦注引有此三字又鼂公武蜀石經考異云舉一隅下有而示之三字與李鶚本不同據此則古本當有此三字也

則不復也　皇本作則吾不復也高麗本作則吾不復

乃後啓發爲説之　皇本作乃後啓發爲之説也

子食於有喪者之側章

喪者哀戚　皇本戚作慼○案依説文當作慽从心戚聲假借作戚或作慼

子於是日哭章　皇本高麗本連上爲一章此與閩本北監本毛本俱别爲一章案釋文出

子於是日哭則不歌云舊以爲别章今宜合前章

子於是日哭　皇本日下有也字

一日之中或哭或歌是褻於禮容　皇本高麗本脱此注

子謂顔淵章

以爲已勇　皇本勇上有有字

亦當誰與已同　皇本誰作唯同作俱下此問下徒博下徒涉下竝有也字

暴虎馮河　皇本高麗本馮作憑注同釋文出馮河云字亦作憑○案説文作淜馮假借字憑俗字

用舍隨時　本舍作捨

富而可求也章

雖執鞭之士　釋文出執鞭云或作硬音吾孟反非也

富貴不可求而得之 皇本之作者也二字

雖執鞭之賤職 皇本無之字

如不可求 皇本高麗本求下有者字

若今卒辟車之爲也 今本周禮注同段玉裁過挍宋本周禮今下有時字

子之所慎章

齋 毛本齋作齊釋文云齊本或作齋同○案古多假齊爲齋

則慎其藥齊以治之 毛本齊作劑案劑齊古字通周禮劑皆作齊

子在齊聞韶章

子在齊聞韶 皇本高麗本韶下有樂字

故忽忘於肉味 皇本無忘字味下有也字

不圖爲樂之至於斯也 釋文出爲樂云本或作嬀音居危反非

此齊 皇本作此此齊也案文選嘯賦注引王注不圖韶之至於此此此齊也疑皇本衍一此字

夫子爲衛君乎章

後晉趙鞅納蒯聵於戚城 皇本無城字是也○按正義亦衍城字

又何怨 皇本高麗本怨下有乎字案左氏哀三年傳正義史記伯夷列傳索隱文選江淹雜體詩注引竝有乎字疑古本如此

豈有怨乎 皇本無有字

飯疏食章

飯疏食 皇本疏作蔬釋文出疏字云本或作蔬案說文無蔬字新附始有之蔬乃疏之俗字

加我數年章

加我數年 史記孔子世家加作假案風俗通義窮通卷亦引作假

五十以學易 釋文出學易云魯讀易爲亦今從古案魯論作亦連下句讀惠棟云外黃令高彪碑云恬虛守約五十以斅此從魯論亦字連下讀也斅音效約音要

故可以無大過矣者 浦鏜云矣衍字

子所雅言章

禮不背文誦 浦鏜云文字當在禮上

葉公問孔子於子路章

葉公問孔子於子路 唐石經避太宗諱葉字變體作𦵔後放此

食菜於葉 毛本菜作采案考文所載古本足利本亦作菜周禮太宰注公卿大夫之采邑釋文采音菜古采菜字通故釋菜本作釋采

我非生而知之者章

善此者勸人學皇本作言此者勉勸人於學也此善字誤今正

三人行章

三人行必有我師焉唐石經皇本三上有我字有作得案釋文出我三人行云一本無我字下出必得我師焉云本或作必有與唐石經皇本合觀何晏自注及邢昺疏並云言我三人行卽朱子集注亦云三人同行其一我也當以皇本爲是

天生德於予章

宋司馬皇本馬下有黎也二字

天生德者皇本德下有於予二字

二三子以我爲隱乎章

二三子以我爲隱乎　皇本隱下有子字

聖人知廣道深　本深誤探今正

聖人吾不得而見之矣章

得見有恆者　宋石經避眞宗諱恆作常後放此

亡而爲有　釋文出亡而爲有云亡如字一音無此舊爲別章今宜與前章合

子釣而不綱章

爲大綱以橫絕流　皇本閩本毛本綱作網案疏中並作大綱唯此疏後段仍誤作大網

用線繫釣而取魚也　閩本同毛本釣作鉤案釣字誤今正

繒矢茀　案周禮司弓矢茀下有矢字

蓋有不知而作之者章

時人有穿鑿　皇本人下有多字

知之次也　高麗本無之字

善時人　閩本同案善當作言今正

多見擇善而志之　毛本志作識案志識古今字

互鄉難與言章

人絜已以進與其絜也　皇本閩本北監本毛本絜竝作潔注同唐石經宋石經俱作絜與此本合廣韻十六屑云潔清也經典通用絜○案潔俗絜字

人虛已自絜而來　本自誤目今正

顧歎云　浦鏜云惟誤歎是也

仁遠乎哉章

行之卽是　皇本作行之則是至也

陳司敗問昭公知禮乎章

揖巫馬期而進之　皇本之作也史記弟子列傳期作旗

同姓不昏　皇本昏作婚○昏婚古字通○案昏當作昬从日氏省

而君取之　皇本作而君娶吴女

聖人道宏　皇本人下有智深二字

魯春秋去夫人之姓曰吴　各本去誤云今正

必書於册　本册誤冊今正

我荅云　浦鏜云此三字當衍文案此因下文誤衍

諱則非諱　浦鏜云下諱字當過字誤

若受以爲過　本以誤而今正

子與人歌章

而自和之　皇本作而後自和之也

文莫吾猶人也章

凡言文皆不勝於人　皇本凡言作言凡人下有也字

則吾未之有得　皇本高麗本得下有也字

子疾病章

子疾病　釋文出子疾云一本云子疾病皇本同鄭本無病字案集解於子罕篇始釋病則此有病字非

誄曰　釋文出誄曰云說文作讄云或作𧦅案說文誄謚也讄禱也累功德以求福論語云讄曰禱爾于上下神祇𧦅或从纍是古論作讄也然鄭君注周禮小宗伯引作讄大祝仍引作誄蓋二字相混已久

子路失指　皇本指作旨是也下有也字

上之禱久矣　皇本高麗本禱下有之字

奢則不孫章

奢則不孫　皇本孫作遜後放此釋文出不孫云音遜○案依說文當作愻論語多假孫爲之遜乃遜遁字

儉不及禮　皇本作則不及禮耳

君子坦蕩蕩章

多憂懼　皇本懼下有貌也二字

子溫而厲章

子溫而厲　釋文出子溫而厲云一本作子曰厲作列皇本作君子案此章說孔子德行依此文爲是也案今皇本仍與今本同不作君子疑有脫誤觀後子張篇君子有三變章義疏云所以前卷云君子溫而厲是也則皇本此處當

脱一君字

威而不猛 皇本無而字

論語注疏校勘記卷七終

傳古樓景印

四部要籍選刊 · 經部　蔣鵬翔 主編

阮刻論語注疏解经

二

〔清〕阮元 校刻

浙江大學出版社

本册目録

論語注疏解經卷第八

何晏集解　邢昺疏

泰伯第八

〔疏〕正義曰此篇論禮讓仁孝之德賢人君子之風勸學立身守道爲政歎美正樂鄙薄小人遂稱堯舜及禹文王武王以前篇論孔子之行此篇首末載賢聖之德故以爲次也

子曰泰伯其可謂至德也已矣三以天下讓民無得而稱焉王曰泰伯周太王之長子次弟仲雍少弟季歷季歷賢又生聖子文王昌昌必有天下故泰伯以天下三讓於王季其讓隱故無得而稱言之者所以爲至德也

〔疏〕子曰泰伯其可謂至德也已矣三以天下讓民無得而稱焉○正義曰此章論泰伯讓位之德也泰伯周太王之長子次弟仲雍少弟季歷季歷賢又生聖子文王昌昌必有天下故泰伯三以天下讓於王季其讓隱故民無得而稱言之者故所以爲至德而孔子美之也鄭玄注云泰伯周太王之長子次子仲雍次子季歷太王見季歷賢又生文王有聖人表故欲立之而未有命太王疾太伯

因適吳越採藥太王殁而不返季歷爲喪主一讓也季歷赴之不來奔喪二讓也免喪之後遂斷髮文身三讓也三讓之美皆隱蔽不著故人無得而稱焉○注王曰至至德也○正義曰云泰伯周太王之長子云云者史記吳世家云泰伯弟仲雍皆周太王之子而王季歷之兄也季歷賢而有聖子昌太王欲立季歷以及昌於是泰伯仲雍二人乃奔荆蠻文身斷髮示不可用以辟季歷季歷果立是爲王季而昌爲文王泰伯之奔荆蠻自號句吳荆蠻義之從而歸之千餘家立爲吳泰伯泰伯卒無子弟仲雍立是爲吳仲雍仲雍卒子季簡立季簡卒子叔達立叔達卒子周章立是時周武王克殷求太伯仲雍之後得周章周章已君吳因而封之乃封周章弟虞仲於周之北故夏墟是爲虞仲列爲諸侯是泰伯讓位之事也

子曰恭而無禮則勞慎而無禮則葸葸畏懼之貌言慎而不以禮節之則常畏懼勇而無禮則亂直而無禮則絞馬曰絞絞刺也君子篤於親則民興於仁故舊不遺則民不偷包曰興起也君能厚於親屬不遺忘其故舊行之美者則民皆化之起爲仁厚之行不偷薄

疏

子曰至不偷○正義曰此章貴禮也子曰恭而無禮則勞者勞謂困苦言人爲恭孫而無禮以節之則自困苦愼而無禮則葸者葸畏懼之貌言愼而不以禮節之則常畏懼也勇而無禮則亂者亂謂逆惡言人勇而不以禮節之則爲亂矣直而無禮則絞者正曲爲直絞謂絞刺也言人而爲直不以禮節則絞刺人之非也君子篤於親則民興於仁故舊不遺則民不偷者君子人君也篤厚也興起也偷薄也言君能厚於親屬則民化之起爲仁行相親友也君不遺忘其故舊故民德歸厚不偷薄也

曾子有疾召門弟子曰啓予足啓予手鄭曰啓開也曾子以爲受身體於父母不敢毀傷故使弟子開衾而視之也**詩云戰戰兢兢如臨深淵如履薄冰**孔曰言此詩者喻己常戒愼恐有所毀傷**而今而後吾知免夫小子**周曰乃今日後我自知免於患難矣小子弟子也呼之者欲使聽識其言

【疏】曾子至小子○正義曰此章言曾子之孝不敢毀傷也曾子有疾召門弟子曰啓予足啓予手者啓開也曾子以爲受身體於父母不敢毀傷故有疾恐死召其門弟子使開衾而視之以明無毀傷也詩云戰戰兢兢如臨深淵如履薄冰者小

雅小旻篇文也戰戰恐懼兢兢戒慎臨深恐墜履薄恐陷曾子言此詩者喻己常戒慎恐有所毀傷也而今而後吾知免夫小子者小子弟子也言乃今日後自知免於患難矣呼弟子者欲使聽識其言也曾子有疾孟敬子問之馬曰孟敬子魯大夫仲孫捷曾子言曰鳥之將死其鳴也哀人之將死其言也善包曰欲戒敬子言我將死言善可用君子所貴乎道者三動容貌斯遠暴慢矣正顏色斯近信矣出辭氣斯遠鄙倍矣鄭曰此道謂禮也動容貌能濟濟蹌蹌則人不敢暴慢之正顏色能矜莊嚴栗則人不敢欺詐之出辭氣能順而說之則無惡戾之言入於耳籩豆之事則有司存包曰敬子忽大務小故又戒之以此籩豆禮器〔疏〕曾子至司存。○正義曰此章貴禮也曾子有疾孟敬子問之者來問疾也曾子言曰鳥之將死其鳴也哀人之將死其言也善者曾子因敬子來問已疾將欲戒之先以此言告之言我將死言善可用也君子所貴乎道者三動容貌斯遠暴慢矣正顏色斯近信矣出辭氣斯遠鄙倍矣者此其所戒之辭也道謂禮也言君子所崇貴乎禮者有三事也動容貌能濟濟蹌蹌則人不敢暴慢之正顏色能矜莊嚴栗則人不敢欺誕之出辭氣能順而說之則無鄙惡倍戾之言入於耳也人之相接先見容貌次觀顏色次交言語故三者相次而言也暴慢鄙倍同是惡事故俱云遠信是善事故云近也籩豆之事則有司存者敬子輕忽大事務行小事故又戒之以此籩豆禮器也言執籩豆行禮之事則有所主者存焉此乃事之小者無用親之○注孟敬子魯大夫仲孫捷○正義曰鄭玄注檀弓云敬子武伯之子名捷是也○注包曰欲戒敬子言我將死言善可用○正義曰案春秋左氏傳魏顆父病困命使殺妾以殉又晉趙孟孝伯並將死其語偷又晉程鄭問降階之道鄭然明以將死而有惑疾此等並是將死之時其言皆變常而曾子云人之將死其言也善者但人之疾患有深有淺淺則神正深則神亂故魏顆父初欲嫁妾是其神正之時曾子云其言也善是其未困之日且曾子賢人至困猶善其中庸已下未有疾病天奪之魄苟欲偷生則趙孟孝伯程鄭之徒不足怪也○注籩豆禮器○正義曰周禮天官籩人掌四籩之實醢人掌四豆之實鄭注云籩竹器如豆者其容實皆四升釋器云木豆謂之豆竹豆謂之籩豆盛菹醢籩盛棗栗以供祭祀享燕

故云禮器也

曾子曰：以能問於不能，以多問於寡，有若無，實若虛，犯而不校，包曰校報也言見侵犯不報 昔者吾友嘗從事於斯矣。馬曰友謂顏淵 疏 曾子至斯矣○正義曰：此章稱顏淵之德行也。曾子曰以能問於不能，以多問於寡，有若無，實若虛，犯而不校者，校，報也。言其好學持謙，見侵犯而不報也。昔者吾友嘗從事於斯矣者，曾子云昔時我同志之友顏淵，嘗從事於斯矣，言能行此上之事也。

曾子曰：可以託六尺之孤，孔曰六尺之孤幼少之君 可以寄百里之命，孔曰攝君之政令 臨大節而不可奪也，大節安國家定社稷奪不可傾奪 君子人與？君子人也。疏 曾子至人也○正義曰：此章論君子德行也。曾子曰可以託六尺之孤者，謂可委託以幼少之君也，若周公、霍光也。可以寄百里之命者，謂君在亮陰，可當國攝君之政令也。臨大節而不可奪也者，奪謂傾奪，大節謂安國家定社稷，言事有可以安國家定社稷，臨時固守，羣衆不可傾奪也。君子人與君子人也者，言能此已上之事可以謂之君子人與與者疑而未定之辭審而察之能此上事者可謂君子無復疑也故又云君子人也○注孔曰六尺之孤幼少之君○正義曰鄭玄注此云六尺之孤年十五已下言已下者正謂十四已下亦可寄託非謂六尺可通十四已下鄭知六尺年十五者以周禮鄉大夫職云國中自七尺以及六十野自六尺以及六十有五皆征之以其國中七尺爲二十對六十野云六尺對六十五晚校五年明知六尺與七尺早校五年故以六尺爲十五也

曾子曰士不可以不弘毅任重而道遠包曰弘大也毅強而能斷也士弘毅然後能負重任致遠路

仁以爲已任不亦重乎死而後已不亦遠乎孔曰以仁爲已任重莫重焉死而後已遠莫遠焉

〔疏〕曾子至遠乎○正義曰此章明士行也曾子曰士不可以不弘毅任重而道遠者弘大也毅強而能斷也言士能弘毅然後能負重任致遠路也仁以爲已任不亦重乎死而後已不亦遠乎者復明任重道遠之事也言仁以爲已任人鮮克舉之是他物之重莫重於此焉他人行仁則日月至焉而已矣士則死而後已是遠莫遠焉

子曰興於詩包曰興起也言脩身當先學詩

立於禮包曰禮者所以立身**成於樂**包曰樂所以成性〔疏〕子曰興於詩立於禮成於樂○正義曰此章記人立身成德之法也興起也言人脩身當先起於詩也立身必須學禮成性在於學樂不學詩無以言不學禮無以立既學詩禮然後樂以成之也**子曰民可使由之不可使知之**由用也可使用而不可使知者百姓能日用而不能知〔疏〕子曰民可使由之不可使知之○正義曰此章言聖人之道深遠人不易知也由用也民可使用之而不可使知之者以百姓能日用而不能知故也**子曰好勇疾貧亂也**包曰好勇之人而患疾己貧賤者必將爲亂**人而不仁疾之已甚亂也**包曰疾惡太甚亦使其爲亂〔疏〕子曰好勇疾貧亂也人而不仁疾之已甚亂也○正義曰此章說小人之行也言好勇之人患疾己貧者必將爲逆亂也人若本性不仁則當以禮孫接不可深疾之若疾惡太甚亦使爲亂也**子曰如有周公之才之美使驕且吝其餘不足觀也已**。孔曰周公者周公旦〔疏〕子曰如有周公之才之美使驕且吝其餘不足觀也已。○正義曰：此章戒人驕吝也。周公，周公旦也，大聖之人也，才美兼備。設人有周公之才美，使爲驕矜且鄙吝，其餘雖有善行，不足觀也。言爲鄙吝所掩弃也。○注「周公者，周公旦」。○正義曰：以春秋之世別有周公，此孔子極言其才美而云周公，恐與彼相嫌，故注者明之。

子曰：三年學，不至於穀，不易得也。孔曰：穀，善也。言人三歲學不至於善，不可得言必無也，所以勸人學。【疏】子曰三年學不至於穀不易得也。○正義曰：此章勸學也。穀，善也。言人勤學三歲必至於善，若三歲學不至於善，不可得言必無也，所以勸人學也。

子曰：篤信好學，守死善道。危邦不入，亂邦不居。天下有道則見，無道則隱。包曰：言行當常然。危邦不入，始欲往；亂邦不居，今欲去。亂謂臣弒君、子弒父，危者將亂之兆。邦有道，貧且賤焉，恥也；邦無道，富且貴焉，恥也。【疏】子曰至恥也。○正義曰：此章勸人守道也。子曰篤信好學者，言厚於誠信而好學問也。守死善道者，守節至死，不離善道也。危邦不入，亂邦不居者，亂謂臣弒君、子弒父，危者將亂之兆。

也不入謂始欲往見其亂兆不復入也不居謂今欲見其已亂則遂去之也天下有道則見無道則隱者言値明君則當出仕遇闇主則當隱遯邦有道貧且賤焉恥也者恥其不得明君之祿也邦無道富且貴焉恥也者恥食汚君之祿以致富貴也言人之爲行當常如此

子曰不在其位不謀其政孔曰欲各專一於其職〔疏〕子曰不在其位不謀其政○正義曰此章戒人侵官也言不在此位則不得謀此位之政欲使各專一守於其本職也

子曰師摯之始關雎之亂洋洋乎盈耳哉鄭曰師摯魯大師之名始猶首也周道衰微鄭衛之音作正樂廢而失節魯大師摯識關雎之聲而首理其亂有洋洋盈耳聽而美之〔疏〕子曰師摯之始關雎之亂洋洋乎盈耳哉○正義曰此章美正樂之音也師摯魯太師名也始猶首也關雎周南篇名正樂之首章也周道衰微鄭衛之音作正樂廢而失節魯太師摯識關雎之聲而首理其亂者洋洋盈耳聽而美之

子曰狂而不直孔曰狂者進取宜直**侗而不愿**孔曰侗未成器之人宜謹愿**悾悾而不信**包曰悾悾愨也宜可信**吾不知之矣**

孔曰言皆與常度反我不知之〔疏〕子曰狂而不直侗而不愿悾悾而不信吾不知之矣○正義曰此章孔子疾小人之性與常度反也狂者進取宜直而乃不直侗未成器之人宜謹愿而乃不愿悾悾慤也謹慤之人宜信而乃不信此等之人皆與常度反我不知之也

子曰學如不及猶恐失之學自外入至熟乃可長久如不及猶恐失之〔疏〕子曰學如不及猶恐失之○正義曰此章勸學也言學自外入至熟乃可長久故勤學汲汲如不及猶恐失之也何況怠惰而不汲汲者乎

子曰巍巍乎舜禹之有天下也而不與焉美舜禹也言已不與求天下而得之巍巍高大之稱〔疏〕子曰巍巍乎舜禹之有天下也而不與焉○正義曰此章美舜禹也巍巍高大之稱言舜禹之有天下自以功德受禪不與求而得之所以其德巍巍然高大也

子曰大哉堯之爲君也巍巍乎唯天爲大唯堯則之孔曰則法也美堯能法天而行化**蕩蕩乎民無能名焉**包曰蕩蕩廣遠之稱言其布德廣遠民無能識其名焉**巍巍乎其有成**

功也功成化隆高大巍巍煥乎其有文章煥明也其立文垂制又著明〔疏〕子曰至文章○正義曰此章歎美堯也子曰大哉堯之爲君也巍巍乎唯天爲大唯堯則之者則法也言大矣哉堯之爲君也聰明文思其德高大巍巍然有形之中唯天爲大萬物資始四時行焉唯堯能法此天道而行其化焉蕩蕩乎民無能名焉者蕩蕩廣遠之稱言其布德廣遠民無能識其名者焉巍巍乎其有成功也者言其治民功成化隆高大巍巍然煥乎其有文章者煥明也言其立文垂制又著明也舜有臣五人而天下治孔曰禹稷契皋陶伯益武王曰予有亂臣十人馬曰亂治也治官者十人謂周公旦召公奭太公望畢公榮公太顛閎夭散宜生南宮适其一人謂文母孔子曰才難不其然乎唐虞之際於斯爲盛有婦人焉九人而已孔曰唐者堯號虞者舜號際者堯舜交會之間斯此也言堯舜交會之間比於周周最盛多賢才然尚有一婦人其餘九人而已大才難得豈不然乎三分天下有其二以服事殷周之德可

謂至德也已矣包曰殷紂淫亂文王爲西伯而有聖德天下歸周者三分有二而猶以服事殷故謂之至德

【疏】舜有至已矣○正義曰此章論大才難得也舜有臣五人而天下治者言帝舜時有大才之臣五人而天下大治五人者禹也稷也契也皐陶也伯益也武王曰予有亂臣十人者亂治也周武王曰我有治官之臣十人者謂周公旦也召公奭也太公望也畢公也榮公也太顛也閎夭也散宜生也南宮适也其一人謂文母也孔子曰才難不其然乎唐虞之際於斯爲盛有婦人焉九人而已者記者舉舜及武王之時大才之人於上遂載孔子之言於下唐者堯號虞者舜號際者堯舜交會之間比於此周周最爲盛多賢才也然尚有一婦人其餘九人而已大才難得豈不然乎三分天下有其二以服事殷周之德其可謂至德也已矣者此孔子因美周文王有至聖之德也言殷紂淫亂文王爲西伯而有聖德天下歸周者三分有二而猶以服事殷故謂之至德也○注孔曰禹稷契皐陶伯益○正義曰案史記及舜典禹名文命鯀之子也舜命作司空平水土之官也稷名棄帝嚳之子也舜命爲后稷布種百穀之官也契亦帝嚳之子也佐禹治水有功舜命作司徒布五教之官也皐陶字廷堅顓頊之後舜命作士理官也

伯益皐陶之子舜命作虞官掌山澤之官也○注馬曰至文母○正義曰云亂治也釋詁文云十人謂周公旦以下者先儒相傳爲此說也案史記世家云周公名旦武王之弟也封於魯食菜於周謂之周公召公名奭與周同姓封於燕食邑於召謂之召公太公望呂尚也東海上人其先祖嘗爲四岳佐禹平水土甚有功虞夏之際封於呂本姓姜氏從其封姓故曰呂尚呂尚蓋嘗窮困年老矣以魚釣奸周西伯西伯將獵卜之曰所獲非龍非彲勑知切非虎非熊所獲霸王之輔於是周西伯獵果遇太公於渭之陽與語大說曰自吾先君太公曰當有聖人適周周以興子眞是邪吾太公望子久矣故號之曰太公望載與俱歸立爲太師劉向別錄曰師之尚之父之故曰師尚父父亦男子之美號孫子兵法曰周之興也呂牙在殷則牙又是其名字武王已平商而王天下封師尚父於齊畢榮皆國名入爲天子公卿畢公文王庶子太閎散南宮皆氏顛夭宜生适皆名也文母文王之后大姒也從夫之謚武王之母謂之文母周南召南言后妃夫人者皆是也○注孔曰至然乎○正義曰云唐者堯號虞者舜號者史記諸書皆言堯帝嚳之子帝摯之弟嚳崩摯立摯崩乃傳位於堯書傳云堯年十六以唐侯升爲天子遂以爲號或謂之陶唐氏書曰惟彼陶唐世本云帝堯爲陶唐氏韋昭云陶唐

皆國名猶湯稱殷商也案經傳契居商故湯以商爲國號後盤庚遷殷故殷商雙舉歷檢書傳未聞帝堯居陶而以陶冠唐蓋以二字爲名所稱或單或複也舜之爲虞猶禹之爲夏外傳稱禹氏曰有夏則如舜氏曰有虞顓頊已來地爲國號而舜有天下號曰有虞氏是地名也王肅云虞地也皇甫謐云堯以二女妻舜封之於虞今河東太陽山西虞地是也然則舜居虞地以虞爲氏堯封之虞爲諸侯及王天下遂爲天子之號故從微至著常稱虞氏○注包曰至至德○正義曰云殷紂淫亂者紂爲淫亂書傳備言若泰誓云沈湎冒色敢行暴虐之類是也云文王爲西伯而有聖德者鄭玄詩譜云周之先公曰太王者避狄難自豳始遷焉而脩德建王業商王帝乙之初命其子王季爲西伯至紂又命文王典治南國江漢汝墳之諸侯是謂文王繼父之業爲西伯也殷之州長曰伯謂爲雍州伯也周禮八命作牧殷之州牧蓋亦八命如旱麓傳云九命然後錫以秬鬯圭瓚孔叢云羊容問於子思曰古之帝王中分天下而二公治之謂之二伯周自后稷封爲王者之後大王王季皆爲諸侯奚得爲西伯乎子思曰吾聞諸子夏云殷王帝乙之時王季以九命作伯於西受圭瓚秬鬯之錫故文王因之得專征伐此諸侯爲伯猶周召分陝皇甫謐亦云王季於帝乙殷王之時賜九命爲西長始受圭

瓚秬鬯皆以爲王季受九命作東西大伯鄭不見孔叢之書早麓之箋不言九命則以王季爲州伯也文王亦爲州伯故西伯戡黎注云文王爲雍州之伯南兼梁荆在西故曰西伯文王之德優於王季文王尚爲州伯明王季亦爲州伯也楚辭天問曰伯昌號衰秉鞭作牧王逸注云伯謂文王也鞭以喻政言紂號令既衰文王執鞭持政爲雍州牧天問屈原所作去聖未遠謂文王爲牧明非大伯也所以不從毛說言至紂又命文王者既以繼父爲伯又命之使兼治南國江漢汝墳之諸侯周本紀云季歷娶大任生昌有聖瑞古公曰我世當有興者其在昌乎後果受命爲文王也云天下歸周者三分有二而猶服事殷者鄭玄又云於時三分天下有其二以服事殷故雍梁荆豫徐楊之人咸被其德而從之鄭既引論語三分有二故據禹貢州名指而言之雍梁荆豫徐楊歸文王其餘冀青兖屬紂九州而有其六是爲三分有其二也書傳云文王率諸侯以事紂是猶服事殷也紂惡貫盈文王不忍誅伐猶服事之故謂之至德也

子曰：禹，吾無間然矣。孔曰：孔子推禹功德之盛美，言己不能復間厠其間。菲飲食而致孝乎鬼神，馬曰：菲，薄也。致孝鬼神，祭祀豐絜。惡衣服而致美乎黻冕，孔曰損其常服以盛祭服卑宮室而盡力乎溝洫包曰方里爲井井間有溝溝廣深四尺十里爲成成間有洫洫廣深八尺禹吾無間然矣疏子曰至然矣正義曰此章美夏禹之功德也子曰禹吾無間然矣者間謂間厠孔子推禹功德之盛美言已不能復間厠其間也菲飲食而致孝乎鬼神者此下言其無間之三事也菲薄也薄己飲食致孝鬼神令祭祀之物豐多絜靜也惡衣服而致美乎黻冕者黻冕皆祭服也言禹降損其常服以盛美其祭服也卑宮室而盡力乎溝洫者溝洫田間通水之道也言禹卑下所居之宮室而盡力以治田間之溝洫也以常人之情飲食務於肥濃禹則淡薄之衣服好其華美禹則麤惡之宮室多尚高廣禹則卑下之飲食鬼神所享故云致孝祭服備其采章故云致美溝洫人功所爲故云盡力也禹吾無間然矣者美之深故再言之○注孔曰損其常服以盛祭服○正義曰鄭玄注此云黻是祭服之衣冕其冠也左傳晉侯以黻冕命士會亦當然也黻蔽厀也祭服謂之黻其他謂之韠俱以韋爲之制同而色異韠各從裳色黻其色皆赤尊卑以深淺爲異天子純朱諸侯黃朱大夫赤而已大夫以上冕服悉皆有黻故禹言黻冕左傳亦言黻冕但冕服自有尊卑耳周禮司服云王之服

祀昊天上帝則服大裘而冕祀五帝亦如之享先王則衮冕享先公饗射則鷩冕祀四望山川則毳冕祭社稷五祀則希冕祭羣小祀則玄冕孤之服自希冕而下左傳士會黻冕當是希冕也此禹之黻冕則六冕皆是也○注包曰至八尺○正義曰方里爲井井間有溝溝廣深四尺十里爲成成間有洫洫廣深八尺者案考工記匠人爲溝洫耜廣五寸二耜爲耦一耦之伐廣尺深尺謂之畎田首倍之廣二尺深二尺謂之遂九夫爲井井間廣四尺深四尺謂之溝方十里爲成成間廣八尺深八尺謂之洫方百里爲同同間廣二尋深二仞謂之澮鄭注云此畿內采地之制九夫爲井井者方一里九夫所治之田也采地制井田異於鄉遂及公邑三夫爲屋屋具也一井之中三屋九夫三三相具以出賦稅共治溝也方十里爲成成中容一甸甸方八里出田稅緣邊一里治洫方百里爲同同中容四都六十四成方八十里出田稅緣邊十里治澮是溝洫之法也

論語注疏解經卷第八

二品廕生阮常生校栞

論語注疏卷八挍勘記

阮元撰盧宣旬摘録

泰伯第八

泰伯章

民無得而稱焉　釋文出民無得云本亦作德案後漢書丁鴻傳論引孔子曰泰伯三以天下讓民無德而稱焉李注云論語載孔子之言也又引鄭元注云三讓之美皆蔽隱不著故人無德而稱焉據此釋文所云作德者乃鄭君所據之本也然字雖作德而義仍爲得蓋德得古字通

故無得而稱言之者　皇本故下有民家二字

恭而無禮章

君子篤於親　汗簡引古論語篤作竺案竺篤古今字

曾子有疾章

啓予足說文誃離别也从言多聲讀若論語跢予之足○案段玉裁云跢當是啓誤或曰當作哆予之足哆猶開也

如臨深淵唐石經避高祖諱淵作渆後放此

喻已常戒愼皇本戒作誡案誡戒古字通

呼之者皇本無之字

曾子有疾孟敬子問之章

君子所貴乎道者三高麗本無乎字

能濟濟蹌蹌釋文出蹌蹌蹌云本或作鏘同○案依說文當作趪蹌假借字鏘俗字

則人不敢欺詐之皇本詐作誕

以能問於不能章

言見侵犯不報　皇本作言見侵犯而不校之也

可以託六尺之孤章

可以託六尺之孤　玉篇人部引作侂案侂與託古字通經義雜記云據玉篇所引則論語舊是侂字葢从言者以言託寄之从人者以人託寄之義各不同今从言葢通借字

野自六尺以及六十有三　閩本北監本同案三當作五

士不可以不宏毅章

言仁以爲己任　本仁誤士今正

興於詩章

包曰樂所以成性　皇本作孔安國曰

好勇疾貧章

亦使其爲亂　皇本亂下有也字又此節注作孔安國曰

如有周公之才之美章

其餘不足觀也已　皇本高麗本已下有矣字是也

故註者明之　本註誤註今改作注

三年學章

不易得也　皇本高麗本也下有已字

篤信好學章

亂謂臣弑君子弑父　皇本作臣弑君子弑父亂也釋文出季子然問仲由冉求章可謂大臣與釋文亦出𢘓字云古文臣字本今作臣案唐書所載唐天后撰字中有𢘓字是天后所撰字非盡出杜撰○錢大昕說戰國策𢘓字乃草書臣字之譌

言厚於誠信而好樂問也閩本同北監本樂作學案樂字誤今正

不居謂今欲閩本北監本同毛本欲下有去字是也

師摯之始章

周道衰微皇本衰上有既字

洋洋盈耳聽而美之皇本作洋洋乎盈耳哉聽而美也

狂而不直章

悾悾慤也皇本作悾悾慤慤也

巍巍乎章

言己不與求天下而得之閩本北監本言作信皇本無言字之下有也字

大哉堯之爲君也章

唯天爲大 毛本唯作惟此疏亦作惟閩本北監本同說見前

民無能識其名焉 皇本無其字

舜有臣五人而天下治章

予有亂臣十人 唐石經臣字旁注釋文出予有亂十人云本或作亂臣十人非案困學紀聞云論語釋文予有亂十人左傳叔孫穆子亦曰武王有亂十人劉原父謂子無臣母之理然本無臣字舊說不必改攷皇疏云亂理也武王曰我有共理天下者有十人也似亦無臣字葢唐石經此處及左傳襄廿八年臣字皆後人據僞泰誓妄增

亂治也 皇本治作理後放此

其一人 皇本一上有餘字

斯此也 皇本此也下有此此於周也五字各本竝脫

比於周 皇本周上有此字

人才難得　皇本人作大

三分天下有其二　皇本三作參釋文出參分云一音三本今作三案後漢書伏湛傳文選典引注竝引作參是古本皆作參字

周之德　皇本高麗本無之字

布種百穀之官也　浦鏜云播誤布

皐陶字廷堅　北監本毛本廷作庭是也

食菜於周　閩本同毛本菜作采○案作采與史記世家合

以魚釣奸周西伯　本奸誤好今正　又毛本魚作漁是也

彨䖳知切　案此邢昺自爲音釋或以爲誤衍非也說詳詩經校勘記

非虎非熊　北監本毛本熊作羆與史記合

則如舜氏曰有虞 孫志祖云如當作知

又命文王典治南國江漢汝墳之諸侯 鄭氏詩譜墳作濆下同

羊容問於子思曰 本子誤乎今正

而二公治之 今孔叢子而作使

受圭瓚秬鬯之錫 本秬誤柜錫作賜今正

此諸侯爲伯 今孔叢子此下有以字

故雍梁荆豫徐楊之人 閩本北監本同毛本楊作揚下同○案作楊是也

禹吾無閒然矣章

孔子推禹功德之盛美 皇本無美字

致孝鬼神 皇本孝下有乎字

十里爲成 皇本成作城後放此

禹則麄惡之 閩本同毛本作麤案麄俗字今正

三夫爲屋 本夫誤天今正

緣邊千里治澮 閩本同案千當作十今正

論語注疏挍勘記卷八終

論語注疏解經卷第九

子罕第九　何晏集解　邢昺疏

疏 正義曰此篇皆論孔子之德行也故以次泰伯堯禹之至德

子罕言利與命與仁罕者希也利者義之和也命者天之命也仁者行之盛也寡能及之故希言也

疏 子罕言利與命與仁○正義曰此章論孔子希言難及之事也罕希也與及也利者義之和也命者天之命也仁者行之盛也孔子以其利命仁三者常人寡能及之故希言也○注罕者至言也○正義曰釋詁云希罕也轉互相訓故罕得爲希也云利者義之和也者乾卦文言文也言天能利益庶物使物各得其宜而和同也此云利者謂君子利益萬物使物各得其宜足以和合於義法天之利也云命者天之命也者謂天所命生人者也天本無體亦無言語之命但人感自然而生有賢愚吉凶窮通夭壽若天之付命遣使之然故云天之命也云仁者行之盛也者仁者愛人以及物是善行之中最盛者也以此三者中知以下寡能及知故孔子希言也

達巷黨人曰大

哉孔子博學而無所成名鄭曰達巷者黨名也五百家爲黨此黨之人美孔子博學道藝不成一名而已子聞之謂門弟子曰吾何執執御乎執射乎吾執御矣鄭曰聞人美之承之以謙吾執御欲名六藝之卑也疏達巷至御矣。○正義曰此章論孔子道藝該博也達巷黨人曰大哉孔子博學而無所成名者達巷者黨名也五百家爲黨此黨之人美孔子博學道藝不成一名而已子聞之謂門弟子曰吾何執執御乎執射乎吾執御矣者孔子聞人美之承之以謙故告謂門弟子曰我於六藝之中何所執守乎但能執御乎執射乎乎者疑而未定之辭又復謙指云吾執御矣以爲人僕御是六藝之卑者孔子欲名六藝之卑故云吾執御矣謙之甚矣子曰麻冕禮也今也純儉吾從衆孔曰冕緇布冠也古者績麻三十升布以爲之純絲也絲易成故從儉拜下禮也今拜乎上泰也雖違衆吾從下王曰臣之與君行禮者下拜然後成禮時臣驕泰故於上拜今從下禮之恭也疏子曰至從下。○正義曰此章記孔子從恭儉吾從衆者冕緇布冠也古者績麻三十升布以爲之故云麻冕禮也今也謂當孔子時純絲也絲易成故云純儉用絲雖不合禮以其儉易故孔子從之也拜下禮也今拜乎上泰也雖違衆吾從下者禮臣之與君行禮者下拜然後升成拜是禮也今時之臣皆拜於上驕泰也孔子以其驕泰則不孫故違衆而從下拜之禮也下拜禮之恭故也○注孔曰至從儉○正義曰云冕緇布冠也者冠者首服之大名冕者冠中之别號故冕得爲緇布冠也士冠禮曰陳服緇布冠頍項青組纓屬于頍記曰始冠緇布之冠也大古冠布齊則緇之其緌也孔子曰吾未之聞也冠而敝之可也云古者績麻三十升布以爲之者鄭注喪服云布八十縷爲升○注王曰至恭也○正義曰云臣之與君行禮者下拜然後升成禮者案燕禮君燕卿大夫之禮也其禮云公坐取大夫所媵觶興以酬賓賓降西階下再拜稽首公命小臣辭賓升成拜鄭注升成拜復再拜稽首也先時君辭之於禮若未成然又覲禮天子賜侯氏以車服諸公奉篋服加命書于其上升自西階東面大史氏右侯氏升西面立大史述命侯氏降兩階之間北面再拜稽首升成拜皆是臣之與君行禮下拜然後升成禮也

子絶四毋意以道爲度故不任意**毋必**用之則行舍之則藏故無專必**毋固**無可無

無不可故無固行**毋我**述古而不自作處羣萃而不自異唯道是從故不有其身〔疏〕子絕四毋意毋必毋固毋我○正義曰此章論孔子絕去四事與常人異也毋不也我身也常人師心徇惑自任己意孔子以道爲度故不任意常人行藏不能隨時用舍好自專必惟孔子用之則行舍之則藏不專必也常人之情可者與之不可者拒之好堅固其所行也孔子則無可無不可不固行也人多制作自異以擅其身孔子則述古而不自作處羣衆萃聚和光同塵而不自異故不有其身也**子畏於匡**包曰匡人誤圍夫子以爲陽虎陽虎曾暴於匡夫子弟子顏剋時又與虎俱行後剋爲夫子御至於匡匡人相與共識剋又夫子容貌與虎相似故匡人以兵圍之**曰文王既沒文不在茲乎**孔曰茲此也言文王雖已死其文見在此此自謂其身**天之將喪斯文也後死者不得與於斯文也**孔曰文王既沒故孔子自謂後死言天將喪此文者本不當使我知之今使我知之未欲喪也**天之未喪斯文也匡人其如予何**馬曰其如予何者猶言奈我何也天之未喪此文則我當傳之匡人欲奈我何

言其不能違〔疏〕子畏至予何○正義曰此章記孔子知天命也子畏於匡者謂匡人以兵圍孔子記者以衆情言之故云子畏於匡其實孔子無所畏也曰文王既沒文不在茲乎者孔子以弟子等畏懼故以此言諭之茲此也言文王雖已死其文豈不見在我此身乎言其文見在我此身也天之將喪斯文也後死者不得與於斯文也者後死者孔子自謂也以文王既沒故孔子自謂已爲後死者言天將喪此文者本不當使我與知之今既使我知之是天未欲喪此文也天之未喪斯文也匡人其如予何者如予何猶言奈我何也天之未喪此文則我當傳之匡人其欲奈我何言匡人不能違天以害已也○注包曰至圍之○正義曰此注皆約世家述其畏匡之由也案世家云孔子去衛將適陳過匡顏尅爲僕以策指之曰昔日吾入此由彼缺也匡人聞之以爲魯之陽虎陽虎嘗暴匡人匡人於是遂止孔子孔子狀貌類陽虎拘焉五日匡人拘孔子益急弟子懼孔子曰文王既沒文不在茲乎已下文與此正同是其事也

大宰問於子貢曰夫子聖者與何其多能也孔曰大宰大夫官名或吳或宋未可分也疑孔子多能於小藝子貢曰固天縱之將聖又多

能也孔曰言天固縱大聖之德又使多能也子聞之曰大宰知我乎包曰我少小貧賤常自執事故多能爲鄙人之事君子固不當多能吾少也賤故多能鄙事君子多乎哉不多也

【疏】大宰至多也○正義曰此章論孔子多小藝也大宰問於子貢曰夫子聖者與何其多能也者大宰大夫官名大宰之意以爲聖人當務大忽小今夫子既曰聖者與又何其多能小藝乎以爲疑故問於子貢也子貢曰固天縱之將聖又多能也者將大也言天固縱大聖之德又使多能也子聞之曰大宰知我乎者孔子聞大宰疑已多能非聖故云知我乎謙謙之意也吾少也賤故多能鄙事者又說以多能之由也言我自小貧賤常自執事故多能爲鄙人之事也君子多乎哉不多也者又言聖人君子當多能乎哉言君子固不當多能也今已多能則爲非聖所以爲謙謙也○注孔曰至小藝○正義曰云大宰大夫官名者案周禮大宰六卿之長卿即上大夫也故云大夫官名也云或吳或宋未可分也者以當時惟吳宋二國上大夫稱大宰諸國雖有大宰非上大夫故云或吳或宋未可分也鄭云是吳大宰嚭也以左傳哀十二年公會吳于橐皋吳子使大宰嚭請尋盟公不欲使

子貢對又子貢嘗適吳故鄭以爲是吳大宰嚭也

牢曰子云吾不試故藝

鄭曰牢弟子子牢也試用也言孔子自云我不見用故多技藝

〔疏〕牢曰子云吾不試故藝○正義曰此章論孔子多技藝之由但與前章異時而語故分之牢弟子琴牢也試用也言孔子自云我不見用於時故多能技藝○注牢弟子子牢也○正義曰家語弟子篇云琴牢衛人也字子開一字○張此云弟子子牢當是耳

子曰吾有知乎哉無知也

知者知意之知也知者言未必盡今我誠盡

有鄙夫問於我空空如也我叩其兩端而竭焉

孔曰有鄙夫來問於我其意空空然我則發事之終始兩端以語之竭盡所知不爲有愛

〔疏〕子曰至竭焉○正義曰此章言孔子教人必盡其誠也子曰吾有知乎哉無知也者知者意之所知也孔子言我有意之所知不盡以教人乎哉無之也常人知者言未必盡今我誠盡也有鄙夫問於我空空如也我叩其兩端而竭焉者此舉無知而誠盡之事也空空虛心也叩發動也兩端終始也言設有鄙賤之夫來問於我其意空空然我則發事之終始兩端以告語之竭盡所知不爲有愛言我教鄙夫尚竭盡所知況知

禮義之弟子乎明無愛惜乎其意之所知也○注知者至誠盡○正義曰云知者知意之知也者知意之知猶意言意之所知也云知者言未必盡者言他人之短者言之以教人未必竭盡所知謂多所愛惜也云今我誠盡者謂孔子言今我教人實盡其意之所知無愛惜也故云無知也

子曰鳳鳥不至河不出圖吾已矣夫孔曰聖人受命則鳳鳥至河出圖今天無此瑞吾已矣夫者傷不得見也河圖八卦是也

疏子曰鳳鳥不至河不出圖吾已矣夫○正義曰此章言孔子傷時無明君也聖人受命則鳳鳥至河出圖今天无此瑞則時無聖人也故歎曰吾已矣夫傷不得見也○注孔曰至是也○正義曰聖人受命則鳳鳥至河出圖者禮器云升中於天而鳳皇降援神契云德至鳥獸則鳳皇來天老曰鳳象麟前鹿後蛇頸魚尾龍文龜背燕頷雞喙五色備舉出於東方君子之國翱翔四海之外過崐崘飲砥柱濯羽弱水莫宿丹穴見則天下大安寧鄭玄以爲河圖洛書龜龍銜負而出如中候所說龍馬銜甲赤文緑色甲似龜背袤廣九尺上有列宿斗正之度帝王録紀興亡之數是也孔安國以爲河圖卽八卦是也

子見齊衰者冕衣裳者與瞽者包曰冕者冠也大夫之服

瞽盲也見之雖少必作過之必趨包曰作起也趨疾行也此夫子哀有喪尊在位恤不成人〔疏〕子見至必趨○正義曰此章言孔子哀有喪尊在位恤不成人也子見齊衰者冕衣裳者與瞽者者齊衰周親之喪服也言齊衰則斬衰從可知也冕冠也大夫之服也瞽盲也見之雖少必作過之必趨者作起也趨疾行也言夫子見此三種之人雖少坐則必起行則必趨

顏淵喟然歎曰喟歎聲仰之彌高鑽之彌堅言不可窮盡瞻之在前忽焉在後言恍惚不可爲形象夫子循循然善誘人循循次序貌誘進也言夫子正以此道進勸人有所序○博我以文約我以禮欲罷不能既竭吾才如有所立卓爾雖欲從之末由也已孔曰言夫子既以文章開博我又以禮節節約我使我欲罷而不能已竭我才矣其有所立則又卓然不可及言已雖蒙夫子之善誘猶不能及夫子之所立〔疏〕顏淵至也已○正義曰此章美夫子之道也顏淵喟然歎曰仰之彌高鑽之彌堅瞻之在前忽焉在

後者喟歎聲也爾益也顔淵喟然發歎言夫子之道高堅不可窮盡恍惚不可爲形象故仰而求之則益高鑽研求之則益堅瞻之似若在前忽然又復在後也夫子循循然善誘人者循循次序貌誘進也言夫子以此道教人循循然有次序可謂善進勸人也博我以文約我以禮欲罷不能既竭吾才如有所立卓爾雖欲從之末由也已者末無也言夫子既開博我以文章又節約我以禮節使我欲罷止而不能已竭盡我才矣其夫子更有所創立則又卓然絕異已雖欲從之無由得及言已雖蒙夫子之善誘猶不能及夫子之所立也

子疾病包曰疾甚曰病子路使門人爲臣鄭曰孔子嘗爲大夫故子路欲使弟子行其臣之禮病間曰久矣哉由之行詐也無臣而爲有臣吾誰欺欺天乎孔曰少差曰閒言子路久有是心非今日也且予與其死於臣之手也無寧死於二三子之手乎馬曰無寧寧也二三子門人也就使我有臣而死其手我寧死於弟子之手乎且予縱不得大葬孔曰君臣禮葬予死於道路乎馬曰

就使我不得以君臣禮葬有二三子在我寧當憂棄於道路乎〔疏〕子疾至路乎○正義曰此章言孔子不欺也子疾病者疾甚曰病子路使門人爲臣者以孔子嘗爲魯大夫故子路欲使弟子行其家臣之禮以夫子爲大夫君也病間曰久矣哉由之行詐也者少差曰間當其疾甚時子路以門人爲臣夫子不知及病少差知之乃責之言子路久有是詐欺之心非今日也故云久矣哉由之行詐也無臣而爲有臣吾誰欺欺天乎者言我既去大夫是無臣也女使門人爲臣是無臣而爲有臣如此行詐人蓋知之是人不可欺故云吾誰欺既人不可欺乃欲遠欺天乎且予與其死於臣之手也無寧死於二三子之手乎者無寧寧也二三子門人也言就使我有臣且我等其死於臣之手寧如死於其弟子之手乎且予縱不得大葬予死於道路乎者大葬謂君臣禮葬言且就使我縱不得以君臣禮葬有二三子在我寧當憂棄於道路乎言必不至死於道路也

子貢曰有美玉於斯韞匵而藏諸求善賈而沽諸馬曰韞藏也匵匵也謂藏諸匵中沽賣也得善賈寧肯賣之邪子曰沽之哉沽之哉我待賈者也包曰沽之哉不衒賣之辭我居而待賈

〔疏〕子貢至者也○正義曰此章言孔子藏德待用也子貢曰有美玉於斯韞匵而藏諸求善賈而沽諸者子貢欲觀孔子聖德藏用何如故託玉以諮問也韞藏也匵匵也諸之沽賣也言人有美玉於此藏在匵中而藏之若求得善賈之賈寧肯賣之邪君子於玉比德子貢之意言夫子有美德而懷藏之若人虛心盡禮求之夫子肯與之乎子曰沽之哉沽之哉我待賈者也者孔子荅言我賣之哉不衒賣之辭雖不衒賣我居而待賈言有人虛心盡禮以求我道我即與之而不吝也

子欲居九夷馬曰九夷東方之夷有九種**或曰陋如之何**

子曰君子居之何陋之有馬曰君子所居則化

〔疏〕子欲至之有○正義曰此章論孔子疾中國無明君也子欲居九夷者東方之夷有九種孔子以時無明君故欲居東夷或曰陋如之何者或人謂孔子言東夷僻陋無禮如何可居子曰君子居之何陋之有者孔子荅或人言君子所居則化使有禮義故云何陋之有○注馬曰九夷東方之夷有九種○正義曰案東夷傳云夷有九種曰畎夷于夷方夷黃夷白夷赤夷玄夷風夷陽夷又一曰玄菟二曰樂浪三曰高麗四曰滿飾五曰鳧臾六曰索家七曰東屠八曰倭人九曰天鄙

子曰吾自

衛反魯然後樂正雅頌各得其所鄭曰反魯哀公十一年冬是時道衰樂廢孔子來還乃正之故雅頌各得其所〔疏〕子曰吾自衛反魯然後樂正雅頌各得其所。正義曰此章記孔子言正廢樂之事也孔子以定十四年去魯應聘諸國魯哀公十一年自衛反魯是時道衰樂廢孔子來還乃正之故雅頌各得其所也。注反魯魯哀公十一年冬。正義曰案左傳哀十一年冬衛孔文子之將攻大叔也訪於仲尼仲尼曰胡簋之事則嘗學之矣甲兵之事未之聞也退命駕而行曰鳥則擇木木豈能擇鳥文子遽止之曰圉豈敢度其私訪衛國之難也將止魯人以幣召之乃歸杜注云於是自衛反魯樂正雅頌各得其所是也

子曰出則事公卿入則事父兄喪事不敢不勉不爲酒困何有於我哉馬曰困亂也〔疏〕子曰出則事公卿入則事父兄喪事不敢不勉不爲酒困何有於我哉。正義曰此章記孔子言忠順孝悌哀喪愼酒之事也困亂也言出仕朝廷則盡其忠順以事公卿也入居私門則盡其孝悌以事父兄也若有喪事則不敢不勉力以從禮也未嘗爲酒亂其性也他人無是行於我我獨有之故曰何有於

我哉

子在川上曰逝者如斯夫不舍晝夜。包曰逝往也言凡往也者如川之流〔疏〕子在川上曰逝者如斯夫不舍晝夜。正義曰此章記孔子感歎時事旣往不可追復也逝往也夫子因在川水之上見川水之流迅速且不可追復故感之而興歎言凡時事往者如此川之流夫不以晝夜而有舍止也

子曰吾未見好德如好色者也疾時人薄於德而厚於色故發此言〔疏〕子曰吾未見好德如好色者也。正義曰此章孔子疾時人薄於德而厚於色也

子曰譬如爲山未成一簣止吾止也包曰簣土籠也此勸人進於道德爲山者其功雖已多未成一籠而中道止者我不以其前功多而善之見其志不遂故不與也譬如平地雖覆一簣進吾往也馬曰平地者將進加功雖始覆一簣我不以其功少而薄之據其欲進而與之〔疏〕子曰至往也。正義曰此章孔子勸人進於道德也譬如爲山未成一簣止吾止也者簣土籠也言人之學道垂成而止前功雖多吾不與也譬如爲山者其功雖已多未成一籠而中道止者我不以其前功多而善之見其志不遂

故吾止而不與也譬如平地雖覆一簣進吾往也者言人進德脩業功雖未多而強學不息則吾與之也譬如平地者將進加功雖始覆一簣我不以其功少而薄之據其欲進故吾則往而與之也 子曰語之而不惰者其回也與 顏淵解故語之而不惰餘人不解故有惰語之時 〔疏〕子曰語之而不惰者其回也與○正義曰此章美顏回也惰謂懈惰也言餘人不能盡解故有懈惰於夫子之語時其語之而不懈惰者其唯顏回也與顏淵解故也 子謂顏淵曰惜乎吾見其進也未見其止也 包曰孔子謂顏淵進益未止痛惜之甚 〔疏〕子謂顏淵曰惜乎吾見其進也未見其止也○正義曰此章以顏回早死孔子於後歎惜之也孔子謂顏淵進益未止痛惜之甚也 子曰苗而不秀者有矣夫秀而不實者有矣夫 孔曰言萬物有生而不育成者喻人亦然 〔疏〕子曰苗而不秀者有矣夫秀而不實者有矣夫○正義曰此章亦以顏回早卒孔子痛惜之爲之作譬也言萬物有生而不育成者喻人亦然也 子曰後生可畏焉知來者之

不如今也後生謂年少四十五十而無聞焉斯亦不足畏也已。〔疏〕子曰至也已。○正義曰：此章勸學也。子曰後生可畏焉知來者之不如今也者，後生謂年少也，言年少之人足以積學成德，誠可畏也，安知將來者之道德不如我今日也。四十五十而無聞焉斯亦不足畏也已者，言年少時不能積學成德，至於四十五十而令名無聞，雖欲強學，終無成德，故不足畏也。子曰：法語之言，能無從乎？改之爲貴。孔曰：人有過，以正道告之，口無不順從之，能必自改之，乃爲貴。巽與之言，能無說乎？繹之爲貴。馬曰：巽，恭也，謂恭孫謹敬之言，聞之無不說者，能尋繹行之，乃爲貴。說而不繹，從而不改，吾末如之何也已矣。〔疏〕子曰至已矣。○正義曰：此章貴行也。子曰法語之言能無從乎改之爲貴者，謂人有過，以禮法正道之言告語之，當時口無不順從之者，口雖服從，未足可。貴能必自改之，乃爲貴耳。巽與之言能無說乎繹之爲貴者，巽，恭也；繹，尋繹也，謂以恭孫謹敬之言教與之，當時聞之無不喜說者，雖聞之喜說，未足可。貴必能尋繹其言

行之乃爲貴也說而不繹從而不改吾末如之何也已矣者謂口雖說從而行不尋繹追改疾夫形服而心不化故云末如之何猶言不可奈何也

子曰主忠信毋友不如己者過則勿憚改。愼所主。友有過務改皆所以爲益

【疏】子曰主忠信毋友不如己者過則勿憚改。○正義曰此章戒人忠信改過也主猶親也憚猶難也言凡所親狎皆須有忠信者也無得以忠信不如己者爲友也苟有其過無難於改也學而篇已有此文記者異人故重出之

子曰三軍可奪帥也匹夫不可奪志也孔曰三軍雖衆人心不一則其將帥可奪而取之匹夫雖微苟守其志不可得而奪也

【疏】子曰三軍可奪帥也匹夫不可奪志也。○正義曰此章言人守志不移也萬二千五百人爲軍帥謂將也匹夫謂庶人也三軍雖衆人心不一則其將帥可奪而取之匹夫雖微苟守其志不可得而奪也士大夫已上有妾媵庶人賤但夫婦相匹配而已故云匹夫

子曰衣敝縕袍與衣狐貉者立而不恥者其由也與孔曰縕枲著**不忮不求何用不臧**馬曰

忮害也臧善也言不忮害不貪求何用爲不善疾貪惡忮害之詩**子路終身誦之子曰是道也何足以臧**馬曰臧善也尚復有美於是者何足以爲善

〔疏〕子曰至以臧。正義曰此章善仲由也子曰衣敝緼袍與衣狐貉者立而不恥者其由也與者緼枲著也緼袍衣之賤者狐貉裘之貴者常人之情著破敗之緼袍與著狐貉之裘者並立則皆慙恥而能不恥者唯其仲由也與不忮不求何用不臧者忮害也臧善也言不忮害不貪求何用爲不善言仲由不忮害不貪求何用爲不善此詩邶風雄雉之篇疾貪惡忮害之詩也孔子言之以善子路也子路終身誦之者子路以夫子善己故常稱誦之子曰是道也何足以臧者孔子見子路誦之不止懼其伐善故抑之言人行尚復有美於是者此何足以爲善。注孔曰緼枲著。正義曰玉藻云纊爲繭緼爲袍鄭玄云衣有著之異名也纊謂今之新緜緼謂今纊及舊絮也然則今云枲著者雜用枲麻以著袍也

子曰歲寒然後知松柏之後彫也大寒之歲衆木皆死然後知松柏小彫傷平歲則衆木亦有不死者故須歲寒而後別之喻凡人處治世亦能自脩整與君子同在濁世然後知君子之正不苟容

〔疏〕子曰歲寒

然後知松栢之後彫也○正義曰此章喻君子也大寒之歲衆木皆死然後知松栢小彫傷若平歲則衆木亦有不死者故須歲寒而後別之喻凡人處治世亦能自脩整與君子同在濁世然後知君子之正不苟容也

子曰知者不惑包曰不惑亂仁者不憂孔曰無憂患勇者不懼。〔疏〕子曰知者不惑仁者不憂勇者不懼○正義曰此章言知者明於事故不惑亂仁者知命故無憂患勇者果敢故不恐懼

子曰可與共學未可與適道適之也雖學或得異端未必能之道可與適道未可與立雖能之道未必能有所立可與立未可與權雖能有所立未必能權量其輕重之極唐棣之華偏其反而豈不爾思室是遠而逸詩也唐棣栘也華反而後合賦此詩者以言權道反而後至於大順思其人而不得見者其室遠也以言思權而不得見者其道遠也子曰未之思也夫何遠之有〔疏〕夫思者當思其反反是不思所以爲遠能思其反何遠之有言權可知唯不知思耳思之有次序斯可知矣

子曰至之有。正義曰此章論權道也子曰可與共學未可與適道者適之也言人雖可與共學所學或得異端未必能之正道故未可與也可與適道未可與立者言人雖能之道未必能有所立故未可與也可與立未可與權者言人雖能有所立未必能隨時變通權量其輕重之極也唐棣之華偏其反而豈不爾思室是遠而者此逸詩也唐棣移也其華偏然反而後合賦此詩者以言權道亦先反常而後至於大順也豈不爾思者言誠思爾也誠思其人而不得見者其室遠也以喻思權而不得見者其道遠也子曰未之思也夫何遠之有者言夫思者當思其反常若不思是反所以爲遠能思其反何遠之有言權可知唯不知思爾儻能思之有次序斯可知矣記者嫌與詩言相亂故重言子曰也○注唐棣移也○正義曰釋木文也舍人曰唐棣一名移郭璞曰似白楊江東呼夫移詩召南云唐棣之華陸機云奥李也一名雀梅亦曰車下李所在山皆有其華或白或赤六月中熟大如李子可食

論語注疏解經卷第九

二品廕生阮常生挍栞

論語注疏挍勘記

阮元撰盧宣旬摘錄

子罕第九

子罕言章

命者天之命也 段玉裁云此當是用董子命者天之令也

寡能及之故希言也 筆解引無也字又此注作包曰

故希言也 北監本毛本希作罕○按希字是承上文希也而言

又復謙指云 本指誤捐今正

麻冕章

古者績麻三十升布以爲之 本三誤二升誤斤疏中兩三十升升並誤斤今正

王曰 後漢書陳元傳注引作何晏注云○按注即集解字之譌故引下節注亦不加王曰以別之此處不誤

下拜然後成禮 皇本成上有升字邢疏亦有升字○按有升字是也後漢書注可證

此章記孔子從恭儉 鋪鏜云恭儉下脫麻冕禮也今也純儉八字

纓屬于頍 本于誤干闘本同今正

大史氏右 闘本右誤古北監本氏作是案作是與儀禮覲禮合彼注云古文是爲氏也

子絕四章

毋意 本毋誤母今正下同

故不有其身 皇本作故不自有其身也

子畏於匡章

夫子弟子顏尅 皇本毛本尅作剋釋文出顏剋云諸書或作顏亥

文王既沒 本文誤三今正

大宰問於子貢章

大宰知我乎　皇本高麗本我下有者字

牢曰子云章　朱子集注本合前章注疏本别爲一章

故多技藝　皇本多下有能字藝下有也字又技作伎○按伎訓與古多假爲技藝字

字子開一字張　浦鏜云張上脱子字

吾有知乎哉章

有鄙夫問於我　皇本問上有來字

空空如也　釋文出空空云鄭或作悾悾

知意之知猶意言意之所知也　浦鏜云猶意之意當衍字

言他人之短者　浦鏜云短當知字誤

鳳鳥不至章

此章言孔子傷時无明君也毛本无作無下今天无此瑞同

聖人受命浦鏜云聖上脫云字是也

燕含閩本北監本毛本含作頷

飲砥柱本飲誤欽閩本同今正

莫宿丹穴本丹誤舟閩本同今正

子見齊衰者章

冕衣裳者釋文出冕字云鄭本作弁云魯讀弁爲絻今從古鄉黨篇亦然案說文冕大夫以上服也從冃免聲絻或從糸據此則今之作冕者蓋魯論也

雖少必作皇本高麗本少下有者字

過之必趨宋石經趨作趍○按趨趍正俗字

此夫子哀有喪本此誤北今正

顏淵喟然歎曰章

顏淵喟然歎曰此本歎作嘆今訂正注疏同○按說文歎訓吟嘆訓吞嘆二字義别此當从欠今人多通用之

忽焉在後閩本北監本毛本焉作然筆解亦作然案唐石經宋石經竝作焉又列子仲尼篇史記孔子世家後漢書黄憲傳亦俱作焉據此則此本作焉是今朱子集注本尚仍其誤

言恍惚不可爲形象皇本恍惚作忽怳釋文出惚怳云本今作恍惚

夫子循循然案後漢書趙壹傳注引論語曰夫子恂恂然善誘人恂恂恭順貌疑是鄭注又攷孟子明堂章章指及三國志步騭傳後漢書李膺傳注俱引作恂恂又後漢書郭太傳論林宗恂恂善導宋書禮志載晉袁瓌疏曰孔

子恂恂道化洙泗北魏書賈思伯傳云接誘恂恂曾無倦色竝用此文俱作恂字葢作循者古論作恂者魯論鄭從魯論故字作恂○按翟灝之說云爾

言夫子正以此道進勸人有所序皇本進勸人作勸進人又所作次序下有也字

已竭盡我才矣本盡誤盖今正

由不能及夫子之所立也毛本由作尢浦鏜云猶誤尢案浦鏜說是也今正

子疾病章

故子路欲使弟子行其臣之禮也筆解無故字其作爲毛本無也字

少差曰閒皇本少上有病字閒下有也字

言子路久有是心非今日也皇本無久字非下有惟字

以夫子爲大夫官也本官誤君今正

乃責之　本責誤貴今正

有美玉於斯章

韞匵而藏諸　毛本匵作匱是也釋文出匱字云本又作櫝二字音義皆同今訂作匱

求善賈而沽諸　漢石經沽作賈下同○按作沽用假借字玉篇夂部夃下引論語曰求善賈而夃諸未知所據何本也

我待賈者也　案白虎通商賈篇後漢書張衡傳注逸民傳注文選琴賦注並引作待價是俗字

此章言孔子藏德待用也　本德誤得疏美德同今並訂正

故託玉以諮問也　本玉誤土今正

若人虛心盡禮求之　本盡誤盖下盡禮同今並正

子欲居九夷章

君子所居則化　皇本作君子所居者皆化也

四曰滿節　浦鏜云飾誤節是也今正

吾自衛反魯章

吾自衛反魯　皇本高麗本反下有於字

反魯哀公十一年冬　皇本哀上重魯字案疏中亦重魯字　皇本是也

胡簋之事　閩本北監本毛本胡作簠

子在川上章

包曰　皇本作鄭元曰

夫不以晝夜而有舍止也　本夫誤天今正

譬如爲山章

未成一簣本一字空闕今補正

子謂顔淵章

包曰皇本作馬融曰

後生可畏章

後生可畏皇本高麗本畏下有也字

謂年少皇本少下有也字釋文出少年云本今作年少

斯亦不足畏也已皇本高麗本已下有矣字是也

法語之言章

口無不順從之皇本不上有所字

能必自改之乃爲貴皇本無之字貴下有也字

謂恭孫謹敬之言 皇本孫作遜言下有也字

未足可貴 閩本北監本毛本可作爲下同

主忠信章

愼所主友 皇本作愼其所主所友

衣敝緼袍章

衣敝緼袍 皇本高麗本敝作弊釋文出衣弊云本今作敝案說文袍字下引論語亦作弊弊者敝之俗說文所無袍下引作弊者亦後人妄改也

與衣狐貉者立 汗簡引古論語貉作貈釋文出狐貉云依字當作貈案史記弟子列傳作狢○按貈正字貉假借字狢俗字

常人之情 本情誤淸今正

唯其仲由也與浦鏜云唯其字當誤倒

歲寒章

歲寒然後知松栢之後彫也皇本彫作凋注同釋文出後彫云依字當作凋○按釋文是也彫是假借字

知者不惑章

勇者不懼攷文古本此下有孔安國曰無畏懼也八字皇本閩本北監本毛本竝脫

可與共學章

未必能有所立皇本作未必能以有所成立者也筆解此注作孔曰

可與立未可與權筆解云正文傳寫錯倒當云可與共學未可與立可與適道未可與權案詩緜正義及說苑權謀篇三國志魏武帝紀注北周書宇文護傳論竝引可與適道未可與權與筆解說合○按此亦翟灝之說

雖能有所立　筆解無能字亦作孔曰

唐棣之華　春秋繁露竹林篇文選廣絕交論注並引作棠棣

思其人而不自見者　皇本自作得案邢疏亦作得字

未之思也　釋文出未之云或作末者非

夫何遠之有　皇本高麗本有下有哉字

似白楊　本似誤以閩本同今正

陸機云　毛本機作璣機與璣古字通隸釋載堯廟碑云據旋機之政周公禮殿記云旋機離常璣竝作機又文選宋文皇帝元皇后哀策又注云璣與機同○按孫志祖讀書脞録續編云梁元帝作同姓名録兼收名之音義通用者有兩陸機一吳人字士衡一名璣字元恪注本艸者而宋槧爾雅疏引艸木疏作陸機此二字古人殆通借用之與錢大昕云當作陸機

論語注疏挍勘記卷九終

論語注疏解經卷第十

何晏集解　邢昺疏

鄉黨第十

〔疏〕正義曰此篇唯記孔子在魯國鄉黨中言行故分之以次前篇也此篇雖曰一章其間事義亦以類相從今各依文解之

孔子於鄉黨恂恂如也似不能言者王曰恂恂温恭之貌其在宗廟朝廷便便言唯謹爾鄭曰便便辯也雖辯而謹敬朝與下大夫言侃侃如也孔曰侃侃和樂之貌與上大夫言誾誾如也孔曰誾誾中正之貌君在踧踖如也與與如也馬曰君在視朝也踧踖恭敬之貌與與威儀中適之貌〔疏〕孔子至與與如也。正義曰此一節記言語及趨朝之禮容也孔子在於鄉黨恂恂如也似不能言者恂恂温恭之貌言孔子於鄉黨中與故舊相接常温和恭敬恂恂然如似不能言語者道其謙恭之甚也凡言如也者皆謂如此義也其在宗廟朝廷便便言唯謹爾者便便辨也宗廟行禮之處朝廷布政之所當詳問極言故辨治也雖辨而唯謹敬朝與下大夫言侃侃如也與上大夫言誾誾如也者侃侃和樂之貌誾誾中正之貌下大夫稍卑故與之言可以和樂上大夫卿也爵位既尊故與之言常執中正不敢和樂也君在踧踖如也與與如也者君在謂視朝時也踧踖恭敬之貌與與威儀中適之貌既當君在之所故恭敬使威儀中適不敢解惰也

君召使擯鄭曰君召使擯者有賓客使迎之**色勃如也**孔曰必變色**足躩如也**包曰足躩盤辟貌**揖所與立左右手衣前後襜如也**鄭曰揖左人左其手揖右人右其手一俛一仰衣前後襜如也**趨進翼如也**孔曰言端好**賓退必復命曰賓不顧矣**鄭曰復命白君賓已去矣

疏 君召使擯至顧矣。○正義曰此一節言君召孔子使爲擯之禮也擯謂主國之君所使出接賓者也色勃如也足躩如也者勃然變色也足躩盤辟貌既傳君命以接賓故必變色而加肅敬也足容盤辟躩然不敢懈慢也揖所與立左右手衣前後襜如也者謂交擯傳命時揖左人左其手揖右人右其手一俛一仰衣前後襜如也趨進翼如也者謂疾趨而進張拱端好爲鳥之張翼也賓退必復命曰賓不顧矣謂賓禮畢上擯送賓出反告白君賓已去矣不反顧也○注鄭曰至如也○正義曰云揖左人左其手揖右人右其手者謂傳擯時也案諸侯自相爲賓之禮凡賓主各有副賓副曰介主副曰擯及行人若諸侯自行則介各從其命數至主國大門外主人及擯出門相接若主君是公則擯者五人侯伯則擯者四人子男則擯者三人所以不隨命數者謙也故並用強半之數也賓若是公來至門外直當闑西去門九十步而下車當軹北嚮而立鄭注考工記云軹轂末也其侯伯立當前侯胡下子男立當衡注衡謂車輈其君當軫而九介立在君之北邐迤西北並東嚮而列主公出直闑東南西嚮立擯在主人之南邐迤東南立並西嚮也使末擯與末介相對中閒傍相去三丈六尺列擯介既竟則主君就擯求辭所以須求辭者不敢自許人求詣己恐爲他事而至故就求辭自謙之道也求辭之法主人先傳求辭之言與上擯上擯以至次擯次擯繼傳以至末擯末擯傳與賓末介末介以次繼傳上至於賓賓荅辭隨其來意又從上介而傳下至末介末介又傳與末擯末擯傳相次而上至於主人傳辭既竟而後進迎賓至門知擯介朝位如此者大行

人職文又知傳辭拜迎賓前至門者司儀職文其傳辭司儀之交擯也其列擯介傳辭委曲約聘禮文若諸侯使卿大夫相聘其介與主位則大行人云卿大夫之禮各下其君二等鄭注云介與朝位是也主君待之擯數如待其君其有異者主君至大門而不出限南面而立也若公之使亦直闑西北嚮七介而去門七十步侯伯之使列五介而去門五十步子男之使三介而去門三十步上擯出闑外闑東南西嚮陳介西北東面邐迤如君自相見也而末介末擯相對亦相去三丈六尺陳擯介竟則不傳命而上擯進至末擯問南揖賓賓亦進至末介間上擯與賓相去亦三丈六尺而上擯揖而請事入告君君在限內後乃相與入也知者約聘禮文不傳辭司儀及聘禮謂之旅擯君自來所以必傳命者聘義云君子於其所尊弗敢質敬之至也又若天子春夏受朝宗則無迎法受享則有之故大行人云廟中將幣三享鄭云朝先享不言朝者朝正禮不嫌有等也若秋冬覲遇一受之於廟則亦無迎法故郊特牲云覲禮天子不下堂而見諸侯明冬遇依秋也以爲擯之禮依次傳命故揖左人左其手揖右人右其手一俛一仰使衣前後襜如也○注鄭曰復命白君賓已去矣○正義曰案聘禮行聘享私覿禮畢賓出公再拜送賓不復鄭注云公既拜客趨辟君命上擯送賓出反告賓不顧矣

於此君可以反路寢矣入公門鞠躬如也如不容孔曰斂身立不中門行不履閾孔曰閾門限過位色勃如也足躩如也包曰過君之空位其言似不足者攝齊升堂鞠躬如也屏氣似不息者孔曰皆重慎也衣下曰齊攝齊者摳衣也出降一等逞顏色怡怡如也孔曰先屏氣下階舒氣故怡怡如也沒階趨進翼如也孔曰沒盡也下盡階復其位踧踖如也孔曰來時所過位

【疏】入公門至踧踖如也○正義曰此一節記孔子趨朝之禮容也入公門鞠躬如也如不容者公君也鞠曲斂也躬身也君門雖大斂身如狹小不容受其身也立不中門者中門謂棖闑之中央君門中央有闑兩旁有棖棖謂之門梐棖闑之中是尊者所立處故人臣不得當之而立也行不履閾者履踐也閾門限也出入不得踐履門限所以爾者一則自高二則不淨並爲不敬過位色勃如也足躩如也者過位過君之空位也謂門屏之間人君宁立之處君雖不在此位人臣過之宜敬故勃然變色足盤辟而爲

敬也其言似不足者下氣怡聲如似不足者也攝齊升堂鞠躬如也屏氣似不息者皆重慎也衣下曰齊攝齊者摳衣也將升堂時以兩手當裳前提挈裳使起恐衣長轉足躡履之仍復曲斂其身以至君所則屏藏其氣似無氣息者也出降一等逞顏色怡怡如也者以先時屏氣出下階一級則舒氣故解其顏色怡怡然和説也沒階趨進翼如也沒盡也下盡階則疾趨而出張拱端好如鳥之舒翼也復其位踧踖如也者復至其來時所過之位則又踧踖恭敬也。注閾門限。正義曰釋宫云柣謂之閾孫炎云閾門限也經傳諸注皆以閾爲門限爲内外之限約也。注衣下曰齊攝齊者摳衣也。正義曰曲禮云兩手摳衣去齊尺鄭注云齊謂裳下緝也然則衣謂裳也對文則上曰衣下曰裳散則可通故此云摳衣摳提挈也謂提挈裳前使去地一尺也

執圭鞠躬如也如不勝包曰爲君使聘問鄰國執持君之圭鞠躬者敬慎之至**上如揖下如授勃如戰色足蹜蹜如有循**鄭曰上如揖授玉宜敬下如授不敢忘禮戰色敬也足蹜蹜如有循舉前曳踵行**享禮有容色**鄭曰享獻也聘禮既聘而享用圭璧有庭實**私覿愉愉如也**鄭曰

覿見也既享乃以私禮見愉愉顏色和疏執圭至愉愉如也○正義曰此一節記爲君使聘問鄰國之禮容也執圭鞠躬如也如不勝者言執持君之圭以聘鄰國而鞠躬如不能勝舉慎之至也上如揖下如授者上謂授玉時宜敬故如揖也下謂既授玉而降雖不執玉猶如授時不敢忘禮也勃如戰色足蹜蹜如有循者亦謂執圭行聘時戰栗其顏色敬也足則舉前曳踵而行蹜蹜如有所循也享禮有容色者享獻也聘禮既聘而享用圭璧有庭實聘時執圭致命故勃如戰色至行享時則稍許有容色不復戰栗私覿愉愉如也者覿見也愉愉顏色和也謂既享乃以私禮見故顏色愉愉然和說也○注包曰至之至○正義曰云爲君使聘問鄰國執持君之圭者案聘禮云賓襲執圭致命公側襲受玉于中堂與東楹之間是其事也凡執玉之禮大宗伯云公執桓圭注云雙植謂之桓桓宮室之象所以安其上也圭長九寸故玉人云命圭九寸公守之是也宗伯又云侯執信圭伯執躬圭注云蓋皆象以人形爲瑑飾文有麤縟耳欲其慎行以保身圭皆長七寸故玉人云命圭七寸謂之信圭侯守之命圭七寸謂之躬圭伯守之江南儒者解云直者爲信其文縟細曲者爲躬其文麤略義或然也宗伯又云子執穀璧男執蒲璧注云穀所以養人蒲爲席所以安人不執圭者未成國

也蓋瑑爲穀稼及蒲葦之文蓋皆徑五寸故大行人云子執穀璧男執蒲璧五寸是也凡圭廣三寸厚半寸剡上左右各寸半知者聘禮記文其璧則内有孔外有肉其孔謂之好故爾雅釋器云肉倍好謂之璧好倍肉謂之瑗肉好若一謂之環此謂諸侯所執圭璧皆朝於王及相朝所用也故典瑞前既陳玉則云朝覲宗遇會同於王諸侯相見亦如之是也其公侯伯朝后皆用璋知者以聘禮聘君用圭聘夫人以璋則知於天子及后亦然也其子男既朝王用璧朝后宜用琮以璧琮相對故也鄭注小行人云其上公及二王之後享天子圭以馬享后璋以皮其侯伯子男享天子璧以帛享后琮以錦其玉大小各如其命數知者玉人云璧琮九寸諸侯以享天子是也其諸侯相朝所執之玉與朝天子同其享玉皆以璧享君以琮享夫人明相朝禮亦當然子男相享則降用琥以繡璜以黼故鄭注小行人云其於諸侯亦用璧琮耳子男於諸侯則享用琥璜下其瑞是也其諸侯之臣聘天子及聘諸侯其聘玉及享玉降其君瑞一等故玉人云瑑圭璋八寸璧琮八寸以覜聘是也○注足蹜蹜如有循舉前曳踵行○正義曰按玉藻云執龜玉舉前曳踵蹜蹜如也踵謂足後跟也謂將行之時初舉足前後曳足跟行不離地蹜蹜如也言舉足狹數蹜蹜如也玉藻又云圈豚行不舉足齊如流鄭注

云圈轉也豚之言若有所循不舉足曳踵則衣之齊如水之流矣孔子執圭則然此徐趨也○注鄭曰至庭實○正義曰享獻也釋詁文也云聘禮既聘而享用圭璧有庭實者案覲禮侯氏既見王乃云四享皆束帛加璧庭實唯國所有鄭玄云四當爲三大行人職曰諸侯廟中將幣皆三享其禮差又無取於四也初享或用馬或用虎豹之皮其次享三牲魚腊籩豆之實龜也金也丹漆絲纊竹箭也其餘無常貨此物非一國所能有唯國所有分爲三享皆以璧帛致之禮器云大饗其王事與三牲魚腊四海九州之美味也籩豆之薦四時之和氣也內金示和也束帛加璧尊德也龜爲前列先知也金次之見情也丹漆絲纊竹箭與衆共財也其餘無常貨各以其國之所有則致遠物也郊特牲曰旅幣無方所以別土地之宜而節遠邇之期也龜爲前列先知也以鍾次之以和居參之也虎豹之皮示服猛也束帛加璧往德也鄭玄覲禮之注所言出於彼也諸侯相朝聘其禮亦然案聘禮賓裼奉束帛加璧享記曰凡庭實隨入左先皮馬相間可也小行人職云合六幣圭以馬璋以皮璧以帛琮以錦琥以繡璜以黼此六物者以和諸侯之好故鄭注云合同也六幣所以享也五等諸侯享天子用璧享后用琮其大各如其瑞皆有庭實以馬若皮皮虎豹皮也用圭璋者二王之後也二王後尊故

享用圭璋而特之禮器曰圭璋特是也其於諸侯亦用璧琮耳子男於諸侯則享用琥璜下其瑞也凡二王後諸侯相享之玉大小各降其瑞一等及使卿大夫覜聘亦如之是用圭璧有庭實也○注既享乃以私禮見○正義曰案聘禮擯者出請事賓告事畢賓奉束錦以請覿注云覿見也鄉將公事是欲交其歡敬也不用羔因使而見非特來是也

君子不以紺緅飾孔曰一入曰緅飾者不以爲領袖緣也紺者齊服盛色以爲飾衣似衣齊服緅者三年練以緅飾衣爲其似衣喪服故皆不以爲飾衣紅紫不以爲褻服王曰褻服私居服非公會之服皆不正褻尚不衣正服無所施當暑袗絺綌必表而出之孔曰暑則單服絺綌葛也必表而出之加上衣緇衣羔裘素衣麑裘黃衣狐裘孔曰服皆中外之色相稱也褻裘長短右袂孔曰私家裘長主溫短右袂便作事必有寢衣長一身有半孔曰今之被也狐貉之厚以居鄭曰在家以接賓客去喪無所不佩孔曰去除也非喪則備佩所宜佩也非帷裳必殺

之王曰衣必有殺縫帷帳裳無殺也

羔裘玄冠不以弔孔曰喪主素吉主玄吉凶異服。

吉月必朝服而朝孔曰吉月月朔也朝服皮弁服。

齊必有明衣布孔曰以布爲沐浴衣〔疏〕君子至明衣布○正義曰此一節記孔子衣服之禮也君子不以紺緅飾者君子謂孔子也紺玄色緅淺絳色飾者領緣也紺者齊服盛色以爲飾衣似衣齊服緅者三年練以緅飾衣爲其似衣喪服故皆不以爲飾衣紅紫不以爲褻服者紅南方間色紫北方間色褻服私居服非公會之服以其紅紫二色皆不正故不以爲褻服褻服尚不用則正服無所施可知也但言紅紫則五方間色皆不用也當暑袗絺綌必表而出之者袗單也絺綌葛也精曰絺麤曰綌暑則單服必加尚表衣然後出之爲其形褻故也緇衣羔裘素衣麑裘黃衣狐裘者凡祭服先加明衣次加中衣冬則次加袍襺夏則不袍襺用葛也次加祭服若朝服布衣亦先以明衣親身次加中衣冬則次加裘裘上加裼衣裼衣之上加朝服夏則中衣之上不用裘而加葛葛上加朝服凡服必中外之色相稱羔裘黑羊裘也故用緇衣以裼之麑裘鹿子皮以爲裘也故用素衣以裼之狐裘黃故用黃衣以裼之褻裘長短右袂者此裘私家所著之裘也長之者主

温也袪是裘之袖○短右袂者作事便○也必有寢衣長一身有半者今之被也狐貉之厚以居者謂在家接賓客之裘者居家主温故厚爲之去喪無所不佩者去除也居喪無飾故不佩除喪則備佩所宜佩也非帷裳必殺之者殺謂殺縫凡衣必有殺縫唯帷裳無也羔裘玄冠不以弔者凶主素吉主玄故羔裘玄冠不以弔喪也吉月必朝服而朝者吉月月朔也朝服皮弁服言每朔日必服皮弁之服以朝於君也齊必有明衣布者將祭而齊則必沐浴浴竟而著明衣所以明絜其體也明衣以布爲之故曰齊必有明衣布也○注孔曰至飾衣○正義曰云一入曰緅飾者不以爲領袖緣也者案考工記云三入爲纁五入爲緅七入爲緇注云染纁者三入而成又再染以黑則爲緅緅今禮俗文作爵言如爵頭色也又復再染以黑乃成緇矣鄭司農說以論語曰君子○不以紺緅飾又曰緇衣羔裘爾雅曰一染謂之縓再染謂之竀三染謂之纁詩云緇衣之宜兮玄謂此同色耳染布帛者染人掌之凡玄色者在緅緇之間其六入者與今孔氏云一入曰緅者未知出何書又云緅者三年練以緅飾衣則似讀緅爲縓案檀弓云練練衣黃裏縓緣注云小祥練冠練中衣以黃爲內縓爲飾黃之色卑於纁縓纁之類明外除故曰爲其似衣喪服故皆不以爲飾衣云紺者齊服盛色以爲飾衣似衣齊服者

說文云紺帛深青揚赤色是紺爲青赤色也故爲齊服盛色若以爲領袖緣飾則似衣齊服也○注服皆中外之色相稱也○正義曰謂中衣外裘其色皆相稱也此經云緇衣羔裘者謂朝服也知者案玉藻云諸侯朝服以日視朝於內朝士冠禮云主人玄冠朝服緇帶素韠注云玄冠委貌朝服者十五升布衣而素裳不言色者衣與冠同色是朝衣色玄玄即緇色之小別此說孔子之服云緇衣羔裘玉藻亦云羔裘緇衣以裼之是羔裘裼用緇衣明其上正服亦緇色也下文又曰羔裘玄冠不以弔是羔裘所用配玄冠羔裘之上必用緇布衣爲裼裼衣之上正服亦是緇色又與玄冠相配故知緇衣羔裘是諸侯君臣日視朝之服也其素衣麑裘則在國視朔之服也卿大夫士亦皆然故鄭玄注此云素衣麑裘視朔之服是也其受外國聘享亦素衣麑裘故聘禮云裼降立注引玉藻云麛裘青豻褎絞衣以裼之又引此云素衣麛裘皮弁時或素衣如鄭此言則裼衣或絞或素不定也熊氏云臣用絞君用素皇氏云素衣爲正記者亂言絞耳其黃衣狐裘謂大蜡息民之祭服也人君以歲事成熟搜索羣神而報祭之謂之大蜡又臘祭先祖五祀因令民得大飲農事休息謂之息民於大蜡之後作息民之祭其時則有黃衣狐裘也大蜡之祭與息民異也息民用黃衣狐裘大蜡則皮弁素服二

者不同矣以其大蜡之後始作息民之祭息民大蜡同月其事相次故連言之耳知者郊特牲云蜡也者索也歲十二月合聚萬物而索饗之也皮弁素服而祭素服以送終葛帶榛杖喪殺也是大蜡之祭用素服也郊特牲既說蜡祭其下又云黃衣黃冠而祭息田夫也注云祭謂既蜡臘先祖五祀也於是勞農以休息之是息民之祭用黃衣也此說孔子之服云黃衣狐裘玉藻云狐裘黃衣以裼之以此知大蜡息民則有黃衣狐裘也是此三者之服中衣與外裘其色皆相稱也○注孔曰至佩也○正義曰云非喪則備佩所宜佩也者案玉藻云古之君子必佩玉右徵角左宮羽凡帶必有佩玉唯喪則否佩玉有衝牙君子無故玉不去身君子於玉比德焉天子佩白玉而玄組綬世子佩瑜玉而綦組綬士佩瓀玟而縕組綬孔子佩象環五寸而綦組綬是非居喪則備佩此所宜佩也○注王曰衣必有殺縫唯帷裳無殺也○正義曰謂朝祭之服上衣必有殺縫在下之裳其制正幅如帷名曰帷裳則無殺縫其餘服之裳則亦有殺縫故深衣之制要在縫半下縫齊倍要喪服之制裳內削幅注云削猶殺也○注孔曰喪主素吉主玄吉凶異服○正義曰檀弓云奠以素器以生者有哀素之心注哀素言哀痛無飾凡物無飾曰素又禮祭服皆玄衣服是喪主素吉主玄也○注孔曰至弁服○正

義曰云吉月月朔也者以詩云二月初吉周禮云正月之吉皆謂朔日故知此吉月謂朔日也云朝服皮弁服者士冠禮云皮弁服素積緇帶素韠注云此與君視朔之服也皮弁者以白鹿皮爲冠象上古也積猶辟也以素爲常辟蹙其要中皮弁之衣用布亦十五升其色象焉魯自文公不行視朔之禮孔子恐其禮廢故每於月朔必衣此視朔之服而朝於君所謂我愛其禮也

齊必變食孔曰改常饌居必遷坐孔曰易常處

食不厭精膾不厭細食饐而餲孔曰饐餲臭味變魚餒而肉敗不食魚敗曰餒色惡不食臭惡不食失飪不食孔曰失飪失生熟之節不時不食鄭曰不時非朝夕日中時割不正不食不得其醬不食馬曰魚膾非芥醬不食肉雖多不使勝食氣唯酒無量不及亂沽酒市脯不食不撤薑食孔曰撤去也齊禁薰物薑辛而不臭故不去不多食孔曰不過飽

祭於公不宿肉周曰助祭於君所得

牲體歸則班賜不留神惠祭肉不出三日出三日不食之矣鄭曰自其家祭肉過三日不食是褻鬼神之餘食不語寢不言雖蔬食菜羹瓜祭必齊如也孔曰齊嚴敬貌三物雖薄祭之必敬

【疏】齊必至如也○正義曰此一節論齊祭飲食居處之事也齊必變食者謂將欲接事鬼神宜自絜淨故改其常饌也居必遷坐者謂改易常處也食不厭精膾不厭細者食飯也牛與羊魚之腥聶而切之爲膾飯與膾所尚精細也食饐而餲魚餒而肉敗不食者饐餲臭味變也魚敗曰餒言飯之氣味變及魚肉敗壞皆不食之色惡不食臭惡不食者謂飯食及肉顏色香臭變惡者皆不食之失飪不食者謂饌失生熟之節也不時不食者謂非朝夕日中時也割不正不食者謂折解牲體脊脅臂臑之屬禮有正數若解割不得其正則不食也不得其醬不食者謂魚膾非得芥醬則不食也肉雖多不使勝食氣者氣小食也言有肉雖多食之不可使過食氣也唯酒無量不及亂者唯人飲酒無有限量但不得多以至困亂也沽酒市脯不食者沽賣也酒不自作未必精絜脯不自作不知何物之肉故不食也酒當言飲而亦云不食者因脯而并言之耳經傳之文此類多矣

易繫辭云潤之以風雨左傳曰馬牛皆百匹玉藻云大夫不得造車馬皆從一而省文也不撤薑食者撤去也齊禁薰物薑辛而不臭故不去也不多食者不可過飽也自此已上皆蒙齊文凡言不食者皆爲不利人亦齊者孔子所慎齊必嚴敬若必食之或致因病則失嚴敬心故不食也其凡常不必然祭於公不宿肉者謂助祭於君所得牲體歸則班賜不留神惠經宿也祭肉不出三日出三日不食之矣者謂自其家祭肉過三日不食是褻慢鬼神之餘也食不語寢不言者直言曰言荅述曰語方食不可語語則口中可憎寢息宜靜故不言也雖蔬食菜羹瓜祭必齊如也者祭謂祭先齊嚴敬貌言蔬食也菜羹也瓜也三物雖薄將食祭先之時亦必嚴敬○注孔曰饐餲臭味變○正義曰釋器云食饐謂之餲郭璞云飯饖臭說文云饖飯傷熱也蒼頡篇云食臭敗也字林云饐飯傷熱濕也○注魚敗曰餒○正義曰釋器云肉謂之敗魚謂之餒郭璞云敗臭壞也餒肉爛也○注孔曰至必敬○正義曰云三物雖薄祭之必敬者祭謂祭先也案玉藻云唯水漿不祭又云瓜祭上環知此三者雖薄亦祭先也若祭之亦必齊敬也

席不正不坐鄉人飲酒杖者出斯出矣　孔曰杖者老人也鄉人飲酒之禮主於老者老者禮畢出孔子從而

後出【疏】席不正不坐鄉人飲酒杖者出斯出矣○正義曰此明坐席及飲酒之禮也凡爲席之禮天子之席五重諸侯之席三重大夫再重席南鄉北鄉以西方爲上東鄉西鄉以南方爲上如此之類是禮之正也若不正則孔子不坐也杖者老人也鄉人飲酒之禮主於老者老者禮畢出孔子則從而後出

鄉人儺朝服而立於阼階孔曰儺驅逐疫鬼恐驚先祖故朝服而立於廟之阼階【疏】鄉人儺朝服而立於阼階○正義曰此明孔子存室神之禮也難索室驅逐疫鬼也恐驚先祖故孔子朝服而立於廟之阼階鬼神依人庶其依已而安也所以朝服者大夫朝服以祭故用祭服以依神也

問人於他邦再拜而送之孔曰拜送使者敬也【疏】問人於他邦再拜而送之○正義曰此記孔子遺人之禮也問猶遺也謂因問有物遺之也問者或自有事問人或聞彼有事而問之悉有物表其意故曲禮云凡以弓劍苞苴簞笥問人者操以受命如使之容此孔子凡以物問遺人於他邦者必再拜而送其使者所以示敬也

康子饋藥拜而受之包曰康子饋孔子藥**曰丘未達不敢嘗**孔曰未知其故故不敢嘗禮也【疏】康子饋藥拜而受之

曰丘未達不敢嘗○正義曰此明孔子受饋之禮也魯卿季康子饋孔子藥孔子拜而受之凡受人饋遺可食之物必先嘗而謝之孔子未達其藥之故不敢先嘗故曰丘未達不敢嘗亦其禮也

廄焚子退朝曰傷人乎不問馬鄭曰重人賤畜退朝自君之朝來歸

疏廄焚子退朝曰傷人乎不問馬○正義曰此明孔子重人賤畜也廄焚謂孔子家廄被火也孔子罷朝退歸承告而問曰廄焚之時得無傷人乎不問傷馬與否是其重人賤畜之意不問馬一句記者之言也

君賜食必正席先嘗之孔曰敬君惠也既嘗之乃以班賜

君賜腥必熟而薦之孔曰薦其先祖

君賜生必畜之侍食於君君祭先飯鄭曰於君祭則先飯矣若爲君嘗食然

疏君賜至先飯○正義曰此明孔子受君賜食及侍食之禮也君賜食必正席先嘗之者謂君以熟食賜己必正席而坐先品嘗之敬君之惠也君賜必多不可留君之惠既嘗當以班賜君賜腥必熟而薦之者謂君賜己生肉必烹熟而薦其先祖榮君賜也熟食不薦者褻也君賜已生必畜之者謂君賜已牲之未殺者必畜養之以待祭祀之用也侍食於君君祭先

飯者謂君召已共食時也於君祭時則先飯矣若爲君嘗食然○注鄭曰至食然○正義曰云於君祭則先飯矣者曲禮云主人延客祭注云祭祭先也君子有事不忘本也君子不忘本者有德必酬之故得食而種種出少許置在豆間之地以報先代造食之人也若敵客則得先自祭降等之客則後祭若臣侍君而賜之食則不祭若賜食而君以客禮待之則得祭雖得祭又先須君命之祭後乃敢祭也此言君祭先飯則是非客之禮也故不祭而先飯若爲君嘗食然也

疾，君視之，東首，加朝服，拖紳。包曰：夫子疾處南牖之下東首加其朝服拖紳紳大帶不敢不衣朝服見君

疏疾君視之東首加朝服拖紳○正義曰此明孔子有疾君來視之時也拖加也紳大帶也病者常居北牖下爲君來視則暫時遷鄉南牖下東首令君得南面而視之以病臥不能衣朝服及大帶又不敢不衣朝服見君故但加朝服於身又加大帶於上是禮也

君命召，不俟駕行矣。鄭曰：急趨君命行出而車駕隨之

疏君命召不俟駕行矣○正義曰此明孔子急趨君命也俟猶待也謂君命召已不待駕車而即行出車當駕而隨之也

入太廟，每事問。

疏入太廟每事問○正義曰

此明孔子因助祭入太廟廟中禮儀祭器雖知之猶每事復問慎之至也 朋友死無所歸曰於我殯 孔曰重朋友之恩無所歸言無親昵 疏 朋友死無所歸曰於我殯 ○正義曰此明孔子重朋友之恩也言朋友若死更無親昵可歸孔子則曰於我殯與之爲喪主也 朋友之饋雖車馬非祭肉不拜 孔曰不拜者有通財之義 疏 朋友之饋雖車馬非祭肉不拜 ○正義曰此言孔子輕財重祭之禮也朋友有通財之義故其饋遺之物雖是車馬非祭肉不拜謝之言其祭肉則拜之尊神惠也 寢不尸 包曰偃臥四體布展手足似死人 居不容 孔曰爲室家之敬難久 疏 寢不尸居不容 ○正義曰此言孔子寢息居家之禮也尸死人也言人偃臥四體布展手足似死人孔子則當欹屈也其居家之時則不爲容儀爲室家之敬難久當和舒也 見齊衰者雖狎必變 孔曰狎者素親狎 見冕者與瞽者雖褻必以貌 周曰褻謂數相見必當以貌禮之 凶服者式之式負版者 孔曰凶服送死之衣物負版者持邦國之圖籍 有盛饌必

變色而作孔曰：作，起也。敬主人之親饋。迅雷風烈必變。鄭曰：敬天之怒。風疾雷爲烈。

【疏】見齊至必變○正義曰：此一節言孔子見所哀恤及敬重之事爲之變容也。見齊衰者雖狎必變者，狎謂素相親狎，言見衣齊衰喪服者雖素親狎亦必爲變容，此卽哀有喪也。見冕者與瞽者雖褻必以貌者，冕，大夫冠也。瞽，盲也。褻謂數相見也。言孔子見大夫與盲者雖數相見必當以貌禮之，此卽尊在位恤不成人也。凶服者式之，式負版者，凶服，送死之衣物也。負版者，是持邦國之圖籍者也。式者，車上之橫木。男子立乘，有所敬則俯而憑式，遂以式爲敬名。言孔子乘車之時，見送死之衣物，見持邦國之圖籍者，皆憑式而敬之也。有盛饌必變色而作者，作，起也。謂人設盛饌待已，已必改容而起，敬主人之親饋也。迅雷風烈必變者，迅，急疾也。風疾雷爲烈。此陰陽氣激，爲天之怒，故孔子必變容以敬之也。○注孔曰狎者素親狎○正義曰：案左傳宋華弱與樂輿少相狎，曲禮云：賢者狎而敬之。狎是相褻慢相貫習之名也，故爲素相親狎也。○注負版者持邦國之圖籍○正義曰：案周禮小宰職曰：聽閭里以版圖。注云：版是戶籍，圖也。聽人訟地者以版圖決之。司書職曰：邦中之版，土地之圖。以圖籍相將之物，故知負版者是持邦國之圖籍也。

升

車必正立執綏周曰必正立執綏所以爲安車中不內顧包曰車中不內顧者前視不過衡軛傍視不過輢轂不疾言不親指疏升車至親指正義曰此記孔子乘車之禮也升車必正立執綏者綏者挽以上車之索也言孔子升車之時必正立執綏所以爲安也車中不內顧者顧謂迴視也言孔子在車中不鄉內迴顧掩人之私也不疾言不親指者亦謂在車中時也疾急也以車中既高故不疾言不親有所指皆爲惑人也○注包曰車中不內顧者前視不過衡軛傍視不過輢轂○正義曰衡軛是轅端橫木駕馬領者輿人注云較兩輢上出軾者則輢轂俱在車之兩傍言孔子在車中前視則不過衡軛之前傍視則不過輢轂之後案曲禮云立視五嶲式視馬尾顧不過轂注云立平視也嶲猶規也謂輪轉之度案車輪一周爲一規乘車之輪高六尺六寸徑一圍三三六十八得一丈八尺又六寸爲一尺八寸摠一規爲一丈九尺八寸五規爲九十九尺六尺爲步摠爲十六步半則在車上得視前十六步半也而此注云前視不過衡軛者禮言中人之制此記聖人之行故前視但不過衡軛耳

色斯舉矣馬曰見顏色不善則去之翔而後集周曰迴翔審觀而後

下〔疏〕色斯舉矣翔而後集○正義曰此言孔子審去就也
止謂孔子所處見顏色不善則於斯舉動而去之將所
依就則必迴翔審觀而後下止
此翔而後集一句以飛鳥喻也**曰山梁雌雉時哉時**
哉。子路共之三嗅而作。言山梁雌雉得其時而人不得
其時故嘆之子路以其時物故
共具之非。本意不苟食〔疏〕曰山梁雌雉時哉時哉子路共
故三嗅而作作起也之三嗅而作○正義曰此記孔
子感物而歎也梁橋也共具也嗅謂鼻歆其氣作起也孔子
行於山梁見雌雉飲啄得所故歎曰此山梁雌雉得其時哉
而人不得其時也子路失指以爲夫子云時哉者言是時物
也故取而共具之孔子以非己本意義不苟食又不可逆子
路之情故但三
嗅其氣而起也

論語注疏解經卷第十

南昌盧氏宣旬校刊

二品廕生阮常生校栞

論語注疏挍勘記

阮元撰盧宣旬摘錄

鄉黨第十

孔子於鄉黨節 案釋文云此篇凡一章故此篇以分爲一節與各本異 節標之此節君在以下毛本提行别

雖辨而謹敬 閩本北監本毛本謹敬作敬謹

和樂之貌 皇本作和樂貌也下中正之貌作中正貌也恭敬之貌作恭敬貌也威儀中適之貌下亦有也字

君在視朝也 皇本作君在者君視朝也

君召使擯節

君召使擯 釋文出使擯云本又作儐亦作賓皆同○按擯相之擯當从才从人者乃儐禮字釋文亦作賓者如史記設九賓於庭是也

色勃如也案說文孛下引論語色孛如也艴下引論語色艴如也汗簡云艴見古論語

足躩盤辟貌皇本無足躩二字貌下有也字釋文出盤字云字又作磐○按當作般假借作盤俗作磐

左右手皇本手上有其字案鄭注云揖左人左其手揖右人右其手疑皇本是

翼如也說文引作趩今作翼者趩之省文

鄭曰皇本高麗本作孔安國曰

如鳥之張翼也本如誤爲今正

賓不顧矣者浦鏜云矣下脫者字

子男則擯者二人浦鏜云三誤二

其侯伯立當前侯胡下案今本周禮大行人並誤作前疾唯此及詩蓼蕭正義所引不誤說詳惠天牧禮說

主君出直闑東南西鄉立浦鏜云西衍字毛本作主公

使末擯本末誤未今正

則主君就擯求辭浦鏜云賓誤擯

不敢自許人求詣已閩本北監本毛本詣作諸浦鏜云來誤求

上擯以至次擯浦鏜云以上脫傳字

送賓不復儀禮聘禮復作顧

入公門節

鞠躬如也案躬又作窮儀禮聘禮記執圭入門鞠躬焉如恐失之釋文作窮云劉音弓本亦作躬羣經音辨云鞠躬容謹也鄭康成說禮孔子之執圭鞠窮如也是鄭陸所據本作窮但字雖作窮讀仍如躬葢鞠躬本雙聲字史漢中屢見之史記韓長孺傳贊云壺遂之內廉行修斯鞠躬君子也太史公自序云敦厚慈孝訥於言敏於行務在鞠躬君子

長者漢書馮奉世傳贊鞠躬履方擇地而行鞠躬字鄉黨凡三見皆訓謹敬貌蓋鞠躬同見母猶踧踖同精母皆雙聲字也

沒階趨進 釋文出沒階趨云一本作沒階趍進誤也案經義雜記云集注引陸氏曰趨下本無進字俗本有之誤案史記孔子世家作沒階趨進儀禮聘禮注引論語同曲禮帷薄之外不趨正義儀禮士相見禮疏引竝有進字然則自兩漢以至唐初皆作沒階趨進趨進者趨前之謂也進字不作入字解舊有此字非誤孫志祖云說文引此文亦有進字見丢部𨘢字注

閾門限也 本限誤恨今正

攝齊升堂 本升誤知今正

以先時屛氣 本屛誤㔙不成字今正

柣謂之閾 各本柣竝誤秩今正

對衣則上曰衣孫志祖云對衣當作對交今正

執圭節

下如授釋文出下如云魯讀下爲趨今從古

授玉宜敬本玉誤王疏同今正

既聘而享用圭璧本璧誤壁今正又皇本重享字

記爲君使聘問鄰國之禮容也本使誤德今正

大宗伯云本大誤太闕本同今正

左右各寸半各本各竝誤瓔今正

外有肉本肉誤玉闕本同今正

皆朝於王案此王誤玉下執龜玉玉又誤王今並正

案覲禮侯氏既見王各本王竝誤正今正

卿將公事今儀禮聘禮注卿作鄉

君子不以紺緅飾節

一入曰緅案緅乃緅字之誤錢大昕荅問云爾雅一染謂之縓卽孔所云一入也檀弓云練練衣黃裏縓緣注云小祥練冠練中衣以黃爲內縓爲飾卽孔所云三年練以飾衣者也然則孔本經注皆當作縓不作緅矣攷工記鍾氏三入爲纁五入爲緅注謂染纁者三入而成又再染以黑則爲緅緅今禮俗文作爵言如爵頭色也先鄭司農以論語君子不以紺緅飾證五入爲緅之文則先鄭所受論語本作緅與孔本異也自集解采孔氏說而經文仍從緅字又改注文之縓亦爲緅而二文相亂邢氏知孔讀緅爲縓又云一入曰緅未知出何書此知二五而不知十也

不以爲領袖緣也釋文出領褎云字亦作袖俗字也

以爲飾衣　皇本無衣字

故皆不以爲飾衣　皇本無爲字

當暑袗絺綌　皇本袗作縝唐石經作袗釋文出袗字云本又作袗單也五經文字云袗論語作袗禮記作振廣韻十六軫云袗單衣或作縝又文選聖主得賢臣頌注亦引作袗說文訓袗爲元服並無單衣之訓○按段玉裁云曲禮引論語作袗孔安國曰暑則單服玉藻振絺綌不入公門鄭云振讀爲袗袗禪也是袗爲正字振袗爲假借字縝俗字說文袗元服據曲禮玉藻注當云袗禪也

素衣麑裘　案釋文云麑鹿子也則字當作麛說文麛鹿子也麑狻麑獸也兩字義別然古書多通用據禮記玉藻麛裘青豻褎注儀禮聘禮裼降立注鄭君俱引素衣麛裘是鄭所見本作麛與說文合○按兒聲弭聲古音同部

褻裘長短右袂　閩本北監本毛本並連上爲一節與此本同皇本此六字別爲一節以私家裘長以下爲此節注又加孔安國曰四字說文引褻裘長作絬衣長

相稱也　本相誤目今正

狐貉之厚以居　說文引貉作貈是也說見前

無所不佩　釋文出不佩云字或從玉旁是俗字

吉凶異服　皇本此下有故不相弔也五字各本俱脱

齊必有明衣　釋文出齊必云本或作齋

故用素衣以裼之　浦鏜云上當脱麑裘白三字

作事便也　閩本北監本毛本作便作事也

再染謂之竀　本竀誤窺閩本同案爾雅釋器竀作赬五經文字云竀與赬同○按作竀假借字

紺帛深青揚赤色　各本揚竝誤楊今正

又與元冠相配　本又誤文閩本同今正

素服以送終　禮郊特牲終下有也字

唯喪則否　禮玉藻無則字

要在縫半下　禮深衣無在字

吉主元　本主誤王今正

吉凶異服○　閩本北監本○上有也字毛本無○案注本無也字十行本是

以素為常　浦鏜云裳誤常案浦說非也說文常下帬也常或从衣今裳行而常廢矣

齊必變食節

膾不厭細　釋文出膾字云又作鱠非

臭味變　皇本臭作臰俗字下放此

魚餒而肉敗　釋文出魚餒云說文云魚敗曰餒本又作鮾字書同○按說文作餧从食委聲餧餒古今字鮾

俗字

魚敗曰餒 皇本餒下有也字又此注作孔安國曰案史記孔子世家集解亦作孔曰疑此有脫字

不使勝食氣 說文引氣作旣案禮中庸旣廩稱事鄭君注旣讀爲餼餼說文無餼字氣卽餼字是旣與氣通也程瑤田通藝錄曰論語不使勝食氣說文氣作旣釋之曰小食也引論語以證之蓋古文氣息字作气加米則爲氣稟字與旣字相迪然後世於氣字無不讀作氣息者不有說文則論語食氣二字難通其義矣

不撤薑食 案石經考文提要引宋本九經撤作徹說文無撤字撤乃徹之俗字

齊禁薰物 北監本毛本薰作葷疏同釋文出焄字云本或作葷同本今作薰○按葷古多作薰或作焄

雖蔬食菜羹 皇本同北監本毛本蔬作疏說見前

瓜祭 皇本瓜作苽釋文出瓜祭云魯讀瓜爲必今從古○按苽俗字

唯水漿之祭 閩本同北監本毛本之作不案之字誤今正

鄉人儺節

鄉人儺釋文出人儺云魯讀爲獻今從古案郊特牲汁獻涗於醆酒注獻讀當爲莎齊人語聲之誤也此讀儺爲獻亦聲近之誤

朝服而立於阼階釋文出於阼云本或作於阼階案釋文是古本無階字經義雜記云此階字葢因注誤衍禮記郊特牲鄉人禓孔子朝服立于阼注禓或爲儺知禮記文與論語同亦無階字

難索室驅逐疫鬼也北監本毛本難作儺案難正字儺假借字

康子饋藥節

拜而受之釋文出拜而受之云一本或無而之二字

饋孔子藥皇本作遺孔子藥也釋文出遺孔云唯季反本今無此字按廣雅釋詁三饋遺也饋遺俱从貴聲義本相通

故不敢嘗皇本無敢字

廄焚節

廄焚唐石經廄作廏釋文出廏與此本同閩本北監本毛本作廐大誤

君賜食節

乃以班賜閩本北監本毛本班作頒○按頒假借字

君賜腥釋文出賜腥云說文字林竝作胜案五經文字云胜腥上先丁反下先定反今經典通用腥爲胜竝先丁反

薦其先祖皇本重薦字

君賜生釋文出賜生云魯讀生爲牲今從古

若爲君嘗食然皇本君作先釋文出若爲嘗食然云一本作若爲君嘗食然

疾君視之節

加朝服拖紳 唐石經拖作拕釋文出拕字云本或作拖○按說文引朝服袉紳卽雜記云申加大帶於上是也拖拖卽手部拕字許所據作袉是假借袉爲拕也此在引經說假借之例聞諸段玉裁云

入太廟節

入太廟 唐石經皇本太作大釋文出大廟云音太是作太誤又此節下皇本有注云鄭元曰爲君助祭也大廟周公廟也各本竝脫

寢不尸節

居不容 唐石經容作客釋文出居不客云苦百反本或作容羊凶反案唐石經作客字不誤經義雜記云居不客言居家不以客禮自處集解載孔注云爲室家之敬難久謂因一家之人難久以客禮敬己也邢疏云不爲容儀夫君子物各有儀豈因私居廢乎是當從陸氏作客段玉裁曰居不客者嫌其主之類於賓也寢不尸惡其生之同於死也

見齊衰者節

見齊衰者 皇本高麗本見上有子字

必當以貌禮之也 閩本北監本毛本貌禮作禮貌皇本之作也案皇本作貌禮邢疏亦作貌禮此本是

凶服送死之衣服 皇本凶服下有者字衣服下有也字毛本作衣物正義同○按皇本亦作衣物服字非也

敬主人之親饋 本主誤王今正

宋華弱與樂轡 本宋誤朱閩本同今正

版是戶籍圖也 今周禮小宰注無是字圖下有地圖二字

升車節

車中不內顧 釋文出車中不內顧云魯讀車中內顧今從古也案魯論古論雖所傳不同然究以無不字爲

是盧文弨鍾山札記云文選東京賦云夫君人者黈纊塞耳車中內顧李善引魯論及崔駰車左銘正位受綏車中內顧以爲注又漢書成帝紀贊云升車正立不內顧不疾言不親指顏師古注云今論語云車中內顧不疾言不親指內顧者說者以爲前視不過衡軛旁視不過輢轂與此不同然則師古所見之論語亦無不字說者云云乃包咸注是包亦依魯論爲說也惟集解既從古論而又采包注以附之不知者并增不字誤益誤矣

車中不內顧者　皇本車作輿閩本北監本毛本作居釋文出輿中云一本作車中

曰山梁雌雉節

時哉　釋文出時哉云一本作時哉時哉案皇邢兩疏文義俱不當重時哉又攷後漢書班固傳注太平御覽九百十七竝引此文時哉二字亦不重

子路共之　皇本作供注同釋文出共之云本又作供案共供古字通

三嗅而作　玉篇齅下引作三齅而作案說文止有齅字嗅乃齅之俗字

非本意　皇本非下有其字案筆解引此注作周曰

故三嗅而作作起也　皇本無二作字

見雌雉飲啄得所故歎曰　閩本北監本毛本作見雌雉飲啄得其所歎曰

論語注疏校勘記卷十終

論語注疏解經卷第十一

先進第十一　何晏集解　邢昺疏

〔疏〕正義曰前篇論夫子在鄉黨聖人之行也。此篇論弟子賢人之行聖賢相次亦其宜也

子曰先進於禮樂野人也後進於禮樂君子也孔曰先進後進謂仕先後輩也禮樂因世損益後進與禮樂俱得時之中斯君子矣先進有古風斯野人也。如用之則吾從先進。將移風易俗歸之淳素先進猶近古風故從之〔疏〕子曰至吾從先進。正義曰此章孔子評其弟子之中仕進先後之輩也先進於禮樂野人也者先進謂先輩仕進之人準於禮樂不能因世損益而有古風故曰朴野之人也後進於禮樂君子也者後進謂後輩仕進之人也準於禮樂能因時損益與禮樂俱得時之中故曰君子之人也如用之則吾從先進者言如其用之以爲治則吾從先輩朴野之人夫子之意將移風易俗歸之淳素先進猶近古風故從之也。注孔曰至人也。正義曰云先進後進謂仕先後輩也者下章云從我於陳蔡

者皆不及門也謂不及仕進之門則此謂不從於陳蔡得仕進者也蓋先進者當襄昭之世後進者當定哀之世云禮樂因世損益者爲政篇云殷因於夏禮所損益可知也周因於殷禮所損益可知也又周初則禮樂盛周衰則禮樂衰是禮樂因世損益也云後進與禮樂俱得時之中斯君子矣者言禮樂隨世盛衰後進與時消息皆中當於時故爲君子也云先進有古風斯野人也者言先輩仕進之人比今則猶尚淳素故云斯野人也

子曰從我於陳蔡者皆不及門也鄭曰言弟子從我而厄於陳蔡者皆不及仕進之門而失其所〔疏〕子曰從我於陳蔡者皆不及門也○正義曰此章孔子閔弟子之失所言弟子從我而厄於陳蔡者皆不及仕進之門而失其所也

德行顏淵閔子騫冉伯牛仲弓言語宰我子貢政事冉有季路文學子游子夏〔疏〕德行顏淵閔子騫冉伯牛仲弓言語宰我子貢政事冉有季路文學子游子夏○正義曰此章因前章言弟子失所不及仕進遂舉弟子之中才德尤高可仕進之人鄭氏以合前章皇氏别爲一章言若任用德行則有顏淵閔子騫冉伯牛仲弓四人若用其言語

辨說以爲行人使適四方則有宰我子貢二人若治理政事決斷不疑則有冉有季路二人若文章博學則有子游子夏二人也然夫子門徒三千達者七十有二而此四科唯舉十人者但言其翘楚者耳或時在陳言之唯舉從者其不從者雖有才德亦言不及也

子曰回也非助我者也於吾言無所不說孔曰助益也言回聞言卽解無發起增益於己（疏）子曰回也非助我者也於吾言無所不說○正義曰此章稱顏回之賢也助益也說解也凡師資問荅以相發起若與子夏論詩子曰起予者商也如此是有益於已也今回也非增益於已者也以其於吾之所言皆默而識之無所不解言回聞言卽解無所發起增益於已也

子曰孝哉閔子騫人不間於其父母昆弟之言陳曰言子騫上事父母下順兄弟動靜盡善故人不得有非間之言（疏）子曰孝哉閔子騫人不間於其父母昆弟之言○正義曰此章歎美閔子騫之孝行也昆兄也間謂非毀間廁言子騫上事父母下順兄弟動靜盡善故人不得有非間之言

南容三復白圭孔曰詩云白圭之玷尚可磨也斯言之玷不可爲也南容讀詩至此三反

覆之是其心愼言也孔子以其兄之子妻之〔疏〕南容三復白圭孔子以其兄之子妻之〇正義曰此章美南容愼言也復覆也詩云白圭之玷尚可磨也斯言之玷不可爲也南容讀詩至此三反覆之是其心愼言也孔子知其賢故以其兄之女子妻之此即邦有道不廢邦無道免於刑戮者也弟子各記所聞故又載之〇注詩云白圭之玷尚可磨也斯言之玷不可爲也〇正義曰此大雅抑篇刺厲王之詩也毛傳云玷缺也箋云斯此也玉之缺尚可磨鑢而平人君政教一失誰能反覆之意言教令尤須謹愼白玉爲圭圭有損缺猶尚可更磨鑢而平若此政教言語之有缺失則遂往而不可改爲王者安危在於出令故特宜愼之是詩人戒其愼言南容之心亦欲愼言故三覆讀此也

季康子問弟子孰爲好學孔子對曰有顏回者好學不幸短命死矣今也則亡〔疏〕季康子問弟子孰爲好學孔子對曰有顏回者好學不幸短命死矣今也則亡〇正義曰此章稱顏回之好學也季康子魯執政大夫故言氏稱對此與哀公問同而荅異者以哀公遷怒貳過故因荅以諫之康子無之故不云也

顏淵死顏路

請子之車以爲之椁。孔曰路淵父也家貧欲請孔子之車賣以作椁子曰才不才亦各言其子也鯉也死有棺而無椁吾不徒行以爲之椁以吾從大夫之後不可徒行也。孔曰鯉孔子之子伯魚也孔子時爲大夫言從大夫之後不可以徒行謙辭也

［疏］顏淵死至徒行也。正義曰此并三章記顏回死時孔子之語也顏淵死顏路請子之車以爲之椁者路顏淵父也家貧欲請孔子之車賣以作椁也子曰才不才亦各言其子也鯉也死有棺而無椁吾不徒行以爲之椁者此舉親喻疏也言淵才鯉不才雖異亦各言其子則同我子鯉也死時但有棺以家貧而無椁吾不賣車以作椁今女子死安得賣我車以作椁乎以吾從大夫之後不可徒行也者此言不可賣車作椁之由徒行步行也以吾爲大夫不可步行故也孔子時爲大夫言從大夫之後者謙辭也。注孔曰至辭也。正義曰云鯉孔子之子伯魚也者世家文也云孔子時爲大夫言從大夫之後不可以徒行謙辭也者案孔子世家定公十四年孔子年五十六由大司寇攝行相事魯受齊女樂不聽政三日孔子遂適衛歷至宋鄭陳蔡

晉楚去魯凡十四歲而反乎魯然魯終不能用孔子。亦不求仕以哀公十六年卒年七十三今案顏回少孔子三十歲三十二而卒則顏回卒時孔子年六十一方在陳蔡矣伯魚年五十先孔子死則鯉也死時孔子蓋年七十左右皆非在大夫位時而此注云時爲大夫未知有何所據也杜預曰嘗爲大夫而去故言後也據其年則顏回先伯魚卒而此云顏回死顏路請子之車以爲之椁子曰鯉也死有棺而無椁又似伯魚先死者王肅家語注云此書久遠年數錯誤未可詳也或以爲假設之辭也徒猶空也謂無車空行也是步行謂之徒行故左傳襄元年敗鄭徒兵於洧上杜注云徒兵步兵也

顏淵死子曰噫包曰噫痛傷之聲**天喪予天喪予**天喪予者若喪已也再言之者痛惜之甚〔疏〕顏淵死子曰噫天喪予天喪予。正義曰噫痛傷之聲天喪予者孔子痛惜顏淵死言若天喪已也再言之者痛惜之甚

顏淵死子哭之慟馬曰慟哀過也**從者曰子慟矣。曰有慟乎**孔曰不自知已之悲哀過**非夫人之爲慟而誰爲。**〔疏〕顏淵死至誰爲。正義曰子哭之慟者慟過哀也言夫子哭顏淵其悲哀過甚從者曰子慟矣者從

者衆弟子見夫子哀過故告曰子慟矣曰有慟乎者時夫子不自知已之悲哀過故荅曰有慟乎邪非夫人之爲慟而誰爲者因弟子言已悲哀過甚遂詭已之過哀亦當於理非失也夫人謂顏淵言不於顏淵哭之爲慟而更於誰人爲慟乎

顏淵死門人欲厚葬之子曰不可禮貧富有宜顏淵貧而門人欲厚葬之故不聽**門人厚葬之子曰回也視予猶父也予不得視猶子也非我也夫二三子也**馬曰言回自有父父意欲聽門人厚葬我不得割止非其厚葬故云耳〔疏〕顏淵至三子也。正義曰顏淵死門人欲厚葬之者門人顏淵之弟子以其師有賢行故欲豐厚其禮以葬之也子曰不可者禮貧富有宜顏淵貧而門人欲厚葬故不聽之曰不可也門人厚葬之者初咨孔子孔子不聽門人故違孔子而卒厚葬之也子曰回也視予猶父也者此下孔子非其厚葬之語也言回也師事於已視已猶如其父也予不得視猶子也者言回自有父存父意欲聽門人厚葬我不得割止之故曰予不得視猶子也非我也夫二三子也者言厚葬之事非我所爲夫門人二三子爲之也非其厚葬故云耳

季路問事

鬼神子曰未能事人焉能事鬼曰敢問死曰未知生焉知死陳曰鬼神及死事難明語之無益故不荅〔疏〕季路至知死。正義曰此章明孔子不道無益之語也子路問事鬼神者對則天曰神人曰鬼散則雖人亦曰神故下文獨以鬼荅之子路問承事神其理何如子曰未能事人焉能事鬼者言生人尚未能事之況死者之鬼神安能事之乎曰敢問死者子路又曰敢問人之若死其事何如曰未知生焉知死者孔子言女尚未知生時之事則安知死後乎皆所以抑止子路也以鬼神及死事難明又語之無益故不荅也

閔子。侍側誾誾如也子路行行如也冉有子貢侃侃如也子樂。鄭曰樂各盡其性行行剛強之皃若由也不得其死然孔曰不得以壽終〔疏〕閔子至死然。正義曰此章孔子喜四弟子任其直性也閔子侍側誾誾如也者卑在尊側曰侍誾誾中正之皃如也者言其皃如此也子路行行如也者行行剛強之皃冉有子貢侃侃如也者侃侃和樂之皃子樂者以四子各盡其自然之性故喜樂也若由也不得其死然者然猶焉也言子路以

剛必不得其以壽終焉 魯人爲長府閔子騫曰仍舊貫如之何何必改作 鄭曰長府藏名也藏財貨曰府仍因也貫事也因舊事則可也何乃復更改作 子曰夫人不言言必有中 王曰言必有中者善其不欲勞民改作 〔疏〕魯人至有中○正義曰此章重於勞民也魯人爲長府者藏財貨曰府長其藏名也爲作也言魯人新改作之也閔子騫曰仍舊貫如之何何必改作者子騫見魯人勞民改作長府而爲此辭仍因也貫事也言因舊事則亦可矣何必乃復更改作也子曰夫人不言言必有中者孔子聞子騫之言而善之也夫人謂子騫言夫此人其唯不言則已若其發言必有中於理此言何必改作是中理之言也善其不欲勞民故以爲中○注鄭曰至改作○正義曰云長府藏名者言魯藏財貨之府名長府也云藏財貨曰府者布帛曰財金玉曰貨周禮天官有大府爲王治藏之長玉府掌王之金玉玩好內府主良貨賄藏在內者外府主泉藏在外者是藏財貨曰府府猶聚也言財貨之所聚也仍因貫事皆釋詁文 子曰由之瑟奚爲於丘之門 馬曰子路鼓瑟不合雅頌 門人不敬子路

子曰由也升堂矣未入於室也馬曰升我堂矣未入於室耳門人不解謂孔子言爲賤子路故復解之【疏】子曰至室也○正義曰此章言子路之才學分限也子曰由之瑟奚爲於丘之門者由子路名奚何也子路性剛鼓瑟不合雅頌故孔子非之云由之鼓瑟何爲於丘之門乎所以抑其剛也門人不敬子路者門人不解孔子之意謂孔子言爲賤子路故不敬之也子曰由也升堂矣未入於室也者以門人不解故孔子復解之言子路之學識深淺譬如自外入內得其門者入室爲深顏淵是也升堂次之子路是也今子路既升我堂矣但未入於室耳豈可不敬也

子貢問師與商也孰賢子曰師也過商也不及孔曰言俱不得中曰然則師愈與子曰過猶不及愈猶勝也【疏】子貢至猶不及○正義曰此章明子張子夏才性優劣子貢問師與商也孰賢者師子張名商子夏名孰誰也子貢問孔子曰子張與子夏二人誰爲賢才子曰師也過商也不及者孔子荅言子張所爲過當而不已子夏則不及而止言俱不得中也曰然則師愈與者愈猶勝也子貢未明夫子之旨以爲師也過則是賢才過於子夏故

復問曰然則子張勝於子夏與與爲疑辭子曰過猶不及者子貢不解故復解之曰過當猶如不及俱不中理也

季氏富於周公孔曰周公天子之宰卿士**而求也爲之聚斂而附益之**孔曰冉求爲季氏宰爲之急賦稅**子曰非吾徒也小子鳴鼓而攻之可也**鄭曰小子門人也鳴鼓聲其罪以責之

〔疏〕季氏至可也○正義曰此章夫子責冉求重賦稅也季氏富於周公者季氏魯臣諸侯之卿也周公天子之宰卿士魯其後也孔子之時季氏專執魯政盡征其民其君蠶食深宮賦稅皆非己有故季氏富於周公也而求也爲之聚斂而附益之者時冉求爲季氏家宰又爲之急賦稅聚斂財物而陪附助益季氏也子曰非吾徒也小子鳴鼓而攻之可也者小子門人也冉求亦夫子門徒當尚仁義今爲季氏聚斂害於仁義故夫子責之曰非我門徒也使其門人鳴鼓以聲其罪而攻責之可也○注孔曰周公天子之宰卿士○正義曰何休云宰猶治也三公之職號尊名也杜預注左傳曰卿士王之執政者也

柴也愚弟子高柴字子羔愚愚直之愚**參也魯**孔曰魯鈍也曾子性遲鈍**師也辟**馬曰子張才過人失在邪

辟文過由也喭。鄭曰：子路之行失於畔喭。子曰：回也其庶乎屢空，賜不受命而貨殖焉，億則屢中。言回庶幾聖道，雖數空匱而樂在其中。賜不受教命，唯財貨是殖，億度是非。蓋美回所以勵賜也。一曰：屢猶每也，空猶虛中也。以聖人之善道教數子之庶幾，猶不至於知道者，各內有此害。其於庶幾每能虛中者唯回，懷道深遠。不虛心不能知道。子貢雖無數子之病，然亦不知道者，雖不窮理而幸中，雖非天命而偶富，亦所以不虛心也。

【疏】「柴也愚」至「屢中」。○正義曰：此章孔子歷評六弟子之德行中失也。「柴也愚」者，高柴性愚直也。「參也魯」者，曾參性遲鈍也。「師也辟」者，子張才過人，失在邪辟文過也。「由也喭」者，子路之行失於畔喭也。「子曰回也其庶乎屢空賜不受命而貨殖焉億則屢中」者，此蓋孔子美顏回，所以勵賜也。其說有二：一曰屢，數也；空，匱也；億，度也。言回庶幾聖道，雖數空匱，貧窶而樂在其中，是美回也。賜不受命，唯貨財是殖，若億度是非則數中。言此所以勵賜也。一曰屢猶每也，空猶虛中也。言孔子以聖人之善道教數子之庶幾，猶不至於知道者，各內有此害故也。其於庶幾每能虛中者，唯有顏回懷道深遠。若不虛心，不能知道也。子貢雖無數子之病，然亦不知道者雖不窮理而幸中雖非天命而偶富有此二累亦所以不虛心也○注弟子高柴字子羔○正義曰史記弟子傳云高柴字子羔鄭玄曰衛人少孔子三十歲左傳亦作子羔家語作子高禮記作子皐三字不同其實一也○注鄭曰子路之行失於畔喭○正義曰舊注作吸喭字書吸喭失容也言子路性行剛強常吸喭失於禮容也今本吸作畔王弼云剛猛也○注言回至心也○正義曰云言回庶幾聖道者易下繫辭云顏氏之子其殆庶幾乎是回庶慕幾微之聖道云雖數空匱而樂在其中者即簞食瓢飲不改其樂是也云賜不受教命者言不受夫子禮教之命云惟財貨是殖者言唯務使貨財生殖蕃息也云億度是非者言又用心億度人事之是非也云蓋美回所以厲賜也者言孔子之意美顏回貧而樂道所以勸厲子貢言汝既富矣又能億則屢中何得不受教命乎云一曰以下者何晏又爲一說也云以聖人之善道教數子之庶幾者言孔子以聖人庶幾之善道竝教六子也云猶不至於知道者各內有此害者言聖人不倦竝教誨之而猶尙不能至於知幾微善道者以其各自內有愚魯辟喭之病害故也云其於庶幾每能虛中唯回者言唯顏回每能虛其中心知於庶幾之道也云懷道深遠不虛心不能知道者此解虛中之由由其至道深遠若不虛其中心則不能知道

也云子貢雖無數子之病者謂無愚魯辟喭之病也然亦不知道者謂亦如四子不知聖道也云雖不窮理而幸中雖非天命而偶富亦所以不虛心也者此解子貢不知道由於有此二累也雖不窮理而幸中釋經億則屢中言雖不窮理盡性但億度之幸中其言也左傳定十五年春邾隱公來朝子貢觀焉邾子執玉高其容仰公受玉卑其容俯子貢曰以禮觀之二君者皆有死亡焉夏五月壬申公薨仲尼曰賜不幸言而中哀七年以邾子益來是其屢中也雖非天命而偶富釋經不受命而貨殖也言致富之道當由天命與之爵祿今子貢不因天命爵祿而能自致富故曰偶富言有億度之勞富有經營之累以此二事何暇虛心以知道故云亦所以不虛心也

子張問善人之道子曰不踐迹亦不入於室孔曰踐循也言善人不但循追舊迹而已亦少能創業然亦不入於聖人之奧室。**子曰論篤是與君子者乎色莊者乎**論篤者謂口無擇言君子者謂身無鄙行色莊者不惡而嚴以遠小人言此三者皆可以爲善人

〔疏〕子張至者乎○正義曰此章論善人所行之道也子張問善人之道者問行何道可謂善人子曰不踐迹亦不入於室者孔子荅其善人

之道也踐循也迹已行舊事之言善人不但循追舊迹而已當自立功立事也而善人好謙亦少能創業故亦不能入於聖人之奥室也子曰論篤是與君子者乎色莊者乎者此亦善人之道也故同爲一章當是異時之語故别言子曰也論篤是與者篤厚也謂口無擇言所論說皆重厚是善人與君子者乎者言身無鄙行之君子亦是善人乎色莊者乎者言能顔色莊嚴使小人畏威者亦是善人乎孔子謙不正言故云與乎以疑之也○注論篤至善人○正義曰云口無擇言孝經文也所言皆善故無可擇也云身無鄙行者所以並美無鄙惡也以遠小人不惡而嚴者周易遯卦象辭也

子路問聞斯行諸包曰賑窮救乏之事子曰有父兄在如之何其聞斯行之。孔曰當白父兄不得自專冉有問聞斯行諸子曰聞斯行之公西華曰由也問聞斯行諸子曰有父兄在求也問聞斯行諸子曰聞斯行之赤也惑敢問孔曰惑其問同而荅異子曰求也退故進之由也兼人故退之鄭曰言冉有性謙退子路務在勝尚人各因其人之失而正之〔疏〕子路至退之○正義曰此章論施予之禮并孔子問同荅異之意也子路問聞斯行諸者諸之也子路問於孔子曰若聞人窮乏當賑救之事於斯即得行之乎子曰有父兄在如之何其聞斯行之也者言當先白父兄不得自專也冉有問聞斯行諸子曰聞斯行之者此問與子路同而所荅異也公西華曰由也問聞斯行諸子曰有父兄在求也問聞斯行諸子曰聞斯行之赤也惑敢問者赤公西華名也見其問同而荅異故疑惑而問於孔子也子曰求也退故進之由也兼人故退之者此孔子言其荅異之意也冉有性謙退子路務在勝尚人各因其人失而正之故荅異也

子畏於匡顏淵後孔曰言與孔子相失故在後子曰吾以女爲死矣曰子在回何敢死包曰言夫子在已無所敢死〔疏〕子畏至敢死○正義曰此章言仁者必有勇也子畏於匡顏淵後者言孔子畏於匡時與顏回相失既免而回在後方至也子曰吾以女爲死矣者孔子謂顏淵曰吾以女爲致死與匡人鬭也子在回何敢死者言夫子若陷於危難則回必致死今夫子在已則無所敢死言不敢致死也

季子然問仲由冉求可謂大臣與孔曰子然季氏子弟自多得臣此二子故問之子曰吾以子爲異之問曾由與求之問孔曰謂子問異事耳則此二人之問安足大乎所謂大臣者以道事君不可則止今由與求也可謂具臣矣孔曰言備臣數而已曰然則從之者與孔曰問爲臣皆當從君所欲邪子曰弑父與君亦不從也孔曰言二子雖從其主亦不與爲大逆

〔疏〕季子至從也○正義曰此章明冉求可謂大臣與者季子然季氏之子弟也自多得臣此二子故問於夫子曰仲由冉求才能爲政可以謂之大臣與疑而未定故云與也子曰吾以子爲異之問曾由與求之問者此孔子抑其自多也曾則也吾以子爲問異事耳則此二人之問安足多大乎言所問小也所謂大臣者以道事君不可則止者此孔子更爲子然陳說大臣之體也言所可謂之大臣者以正道事君君若不用已道則當退止也今由與求也可謂具臣矣者既陳大臣之體乃言二子非大臣也具備也

今二子臣於季氏季氏不道而不能匡救又不退止唯可謂備臣數而已不可謂之大臣也曰然則從之者與者子然既聞孔子言二子非大臣故又問曰然則二子爲臣皆當從君所欲邪子曰弑父與君亦不從也者孔子更爲說二子之行言二子雖從其主若其主弑父與君爲此大逆亦不與也

子路使子羔爲費宰子曰賊夫人之子包曰子羔學未熟習而使爲政所以爲賊害。**子路曰有民人焉有社稷焉何必讀書然後爲學**孔曰言治民事神於是而習之亦學也**子曰是故惡夫佞者**孔曰疾其以口給應遂已非而不知窮

【疏】子路至佞者。○正義曰此章勉人學也子路使子羔爲費宰者子路臣季氏故任舉子羔使爲季氏費邑宰也子曰賊夫人之子者賊害也夫人之子指子羔也孔子之意以爲子羔學未熟習而使爲政必累其身所以爲賊害也子路曰有民人焉有社稷焉何必讀書然後爲學者子路辯荅孔子言費邑有人民焉而治之有社稷之神焉而事之治民事神於是而習之是亦學也何必須讀書然後乃謂爲學也子曰是故惡夫佞者言人所以憎惡夫佞者祇爲口才捷給文過飾非

故也今子路以口給應遂已非而不知窮已是故致人惡夫佞者也子路曾皙孔曰皙曾參父名點有公西華侍坐子曰以吾一日長乎爾毋吾以也孔曰言我問女女無以我長故難對居則曰不吾知也孔曰女常居云人不知已如或知爾則何以哉孔曰如有用女者則何以爲治子路率爾而對率爾先三人對曰千乘之國攝乎大國之間加之以師旅因之以饑饉包曰攝迫也迫於大國之間由也爲之比及三年可使有勇且知方也方義方夫子哂之馬曰哂笑求爾何如對曰方六七十如五六十求性謙退言欲得方六七十如五六十里小國治之而已求也爲之比及三年可使足民如其禮樂以俟君子孔曰求自云能足民而已謂衣食足也若禮樂之化當以待君子謙也赤爾

何如對曰非曰能之願學焉宗廟之事如會同端章甫願爲小相焉鄭曰我非自言能願學爲之宗廟之事謂祭祀也諸侯時見曰會衆頫曰同端玄端也衣玄端冠章甫諸侯日視朝之服小相謂相君之禮點爾何如鼓瑟希孔曰思所以對故音希鏗爾舍瑟而作對曰異乎三子者之撰孔曰置瑟起對撰具也爲政之具鏗爾者投瑟之聲子曰何傷乎亦各言其志也孔曰各言己志於義無傷曰莫春者春服既成冠者五六人童子六七人浴乎沂風乎舞雩詠而歸包曰莫春者季春三月也春服既成衣單袷之時我欲得冠者五六人童子六七人浴乎沂水之上風涼於舞雩之下歌詠先王之道而歸夫子之門夫子喟然歎曰吾與點也周曰善點獨知時三子者出曾皙後曾皙曰夫三子者之言何如子曰

亦各言其志也已矣。曰：夫子何哂由也？曰：爲國以禮，其言不讓，是故哂之。包曰：爲國以禮，禮貴讓，子路言不讓，故笑之。唯求則非邦也與？安見方六七十如五六十而非邦也者？唯赤則非邦也與？宗廟會同，非諸侯而何？孔曰：明皆諸侯之事，與子路同，徒笑子路不讓。赤也爲之小，孰能爲之大？孔曰：赤謙言小相耳，誰能爲大相？

【疏】子路至篇末。○正義曰：此章孔子乘間四弟子侍坐，因使各言其志，以觀其器能也。「子路、曾皙、冉有、公西華侍坐」者，時孔子坐，四子侍側，亦皆坐也。「子曰：以吾一日長乎爾，毋吾以也」者，孔子將發問，先以此言誘掖之也。言女等侍吾，以吾年長於女，謙而少言，故云一日。今我問女，女等毋以吾長而憚難其對也。「居則曰：不吾知也。如或知爾，則何以哉」者，此問辭也。言女常居則云：已有才能，人不我知。設如有人知女，將欲用之，則女將何以爲治？「子路率爾而對」者，子路性剛，故率爾先三人而對也。「千乘之國，攝乎大國之間，加之以師旅，因之以饑饉，由也爲之比及三年可使有勇且知方也者此子路所志也千乘之國公侯之大國也攝迫也穀不熟爲饑蔬不熟爲饉方義方也言若有公侯之國迫於大國之間又加之以師旅侵伐復因之以饑饉民困而由也治之至三年以來可使其民有勇敢且知義方也夫子哂之者哂笑也夫子笑之也求爾何如者子路既對三子無言故孔子後歷問之冉求爾志何如對曰方六七十如五六十求也爲之比及三年可使足民如其禮樂以俟君子者此冉求之志也俟待也求性謙退言欲得方六七十如五十里小國治之而已求也治此小國比至三年以來使足民衣食若禮樂之化當以待君子此謙辭也赤爾何如者又問公西華也對曰非曰能之願學焉宗廟之事如會同端章甫願爲小相焉者此赤也之志也曰言也我非自言能之願學爲焉宗廟祭祀之事如有諸侯會同及諸侯衣玄端冠章甫日視朝之時已願爲其小相君之禮焉點爾何如者又問會晳也鼓瑟希者時會晳方鼓瑟承師之問思所以對故音希也鏗爾舍瑟而作者作起也舍置也鏗投瑟聲也思得其對故置瑟起對投置其瑟而聲鏗然也對曰異乎三子者之撰者撰具也未敢言其志先對此辭言己之所志異乎三子者所陳爲政之具也子曰何傷乎亦各言其志也者孔子見曾晳持謙難其對故以此言誘之曰於義何

傷乎亦各言其志也欲令任其所志而言也曰莫春者春服既成冠者五六人童子六七人浴乎沂風乎舞雩詠而歸者此曾點所志也莫春季春也春服既成衣單袷之時也我欲得與二十以上冠者五六人十九以下童子六七人浴乎沂水之上風涼於舞雩之下歌詠先王之道而歸夫子之門也夫子喟然歎曰吾與點也者喟然歎之皃夫子聞其樂道故喟然而歎曰吾與點之志善其獨知時而不求爲政也三子者出曾晳後者子路冉有公西華三子先出曾晳後猶侍坐於夫子也曾晳曰夫三子者之言何如者曾晳在後問於夫子曰夫三子者適各言其志其言是非何如也子曰亦各言其志也已矣者言三子亦各言其所志而已無他別是非也曰夫子何哂由也者曾晳又問夫子曰既三子各言其志何爲獨笑仲由也曰爲國以禮其言不讓是故哂之者此夫子爲說哂之意言爲國以禮禮貴謙讓子路言不讓故笑之也唯求也則非邦也與安見方六七十如五六十而非邦也者唯赤則非邦也與宗廟會同非諸侯而何者此夫子又言不哂其子路欲爲諸侯之事故舉二子所言明皆諸侯之事與子路同其言讓故不笑之徒笑其子路不讓耳赤也爲之小孰能爲之大者此夫子又言公西華之才堪爲大相也今赤謙言小相耳若赤也爲之小相更誰能爲大相○注孔子曰晳曾

參父名點。○正義曰史記弟子傳曰曾蒧字皙是也。注方義方。○正義曰義宜也方道也言能教之使知合宜之道也左傳曰愛子教之以義方。○注鄭曰至之禮。○正義曰云宗廟之事謂祭祀也者謂禴祠烝嘗及追享朝享禘祫之類皆是也云諸侯時見曰會殷頫曰同者周禮春官大宗伯職文但彼作殷見此作殷頫頫則見也鄭玄注云此禮以諸侯見王爲文時見者言無常期諸侯有不順服者王將有征討之事則既朝覲王爲壇於國外合諸侯而命事焉春秋傳曰有事而會不協而盟是也殷猶衆也十二歲王如不巡守則六服盡朝朝禮既畢王亦爲壇合諸侯以命政焉所命之政如王巡守殷見四方四時分來終歲則徧是也云端玄端之也衣玄端冠章甫諸侯日視朝之服者其衣正幅染之玄色故曰玄端案王制云周人玄衣而養老注云玄衣素裳天子之燕服爲諸侯朝服彼云玄衣則此玄端也若以素爲裳即是朝服此朝服素裳皆得謂之玄端故此注云端玄端諸侯朝服若上士以玄爲裳中士以黄爲裳下士以雜色爲裳天子諸侯以朱爲裳則皆謂之玄端不得名爲朝服也云小相謂相君之禮者案周禮秋官司儀職云掌九儀之賓客擯相之禮以詔儀容辭令揖讓之節注云出接賓曰擯入贊禮曰相又曰凡諸公相爲賓及將幣交擯三辭車逆拜辱賓車進荅拜三揖三讓每門止一相注曰相爲主君擯者及賔之介也謂之相者於外傳辭耳入門當以禮詔侑也介紹而傳命者君子於其所尊不敢質敬之至也每門止一相彌相親也是相謂相君君之禮也聘禮云卿爲上擯大夫爲承擯士爲紹擯玉藻曰君入門介拂闑大夫中棖與闑之間士介拂棖則卿爲上介大夫爲次介士爲末介也此云願爲小相者謙不敢爲上擯上介之卿願爲承擯紹擯次介末介之大夫士耳○注包曰至之門○正義曰云我欲得冠者五六人童子六七人者意在取其朋友十餘人耳云浴于沂水之上風涼於舞雩之下者杜預云魯城南自有沂水此是也夫沂水出蓋縣南至下邳入泗雩者祈雨之祭名左傳曰龍見而雩是也鄭玄曰雩者吁也吁嗟而請雨也杜預曰雩之言遠也遠爲百穀祈膏雨也使童男女舞之春官女巫職曰旱暵則舞雩因謂其處爲舞雩舞雩之處有壇墠樹木可以休息故云風涼於舞雩之下也○注周曰善點獨知時○正義曰仲尼祖述堯舜憲章文武生值亂時而君不用三子不能相時志在爲政唯曾晳獨能知時志在澡身浴德詠懷樂道故夫子與之也

論語注疏解經卷第十一

二品廕生阮常生校栞

論語注疏挍勘記

阮元撰盧宣旬摘錄

先進第十一

○此篇論弟子賢人之行 閩本弟誤第○按此上○誤衍

先進於禮樂章

孔曰先進後進謂仕先後輩也 皇本高麗本無孔曰字又進云包云謂仕也是陸又以此注爲包注○補案正義標起止孔曰至人也是正義本有孔曰 皇本仕作士案釋文出先

將移風易俗 皇本此段注作包氏曰

從我於陳蔡章

皆不及門也 皇本也上有者字

此章孔子閔弟子之失所 毛本閔作憫○按閔憫正俗字

德行章

德行釋文云：鄭云以合前章，皇別爲一章。案：攷文載古本德行上有子曰二字。毛奇齡論語稽求篇曰：舊有子曰字，故史記冉伯牛傳云孔子稱之爲德行。四書攷異云：案攷文每云古本，皆以證其與皇本同也。今檢皇侃義疏本，惟別分此爲章，子曰字未嘗有。其疏則云此章初無子曰者，是記者所書，竝從孔子印可而錄在論中也。二字之無，尤確鑿。物觀以彼國别藏寫本謬稱古本，未可援之實史記矣。

若用其言語辨說　各本辨竝作辯。

回也非助我者也章

助益也　皇本益上有猶字。

孝哉閔子騫章

陳曰　皇本作陳羣曰，後放此。

南容三復白圭章

三反覆之本三誤二今正

故三覆讀此也北監本無也字浦鏜云反誤三

季康子問弟子章

季康子問弟子釋文出康子云一本作季康子鄭本同

今也則亡皇本高麗本此下有未聞好學者五字各本並無

以哀公遷怒貳過本貳誤二今正

顏淵死章

以爲之椁皇本椁作槨下同高麗本無此四字案釋文出無此四字椁云古鄭反不爲之椁作音似陸氏所據本亦無此四字

鯉也死 高麗本無也字

吾不徒行以爲之椁 皇本高麗本不下有可字

不可徒行也 皇本高麗本不上有吾以二字無也字

魯終不能用孔子亦不求仕 今史記孔子世家重孔子二字

顔淵死子哭之慟章

曰有慟乎 皇本曰上有子字

非夫人之爲慟而誰爲 皇本高麗本爲下有慟字

亦當於理 本理誤埋今正

非失也 各本失竝誤不今正

顔淵死門人欲厚葬之章

禮貧富有宜 皇本有上有各字

我不得剸止 皇本剸作制

故云耳 皇本作故云爾也

季路問事鬼神章

曰敢問死 朱子集注本無曰字案皇疏云曰敢問死者此又問當來之事也邢疏云曰敢問死者子路又曰敢問人之若死其事何如是皇邢本並有曰字又匡謬正俗引此文亦有曰字今集注本無曰字誤脱

子路問承事神 浦鏜云神上脱鬼字

閔子侍側章

閔子侍側 皇本子下有騫字

冉有子貢 唐石經有作子

若由也不得其死然 皇本若上有曰字朱子集注載洪氏曰漢書引此句上有曰字或云上文樂字即曰字之誤案漢書敘傳幽通賦云固行行其必凶顏師古曰論語稱閔子云云子樂曰若由也不得其死然蓋集注漢書下脫一注字耳又孫奕示兒編曰子樂必當作子曰聲之誤也始以聲相近而轉曰為悅繼又以義相近而轉悅為樂知由也不得其死則何樂之有今攷文選幽通賦及座右銘兩注竝引子路行行如也子曰若由也不得其死然與孫說正合

魯人為長府章

仍舊貫 釋文出仍舊云魯讀仍為仁今從古案九經古義云揚雄將作大匠箴曰或作長府而閔子不仁用魯論也

由之瑟章

由之瑟 皇本高麗本瑟上有鼓字

子路鼓瑟　皇本子上有言字

子貢問師與商也孰賢章

子貢問師與商也孰賢　本貢誤路今正皇本問上有曰字賢下有乎字高麗本亦有乎字

過猶不及　皇本高麗本及下有也字

季氏富於周公章

而求也爲之聚斂而附益之　皇本之作也

小子鳴鼓而攻之可也　皇本無而字案論衡順鼓篇引亦無而字

柴也愚章

曾子性遲鈍　皇本無性字鈍下有也字案釋文明出鈍也是陸氏所據本亦有也字

師也辟　皇本高麗本辟作僻注同

由也喭書無逸正義引作諺案說文有諺無喭喭乃諺之俗字

失於畔喭皇本畔作㕹喭下有也字釋文出㕹字云本今作畔案廣韻二十九換㕹㕹喭失容據此則字不當作畔

子曰回也其庶乎朱子集注本以下別爲一章各本並連上爲一章案釋文云或分爲別章今所不用

億則屢中皇本高麗本億作憶注同○按億憶皆意之俗字

王弼云本王誤玉今正

每能虛中唯回者浦鏜云中下脫者字○補案回者者字疑因上脫致誤衍

子張問善人之道章各本並連下論篤是與爲一章朱子集注本分爲兩章

不踐迹釋文出踐迹云本亦作跡案跡乃迹之俗字五經文字云迹經典或作跡

亦少能創業皇本少上有多字

然亦不入於聖人之奧室 皇本入上有能字室下有也字案邢疏亦有能字也字

謂身無鄙行 筆解此節注作孔曰

子路問聞斯行諸章

如之何其聞斯行之 皇本高麗本之下有也字案邢疏本有也字疑今本脱

不得自專 皇本作不可得自專也

季子然問仲由冉求章

安足大乎 皇本作安足爲大臣乎

言二子雖從其主 案主當作主皇本無言字

子路使子羔爲費宰章

所以爲賊害 皇本作所以賊害人也

言費邑有人民焉而治之 案人民誤倒今訂正

祇爲口才捷給 北監本祇作秖○按作秖亦非當作祇後同

子路曾晳章

毋吾以也 皇本毋作無釋文出毋字云音無又出吾以云鄭本作已

子路率爾而對 皇本率作卒注同案率卒古字通莊子人間世注率然揩之釋文率本或作卒

因之以饑饉 釋文出饑字云鄭本作飢同○按飢乃飢餓字當作饑

可使足民 皇本高麗本民下有也字

般規曰同 閩本北監本毛本般作衆毛本規誤頫皇本規作見邢疏作般釋文出般規云本或作見據此則字當作般

鏗爾 玉篇手部摼下引論語摼爾捨瑟而作云與鏗同

異乎三子者之撰釋文出之撰云鄭作僎讀曰詮詮之言善也

鏗者皇本作鏗爾者

亦各言其志也釋文出亦各言其志云一本作亦各言其志也

莫春者皇本莫作暮釋文出莫春云音暮本亦作暮

冠者五六人皇本冠上有得字

詠而歸釋文出而歸云如字鄭本作饋饋酒食也魯讀饋爲歸今從古案論衡明雩篇作詠而饋與古論合

包曰筆解作孔曰

而歸夫子之門本夫誤天今正

禮貴讓皇本禮下有道字

宗廟會同非諸侯而何皇本高麗本作宗廟之事如會同非諸侯如之何釋文出宗廟會同云本

或作宗廟之事如會同又出非諸侯而何云一本作非諸侯如之何

赤也爲之小孰能爲之大　皇本高麗本小下大下竝有相字

先以此言誘掖之也　諸本掖作捸案掖字誤也今正

千乘之國　浦鏜云千上脫曰字

穀不熟爲飢　閩本明監本毛本飢作饑下飢饉同案飢饉與釋文所載鄭本合

言欲得方六七十如五六十里小國　浦鏜云五下脫六字

此赤也之志也　浦鏜云上也字當衍文

注孔子曰晳　孔下子字誤衍

曾蒧音點　各本蒧竝誤蒧今正

王始不巡守　浦鏜云如誤始

論語注疏挍勘記卷十一終

論語注疏解經卷第十二

顏淵第十二　何晏集解　邢昺疏

〔疏〕正義曰此篇論仁政明達君臣父子辨惑折獄君子文爲皆聖賢之格言仕進之階路故次先進也

顏淵問仁子曰克己復禮爲仁馬曰克己約身孔曰復反也身能反禮則爲仁矣一日克己復禮天下歸仁焉馬曰一日猶見歸況終身乎爲仁由己而由人乎哉孔曰行善在己不在人也顏淵曰請問其目包曰知其必有條目故請問之子曰非禮勿視非禮勿聽非禮勿言非禮勿動鄭曰此四者克己復禮之目顏淵曰回雖不敏請事斯語矣王曰敬事此語必行之〔疏〕顏淵至語矣○正義曰此并下三章皆明仁也子曰克己復禮爲仁者克約也己身也復反也言能約身反禮則爲仁矣一日克己復禮天下歸仁焉者言人若能一

曰行克己復禮則天下皆歸此仁德之君也一日猶見歸況終身行仁乎爲仁由己而由人乎哉者言行善由己豈由他人乎哉言不在人也顏淵曰請問其目者淵意知其爲仁必有條目故請問之子曰非禮勿視非禮勿聽非禮勿言非禮勿動者此四者克己復禮之目也曲禮曰視瞻毋回立視五巂式視馬尾之類是禮也非此則勿視曲禮云毋側聽側聽則非禮也言無非禮則口無擇言也動無非禮則身無擇行也四者皆所以爲仁顏淵曰回雖不敏請事此語矣者此顏淵預謝師言也言回雖不敏達請敬事此語必行之也○注馬曰克己約身○正義曰此注克訓爲約劉炫云克訓勝也己謂身也身有嗜慾當以禮義齊之嗜慾與禮義戰使禮義勝其嗜慾身得歸復於禮如是乃爲仁也復反也言情爲嗜慾所逼已離禮而更歸復之今刊定云克訓勝也己謂身也謂能勝去嗜慾反復於禮也

仲弓問仁子曰出門如見大賓使民如承大祭孔曰爲仁之道莫尚乎敬己所不欲勿施於人在邦無怨在家無怨包曰在邦爲諸侯在家爲卿大夫仲弓曰雍雖不敏請事斯語矣〔疏〕

仲弓問仁至語矣○正義曰此章明仁在敬恕也子曰出門如見大賓使民如承大祭者此言爲仁之道莫尚乎敬也大賓公侯之賓也大祭禘郊之屬也人之出門失在倨傲故戒之出門如見公侯之賓使民失於驕易故戒之如承奉禘郊之祭己所不欲勿施於人者此言仁者必恕也己所不欲無施之於人以他人亦不欲也在邦無怨在家無怨者言既敬且恕若在邦爲諸侯必無人怨在家爲卿大夫亦無怨也仲弓曰雍雖不敏請事斯語矣者亦承謝之語也

司馬牛問仁子曰仁者其言也訒孔曰訒難也牛宋人弟子司馬犂**曰其言也訒斯謂之仁已乎子曰爲之難言之得無訒乎**孔曰行仁難言仁亦不得不難〔疏〕司馬牛問仁至訒乎○正義曰此章言仁之難也子曰仁者其言也訒者訒難也言仁道至大非但行之難也其言之亦難曰其言也訒斯謂之仁已乎者牛意嫌孔子所言未盡其理故復問曰秖此其言也訒便謂仁已乎子曰爲之難言之得無訒乎者此孔子又爲牛說言訒之意行仁既難言仁亦不得不難○注孔子曰至馬犂○正義曰史記弟子傳云司馬耕字子牛多言而躁問仁於孔子孔子曰仁者其言也

訓是也

司馬牛問君子子曰君子不憂不懼孔曰牛兄桓魋將爲亂牛自宋來學常憂懼故孔子解之曰不憂不懼斯謂之君子已乎子曰內省不疚夫何憂何懼包曰疚病也自省無罪惡無可憂懼

【疏】司馬至何懼○正義曰此章明君子也司馬牛問君子者問於孔子言君子之行何如也子曰君子不憂不懼者言君子之人不憂愁不恐懼時牛兄桓魋將爲亂牛自宋來學常憂懼故孔子解之也曰不憂不懼斯謂之君子已乎者亦意少其言故復問之子曰內省不疚夫何憂何懼者此孔子更爲牛說不憂懼之理疚病也自省無罪惡則無可憂懼

司馬牛憂曰人皆有兄弟我獨亡鄭曰牛兄桓魋行惡死亡無日我爲無兄弟

子夏曰商聞之矣死生有命富貴在天君子敬而無失與人恭而有禮四海之內皆兄弟也君子何患乎無兄弟也包曰君子疏惡而友賢九州之人皆可以禮親【疏】

司馬至弟也○正義曰此章言人當任命友賢也司馬牛憂曰人皆有兄弟我獨亡者亡無也牛兄桓魋行惡死亡無日故牛常憂而告人曰他人皆有兄弟若桓魋死亡之後我爲獨無兄弟也子夏曰商聞之矣死生有命富貴在天君子敬而無失與人恭而有禮四海之內皆兄弟也君子何患乎無兄弟也者子夏見牛憂無兄弟以此言解之也商子夏名謙故云商聞之矣示非妄謬也言人死生短長各有所稟之命財富位貴則在天之所予君子但當敬慎而無過失與人結交恭謹而有禮能此疏惡而友賢則東夷西戎南蠻北狄四海之內九州之人皆可以禮親之爲兄弟也君子何須憂患於無兄弟也○注鄭曰至兄弟○正義曰云牛兄桓魋行惡死亡無日者案哀十四年左傳云宋桓魋之寵害於公公將討之未及魋先謀公公知之召皇司馬子仲及左師向巢以命其徒攻桓氏向魋遂入於曹以叛民叛之而奔衞遂奔齊是其行惡死亡之事也桓氏即向魋也又謂之桓司馬即此桓魋也

子張問明子曰浸潤之譖膚受之愬不行焉可謂明也已矣鄭曰譖人之言如水之浸潤漸以成之馬曰膚受之愬皮膚外語非其內實**浸潤之譖膚受之愬不**

行焉可謂遠也已矣馬曰無此二者非但爲明其德行高遠人莫能及〔疏〕子張至已矣○正義曰此章論人之明德子張問明者問於孔子何如可謂之明德也子曰浸潤之譖膚受之愬不行焉可謂明也已矣者此荅爲明也夫水之浸潤漸以壞物皮膚受塵漸成垢穢譖人之言如水之浸潤皮膚受塵亦漸以成之使人不覺知也若能辨其情僞使譖愬之言不行可謂明德也浸潤之譖膚受之愬不行焉可謂遠也已矣者言人若無此二者非但爲明其德行可謂高遠矣人莫能及之也○注馬曰膚受之愬皮膚外語非其內實○正義曰愬亦譖也變其文耳皮膚受塵垢穢其外不能入內也以喻譖毁之語但在外萋斐構成其過惡非其人內實有罪也

子貢問政子曰足食足兵民信之矣子貢曰必不得已而去於斯三者何先曰去兵子貢曰必不得已而去於斯二者何先曰去食自古皆有死民無信不立孔曰死者古今常道人皆有之治邦不可失信〔疏〕子貢問政至不立正義曰此章貴信

也子曰足食足兵民信之矣者此荅爲政之事也足食則人知禮節足兵則不軌畏威民信之則服命從化子貢曰必不得已而去於斯三者何先者子貢復問曰若不獲已而除去於此三者之中何者爲先曰去兵者孔子荅言先去兵以兵者凶器民之殘也財用之蠹也故先去之子貢曰必不得已而去於斯二者何先者子貢復問設若事不獲已須要去之於此食與信二者之中先去何者曰去食自古皆有死民無信不立者孔子荅言二者之中先去食夫食者人命所須去之則人死而去食不去信者言死者古今常道人皆有之治國不可失信失信則國不立也

棘子成曰君子質而已矣何以文爲鄭曰舊說云棘子成衛大夫子貢曰惜乎夫子之說君子也駟不及舌鄭曰惜乎夫子之說君子也過言一出駟馬追之不及。文猶質也質猶文也虎豹之鞟猶犬羊之鞟。孔曰皮去毛曰鞟虎豹與犬羊別。正以毛文異耳今使文質同者何以別虎豹與犬羊邪

〔疏〕棘子至之鞟○正義曰此章貴尚文章也棘子成曰君子質而已矣何以文爲者衛大夫棘子成言曰君子之人淳質而已則

可矣何用文章乃爲君子意疾時多文章子貢曰惜乎夫子之說君子也駟不及舌者夫子指子成也子貢聞子成言君子不以文爲其言過謬故歎曰可惜乎棘子成之說君子也過言一出於舌駟馬追之不及文猶質也質猶文也虎豹之鞟猶犬羊之鞟者此子貢舉喻言文章不可去也皮去毛曰鞟言君子野人異者質文不同故也虎豹與犬羊別者正以毛文異耳今若文猶質質猶文使文質同者則君子與鄙夫何以別乎如虎豹之皮去其毛文以爲之鞟與犬羊之鞟同處何以別虎豹與犬羊也

哀公問於有若曰年饑用不足如之何有若對曰盍徹乎鄭曰盍何不也周法什一而稅謂之徹徹通也爲天下之通法**曰二吾猶不足如之何其徹也**孔曰二謂什二而稅**對曰百姓足君孰與不足百姓不足君孰與足**孔曰孰誰也

【疏】哀公至與足○正義曰此章明稅法也哀公問於有若曰年饑用不足如之何者魯君哀公問於孔子弟子有若曰年穀不熟國用不足如之何使國用得足也有若對曰盍徹乎者盍猶何不也周法什一而稅謂之徹徹通也爲天下之通法

有若意識哀公重斂故對曰既國用不足何不依通法而稅取乎曰二吾猶不足如之何其徹也者二謂什二而稅哀公不覺其譏故又曰什而稅二吾之國用猶尚不足如之何其依徹法什而稅一乎對曰百姓足君孰與不足百姓不足君孰與足者孰誰也哀公既言重斂之實故有若又對以盡徹足用之理言若依通法而稅則百姓家給人足百姓既足上命有求則供故曰君孰與不足也今君重斂民則困窮上命所須無以供給故曰百姓不足君孰與足也○注鄭曰至通法○正義曰云周法什一而稅謂之徹者公羊傳曰古者什一而藉古者曷爲什一而藉什一者天下之中正也多乎什一大桀小桀寡乎什一大貉小貉什一者天下之中正也什一行而頌聲作矣何休云多取於民比於桀蠻貉無百官制度之費稅薄穀梁傳亦云古者什一而藉孟子云夏后氏五十而貢殷人七十而助周人百畝而徹其實皆什一也趙岐注云民耕五十畝者貢上五畝耕七十畝者以七畝助公家耕百畝者徹取十畝以爲賦雖異名二多少同故云皆什一也書傳云十一者多矣故杜預云古者公田之法十取其一謂十畝內取一舊法既已十畝取一矣春秋魯宣公十五年初稅畝又履其餘畝更復十收其一乃是十取其二故此哀公曰二吾猶不足謂十內稅二猶尚不足則從宣公之後遂

以十二爲常故曰初言初稅十二自宣公始也諸書皆言十
一而稅而周禮載師云凡任地近郊十一遠郊二十而三句
稍縣都皆無過十二漆林之征二十而五者彼謂王畿之內
所共多故賦稅重諸書所言什一皆謂畿外之國故此鄭玄
云什一而稅謂之徹徹通也爲天下之通法言天下皆什一
耳不言畿內亦什一也孟子又曰方里而井井九百畝其中
爲公田八家皆私百畝同養公田公事畢然後敢治私事漢
書食貨志取彼意而爲之文云井田方一里是爲九夫八家
共之各受私田百畝公田十畝是爲八百八十畝餘二十畝
爲廬舍諸儒多用彼爲義如彼所言則家别一百一十畝是
爲十外稅一也鄭玄詩箋云井稅一夫其田百畝則九而稅
一其意異於漢書不以志爲謬也又孟子對滕文公云請野
九一而助國中什一使自賦鄭玄周禮匠人注引孟子此言
乃云是邦國亦異外內之法則鄭玄以爲諸侯郊外郊內其
法不同郊內什一使自賦其一郊外九而助一是爲二十而
稅二故鄭玄又云諸侯謂之徹者通其率以十一爲正言郊
內郊外相通其率爲十稅一也杜預直云十取其一則又異
於鄭唯謂一夫百畝以十畝歸公趙岐不解夏五十殷七十
之意蓋古者人多田少一夫唯得五十七十畝耳五十而貢
貢五畝七十而助助七畝好惡取於此鄭注考工記云周人

畿內用夏之貢法，邦國用殷之助法也。子張問崇德辨惑。孔曰：辨，別也。子曰：主忠信，徙義，崇德也。包曰：徙義，見義則徙意而從之。愛之欲其生，惡之欲其死。既欲其生，又欲其死，是惑也。包曰：愛惡當有常。一欲生之，一欲死之，是心惑也。誠不以富，亦祇以異。鄭曰：此詩小雅也。祇，適也。言此行誠不可以致富，適足以爲異耳。取此詩之異義以非之。

疏 子張至以異○正義曰：此章言人當有常德也。子張問崇德辨惑者，崇，充也；辨，別也。言欲充盛道德，祛別疑惑，何爲而可也。子曰主忠信徙義崇德也者，主，親也；徙，遷也。言人有忠信者則親友之，見義事則遷意而從之，此所以充盛其德也。愛之欲其生，惡之欲其死，既欲其生，又欲其死，是惑也者，言人心愛惡當須有常，若人有順己，己卽愛之，便欲其生；此人忽逆於己，己卽惡之，則願其死。一欲生之，一欲死之，用心無常，是惑也。既能別此是惑，則當祛之。誠不以富亦祇以異者，此詩小雅我行其野篇文也。祇，適也。言此行誠不足以致富，適足以爲異耳。取此詩之異義以非人之惑也。○注鄭曰至非之○正義曰：案詩刺淫昏之俗，不思舊姻而求新昏也。彼

誠作成鄭箋云女不以禮爲室家成事不足以得富也女亦適以此自異於人道言可惡也此引詩斷章故不與本義同也

齊景公問政於孔子孔子對曰君君臣臣父父子子孔曰當此之時陳桓制齊君不君臣不臣父不父子不子故以對**公曰善哉信如君不君臣不臣父不父子不子雖有粟吾得而食諸**孔曰言將危也陳氏果滅齊

〔疏〕齊景至食諸○正義曰此章明治國之政也齊景公問政於孔子者齊君景公問爲國之政於夫子也孔子對曰君君臣臣父父子子者言政者正也若君不失君道乃至子不失子道尊卑有序上下不失而後國家正也當此之時陳桓爲齊大夫以制齊國君不君臣不臣父不父子不子故孔子以此對之公曰善哉信如君不君臣不臣父不父子不子雖有粟吾得而食諸者諸之也景公聞孔子之言而信服之故歎曰善哉信如夫子之言而今齊國君不君以至子不子雖有其粟吾得而食之乎言將見危亡必不得食之也○注陳氏果滅齊○正義曰史記田完世家完卒謚爲敬仲仲生穉孟夷夷生湣孟莊莊生文子須無文子生桓子無宇桓子生武

子啟及。僖子乞乞卒子常代之。是爲田成子成子弑簡公專齊政成子生襄子盤盤生莊子白白生大公和和遷齊康公於海上和立爲齊侯和孫威王稱王四世而秦滅之是陳氏滅齊也世家云敬仲之知齊以陳子爲田氏左傳終始稱陳則田必非敬仲所改未知何時改耳

子曰片言可以折獄者其由也與孔曰片猶偏也聽訟必須兩辭以定是非偏信一言以折獄者唯子路可**子路無宿諾**宿猶豫也子路篤信恐臨時多故故不豫諾

〔疏〕子曰至宿諾○正義曰此章言子路有明斷篤信之德也子曰片言可以折獄者其由也與者片猶偏也折猶決斷也凡聽訟必須兩辭以定是非偏信一言以決斷獄訟者唯子路可故云其由也與子路無宿諾者宿猶豫也子路篤信恐臨時多故故不豫諾或分此別爲一章今合之○注孔曰至路可○正義曰云聽訟必須兩辭以定是非者周禮秋官大司寇聽云以兩造禁民訟以兩劑禁民獄注云訟謂以財貨相告者獄謂相告以罪名者造至也劑今券書也使訟者兩至獄者各齎券書既兩至兩券書乃治之不至及不券書則是自服不直者也故知聽訟必須兩辭方定是非偏信一言則是非難決唯子路才性明辨能聽偏言決斷獄訟故云唯子路可

子

曰聽訟吾猶人也包曰與人等必也使無訟乎王曰化之在前

疏子曰聽訟吾猶人也必也使無訟乎○正義曰此章孔子言己至誠也言聽斷獄訟之時備兩造吾亦猶如常人無以異也言與常人同必也在前以道化之使無爭訟乃善○注王曰化之在前○正義曰案周易訟卦象曰天與水違行訟君子以作事謀始王弼云聽訟吾猶人也必也使無訟乎無訟在於謀始謀始在於作制契之不明訟之所以生也物有其分職不相濫爭何由興訟之所以起契之過也故有德司契而不責於人是化之在前也又案大學云子曰聽訟吾猶人也必也使無訟乎無情者不得盡其辭大畏民志鄭注云情猶實也無實者多虛誕之辭聖人之聽訟與人同耳必使民無實者不敢盡其辭大畏其心志使誠其意不敢訟然則聽訟吾猶人也必也使無訟乎是夫子辭無情者不得盡其辭大畏民志是記者釋夫子無訟之事意與此注及王弼不同未知誰是故具載之

子張問政子曰居之無倦行之以忠王曰言爲政之道居之於身無得解倦行之於民必以忠

疏子張問政子曰居之無倦行之以忠○正義曰此章言爲政之道若居之於身無解倦行之於民必信

以忠信也。子曰：博學於文，約之以禮，亦可以弗畔矣夫。鄭曰：弗畔，不違道。疏 子曰至弗畔矣夫。○正義曰：此章及注與《雍也篇》同，當是弟子各記所聞，故重載之。或本亦有作君子博學於文。

子曰：君子成人之美，不成人之惡，小人反是。疏 子曰君子成人之美不成人之惡小人反是。○正義曰：此章言君子之於人，嘉善而矜不能，又復仁恕，故成人之美，不成人之惡也。小人則嫉賢樂禍，而成人之惡，不成人之美，故曰反是。

季康子問政於孔子。孔子對曰：政者，正也。子帥以正，孰敢不正？鄭曰：康子，魯上卿，諸臣之帥也。疏 季康子問政至不正。○正義曰：此章言爲政在乎修己。對曰政者正也者，言政教者在於齊正也。子帥以正孰敢不正者，言康子爲魯上卿，諸臣之帥也，若已能每事以正，則已下之臣民誰敢不正也。

季康子患盜，問於孔子。孔子對曰：苟子之不欲，雖賞之不竊。孔曰：欲，多情慾。言民化於上，不從其令，從其所好。疏季康子至不竊○正義曰此章言民從上化也季康子患盜問於孔子者時魯多盜賊康子患之問於孔子欲以謀去也孔子對曰苟子之不欲雖賞之不竊者孔子言民化於上不從其令從其所好苟誠也誠如子之不貪欲則民亦不竊盜非但不爲假令賞之民亦知恥而不竊也今多盜賊者正由子之貪欲故耳○注孔曰至所好○正義曰云民化於上不從其令從其所好者大學曰堯舜率天下以仁而民從之桀紂率天下以暴而民從之其所令反其所好而民不從注云言民化君行也君若好貨而禁民淫於財利不能止也

季康子問政於孔子曰如殺無道以就有道何如孔曰就成也欲多殺以止姦孔子對曰子爲政焉用殺子欲善而民善矣君子之德風。小人之德草。草上之風必偃孔曰亦欲令康子先自正偃仆也加草以風無不仆者猶民之化於上

〔疏〕季康子至必偃○正義曰此章言爲政不須刑殺但在上自正則民化之也季康子問政於孔子曰如殺無道以就有道何如者就成也康子之意欲多殺止姦以成爲有道也孔子對曰子爲政焉用

殺者言子爲執政安用刑殺也子欲善而民善矣者言子若爲善則民亦化之爲善矣君子之德風小人之德草草上之風必偃者此爲康子設譬也偃仆也在上君子爲政之德若風在下小人從化之德如草加草以風無不仆者猶化民以正無不從者亦欲令康子先自正也

子張問士何如斯可謂之達矣子曰何哉爾所謂達者子張對曰在邦必聞在家必聞鄭曰言士之所在皆能有名譽子曰是聞也非達也夫達也者質直而好義察言而觀色慮以下人馬曰常有謙退之志察言語觀顏色知其所欲其志慮常欲以下人在邦必達在家必達馬曰謙尊而光卑而不可踰夫聞也者色取仁而行違居之不疑馬曰此言佞人假仁者之色行之則違安居其爲而不自疑在邦必聞在家必聞馬曰佞人黨多

〔疏〕子張至必聞○正義曰此章論士行子張問士何如斯可謂之達矣者士有德之稱問士行何如可謂通達也子曰何哉

爾所謂達者者夫子復問子張何者是汝意所謂達者欲使試言之也子張對曰在邦必聞在家必聞者聞謂有名譽使人聞之也言士有德行在邦臣於諸侯必有名聞在家臣於卿大夫亦必有名聞言士之所在皆有名譽意謂此爲達也子曰是聞也非達也者言汝所陳正是名聞之士非是通達之士也夫達也者質直而好義察言而觀色慮以下人者此孔子又說達士之行也爲性正直所好義事察人言語觀人顏色知其所欲其念慮常欲以下人言常有謙退之志也在邦必達在家必達者以其謙退故所在通達也夫聞也者色取仁而行違居之不疑者此言佞人色則假取仁者之色而行則違之安居其僞而不自疑也在邦必聞在家必聞者言佞人黨多妄相稱譽故所在皆有名聞也○注馬曰謙尊而光卑而不可踰○正義曰此周易謙卦彖辭也言尊者有謙而更光明盛大卑者有謙而不可踰越引證士有謙德則所在必達也

樊遲從遊於舞雩之下包曰舞雩之處有壇墠樹木故下可遊焉**曰敢問崇德脩慝辨惑**孔曰慝惡也脩治也治惡爲善**子曰善哉問先事後得非崇德與**孔曰先勞於事然後得報**攻其惡無攻**

人之惡非脩慝與一朝之忿忘其身以及其親非惑與〔疏〕樊遲至惑與○正義曰此章言脩身之事也樊遲從遊於舞雩之處有壇墠樹木故弟子樊遲隨從孔子遊於其下也曰敢問崇德脩慝辨惑者脩治也慝惡也此樊遲因從行而問孔子曰敢問欲充盛其德治惡爲善袪別疑惑何爲而可也子曰善哉問者其問皆脩身之要故善之先事後得非崇德與者言先勞於事然後得報是崇德也攻其惡無攻人之惡非脩慝與者攻治也言治其已過無治人之過是治惡也一朝之忿忘其身以及其親非惑與者言君子忿則思難若人有犯已一朝忿之不思其難則忘身也辱其身則羞其親故曰以及其親也非惑與言是惑也注壇墠○正義曰封土爲壇除地爲墠言雩壇在所除地中故連言壇墠

樊遲問仁子曰愛人問知子曰知人樊遲未達子曰舉直錯諸枉能使枉者直包曰舉正直之人用之廢置邪枉之人則皆化爲直樊遲退見子夏曰鄉也吾見於夫子而問知子曰舉直錯諸

枉能使枉者直何謂也子夏曰富哉言乎孔曰富盛也舜有天下選於衆舉皋陶不仁者遠矣湯有天下選於衆舉伊尹不仁者遠矣孔曰言舜湯有天下選擇於衆舉皋陶伊尹則不仁者遠矣仁者至矣

【疏】樊遲至遠矣○正義曰此章明仁知也樊遲問仁子曰愛人者言汎愛濟衆是仁道也問知子曰知人者言知人賢才而舉之是知也樊遲未達子曰舉直錯諸枉能使枉者直者樊遲未曉達知人之意故孔子復解之言舉正直之人而用之廢置邪枉之人則皆化爲直故曰能使枉者直也樊遲退見子夏曰鄉也吾見於夫子而問知子曰舉直錯諸枉能使枉者直何謂也者樊遲雖聞舉直錯枉之語猶自未喻故復問子夏也子夏曰富哉言乎者子夏聞言卽解故歎美之曰富盛哉此言乎舜有天下選於衆舉皋陶不仁者遠矣湯有天下選於衆舉伊尹不仁者遠矣者此子夏爲樊遲說舉直錯枉之事也言舜湯有天下選擇於衆舉用皋陶伊尹則不仁者遠矣仁者至矣長其能使邪枉者亦化爲直也

子貢問友子曰忠告而善道之不

可則止毋自辱焉包曰忠告以是非告之以善道導之不見從則止必言之或見辱○

〔疏〕子貢問友子曰忠告而善道之不可則止毋自辱焉○正義曰此章論友也言盡其忠以是非告之又以善道導之若不從已則止而不告不導也毋得強告導之以自取困辱焉以其必言之或時見辱

曾子曰君子以文會友孔曰友以文德合以友輔仁孔曰友相切磋之道所以輔成已之仁

〔疏〕曾子曰君子以文會友以友輔仁○正義曰此章論友言君子之人以文德會合朋友朋友有相切磋琢磨之道所以輔成已之仁德也

論語注疏解經卷第十二

[illegible]盧氏宣旬校定

大淸嘉慶二十年重栞
用文選樓藏本校

二品廕生阮常生校栞

論語注疏挍勘記　阮元撰盧宣旬摘錄

顔淵第十二

顔淵問仁章

克己復禮爲仁　皇本克作尅下及注同

立視五雋　案雋當作巂閩本同誤

司馬牛問仁章

仁者其言也訒　釋文出也訒云字或作仞○按說文引作其言也訒

弟子司馬犂　皇本犂下有也字釋文出馬犂云史記作耕並云字牛

斯謂之仁已乎　皇本高麗本作斯可謂之仁已矣乎朱子集注本作矣乎

子曰行仁難　案子當作孔各本並誤正義標注孔子曰子字亦誤衍

祗此其言也訒　北監本祗作祇是也閩本亦誤祗毛本作秖並非

司馬牛問君子章

斯謂之君子已乎　皇本高麗本作可謂君子已乎朱子集注本作矣乎

司馬牛憂曰章

我爲無兄弟　皇本我下有獨字弟下有也字案邢疏有獨字

皆兄弟也　皇本高麗本皆下有爲字案鹽鐵論和親章及文選蘇子卿古詩注並引此文皆有爲字

君子疏惡而友賢　皇本疏作疎案疎乃疏之俗字

子張問明章

構成其過惡　毛本構作搆案說文無搆字古構成字亦作構今以搆爲搆成字誤

子貢問政章

民信之矣 皇本民上有令字高麗本令作使

子貢曰必不得已而去於斯二者何先 皇本無子貢二字

民無信不立 皇本無作不

棘子成曰章

棘子成曰 皇本高麗本成作城注同○按漢書古今人表三國志秦宓傳作革子成

何以文爲 高麗本作爲文

駟馬追之不及 皇本及下有舌也二字

虎豹之鞟猶犬羊之鞟 皇本高麗本鞟作鞹注同又下之鞟下有也字案說文鞹去毛皮也郞引此文今作鞟者省文耳

虎豹與犬羊別 皇本別下有者字案邢疏本有者字釋文亦明出別者字今注誤脫

哀公問於有若章

年饑　皇本饑作飢釋文出饑字云鄭本作飢說見前

周法什一而稅　皇本什作十下什二同

孔曰二謂什二而稅　案周禮匠人疏引作鄭曰

蠻貊無百官制度之費　公羊宣十五年傳注百官上有社稷宗廟四字

雖異名二多少同　各本二作義今孟子注二作而案義字是也

又曰方里爲井　今孟子爲作而

子張問崇德辨惑章

子張問崇德辨惑　釋文出辨惑云本亦作或

崇德也　皇本無也字

愛之欲其生惡之欲其死皇本高麗本生下死下並有也字

亦祇以異閩本北監本毛本同案祇當作祗唐石經作祗五經文字廣韻亦作祗

齊景公問政於孔子章

吾得而食諸皇本高麗本吾下有豈字釋文出吾焉得而食諸云本亦作焉得而食諸焉於虔反本今作吾得而食諸案史記仲尼世家及漢書武五子傳並作豈與皇本合太平御覽二十二引吾惡得而食諸豈焉惡三字義皆相近疑今本吾下有脫字

夷生泯孟莊今史記田完世家泯作湣案泯乃湣之省文

桓子生武子啟今史記啟作開避漢景帝諱也

及僖子乞今史記及作與僖作釐案僖釐古字通

乞卒子當代之今史記當作常之作立

白生大公利　毛本利作和案和字是也閩本大作太和亦誤利

敬仲之知齊　毛本知作如案如字是也閩本同誤

以陳子爲田氏　北監本子作字浦鏜云氏誤字

片言章

片言可以折獄者　釋文出以折云魯讀折爲制今從古案古多假折爲制墨子尚同中引書呂刑制以刑作折則刑

子路無宿諾　各本並連上爲一章釋文云或分此爲別章

凡聽訟　案訟當作訟形近之譌今正

周禮秋官大司寇聽云　毛本聽作職是也閩本亦誤聽北監本官誤言

今劵書也　劵當作劵各本並誤下同案說文劵契也从刀𠮥聲劵勞也从力𠔉省聲大徐云今俗作

倦

獄者各齎券書　周禮大司寇注獄上有使字

子張問政章

居之無倦　釋文出無倦云亦作卷案九經古義云棟案卷當作券漢涼州刺史魏君碑云施舍不券鄭氏攷工記注云券今倦字也

無得解倦　皇本解作懈釋文亦作懈是正字

必以忠信也　北監本毛本以誤有

博學於文章

博學於文　皇本博上有君子二字釋文出博學於文云一本作君子博學於文案詠詳雍也篇

鄭曰　高麗本無此二字

季康子患盜章

苟子之不欲 皇本高麗本無之字

欲多情慾 皇本慾作欲下有也字案釋文出情慾云本今作欲說見前

孔孔曰至所好 案孔字誤重

不從其令 案今當作令今正

季康子問政於孔子章

欲多殺以止姦 皇本姦作姧下有也字案五經文字云姦俗作姧譌

君子之德風小人之德草 皇本高麗本草下風下有也字案漢書董仲舒傳及說苑政理篇引此文亦並有也字與皇本合

草上之風必偃 皇本高麗本上作尚釋文出草尚云本或作上案尚上古字通

子張問士章

夫達也者皇本高麗本無也字下夫聞也者同

則所枉必遠也案遠當作達閩本亦誤

樊遲從遊於舞雩之下章

無攻人之惡皇本高麗本無作毋

封土爲壇本土誤上今正

樊遲問仁章

舉直錯諸枉釋文出錯諸云或作措同說見前

鄉也皇本高麗本鄉作嚮釋文出鄉也云又作鄉同○按鄉俗字鄉正字鄉假借字

富哉言乎皇本高麗本言上有是字

樊遲雖問舉直錯枉之語（案問當作聞閩本北監本並誤今正）

長其能使邪枉者（案長當作是形近之譌）

子貢問友章

忠告而善道之（皇本高麗本作忠告而以善導之釋文出善道云導也案包注本作以善道之文義較明順）

不可則止（皇本高麗本作否則止）

毋自辱焉（皇本高麗本毋作無釋文出毋自云音無）

君子以文會友章

友相切磋之道（皇本友下有有字釋文出有相切磋云本今作友）

此章以論友（浦鏜云友下當脱也字以當亦字誤）

論語注疏挍勘記卷十二終

論語注疏解經卷第十三

[illegible][illegible]盧氏宣旬校定

子路第十三

何晏集解　邢昺疏

〔疏〕正義曰此篇論善人君子爲邦教民仁政孝弟中行常德皆治國脩身之要大意與前篇相類且回也入室由也升堂故以爲次也

子路問政子曰先之勞之孔曰先導之以德使民信之然後勞之易曰說以使民民忘其勞**請益曰無倦**孔曰子路嫌其少故請益曰無倦者行此上事無倦則可〔疏〕子路問政至無倦○正義曰此章言政先德澤也子曰先之勞之者言爲德政者先導之以德使民信之然後可以政役之事勞之則民從其令也請益者子路嫌其少故更請益之曰無倦者夫子言行此上事無倦怠則可也○注易曰說以使民民忘其勞○正義曰此周易兌卦彖辭文也言先以說豫撫民然後使之從事則民皆竭力忘其勞苦也引之以證先之勞之之義也

仲弓爲季氏宰問政子曰先有司王曰言爲政當

先任有司而後責其事赦小過舉賢才曰焉知賢才而舉之曰舉爾所知爾所不知人其舍諸孔曰女所不知者人將自舉其所知則賢才無遺〔疏〕仲弓至舍諸○正義曰此章言政在舉賢也仲弓爲季氏宰問政者冉雍爲季氏家宰而問政於夫子也子曰先有司赦小過舉賢才者有司屬吏也言爲政當先委任屬吏各有所司而後責其成事赦放小過寬則得衆也舉用賢才使官得其人野無遺逸是政之善也曰焉知賢才而舉之者仲弓聞使舉賢意言賢才難可偏。知故復問曰安知賢才而得舉用之也曰舉爾所知爾所不知人其舍諸者舍置也諸之也夫子教之曰但舉女之所知女所不知人將自舉之其肯置之而不舉乎既各舉其所知則賢才無遺

子路曰衛君待子而爲政子將奚先包曰問往將何所先行子曰必也正名乎馬曰正百事之名子路曰有是哉子之迂也奚其正包曰迂猶遠也言孔子之言遠於事子曰野哉由也孔曰野猶不達君子於其所不知

蓋闕如也包曰君子於其所不知當闕而勿據今由不知正名之義而謂之迂遠名不正則言不順言不順則事不成事不成則禮樂不興禮樂不興則刑罰不中孔曰禮以安上樂以移風二者不行則有淫刑濫罰刑罰不中則民無所錯手足故君子名之必可言也言之必可行也王曰所名之事必可得而明言所言之事必可得而遵行君子於其言無所苟而已矣疏子路至而已矣○正義曰此章論政在正名也

子路曰衛君待子而爲政子將奚先者案世家孔子自楚反乎衛是時衛君輒父不得立在外諸侯數以爲讓而孔子弟子多仕於衛衛君欲得孔子爲政故子路問之曰往將何以先行子曰必也正名乎者言將先正百事之名也子路曰有是哉子之迂也奚其正者迂猶遠也子路言豈有若是哉夫子之言遠於士也何其正名乎子曰野哉由也者野猶不達也夫子見子路言迂故曰不達理哉此仲由也君子於其所不知蓋闕如也者此責子路不知正名之義而便言

迂遠也言君子於其所不知蓋當闕而勿據今由不知正名之義而便謂之迂遠不亦野哉名不正則言不順言不順則事不成事不成則禮樂不興禮樂不興則刑罰不中刑罰不中則民無所錯手足者此孔子更陳正名之理也夫事以順成名由言舉名若不正則言不順序言不順序則政事不成政事不成則君不安於上風不移於下是禮樂不興行也禮樂不行則有淫刑濫罰故不中也刑罰枉濫民則蹐地局天動罹刑網故無所錯其手足也故君子名之必可言也言之必可行也君子於其言無所苟而已矣者此又言正名之事非爲苟且也君子名此事必使可明言言此事必可遵行君子於其所言無苟且若名之不可言言之不可行是苟且而言也○注孔曰至濫罰○正義曰云禮以安上樂以移風者孝經廣要道章文言禮所以正君臣父子之别明男女長幼之序故可以安上化下風移俗易先入樂聲變隨人心正由君德正之與變因樂而彰故可以移風易俗也云二者不行則有淫刑濫罰者禮運云禮者所以治政安君也政不正則君位危君位危則大臣倍小臣竊刑肅而俗敝則法無常又樂記曰五刑不用百姓無患天子不怒如此則樂達矣故禮樂二者不行則刑罰淫濫而不中也○注王曰至遵行○正義曰云所名之事必可得而明言者若禮人名不以國以國

則廢名是不可明言也云所言之士。必可得而遵行者緇衣曰可言也不可行君子弗言也可行也不可言君子弗行也熊氏云君子賢人可行。不可言作凡人法若曾子有母之喪水漿不入於口七日不可言說以爲法是不可遵行也是以可明言可遵行而後君子名言之也

樊遲請學稼子曰吾不如老農請學爲圃。曰吾不如老圃馬曰樹五穀曰稼樹菜蔬曰圃**樊遲出子曰小人哉樊須也上好禮則民莫敢不敬上好義則民莫敢不服上好信則民莫敢不用情**孔曰情情實也言民化於上各以實應**夫如是則四方之民繈負其子而至矣焉用稼**包曰禮義與信足以成德何用學稼以教民乎負者以器曰繈

【疏】樊遲至用稼。○正義曰此章言禮義忠信爲治民之要樊遲請學稼者樹五穀曰稼弟子樊須謂於夫子學播種之法欲以教民也子曰吾不如老農者孔子怒其不學禮義而學稼種故拒之曰稼種之事吾不如久老之農夫也請學爲圃者樹菜蔬曰圃樊遲又請於夫子學樹蓺菜蔬之

法曰吾不如老圃者亦拒其請也言樹蓺菜蔬之法吾不如久老爲圃者樊遲出子曰小人哉樊須也者樊遲既請而出夫子與諸弟子言曰小人哉此樊須也謂其不學禮義而學農圃故曰小人也上好禮則民莫敢不敬上好義則民莫敢不服上好信則民莫敢不用情者孔子遂言禮義與信可以教民也禮毋不敬故上好禮則民化之莫敢不敬也人聞義則服故上好行義則民莫敢不服也以信待物物亦以實應之故上若好信則民莫不用其情情猶情實也言民於上各以實應也夫如是則四方之民襁負其子而至矣焉用稼者此又言夫禮義與信足以成德化民如是則四方之民感化自來皆以襁器背負其子而至矣何用學稼以教民乎○注樹五穀曰稼樹菜蔬曰圃○正義曰樹者種殖之名五穀者黍稷麻麥豆也周禮注云種穀曰稼如嫁女以有所生也周禮大宰職云園圃毓草木注云樹果蓏曰圃園其樊也然則園者外畔藩籬之名其內之地種樹菜果則謂之圃蔬則菜也鄭云周禮注云百草根實可食者釋文云蔬不熟爲饉郭璞曰凡草菜可食者通名爲蔬○注負者以器曰襁○正義曰博物志云織縷之廣八尺長丈二以約小兒於背

子曰誦詩三百授之以政不達使於四方不能專

對雖多亦奚以爲專猶獨也疏子曰誦詩三百授之以政不達使於四方不能專對
雖多亦奚以爲○正義曰此章言人之才學貴於適用若多
學而不能用則如不學也誦謂諷誦周禮注云倍文曰諷以
聲節之曰誦詩有國風雅頌凡三百五篇皆言天子諸侯之
政也古者使適四方有會同之事皆賦詩以見意今有人能
諷誦詩文三百篇之多若授之以政使居位治民而不能通
達使於四方不能獨對諷誦雖多亦何以爲言無所益也

子曰其身正不令而行其身不正雖令不從令教令也疏子曰其身正不令而行其身不正雖令不從○正義
曰此章言爲政者當以身先也言上之人其身若正
不在教令民自觀化而行之其身
若不正雖教令滋章民亦不從也

子曰魯衛之政兄弟也包曰魯周公之封衛康叔之封周公康叔既
爲兄弟康叔睦於周公其國之政亦如兄弟疏子曰魯衛之政
兄弟也○正義曰此章孔子評論魯衛二國之政相似如周
公康叔之爲兄弟也魯周公之封衛康叔之封周公康叔既
爲兄弟康叔睦於周公
其國之政亦如兄弟也

子謂衛公子荆善居室王曰荆與蘧瑗

史鰌並爲君子始有曰苟合矣少有曰苟完矣富有曰苟美矣疏子謂至美矣○正義曰此章孔子稱謂衛公子荊有君子之德也善居室者言居家理也始有曰苟合矣者家始富有不言已才能所致但曰苟且聚合也少有曰苟完矣者又少有增多但曰苟且完全矣富有曰苟美矣者富有大備但曰苟且有此富美耳終無泰侈之心也○注王曰荊與蘧瑗史鰌並爲君子○正義曰案左傳襄十九年吳公子札來聘遂適衛說蘧瑗史狗史鰌公子荊公叔發公子朝曰衛多君子未有患也是與蘧瑗史鰌並爲君子也

子適衛冉有僕孔曰孔子之衛冉有御子曰庶矣哉孔曰庶衆也言衛人衆多。冉有曰既庶矣又何加焉曰富之曰既富矣又何加焉曰教之。疏子適至敎之○正義曰此章言治民之法也子適衛冉有僕者適之也孔子之衛冉有爲僕以御車也子曰庶矣哉者庶衆也至衛境見衛人衆多故孔子歎美之冉有曰既庶矣又何加焉者言民既衆多復何加益也曰富之者孔子言當施舍薄斂使之衣食足也曰既富矣又何加焉者冉有言民既饒足復

何加益之曰教之者孔子言當教以義方使知禮節也

子曰：苟有用我者，期月而已可也，三年有成。孔曰：言誠有用我於政事者，期月而可以行其政教，必三年乃有成功。

〔疏〕子曰苟有用我者期月而已可也三年有成○正義曰：此章孔子自言爲政之道也。苟，誠也。期月，周月也，謂周一年之十二月也。孔子言誠有用我於政事者，期月而可以行其政教，必滿三年乃有成功也。

子曰：善人爲邦百年，亦可以勝殘去殺矣。王曰：勝殘，殘暴之人使不爲惡也。去殺，不用刑殺也。誠哉是言也！孔曰：古有此言，孔子信之。

〔疏〕子曰善人爲邦百年亦可以勝殘去殺矣誠哉是言也○正義曰：此章言善人君子治國至於百年以來，亦可以勝殘暴之人使不爲惡，去刑殺而不用矣。誠哉是言者，古有此言，孔子信之，故曰誠哉是言也。

子曰：如有王者，必世而後仁。孔曰：三十年曰世。如有受命王者，必三十年仁政乃成。

〔疏〕子曰如有王者必世而後仁○正義曰：三十年曰世。此章言如有受天命而王天下者，必三十年仁政乃成也。

子曰：苟正其身矣，於從

子曰：苟正其身矣，於從政乎何有？不能正其身，如正人何？〔疏〕「子曰」至「人何」。○正義曰：此章言政者正也，欲正他人，在先正其身也。苟，誠也。誠能自正其身，則於從政乎何有？言不難也。若自不能正其身，則雖令不從，如正人何？言必不能正人也。

冉子退朝，周曰：「謂罷朝於魯君。」子曰：「何晏也？」對曰：「有政。」馬曰：「政者，有所改更匡正。」子曰：「其事也。馬曰：「事者，凡行常事。」如有政，雖不吾以，吾其與聞之。」馬曰：「如有政，非常之事，我爲大夫，雖不見任用，必當與聞之。」〔疏〕「冉子」至「聞之」。○正義曰：此章明政事之别也。「冉子退朝」者，時冉有臣於季氏，朝廷曰退，謂罷朝於魯君也。「子曰何晏也」者，晏，晚也。孔子謂其退朝晚，故問之。「對曰有政」者，冉子言有所改更匡正之政，故退晚也。「子曰其事也，如有政，雖不吾以，吾其與聞之」者，孔子言女之所謂政者，但凡行常事耳。設如有大政非常之事，我爲大夫，雖不見任用，必當與聞之也。○注「周曰：謂罷朝於魯君」。○正義曰：周氏以爲夫子云「雖不吾以，吾其與聞」，皆論君朝之事，故云罷朝於魯君。鄭玄以冉有臣於季氏，故以朝爲季氏之朝。少儀云：「朝廷曰退。」謂於朝廷之中若欲散還則稱曰退以近君爲進還私遠君爲退朝此退朝謂罷朝也○注馬曰事者凡行常事○正義曰案昭二十五年左傳曰爲政事庸力行務以從四時杜預曰在君爲政在臣爲事杜意據此文時冉子仕於季氏稱季氏有政孔子謂之爲事是在君爲政在臣爲事也何晏曰爲仲尼稱孝友是亦爲政明其政事通言但隨事大小異其名耳故不同鄭杜之說而取周馬之言以朝爲魯君之朝以事爲君之凡行常事也

定公問一言而可以興邦有諸孔子對曰言不可以若是其幾也王曰以其大要一言不能正興國幾近也有近一言可以興國人之言曰爲君難爲臣不易如知爲君之難也不幾乎一言而興邦乎孔曰事不可以一言而成如知此則可近也曰一言而喪邦有諸孔子對曰言不可以若是其幾也人之言曰予無樂乎爲君唯其言而莫予違也孔曰言無樂於爲君所樂者唯樂其言而不見違如其

善而莫之違也不亦善乎如不善而莫之違也不幾乎一言而喪邦乎孔曰人君所言善無違之者則善也所言不善而無敢違之者則近一言而喪國

〔疏〕定公至邦乎○正義曰此章言爲君之道也定公問一言而可以興邦有諸者魯君定公問於孔子爲君之道有一言善而可以興其國有之乎孔子對曰言不可以若是其幾也者幾近也孔子以其大要一言不能正興國故云言不可以若是有近一言可以興國者故云其幾也人之言曰爲君難爲臣不易如知爲君之難也不幾乎一言而興邦乎者此孔子稱其近興國之一言也事不可以一言而成如人君知此爲君難此則可近也曰一言而喪邦有諸者定公又問曰人君一言不善而致亡國有之乎孔子對曰言不可以若是其幾也者亦言有近一言可以亡國也人之言曰予無樂乎爲君唯其言而莫予違也者此舉近亡國之一言也言我無樂於爲君所樂者唯樂其言而不見違也如其善而莫之違也不亦善乎如不善而莫之違也不幾乎一言而喪邦乎者此孔子又評其理言人君所言善無違之者則善也所言不善而無敢違之者則近一言而亡國也

葉公問政子曰近

者說遠者來〔疏〕葉公至者來。正義曰此章楚葉縣公問爲政之法於孔子也子曰當施惠於近者使之喜說則遠者當慕化而來也

子夏爲莒父宰問政 鄭曰舊說云莒父魯下邑

子曰無欲速無見小利欲速則不達見小利大事不成 孔曰事不可以速成而欲其速則不達矣。小利妨大則大事不成〔疏〕子夏至不成。正義曰此章弟子子夏爲魯下邑莒父之宰問爲政之法於夫子也子曰無欲速無見小利者言事有程期無欲速成當存大體無見小利也欲速則不達見小利則大事不成者此又言其欲速見小利害政之意若事不可以速成者而欲其速則其事不達矣務見小利而行之則妨大政故大事不成也

葉公語孔子曰吾黨有直躬者 孔曰直躬直身而行 其父攘羊而子證之 周曰有因而盜曰攘

孔子曰吾黨之直者異於是父爲子隱子爲父隱直在其中矣〔疏〕葉公至中矣。正義曰此章明爲直之禮也葉公語孔子曰吾黨有直躬

者躬身也言吾鄉黨中有直身而行者其父攘羊而子證之者此所直行之事也有因而盜曰攘言因羊來入已家父即取之而子言於失羊之主證父之盜葉公以此子爲直行而誇於孔子也孔子曰吾黨之直者異於是父爲子隱子爲父隱直在其中矣者孔子言此以拒葉公也言吾黨之直者異於此證父之直也子苟有過父爲隱之則慈也父苟有過子爲隱之則孝也孝慈則忠忠則直也故曰直在其中矣今律大功以上得相容隱告言父祖者入十惡則典禮亦爾而葉公以證父爲直者江熙云葉公見聖人之訓動有隱諱故舉直躬欲以此言毁訾儒教抗衡中國夫子荅之辭正而義切荆蠻之豪喪其誇矣

樊遲問仁子曰居處恭執事敬與人忠雖之夷狄不可棄也包曰雖之夷狄無禮義之處猶不可棄去而不行〔疏〕樊遲至棄也○正義曰此章明仁者之行也弟子樊遲問仁於孔子子曰居處恭執事敬與人忠雖之夷狄不可棄也者言凡人居處多放恣執事則懈惰與人交則不盡忠唯仁者居處恭謹執事敬愼忠以與人也此恭敬及忠雖之適夷狄無禮義之處亦不可棄而不行也

子貢問曰何如斯可謂之士矣子

曰行已有恥孔曰有恥者有所不爲使於四方不辱君命可謂士矣曰敢問其次曰宗族稱孝焉鄉黨稱弟焉曰敢問其次曰言必信行必果硜硜然小人哉抑亦可以爲次矣鄭曰行必果所欲行必果敢爲之硜硜者小人之皃也抑亦其次言可以爲次曰今之從政者何如子曰噫斗筲之人何足算也鄭曰噫心不平之聲筲竹器容斗二升算數也

【疏】子貢至算也○正義曰此章明士行也子貢問曰何如斯可謂之士矣者士有德之稱故子貢問於孔子曰其行如何斯可謂之士矣子曰行已有恥使於四方不辱君命可謂士矣者此荅士之高行也言行已之道若有不善恥而不爲爲臣奉命出使能遭時制宜不辱君命有此二行可謂士矣曰敢問其次者子貢復問士之爲行次此○於二者云何曰宗族稱孝焉鄉黨稱弟焉此孔子復爲言其士行之次也宗族同宗族屬也善事父母爲孝宗族内親見其孝而稱之善事長上爲弟鄉黨差遠見其弟而稱之也曰敢問

其次者子貢又問更有何行可次於此也曰言必信行必果硜硜然小人哉抑亦可以爲次矣者孔子又爲言其次也若人不能信以行義而言必執信行不能相時度宜所欲行者必果敢爲之硜硜然者小人之皃也言此二行雖非君子所爲乃硜硜然小人耳抑辭也抑亦其次言可以爲次也曰今之從政者何如者子貢復問今之從政之士其行何如也子曰噫斗筲之人何足算也者噫心不平之聲斗量名容十升筲竹器容斗二升算數也孔子見時從政者皆無士行唯小器耳故心不平之而曰噫今斗筲小器之人何足數也言不足數故不述其行

子曰不得中行而與之必也狂狷乎包曰中行行能得其中者言不得中行則欲得狂狷者狂者進取狷者有所不爲也包曰狂者進取於善道狷者守節無爲欲得此二人者以時多進退取其恆一

【疏】子曰至爲也○正義曰此章孔子疾時人不純一也子曰不得中行而與之必也狂狷乎者中行行能得其中者也言既不得中行之人而與之同處必也得狂狷之人可也狂者進取狷者有所不爲者此說狂狷之行也狂者進取於善道知進而不知退狷者守節無爲應進而退也二者俱不得中而性恆一欲得此二人者

以時多進退取其恒一也**子曰南人有言曰人而無恒不可以作巫醫**孔曰南人南國之人鄭曰言巫醫不能治無恒之人**善夫**包曰善南人之言也**不恒其德或承之羞**孔曰此易恒卦之辭言德無常則羞辱承之**子曰不占而已矣**鄭曰易所以占吉凶無恒之人易所不占

〔疏〕子曰至已矣○正義曰此章疾性行無恒之人也子曰南人有言曰人而無恒不可以作巫醫者南人南國之人也巫主接神除邪醫主療病南國之人嘗有言曰人而性行無恒不可以爲巫醫言巫醫不能治無恒之人也善夫者孔子善南人之言有徵也不恒其德或承之羞者此易恒卦之辭孔子引之言德無恒則羞辱承之也子曰不占而已者孔子既言易文又言夫易所以占吉凶無恒之人易所不占也○注孔曰至承之○正義曰云此易恒卦之辭者謂此經所言是易恒卦九三爻辭也王弼云處三陽之中居下體之上處上體之下上不全尊下不全卑中不在體體在乎恒而分無所定無恒者也德行無恒自相違錯不可致詰故或承之羞也

子曰君子和而不同小人同而不和君子心和然其所見

各異故曰不同小人所嗜好者同然各爭利故曰不和〔疏〕子曰君子和而不同小人同而不和〇正義曰此章別君子小人志行不同之事也君子心和然其所見各異故曰不同小人所嗜好者則同然各爭利故曰不和

子貢問曰鄉人皆好之何如子曰未可也鄉人皆惡之何如子曰未可也不如鄉人之善者好之其不善者惡之

孔曰善人善已惡人惡己是善善明惡惡著〔疏〕子貢至惡之〇正義曰此章別好惡子貢問曰鄉人皆好之何如者言有一人爲一鄉之所愛好此人何如可謂善人乎子曰未可也者言未可爲善或一鄉皆惡此人與之同黨故爲衆所稱是以未可鄉人皆惡之何如者此子貢又問夫子既鄉人皆好未可爲善若鄉人衆共憎惡此人何如可謂善人乎子曰未可也者言亦未可爲善或一鄉皆善此人獨惡故爲衆所嫉是以未可不如鄉人之善者好之其不善者惡之者孔子既皆不可其問自爲說其善人也言鄉之善人善之惡人惡之眞善人也〇注孔曰至惡著〇正義曰言鄉人皆好之是善善不明鄉人皆惡之是惡惡不著若鄉人之善者善之惡者惡之則

是善善分明惡惡顯著也

子曰：君子易事而難說也，孔曰：不責備於一人，故易事。說之不以道不說也，及其使人也器之。孔曰：度才而官之。小人難事而易說也，說之雖不以道說也，及其使人也求備焉。

疏　子曰至備焉○正義曰：此章論君子小人不同之事也。子曰君子易事而難說也者，言君子不責備於一人，故易事；不受妄說，故難說也。說之不以道不說也，及其使人也器之者，此覆明難說易事之理。言君子有正德，若人說已不以道而妄說，則不喜說也，是以難說。度人才器而官之，不責備，故易事。小人難事而易說也者，小人反君子故也。說之雖不以道說也，及其使人也求備焉者，此覆明易說難事之理，以小人為人說媚，雖不以道而妄說之，亦喜說，故易說也。及其使人也，責備於一人焉，故難事也。

子曰：君子泰而不驕，小人驕而不泰。君子自縱泰，似驕而不驕。小人拘忌而實自驕矜。

疏　子曰君子泰而不驕小人驕而不泰○正義曰：此章論君子小人禮皃不同之事也。君子自縱泰，似驕而實不驕；小人實自驕矜而強自拘忌不能寬泰也**子曰：剛毅木訥近仁。**王曰：剛無欲，毅果敢，木質樸，訥遲鈍，有斯四者近於仁。〔疏〕子曰剛毅木訥近仁○正義曰：此章言有此四者之性行近於仁道也。仁者靜，剛無欲亦靜，故剛近仁也。仁者必有勇，毅者果敢，故毅近仁也。仁者不尚華飾，木者質樸，故木近仁也。仁者其言也訒，訥者遲鈍，故訥近仁也。

子路問曰：何如斯可謂之士矣？子曰：切切偲偲，怡怡如也，可謂士矣。朋友切切偲偲，兄弟怡怡。馬曰：切切偲偲，相切責之皃。怡怡，和順之皃。〔疏〕子路至怡怡○正義曰：此章問士行也。子路問曰何如斯可謂之士矣者，問士之行何如也。子曰切切偲偲怡怡如也可謂士矣者，此荅士行也。朋友切切偲偲兄弟怡怡者，此覆明其所施也。切切偲偲，相切責之皃，朋友以道義切瑳琢磨，故施於朋友也。怡怡，和順之皃，兄弟天倫當相友恭，故怡怡施於兄弟也。

子曰：善人教民七年，亦可以即戎矣。包曰：即，就也。戎，兵也。言以攻戰。〔疏〕子曰善人教民七年亦可以即戎矣○正義曰：此章言善人爲政之法也。善人

謂君子也卽就也戎兵也言君子爲政教民至於七年使民知禮義與信亦可以就兵戎攻戰之事也言七年者夫子以意言之耳

子曰以不教民戰是謂棄之

馬曰言用不習之民使之攻戰必破敗是謂棄之

〔疏〕子曰以不教民戰是謂棄之○正義曰此章言用不習之民使之攻戰必致破敗是謂棄之若棄擲也

論語注疏解經卷第十三

大清嘉慶二十年重栞
用文選樓藏本校定

[illegible][illegible]盧氏
宣旬校定

二品廕生阮常生校栞

論語注疏挍勘記

阮元撰盧宣旬摘錄

子路第十三

子路問政章

先導之以德　釋文出先道云道導也本今作導是正字

無倦　釋文出曰毋倦云本今作無

仲弓爲季氏宰章

人將自舉其所知　皇本舉下有之各舉三字

言賢才難可偏知　案偏當作徧

衛君待子而爲政章

子之迂也　釋文出之迂云鄭本作于案迂于古字通禮記文王世子云況于其身以善其君乎鄭君注于讀爲

迂

孔曰禮以安上 皇本作苞氏曰

則民無所錯手足 毛本錯作措疏仍作錯釋文出所錯云本又作錯說見前

衛君待子而爲正 〔補〕案正當作政

遠於士也 案士當作事下所言之士誤同

君子賢人可行不可言作凡人法 浦鏜云可行下脫此事二字

樊遲請學稼章

曰吾不如老圃 皇本高麗本曰上有子字

樹菜蔬曰圃 各本蔬作蔬案蔬爲疏之俗字蔬又蔬之誤也

襁負其子而至矣 釋文出繈字云又作襁同五經文字云襁作繈者非○按五經文字非也古繈緥字

從糸不從衣說文襁字乃淺人不得其解而妄增之段玉裁說

負者以器曰襁 皇本襁下有也字案史記弟子傳集解引包注作負子之器曰襁

謂於夫子 案謂當作請

孔子怒其不學禮義而學稼種 閩本北監本毛本怒作恐

以信待物 案待當作待寫者偶誤也今正

黍稷麻麦豆也 案麦當作麥形近之譌

鄭云周禮注云 案上云字當作元各本並誤

釋文云 案文當作天各本並誤

織縷之 北監本毛本之上有爲字案釋文繈下引博物志亦有爲字

誦詩三百章

誦詩三百 唐石經避順宗諱誦作詞

亦奚以爲 高麗本爲下有哉字

子謂衛公子荊

案左傳襄十九年 十九年上各本竝脫二字當依本書補正

子適衛章

冉有僕 皇本有作子案風俗通義十反卷及論衡問孔篇竝引作子又春秋繁露仁義法篇亦稱冉子與皇本合

冉有御 皇本御下有也字

言衛人衆多 皇本人作民多下有也字

曰教之 考文古本此下有王肅曰民富然後教義也衣食足後知辱十六字各本俱無

苟有用我者章

期月而已可也 皇本期作朞注同

期月周月也 案上月字本誤目今改正

善人爲邦百年章

勝殘殘暴之人 皇本作勝殘者勝殘暴之人

冉子退朝章

冉子退朝 筆解作冉有

馬曰事者 北監本曰誤目不成字

孔子訝其退朝晚 北監本訝其誤訏莫

皆論若朝之事 案若當作君閩本亦誤

還私遠君爲退朝 浦鏜云故稱退誤爲退朝

何晏曰爲仲尼稱孝友　浦鏜云曰當以字誤

定公問一言而可以興邦章

如知爲君之難也　皇本無之字

一言而喪邦有諸　皇本而下有可以二字高麗本亦有可字

唯其言而莫予違也　皇本高麗本而下有樂字

葉公問政章

此章楚葉縣公問爲政之法於孔子也　各本公作尹公字誤也今正

子夏爲莒父宰章

無欲速　高麗本無作毋釋文出毋欲云本今作無

無見小利　皇本無作毋

小利妨大皇本作見小利妨大事

則具事不達矣案具當作其形近之譌今正

葉公語孔子曰章

吾黨有直躬者釋文出直躬云鄭本作弓云直人名弓案呂氏春秋當務篇引孔子云異哉直躬之爲信也淮南氾論訓直躬其父攘羊而子證之高誘注直躬楚葉縣人也葢字雖作躬亦俱不解爲直身

此章明爲直之禮也〔補〕閩監本禮作理

何如斯可謂之士矣章

鄉黨稱弟焉皇本高麗本弟作悌釋文出稱弟云亦作悌

何足算也釋文出算字云本或作筭案鄭君注算數也不當作筭字漢書公孫賀傳贊及鹽鐵論大論竝引作選乃算之假借字

子貢至算也　本貢誤曰今正

次此於二者云何　明監本可作何案何字是也閩本誤作子浦鏜云於此字誤倒

宗族稱孝焉　本孝誤之今正

不得中行而與之章

取其恒一也　本一字空闕今補正

鄉人皆好之章

其不善者惡之　高麗本之下有也字

何如斯可謂之士矣章

斯可謂之士矣　皇本無之字

切切偲偲　釋文出偲偲云本又作愢

兄弟怡怡　皇本高麗本怡怡下有如也二字案文選曹植求通親親表注引兄弟怡怡如也又初學記十七藝文類聚二十一太平御覽四百十六引此文竝有如也二字與皇本合

善人教民七年章

包曰　筆解無此二字

卽就也戎兵也　皇本作卽戎就兵

論語注疏挍勘記卷十三終

傳古樓景印

四部要籍選刊 · 經部　蔣鵬翔 主編

阮刻論語注疏解経

三

〔清〕阮元 校刻

浙江大學出版社

論語注疏解經卷第十四

何晏集解　邢昺疏

憲問第十四

〔疏〕正義曰此篇論三王二霸之迹諸侯大夫之行爲仁知恥脩己安民皆政之大節也故以類相聚次於問政也

憲問恥子曰邦有道穀孔曰穀祿也邦有道當食祿邦無道穀恥也孔曰君無道而在其朝食其祿是恥辱克伐怨欲不行焉可以爲仁矣馬曰克好勝人伐自伐其功怨忌小怨欲貪欲也子曰可以爲難矣仁則吾不知也包曰四者行之難未足以爲仁〔疏〕憲問恥至知也○正義曰此章明恥辱及仁德也憲謂弟子原憲問於夫子曰人之行何爲可恥辱也子曰邦有道穀邦無道穀恥也者穀祿也孔子荅言邦有道當食祿君無道而在其朝食其祿是恥辱也克伐怨欲不行焉可以爲仁矣者克好勝人也伐自伐其功也怨忌小怨也欲貪欲也原憲復問曰若此四者不行焉可以爲仁人矣乎子曰可以爲難矣仁則吾不知也者孔子荅言不行四

者可以爲難未足以爲仁也○注馬曰至欲也○正義曰云克好勝人者克訓勝也左傳僖九年秦伯將納晉惠公謂其大夫公孫枝曰夷吾其定乎對曰言多忌克難哉公曰忌則多怨又焉能克杜預曰其言雖多忌適足以自害不能勝人也是克爲好勝人也云伐自伐其功者書曰汝惟不伐天下莫與汝爭功老子曰自伐者無功言人有功誇示之則人不與乃無功也是伐去其功若伐去樹木然故經傳謂誇功爲伐謂自伐其功也

子曰士而懷居不足以爲士矣 士當志道不求安而懷其居非士也 疏 子曰士而懷居不足以爲士矣○正義曰此章言士當志於道不求安居而懷安其居則非士也

子曰邦有道危言危行 包曰危厲也邦有道可以厲言行也 邦無道危行言孫 孫順也厲行不隨俗順言以遠害 疏 子曰邦有道危言危行邦無道危行言孫○正義曰此章教人言行之法也危厲也孫順也言邦有道可以厲言行邦無道則厲其行不隨汙俗順言辭以避當時之害也

子曰有德者必有言 德不可以億中故必有言 有言者不必有德仁者必有勇

勇者不必有仁〔疏〕子曰至有仁○正義曰此章言有德有仁者之行也子曰有德者必有言者德不可以無言億中故必有言也有言者不必有德者辯佞口給不必有德也仁者必有勇者見危授命殺身以成仁是必有勇也勇者不必有仁者若暴虎馮河之勇不必有仁也南宮适孔曰适南宮敬叔魯大夫問於孔子曰羿善射奡盪舟孔曰羿有窮國之君篡夏后相之位其臣寒浞殺之因其室而生奡奡多力能陸地行舟爲夏后少康所殺俱不得其死然孔曰此二子者皆不得以壽終○禹稷躬稼而有天下夫子不荅馬曰禹盡力於溝洫稷播百穀故曰躬稼禹及其身稷及後世皆王适意欲以禹稷比孔子孔子謙故不荅也南宮适出子曰君子哉若人尚德哉若人孔曰賤不義而貴有德故曰君子

〔疏〕南宮适至若人○正義曰此章賤不義而貴有德也南宮适者魯大夫南宮敬叔也問於孔子曰羿善射奡盪舟俱不得其死然禹稷躬稼而有天下者羿有窮國之君以其善射篡夏后相之位其臣寒浞殺之奡寒浞之子多力盪

推也能陸地推舟而行爲夏后少康所殺然猶焉也此二子者皆不得其壽終而死焉禹盡力於溝洫洪水既除烝民乃粒稷后稷也名弃周之始祖播種百穀皆以身親稼穡故曰禹稷躬稼也禹受舜禪稷及后世至文武皆王天下故曰而有天下也夫子不荅者适意欲以禹稷比孔子孔子謙故不荅也南宫适出者既問而退也子曰君子哉若人尚德哉若人者以其賤羿奡之不義貴禹稷之有德故美之曰君子哉若此人也尚德哉若此人也○注孔曰适南宫敬叔魯大夫正義曰此卽南宫縚也字子容鄭注檀弓云敬叔魯孟僖子之子仲孫閱是也○注孔曰至所殺○正義曰云羿有窮國之君者羿居窮石之地故以窮爲國號以有配之猶言有周有夏也窮國之君曰羿羿是有窮君之名號也孔注尚書云羿諸侯名杜注左傳云羿有窮君之號則與孔不同也說文云羿帝嚳射官也賈逵云羿之先祖世爲先王射官故帝嚳賜羿弓矢使司射淮南子云堯時十日並生堯使羿射九日而落之楚辭天問云羿焉彈日烏解羽歸藏易亦云羿彈十日說文云彈者射也此三者言雖不經難以取信要言帝嚳時有羿堯時亦有羿則羿是善射之號非復人之名字信如彼言則不知此羿名爲何也云篡夏后相之位者襄四年左傳曰昔有夏之方衰也后羿自鉏遷於窮石因夏民以代夏

政杜注云禹孫大康淫放失國夏人立其弟仲康仲康亦微弱仲康卒子相立羿遂代相號曰有窮是也云其臣寒浞殺之因其室而生奡者傳又曰寒浞伯明氏之讒子弟也伯明后寒弃之夷羿收之信而使之以爲己相浞行媚于內而施賂于外愚弄其民而虞羿于田樹之詐慝以取其國家內外咸服羿猶不悛將歸自田家衆殺而亨之浞因羿室生澆及豷是也澆卽奡也聲轉字異故彼此不同云奡多力能陸地行舟者以此文云奡盪舟盪訓推也故知多力能陸地推舟而行也云爲夏后少康所殺者哀元年左傳曰昔有過澆殺斟灌以伐斟鄩滅夏后相后緡方娠逃出自竇歸于有仍生少康焉爲仍牧正惎澆能戒之澆使椒求之逃奔有虞爲之庖正以除其害虞思於是妻之以二姚而邑諸綸有田一成有衆一旅能布其德而兆其謀以收夏衆撫其官職使女艾諜澆使季杼誘豷遂滅過戈復禹之績是也過澆國戈豷國如彼傳文當是羿遂出后相乃自立爲天子相依斟灌斟鄩夏祚猶尚未滅蓋與羿並稱王也及寒浞殺羿因羿室而生澆澆已長大自能用師始滅后相相死之後始生少康少康生杼杼又年長已堪誘豷方始滅浞而立少康計大康失邦及少康紹國向有百載乃滅有窮而夏本紀云仲康崩子相立相崩子少康立都不言羿浞之事是馬遷之疎也○注

馬曰至荅也○正義曰云禹盡力於溝洫者泰伯篇文云稷播百穀者舜典文也又益稷云暨稷播奏庶艱食鮮食懋遷有無化居烝民乃粒故據曰躬稼云禹及其身稷及後世皆王者禹受舜禪是及身也稷后十五世至文王受命武王誅紂是及後世也皆王有天下而爲王也云适意欲以禹稷比孔子者言孔子勤行道德亦當王有天下也孔子持謙不敢以已比於禹稷故不荅其言也

子曰君子而不仁者有矣夫未有小人而仁者也孔曰雖曰君子猶未能備〔疏〕子曰君子而不仁者有矣夫未有小人而仁者也○正義曰此章言仁道難備也雖曰君子猶未能備而有時不仁也若管仲九合諸侯不以兵車可謂仁矣而鏤簋朱紘山節藻棁是不仁也小人性不及仁道故未有仁者

子曰愛之能勿勞乎忠焉能勿誨乎孔曰言人有所愛必欲勞來之有所忠必欲教誨之〔疏〕子曰愛之能勿勞乎忠焉能勿誨乎○正義曰此章論忠愛之心也言人有所愛必欲勞來之有所忠必欲教誨之也

子曰爲命裨諶草創之孔曰裨諶鄭大夫氏名也謀於野則獲於國則否鄭國將有諸侯之

辭則使乘車以適野而謀作盟會之辭世叔討論之行人子羽脩飾之東里子產潤色之馬曰世叔鄭大夫游吉也討治也裨諶既造謀世叔復治而論之詳而審之行人掌使之官子羽公孫揮子產居東里因以爲號更此四賢而成故鮮有敗事〔疏〕子曰至色之○正義曰此章述鄭國大夫之善也子曰爲命裨諶草創之者裨諶鄭大夫也命謂政命盟會之辭也言鄭國將有諸侯之事作盟會政命之辭則使裨諶適草野以創制之世叔討論之者世叔即子大叔鄭大夫游吉也討治也裨諶既造謀世叔復治而論之詳而審之也行人子羽脩飾之者行人掌使之官子羽公孫揮亦鄭大夫也世叔既討論復令公孫揮脩飾之也東里子產潤色之者東里鄭城中里名子產居東里因以爲號脩飾潤色皆謂增脩使華美也既更此四賢而成故鮮有敗事也○注孔曰至之辭○正義曰云謀於野則獲於國則否者襄三十一年左傳文此及下注皆出於此案彼傳云子產之從政也擇能而使之馮簡子能斷大事子大叔美秀而文公孫揮。知四國之爲而辨於。大夫之族姓班位貴賤能否而又善爲辭令裨諶能謀謀於野則獲謀於邑則否鄭國將有諸侯之事子產問四國之爲於子羽且使多爲辭令與裨諶乘以適野使謀可否而告馮簡子使斷之事成乃授子大叔使行之以應對賓客是以鮮有敗事是也○注馬曰至敗事○正義曰云行人掌使之官者周禮秋官有大行人小行人皆大夫也掌諸侯朝覲宗廟會同之禮儀及時聘問之事則諸侯之行人亦然故云掌使之官謂掌其爲使之官也

或問子產子曰惠人也孔曰惠愛也子產古之遺愛**問子西曰彼哉彼哉**馬曰子西鄭大夫彼哉彼哉言無足稱或曰楚令尹子西**問管仲曰人也。**猶詩言所謂伊人**奪伯氏駢邑三百飯疏食沒齒無怨言**孔曰伯氏齊大夫駢邑地名齒年也伯氏食邑三百家管仲奪之使至疏食而沒齒無怨言以其當理也

【疏】或問至怨言○正義曰此章歷評子產子西管仲之爲人也或問子產者或人問於夫子曰鄭大夫子產何如人也子曰惠人也者惠愛也言子產仁恩被物愛人之人也問子西者或人又問鄭大夫子西之行曰彼哉彼哉者彼指子西也言如彼人哉如彼人哉無足可稱也問管仲者或人又問齊大夫管夷吾也曰人也奪伯氏駢邑三百飯疏食沒齒無怨言者此荅言管仲是當理之人也人也指管仲猶云此人也

伯氏鄭大夫駢邑地名沒齒謂終沒齒年也伯氏食邑於駢邑三百家管仲奪之使貧但飯疏食至於終年亦無怨言以其管仲當理故也○注孔曰至遺愛○正義曰惠愛釋詁文云子產古之遺愛者昭二十年左傳曰子產卒仲尼聞之出涕曰古之遺愛也杜注云子產見愛有古人之遺風○注爲曰至子西○正義曰云子西鄭大夫者案左傳子駟之子公孫夏也或曰楚令尹子西者案左傳公子申也代囊瓦爲令尹爲白公勝所殺者也○注猶詩言所謂伊人○正義曰詩秦風蒹葭文也毛傳云伊維也鄭箋云伊當作緊緊猶是也伊人若言是人也

子曰貧而無怨難富而無驕易。

疏 子曰貧而無怨難富而無驕易○正義曰此章言人之貧乏多所怨恨而無怨爲難江熙云顏淵無怨不可及也人若豐富好生驕逸而無驕爲易江熙云子貢不驕猶可能也

子曰孟公綽爲趙魏老則優不可以爲滕薛大夫

孔曰公綽魯大夫趙魏皆晉卿家臣稱老公綽性寡欲趙魏貪賢家老無職故優滕薛小國大夫職煩故不可爲

疏 子曰孟公綽爲趙魏老則優不可以爲滕薛大夫○正義曰此章評魯大夫孟公綽之才性也趙魏皆晉卿所食采邑名

也家臣稱老公綽性寡欲趙魏貪賢家老無職若公綽爲之則優游有餘裕也滕薛乃小國而大夫職煩則不可爲也

子路問成人子曰若臧武仲之知（馬曰魯大夫臧孫紇）公綽之不欲（馬曰孟公綽）卞莊子之勇（周曰卞邑大夫）冉求之藝文之以禮樂（孔曰加之以禮樂文成）亦可以爲成人矣曰今之成人者何必然見利思義（馬曰義然後取不苟得）見危授命久要不忘平生之言亦可以爲成人矣（孔曰久要舊約也平生猶少時）

〔疏〕子路至人矣○正義曰此章論成人之行也子路問成人者問於夫子行何德行謂之成人子曰若臧武仲之知公綽之不欲卞莊子之勇冉求之藝文之以禮樂亦可以爲成人矣者此荅成人之行也必也知如武仲廉如公綽勇如卞莊子藝如冉求既有知廉勇藝復以禮樂文成之雖未足多亦可以爲成人矣曰今之成人者何必然者夫子鄉言成人者是古之人也又言今之成人不必能備如此也見利思義見危授命久要不忘平生之言亦可以

爲成人矣者此今之成人行也見財利思合義然後取之見君親有危難當致命以救之久要舊約也平生猶少時言與人少時有舊約雖年長貴達不忘其言能此三事亦可以爲成人也○注馬曰魯大夫臧孫紇○正義曰案春秋襄二十三年左氏傳以阿順季氏出奔邾又以防求爲後於魯致防而奔齊齊侯將爲臧紇田臧孫聞之見齊侯與之言伐晉對曰多則多矣抑君似鼠夫鼠晝伏夜動不穴於寢廟畏人故也今君聞晉之亂而後作焉寧將事之非鼠如何乃弗與田仲尼曰知之難也有臧武仲之知杜注云謂能避齊禍是武仲之知也

子問公叔文子於公明賈曰信乎夫子不言不笑不取乎孔曰公叔文子衞大夫公孫枝文謚**公明賈對曰以告者過也夫子時然後言人不厭其言樂然後笑人不厭其笑義然後取人不厭其取子曰其然豈其然乎**馬曰美其得道嫌不能悉然

〔疏〕子問至然乎○正義曰此章言衞大夫公孫拔之德行也子問公叔文子於公明賈曰信乎夫子不言不笑不

取乎者夫子指文子也孔子舊聞文子有此三行疑而未信故問於公明賈曰信實乎公明賈對曰以告者過也者過誤也賈對孔子言以告者誤云不言不笑不取耳夫子時然後言人不厭其言樂然後笑人不厭其笑義然後取人不厭其取者賈言文子亦有言笑及取但中時然後言無游言也故人不厭棄其言可樂而後笑不苟笑也故人不厭惡其笑也見得思義合宜然後取之不貪取也故人不厭倦其取也子曰其然豈其然乎者然如此也孔子聞賈之言驚而美之也美其得道故曰其如是又嫌不能悉然故曰豈可盡能如此者乎○注孔曰公叔文子衛大夫公孫拔拔文謚○正義曰案世本云獻公生成子當當生文子拔拔生朱爲公叔氏謚法慈惠愛民曰文

子曰臧武仲以防求爲後於魯雖曰不要君吾不信也孔曰防武仲故邑爲後立後也魯襄公二十三年武仲爲孟氏所譖出奔邾自邾如防使爲以大蔡納請曰紇非能害也知不足也非敢私請苟守先祀無廢二勳敢不辟邑乃立臧爲紇致防而奔齊此所謂要君

【疏】子曰臧武仲以防求爲後於魯雖曰不要君吾不信也○正義曰此章論臧孫紇要君之事防武仲故邑爲後猶立後也武仲據防邑求立後於魯他人

雖曰武仲不是要君吾不信也言實是要君○注孔曰至要君○正義曰云魯襄公二十三年武仲爲孟氏所譖出奔邾者此及下至致防而奔齊皆左氏傳文也案彼傳云季武子無適子公彌長而愛悼子欲立之訪於臧紇紇爲立之公彌卽公鉏也孟孫惡臧孫季孫愛之孟氏之御騶豐點好羯也孟莊子疾豐點謂公鉏苟立羯請讎臧氏孟孫卒遂立羯孟氏閉門告於季孫曰臧氏將爲亂不使我葬季孫不信臧孫聞之戒冬十月孟氏將辟籍除於臧氏臧孫使正夫助之除於東門甲從己而視之孟氏又告季孫季孫怒命攻臧氏乙亥臧紇斬鹿門之關以出奔邾是也云自邾如防使爲以大蔡納請者傳又曰初臧宣叔娶于鑄生賈及爲而死繼室以其姪穆姜之姨子也生紇長於公宫姜氏愛之故立之臧賈臧爲出在鑄臧武仲自邾使告臧賈且致大蔡焉曰紇不佞失守宗祧敢告不弔紇之罪不及不祀子以大蔡納請其可賈曰是家之禍也非子之過也賈聞命矣再拜受龜使爲以納請遂自爲也臧孫如防使來告是也杜預曰大蔡大龜云紇非敢害也知不足也者此下皆彼傳文言使甲從己但慮事淺耳云非敢私請者言爲其先人請也云苟守先祀無廢二勳者二勳文仲宣叔云敢不辟邑乃立臧爲紇致防而奔齊此所謂要君者據邑請後故孔子以爲要君

子

曰晉文公譎而不正鄭曰譎者詐也謂召天子而使諸侯朝之仲尼曰以臣召君不可以訓故書曰天王狩。於河陽是譎而不正也。**齊桓公正而不譎**馬曰伐楚以公義責苞茅之貢不入問昭王南征不還是正而不譎也

［疏］子曰晉文公譎而不正齊桓公正而不譎。○正義曰此章論二霸之事也譎詐也謂晉文公召天子而使諸侯朝之是詐而不正也齊桓公伐楚實因侵蔡而遂伐楚乃以公義責苞茅之貢不入問昭王南征不還是正而不詐也。○注鄭曰至正也。○正義曰云謂召天子而使諸侯朝之者案左傳僖二十八年冬會于温是會也晉侯召王以諸侯見且使王狩是也云仲尼曰以臣召君不可以訓故書曰天王狩於河陽者亦彼傳文也云是譎而不正也者晉侯本意欲大合諸侯之師共尊事天子以爲臣之名義實無覬覦之心但於時周室既衰天子微弱忽然帥九國之師將數下萬衆入京師以臨天子似有篡奪之説恐爲天子拒逆或復天子怖懼棄位出奔則諸侯心實盡誠無辭可解故自嫌彊大不敢朝王故召諸侯來會于温温去京師路近因加謂諭令王就會受朝天子不可以受朝爲辭故令假稱出狩諸侯因會遇王遂共朝王得盡君臣之禮皆孔子所謂譎而不正之事聖人作法所以貽訓

後世以臣召君不可以爲教訓故改正舊史舊史當依實而
書言晉侯召王且使王狩仲尼書曰天王狩于河陽言天
王自來狩獵于河陽之地使若獵失其地故書之以譏王然
注馬曰至譎也○正義曰云伐楚以公義責苞茅之貢不入
問昭王南征不還者案左傳僖四年春齊侯以諸侯之師侵
蔡蔡潰遂伐楚楚子使與師言曰君處北海寡人處南海唯
是風馬牛不相及也不虞君之涉吾地也何故管仲對曰昔召
康公命我先君大公曰五侯九伯汝實征之以夾輔周室賜
我先君履東至于海西至于河南至于穆陵北至于無棣爾
貢苞茅不入王祭不共無以縮酒寡人是徵昭王南征而不
復寡人是問是也杜注云包裹束也茅菁茅也束而灌之以
酒爲縮酒尚書包匭菁茅茅之爲異未審昭王成王之孫南
巡狩涉漢舡壞而溺周人諱而不赴諸侯不知其故問之
案禹貢荆州包匭菁茅孔安國云其所包裹而致者匭匣也
菁以爲菹茅以縮酒郊特牲云縮酌用茅鄭玄云泲之以茅
縮去滓也周禮甸師祭祀共蕭茅鄭興云蕭字或爲莤莤讀
爲縮束茅立之祭前沃酒其上酒滲下去若神飲之故謂之
縮縮滲也故齊桓公責楚不貢苞茅王祭不共無以縮酒杜
預用鄭興之說孔安國以菁與茅别杜云茅菁茅則以菁茅
爲一特令荆州貢茅必當異於餘處但更無傳說故云茅之

爲異未審也沈氏云大史公封禪書云江淮之間一茅三脊杜云未審者以三脊之茅比目之魚比翼之鳥皆是靈物不可常貢故杜云未審也舊說皆言漢濱之人以膠膠船故得水而壞昭王溺焉不知本出何書

子路曰桓公殺公子糾召忽死之管仲不死曰未仁乎 孔曰齊襄公立無常鮑叔牙曰君使民慢亂將作矣奉公子小白出奔莒襄公從弟公孫無知殺襄公管夷吾召忽奉公子糾出奔魯齊人殺無知魯伐齊納子糾小白自莒先入是爲桓公乃殺子糾召忽死之

子曰桓公九合諸侯不以兵車管仲之力也如其仁如其仁 孔曰誰如管仲之仁

［疏］子路至其仁○正義曰此章論齊大夫管仲之行也子路曰桓公殺公子糾召忽死之管仲不死曰未仁乎者召忽管仲皆事子糾及桓公殺公子糾召忽致死而管仲獨不死復臣桓公故子路言管仲未得爲仁乎子曰桓公九合諸侯不以兵車管仲之力也如其仁如其仁者孔子聞子路言管仲未仁故爲說其行仁之事言齊桓公九會諸侯不以兵車謂衣裳之會也存亡繼絕諸夏義安皆管仲之力也足得爲仁餘更有誰如其管仲之仁再言之者

所以拒子路美管仲之深也言九合者史記云兵車之會三乘車之會六穀梁傳云衣裳之會十有一范甯注云十三年會北杏十四年會鄄十五年又會鄄十六年會幽二十七年又會幽僖元年會檉二年會貫三年會陽穀五年會首戴七年會甯母九年會葵丘凡十一會不取北杏及陽穀爲九也

注孔曰至死之○正義曰云襄公立無常至出奔莒皆莊八年左傳文也杜注云政令無常鮑叔牙小白傅小白僖公庶子云襄公從弟公孫無知殺襄公者春秋莊八年冬十有一月癸未齊無知弑其君諸兒是也云管夷吾召忽奉公子糾出奔魯者亦莊八年左傳文云齊人殺無知魯伐齊納子糾者莊九年經文也云小白自莒先入是爲桓公者九年傳文也云殺子糾召忽死之者案莊九年傳云夏公伐齊納子糾桓公自莒先入秋師及齊師戰于乾時我師敗績鮑叔帥師來言曰子糾親也請君討之管仲讎也請受而甘心焉乃殺子糾于生竇召忽死之管仲請囚鮑叔受之及堂阜而脫之歸而以告曰管夷吾治於高傒使相可也公從之是也

子貢曰管仲非仁者與桓公殺公子糾不能死又相之子曰管仲相桓公霸諸侯一匡天下馬曰匡正也天

子微弱桓公帥諸侯以尊周室一正天下**民到于今受其賜**受其賜者爲不被髮左衽之惠**微管仲吾其被髮左衽矣**馬曰微無也無管仲則君不君臣不臣皆爲夷狄**豈若匹夫匹婦之爲諒也自經於溝瀆而莫之知也**王曰經經死於溝瀆中也管仲召忽之於公子糾君臣之義未正成故死之未足深嘉不死未足多非死事既難亦在於過厚故仲尼但美管仲之功亦不言召忽不當死

【疏】子貢至知也○正義曰此章亦論管仲之行子貢曰管仲非仁者與者子貢言齊大夫管仲不仁疑而未定故云與桓公殺公子糾不能死又相之者子貢既言非仁遂言非仁之事管仲與召忽同事公子糾則有君臣之義理當授命致死而齊桓公使魯殺公子糾召忽則死管仲不能致死復爲桓公之相是無仁心於子糾故子貢非之也子曰管仲相桓公霸諸侯一匡天下者此下孔子爲子貢説管仲之仁也匡正也霸把也諸侯把天子之政也言時周天子微弱管仲相桓公帥諸侯以尊周室一匡天下也民到於今受其賜者謂受不被髮左衽之惠賜也微管仲吾其被髮左衽矣者微無也衽謂衣衿衣衿向左謂之左衽夷狄之人被

髮左衽言無管仲則君不君臣不臣中國皆爲夷狄故云吾其被髮左衽也豈若匹夫匹婦之爲諒也自經於溝瀆而莫之知也者自經謂經死於溝瀆中也諒信也匹夫匹婦謂庶人也無別妾媵唯夫婦相匹而已言管仲志在立功創業豈肯若庶人之爲小信自經死於溝瀆中而使人莫知其名也且管仲召忽之於公子糾君臣之義未正成故召忽死之未足深嘉管仲不死未足多非死事既難亦在於過厚故仲尼但美管仲之功亦不言召忽不當死○注馬曰至天下○正義曰云匡正也釋言文云天子微弱桓公帥諸侯以尊周室一正天下者成二年左傳云五伯之霸也杜預云夏伯昆吾商伯大彭豕韋周伯齊桓晉文是三代有五伯矣伯者長也言爲諸侯之長也鄭玄云天子衰諸侯興故曰霸霸者把也言把持王者之政教故其字或作伯或作霸也是天子微弱桓公帥諸侯以尊周室一正天下故曰霸諸侯也

公叔文子之臣大夫僎與文子同升諸公孔曰大夫僎本文子家臣薦之使與己並爲大夫同升在公朝**子聞之曰可以爲文矣**孔曰言行如是可謚爲文

〔疏〕公叔至文矣○正義曰此章論衛大夫公孫拔之行也公叔文子之臣大夫僎與文子同升諸公者諸於

也大夫僎本文子家臣文子薦之使與己並爲大夫同升在於公朝也子聞之曰可以爲文矣者孔子聞其行如是故稱之曰可以謚爲文矣以謚法錫民爵位曰文故也

子言衞靈公之無道也康子曰夫如是奚而不喪孔子曰仲叔圉治賓客祝鮀治宗廟王孫賈治軍旅夫如是奚其喪孔曰言雖無道所任者各當其才何爲當亡〔疏〕子言至其喪○正義曰此章言治國在於任材也子言衞靈公之無道也康子曰夫如是奚而不喪者喪亡也奚何也夫子因言衞靈公之無道季康子乃問之曰夫靈公無道如是何爲而國不亡乎孔子曰仲叔圉治賓客祝鮀治宗廟王孫賈治軍旅夫如是奚其喪者言君雖無道有此三人所任者各當其才何爲當亡

子曰其言之不怍則爲之也難馬曰怍慙也內有其實則言之不慙積其實者爲之難〔疏〕子曰其言之不怍則爲之也難○正義曰此章疾時人內無其實而辭多慙怍怍慙也人若內有其實則其言之不慙然則內積其實者爲之也甚難

陳成子弒簡公孔

子沐浴而朝告於哀公曰陳恒弑其君請討之馬曰成子齊大夫陳恒也將告君故先齋齋必沐浴公曰告夫三子孔曰謂三卿也孔子曰以吾從大夫之後不敢不告也君曰告夫三子者馬曰我禮當告君不當告三子君使我往故復往之三子告不可孔子曰以吾從大夫之後不敢不告也馬曰孔子由君命之三子告不可故復以此辭語之而止

〔疏〕陳成至告也○正義曰此章記孔子惡無道之事也陳成子弑簡公者春秋哀十四年齊人弑其君壬是也孔子沐浴而朝告於哀公曰陳恒弑其君請討之者孔子在魯聞齊弑其君故齋戒沐浴而朝告於魯君哀公曰齊大夫陳恒弑其君請往討伐之公曰告夫三子者哀公使孔子告夫季孫孟孫叔孫三卿也孔子曰以吾從大夫之後不敢不告也者嘗爲大夫而去故云從大夫之後聞夫不義禮當告君故云不敢不告君曰告夫三子者者言我禮當告君不當告三子君使我往故復往也之三子告不可者之往也往三子所告之三子不肯討齊也孔

了曰以吾從大夫之後不敢不告也者孔子以君命往告三子三子不可其請故孔子復以此辭語之而止案左傳錄此事與此小異此云沐浴而朝彼云齊而請此云公曰告夫三子彼云公曰予告季孫禮齋必沐浴三子季孫爲長各記其一故不同耳此又云之三子告彼無文者傳是史官所錄記其與君言耳退後別告三子唯弟子知之史官不見其告故無文也

子路問事君子曰勿欺也而犯之孔曰事君之道義不可欺當能犯顏諫爭〔疏〕子路問事君子曰勿欺也而犯之○正義曰此章言事君之道義不可欺而當能犯顏諫爭之

子曰君子上達小人下達本爲上末爲下〔疏〕子曰君子上達小人下達○正義曰此章言君子小人所曉達不同也本爲上謂德義也末爲下謂財利也言君子達於德義小人達於財利

子曰古之學者爲己今之學者爲人孔曰爲己履而行之爲人徒能言之〔疏〕子曰古之學者爲己今之學者爲人○正義曰此章言古今學者不同也古人之學則履而行之是爲己也今人之學空能爲人言說之已不能行是爲人也范曄云爲人者憑譽以顯物爲己者因心以會道也蘧

伯玉使人於孔子孔子與之坐而問焉孔曰伯玉衛大夫蘧瑗曰夫子何爲對曰夫子欲寡其過而未能也言夫子欲寡其過而未能無過使者出子曰使乎使乎陳曰再言使乎者善之也言使得其人〔疏〕蘧伯至使乎。正義曰此章論衛大夫蘧瑗之德蘧伯玉使人於孔子孔子與之坐而問焉曰夫子何爲者夫子指蘧伯玉也蘧伯玉有君子之名故孔子問其使人曰夫子何所云爲而得此君子之名譽乎對曰夫子欲寡其過而未能也者言夫子常自脩省欲寡少其過而未能無過也使者出子曰使乎使乎者孔子善其使得其人故言使乎所以善之者顏回尚未能無過況伯玉乎而使者云未能是伯玉之心不見欺也

子曰不在其位不謀其政曾子曰君子思不出其位孔曰不越其職〔疏〕子曰不在其位不謀其政曾子曰君子思不出其位。正義曰此章戒人之僭濫侵官也言若已不在此位則不得謀議此位之政事也曾子遂曰君子思謀當不出已位言思慮所及不越其職

子曰君子恥

其言而過其行。〔疏〕子曰君子恥其言而過其行。正義曰此章勉人使言行相副也君子言行相顧若言過其行謂有言而行不副君子所恥也 子曰君子道者三我無能焉仁者不憂知者不惑勇者不懼子貢曰夫子自道也〔疏〕子曰至道也。正義曰此章論君子之道子曰君子道者三我無能焉者言君子之道有三我皆不能也仁者不憂知者不惑勇者不懼者此其三也仁者樂天知命內省不疚故不憂也知者明於事故不惑勇者折衝禦侮故不懼夫子言我皆不能此三者子貢曰夫子自道也者子貢言夫子實有仁知及勇而謙稱我無故曰夫子自道說也所謂謙尊而光 子貢方人。孔曰比方人也 子曰賜也賢乎哉夫我則不暇 孔曰不暇比方人也〔疏〕子貢至不暇。正義曰此章抑子貢也子貢方人者謂比方人也子貢多言嘗舉其人倫以相比方子曰賜也賢乎哉夫我則不暇者夫知人則哲堯舜猶病而子貢輒比方人怒其輕易故曰賜也賢乎哉所以抑之也夫我則不暇比方人也 子曰不患人之不已知患其不能也王曰徒患己之無能（疏）子曰不患人之不己知患其不能也○正義曰此章勉人脩德也言不患人不知己但患己之無能子曰不逆詐不億不信抑亦先覺者是賢乎孔曰先覺人情者是寧能爲賢乎或時反怨人（疏）子曰不逆詐不億不信抑亦先覺者是賢乎○正義曰此章戒人不可逆料人之詐不可億度人之不信也抑語辭也言先覺人者是□□□□□□□□所以非賢者以詐僞不信之人爲之億度□□□□人故先覺者非爲賢也微生畝謂孔子曰丘何爲是栖栖者與無乃爲佞乎包曰微生姓畝名孔子曰非敢爲佞也疾固也包曰疾世固陋欲行道以化之（疏）微生至疾固也○正義曰此章記孔子疾世固陋之事也微生畝謂孔子曰丘何爲是栖栖者與無乃爲佞乎者栖栖猶皇皇也微生畝隱士之姓名也以言謂孔子曰丘呼孔子名也何爲如是東西南北而栖栖皇皇者與無乃爲佞說之事於世乎孔子曰非敢爲佞也疾固也者孔子荅言不敢爲佞但疾世固陋欲行道以化之子

曰驥不稱其力稱其德也鄭曰德者調良之謂（疏）子曰驥不稱其力稱其德也○正義曰此章疾時尚力取勝而不重德驥是古之善馬名人不稱其任重致遠之力但稱其調良之德也馬尚如是人亦宜然或曰以德報怨何如子曰何以報德德恩惠之德以直報怨以德報德（疏）或曰至報德○正義曰此章論酬恩報怨之法也或曰以德報怨何如者或人之意欲人犯而不挍故問孔子曰以恩德報讎怨何如子曰何以報德者孔子荅言若報怨既用其德若受人恩惠之德不知何以報之也以直報怨以德報德者既不許或人以德報怨故陳其正法言當以直道報讎怨以恩德報德也○注德恩惠之德○正義曰謂德加於彼彼荷其恩故謂荷恩爲德左傳云然則德我乎又曰王德狄人皆是也子曰莫我知也夫子貢曰何爲其莫知子也子貢怪夫子言何爲莫知己故問子曰不怨天不尤人馬曰孔子不用於世而不怨天人不知己亦不尤人下學而上達孔曰下學人事上知天命知我者其天

乎聖人與天地合其德故曰唯天知已疏子曰至天乎○正義曰此章孔子自明其志也子曰莫我知也夫者言無人知我志者也子貢曰何爲其莫知子也者子貢怪夫子言故問何爲莫知已子曰不怨天不尤人者尤非也孔子言已不用於世而不怨天人不知已亦不非人也下學而上達者言已下學人事上知天命時有否泰故用有行藏是以不怨天尤人也知我者其天乎者言唯天知已志也○注聖人與天地合其德○正義曰此易乾卦文言文也合其德者謂覆載也引之者以證天知夫子者以夫子聖人與天地合德故也

公伯寮愬子路於季孫馬曰愬譖也伯寮魯人弟子也子服景伯以告曰孔曰魯大夫子服何忌也告告孔子夫子固有惑志孔曰季孫信讒恚子路於公伯寮吾力猶能肆諸市朝鄭曰吾勢力猶能辨子路之無罪於季孫使之誅寮而肆之有罪既刑陳其尸曰肆子曰道之將行也與命也道之將廢也與命也公伯寮其如命何疏公伯至命何○正義曰此章言道之廢行皆由天命也公伯寮愬子

路於季孫者愬譖也伯寮子路皆臣於季孫伯寮誣子路以罪而譖於季孫也子服景伯以告者以其事告孔子也曰夫子固有惑志者夫子謂季孫言季孫堅固已有疑惑之志謂信讒恚子路也於公伯寮吾力猶能肆諸市朝者有罪既刑陳其尸曰肆景伯言吾勢力猶能辨子路之無罪於季孫使之誅寮而肆之子曰道之將行也與命也道之將廢也與命也公伯寮其如命何者孔子不許其告故言道之將廢行皆由天命雖公伯寮之譖其能違天而興廢子路乎○注伯寮魯人弟子也○正義曰史記弟子傳云公伯寮字子周魯人愬子路於季孫者○注孔曰魯大夫子服何忌也○正義曰案左傳哀十二年吳人將以公見晉侯子服景伯對使者吳人乃止既而悔之將囚景伯景伯曰何也立後於魯矣杜注云何景伯名然則景伯單名何而此注云何忌誤也○注有罪既刑陳其尸曰肆○正義曰秋官鄉士職云協日刑殺肆之三日鄭玄曰肆猶申也陳也是言有罪既殺陳其尸曰肆也言市朝者應劭曰大夫已上於朝士已下於市

子曰賢者辟世。孔曰世主莫得而臣其次辟地。馬曰去亂國適治邦其次辟色。孔曰色斯舉矣其次辟言。孔曰有惡言乃去

子曰作者七人矣包曰

作爲也爲之者凡七人謂長沮桀溺丈人石門荷蕢儀封人楚狂接輿【疏】子曰至人矣○正義曰此章言自古隱逸賢者之行也子曰賢者辟世者謂天地閉則賢人隱高蹈塵外枕流漱石天子諸侯莫得而臣也其次辟地者未能高棲絶世但擇地而處去亂國適治邦者也其次辟色者不能豫擇治亂但觀君之顔色若有厭已之色於斯舉而去之也其次辟言者不能觀色斯舉矣有惡言乃去之也子曰作者七人矣者作爲也言爲此行者凡有七人○注孔曰色斯舉矣○正義曰此鄉黨篇文也○注包曰至接輿○正義曰作爲釋言文云爲之者凡七人謂長沮桀溺丈人石門荷蕢儀封人楚狂接輿者謂長沮一桀溺二荷蓧丈人三石門晨門四荷蕢五儀封人六楚狂接輿七也王弼云七人伯夷叔齊虞仲夷逸朱張柳下惠少連鄭康成云伯夷叔齊虞仲辟世者荷蓧長沮桀溺辟地者柳下惠少連辟色者荷蕢楚狂接輿辟言者七當爲十字之誤也

子路宿於石門晨門曰奚自晨門者閽人也

子路曰自孔氏曰是知其不可而爲之者與包曰言孔子知世不可爲而強爲之【疏】子路至者與○正義曰此章記隱者晨門之言也子路宿於石門晨門曰奚自者石門地

名也晨門掌晨昏開閉門者謂閽人也自從也奚何也時子路宿於石門夙興爲門。人所問曰汝何從來乎子路曰自孔氏者子路荅閽人言自孔氏處來也曰是知其不可而爲之者與者晨門聞子路云從孔氏未審孔氏爲誰又舊知孔子之行故問曰是知其世不可爲而周流東西彊爲之者與此孔氏與意非孔子不能隱遯辟世也

子擊磬於衛有荷蕢而過孔氏之門者曰有心哉擊磬乎蕢草器也有心謂契契然既而曰鄙哉硜硜乎莫己知也斯己而已矣此硜硜者徒信己而已言亦無益深則厲淺則揭包曰以衣涉水爲厲揭揭衣也言隨世以行己若過水必以濟知其不可則當不爲子曰果哉末之難矣末知己志而便譏己所以爲果末無也無難者以其不能解己之道

〔疏〕子擊至難矣○正義曰此章記隱者荷蕢之言也子擊磬於衛者時孔子在衛而自擊磬爲聲也有荷蕢而過孔氏之門者曰有心哉擊磬乎者荷擔揭也蕢草器也有心謂契契然當孔子擊磬之時有擔揭草器之人經過孔氏之門聞其磬聲乃言曰有心契契然憂苦哉此擊磬之

聲乎既而曰鄙哉硜硜乎莫已知也斯已而已矣者既已也硜硜鄙賤貌莫無也斯此也荷蕢者既言有心哉擊磬乎又察其磬聲已而言曰可鄙賤哉硜硜乎無人知已此硜硜者徒信已而已言無益也深則厲淺則揭者此衛風匏有苦葉詩以衣涉水爲厲揭揭衣也荷蕢者引之欲令孔子隨世以行已若過水深則當厲不當揭淺則當揭而不當厲以喻行已知其不可則不當爲也子曰果哉末之難矣者孔子聞荷蕢者譏已故發此言果謂果敢末無也言末知已志而便譏已所以爲果敢無難者以其不能解已之道不以爲難故云無難也○注蕢草器也有心謂契契然○正義曰蕢草器見說文小雅大東云契契寤歎毛傳云契契憂苦也○注包曰至不爲○正義曰云以衣涉水爲厲揭揭衣也者爾雅釋水文也孫炎曰揭衣褰裳也衣涉濡褌也

子張曰書云高宗諒陰三年不言何謂也孔曰高宗殷之中興王武丁也諒信也陰猶默也**子曰何必高宗古之人皆然君薨百官總己**馬曰己百官**以聽於冢宰三年**孔曰冢宰天官卿佐王治者三年喪畢然後王自聽政

【疏】子張至三年○正義曰此章論天子

諸侯居喪之禮也子張曰書云高宗諒陰三年不言何謂也者高宗諒陰三年不言周書無逸篇文也高宗殷王武丁也諒信也陰默也言武丁居父憂信任冢宰默而不言三年矣子張未達其理而問於夫子也子曰何必高宗古之人皆然君薨百官總已以聽於冢宰三年者孔子荅言何必獨高宗古之人皆如是諸侯死曰薨言君既薨新君即位使百官各總已職以聽使於冢宰三年喪畢然後王自聽政○注孔曰至默也○正義曰云高宗殷之中興王武丁也者孔安國云盤庚弟小乙子名武丁德高可尊故號高宗喪服四制引書云高宗諒陰三年不言善之也王者莫不行此禮何以獨善之也曰高宗者武丁武丁者殷之賢王也繼世即位而慈良於喪當此之時殷衰而復興禮廢而復起故載之於書中而高之故謂之高宗三年之喪君不言也是說不言之意也云諒信也陰默也者謂信任冢宰默而不言也禮記作諒闇鄭玄以爲凶廬非孔義也今所不取○注孔曰至聽政○正義曰云冢宰天官卿佐王治者者案周禮天官大宰之職掌建邦之六典以佐王治邦國敘官云乃立天官冢宰使帥其屬而掌邦治以佐王均邦國治官之屬大宰卿一人鄭注引此文云君薨百官總已以聽於冢宰言冢宰於百官無所不主爾雅曰冢大也冢宰大宰也變冢言大進退異名也百官總

焉則謂之冢列職於王則稱大冢大之上也山預曰冢故云冢宰天官卿佐王治者也云三年喪畢然後王自聽政者謂卒哭除服之後三年心喪已畢然後王自聽政也知非哀麻三年者晉書杜預傳云大始十年元皇后崩依漢魏舊制既葬帝及羣臣皆除服疑皇太子亦應除否詔諸尚書會僕射盧欽論之唯預以爲古者天子諸侯三年之喪始服齊斬既葬除喪服諒闇以居心喪終制不與士庶同禮於是盧欽魏舒問預證據預曰春秋晉侯享諸侯子産相鄭伯時簡公未葬請免喪以聽命君子謂之得禮宰咺歸惠公仲子之賵傳曰弔生不及哀此皆既葬除服諒陰之證也書傳之說既多學者未之思耳喪服諸侯爲天子亦斬衰豈可謂終服三年也預又作議曰周景王有后世子之喪既葬除喪而宴樂晉叔向譏之曰三年之喪雖貴遂服禮也王雖不遂宴樂以早比亦天子喪事見於古也稱高宗不言喪服三年而云諒陰三年此釋服心喪之文也譏景王不譏其除喪而譏其宴樂早則既葬應除而違諒闇之節也堯喪舜諒闇三年故稱遏密八音由此言之天子居喪齊斬之制菲杖絰帶當遂其服既葬而除諒闇以終之三年無改於父之道故曰百官總已以聽冢宰喪服既除故更稱不言之美明不復寢苫枕凷以荒大政也禮記云三年之喪自天子達又云父母之喪無貴

賤一也又云端衰喪車皆無等此通謂天子居喪衣服之制同於凡人心喪之禮終於三年亦無服喪三年之文天子之位至尊萬機之政至大羣臣之衆至廣不得同之於凡人故大行既葬祔祭於廟則因疏而除之已不除則羣臣莫敢除故屈已以除之而諒闇以終制天下之人皆曰我王之仁也屈已以從宜皆曰我王之孝也既除而心喪我王猶若此之篤也凡我臣子亦安得不自勉以崇禮此乃聖制移風易俗之本也議奏皇太子遂除衰麻而諒闇喪終是知三年喪畢謂心喪畢然後王自聽政也

子曰上好禮則民易使也民莫敢不敬故易使

疏子曰上好禮則民易使也○正義曰此章言君上好禮則民莫敢不敬故易使也

子路問君子子曰脩己以敬孔曰敬其身曰如斯而已乎曰脩己以安人孔曰人謂朋友九族曰如斯而已乎曰脩己以安百姓脩己以安百姓堯舜其猶病諸孔曰病猶難也

疏子路問君子至病諸○正義曰此章論君子之道也子路問於孔子爲行何如可謂之君子也子曰脩己以敬者言君子當敬

其身也曰如斯而已乎者子路嫌其少故曰君子之道豈如此而已曰脩已以安人者人謂朋友九族孔子更爲廣之言當脩已又以恩惠安於親族也曰如斯而已乎者子路猶嫌其少故又言此曰脩已以安百姓者百姓謂衆人也言當脩已以安天下之衆人也脩已以安百姓堯舜其猶病諸者病猶難也諸之也孔子恐其未已故又說此言言此脩已以安百姓之事雖堯舜之聖其猶難之況君子乎

原壤夷俟 馬曰原壤魯人孔子故舊夷踞俟待也踞待孔子

子曰幼而不孫弟長而無述焉老而不死是爲賊 賊謂賊害 **以杖叩其脛** 孔曰叩擊也脛脚脛

疏 原壤夷俟至其脛○正義曰此章記孔子責原壤之辭原壤魯人孔子故舊夷踞也俟待也原壤聞孔子來乃申兩足箕踞以待孔子也子曰幼而不孫弟長而無述焉老而不死是爲賊者孔子見其無禮故以此言責之孫順也言原壤幼少不順弟於長上及長無德行不稱述今老而不死不脩禮敬則爲賊害以杖叩其脛者叩擊也脛脚脛既數責之復以杖擊其脚脛令不踞也○注馬曰至孔子○正義曰原壤魯人孔子故舊者檀弓云孔子之故人曰原壤是也云夷踞俟待也踞待孔子者說文云踞

蹲也蹲卽坐也禮揖人必違其位今原壤坐待孔子故孔子責之也**闕黨童子將命**馬曰闕黨之童子將命者傳賓主之語出入**或問之曰益者與子曰吾見其居於位也**童子隅坐無位成人乃有位**見其與先生並行也非求益者也欲速成者也**包曰先生成人也並行不差在後違禮欲速成人者則非求益

疏闕黨至者也○正義曰此章戒人當行少長之禮也也闕黨童子將命者闕黨黨名童子未冠者之稱將命謂傳賓主之語出入時闕黨之童子能傳賓主之命也或問之曰益者與者或人見其童子能將命故問孔子曰此童子是自求進益者與子曰吾見其居於位也見其與先生並行也非求益者也欲速成者也者孔子荅或人言此童子非求進益者也乃是欲速成人者也知者禮童子隅坐無位成人乃有位今吾見此童子其居於成人之位禮父之齒隨行兄之齒鴈行今吾見此童子其與先生成人者並行不差在後違謙越禮故知欲速成人者非求益也

論語注疏解經卷第十四　二品廕生阮常生挍栞

論語注疏挍勘記

阮元撰盧宣旬摘錄

憲問第十四

憲問恥章　閩本北監本連下克伐怨欲爲一章與此本同毛本及朱子集注本别爲一章

當食祿　皇本作當食其祿也

君無道而在其朝　釋文出在朝云本今作在其朝

四者行之難　皇本作此四者行之難者又史記弟子傳集解引此節注作鄭曰

左傳僖元年　案元年當作九各本竝誤今正

邦有道章

危行言孫　皇本孫作遜注同釋文出言孫云音遜誤見前

有德者必有言章

德不可以億中　皇本億作憶說詳先進篇柴也愚章

南宫适章

南宫适　釋文出宫适云本又作括唐石經避德宗諱适作适

羿善射　說文引羿作㚡案汗簡載羿之古文爲𢒈云出古尚書𢒈卽㚡之變體蓋古論則作㚡也

有窮國之君　皇本無國字君下有也字

稷播百穀　皇本播下有殖字

及后世　閩本北監本毛本后作後案經傳多借后爲後

堯時十日竝生　浦鏜云出誤生

羿焉彈日烏解羽　閩本北監本烏誤鳥非也

因夏民以伐夏政　毛本伐作代伐字誤也今正

淫於失國　閩本北監本同案皆誤也於當作放

夷羿牧之　閩本同明監本毛本牧作收是也

其心澆能戒之　閩本同明監本毛本其心二字并作甚案作甚是也

爲之苞正　閩本同明監本毛本苞作庖案苞字誤也

以牧界衆　閩本同毛本牧界作收夏案所改是也北監本夏亦誤界

反少康紹國　閩本北監本同毛本反作及案及字不誤

武王誅討　(補)北監本毛本討作紂案紂字是也

爲命章

禆諶草創之　高麗本禆作卑按經音辨一屮部卑諶鄭人也引鄭康成曰卑諶艸創之釋文出草創云依說文此是創痍字創制之字當作刱案後漢書皇后紀下卑整注引風俗通義云卑氏鄭大夫卑諶之後是古本作卑也又

漢書古今人表作鼻湛湛諶古字通草創乃艸㓞二字之假借○按儀說文當作㓞說詳左傳注疏挍勘記

則使乘車以適野　釋文出乘以云本今作乘車以

行人子羽脩飾之　皇本脩作修案後脩己以敬脩己以安人脩己以安百姓及脩文德脩廢官此章脩飾之竝從彡作修此外如德之不脩脩慝辨惑仍同今本作脩體例不能畫一○案脩訓脯修訓治經傳假脩爲修治字

此章迹鄭國大夫之善也　案迹當作述各本皆誤

公孫揮知四國之爲而辨於大夫之族姓　今左氏襄三十一年傳知上有能字於下有其字

且使多爲辭令　本且誤旦今正

及時聘問問之事　閩本北監本毛本問問作會同案會同已見上文依此作問問爲是

或問子產章

猶詩言所謂伊人 皇本此注作鄭元曰

飯疏食 皇本高麗本疏作蔬注同釋文出蔬字云本今作疏

代囊瓦爲令尹 閩本北監本代誤伐毛本代作楚

貧而無怨難章

富而無驕易 考文古本此下有王肅曰貧者善怨富者善驕二者之中貧者人難使不怨也二十三字注各本俱無

孟公綽章

孟公綽 釋文出公綽云本又作薢案說文薢或省作綽又汗簡云薢見古論語是魯論作綽古論作薢也○按據汗簡改非也當云本又作卓

不可以爲滕薛大夫 皇本高麗本夫下有也字

故憂 北監本毛本憂作優案此寫者誤脫人旁也今正

皆晉卿所食菜邑名也 北監本毛本菜作采說見前

子路問成人章

若臧武仲之知 皇本知作智

子問公叔文子於公明賈章

衛大夫公孫枝 皇本枝作拔釋文出公孫拔云皮八反禮記檀弓下公叔文子卒鄭君注文子衛獻公之孫名拔或作發疏引世本亦作拔困學紀聞六云衛公叔發注謂公叔文子論語孔注作公孫拔是王伯厚所見本尚作拔字養新錄云公叔文子朱注作公孫枝王伯厚以爲傳寫之誤予嘗見倪上毅四書輯釋載朱文公論語注公叔文子衛大夫公孫拔也又引吳氏程曰拔皮八反俗本作枝誤卽公叔發乃知今世所行集注本非考亭之舊王厚齋所見亦是誤本據此則集解集注諸本枝字皆形近傳寫之譌○案此疏中作技尤誤

人不厭其言 皇本高麗本言下有也字下其笑其取下並同

臧武仲以防章

紇非能害也 皇本能作敢

防於臧紇 北監本毛本防作訪是也閩本亦誤

籍除於臧氏 北監本毛本籍作藉是也閩本亦誤

紇非敢害也 左氏襄二十三年傳敢作能

此下皆彼傳文 案文當作文各本皆不誤今正

苟守先祖 北監本毛本祖作祀祖字誤也今正

晉文公譎而不正章

天王狩於河陽 皇本於作于釋文出狩字云本亦作守

責苞茅之貢不入　皇本北監本毛本苞作包疏同案五經文字云包裹也經典或借苞字爲之

將數千萬衆　浦鏜云十誤千

充位出奔　北監本毛本充作棄案棄字是也○今正

因加謂諭　浦鏜云諷誤謂

天王狩于河陽　各本狩下衍獵字

責苞茅之貢不及　及當作入今正

不虞君之涉吾地何故　左氏僖四年傳地下有也字

主祭不共　主當作王

舡壞而溺　補北監本毛本舡作船下膠舡同

縮滲也　周禮甸師注作浚也

桓公殺公子糾章

殺襄公　釋文出殺襄云本今作弒考文所載足利本作弒與釋文合○按述其實則曰殺正其名則曰弒注述其實也則當作殺

謂哀安之會也　北監本毛本安作裒安字誤

諸夏義安　北監本毛本義作乂案乂字是也閩本亦誤

五年會首戴　北監本毛本戴誤㦯

小白傳　各本傳竝誤傳

子糾親也　閩本親誤親不成字

管夷吾治於高傒　案傒當作傒今正

管仲非仁者與章

爲不被髮左衽之惠祚 皇本爲作謂閩本北監本被衽誤祓

吾其被髮左衽矣 閩本北監本毛本衽作祚○按說文作衽祚乃衽之俗字

公叔文子之臣大夫僎章

大夫僎 釋文出大夫僎云本又作撰案漢書古今人表又作大夫選古選撰僎三字並通先進篇子路曾晳章異乎三子者之撰釋文云鄭作僎又漢書食貨志白撰史記平準書本作白選

此章論衞大夫公孫拔之行也 北監本毛本拔誤枝

子言衞靈公之無道也章

子言衞靈公之無道也 皇本高麗本作子曰衞靈公之無道久也釋文出子曰衞靈公之無道云一本作子言鄭本同

名當其才 補 北監本毛本名作各案名字誤今訂正

其言之不怍章

則爲之也難 皇本作則其爲之難高麗本作則其爲之也難也

作慙也 案作是怍之譌今正

陳成子弑簡公章

陳成子弑簡公 皇本高麗本弑作殺下同釋文出弑簡云本亦作殺同音試下同

成子 本子譌了今訂正皇本成上有陳字

故先齊 閩本北監本毛本齊作齋釋文出先齊齊必沐浴云亦作齋是正字

齋必沐浴 案沐當作沐疏誤同皇本齋作齊

告夫三子 唐石經皇本高麗本三上有二字下句同

之三子告 皇本高麗本三上亦有二字釋文出之三子告云本或作二三子告非也案釋文惟於此句云本或

作二三子告且云非也皇本高麗本於上兩句並有二字據皇疏云本不應告三子今君使我告三子又云三子告孔子曰又云三子既告孔子云俱無二字今有二字者甚誤

不敢不告也 皇本無也字

齊人弑其君壬是也 本壬誤王閩本同今正

告夫三子者者 閩本北監本毛本脱者字

此云沐浴而朝 本浴誤洛今正

弖告季孫 北監本毛本弖作于

故專無文也 北監本專作傳案傳字是也閩本亦誤

未爲下 北監本毛本未作末是也閩本亦誤

君子上達章

不在其位章

皇本閩本北監本合下曾子曰君子思不出其位爲一章毛本曾子曰提行别爲一章案邢疏云曾子遂曰明出一遂字則毛本别爲一章非是○案孫志祖讀書脞錄云論語憲問篇子曰不在其位不謀其政注疏以此二句與下曾子曰君子思不出其位合爲一章蓋曾子引易以證夫子之言語意本一貫猶牢曰子云吾不試故藝也集注因泰伯篇有此文注爲重出而以曾子曰自爲一章誤矣

君子恥其言而過其行章

君子恥其言而過其行　皇本高麗本而作之行下有也字○按潛夫論交際篇孔子疾夫言之過其行者亦作之字荅問云邢叔明疏云君子言行相顧若言過其行謂有言而行不副君子所恥也則邢本亦當與皇同今注疏本乃後人依朱文公本校改非邢氏之舊矣

子貢方人章

子貢方人　釋文出方人云鄭本作謗謂言人之過惡案方與脞錄云讀左傳襄十四年庶人謗正義云謗謂言其過失使在上聞之而自改亦是諫之類也昭四年傳鄭人謗子產國語厲王虐國人謗王皆是言其實事謂之爲謗但傳聞之事有實有虛或有妄謗人者今世遂以謗爲誣類是俗易而意異也始悟子貢謗人之義如此

賜也賢乎哉夫我則不暇　皇本作賜也賢乎我夫哉我則不暇高麗本作賜也賢乎我夫我則不暇○按皇本高麗本皆非也

而子貢輔比方人　〔補〕北監本毛本輔作務案務字是也

不逆詐章

或時反怨人　皇本人下有也字釋文出反怨云本或作宛

言先覺人者是　者是下九字模糊下接所以非賢者闕本是作具下十字實闕北監本毛本亦

作具下十字空闕

不信之人爲之億度　度下五字模糊下接人故先覺者閩本之人下十字實闕北監本毛本十字空闕

微生畝謂孔子曰章

微生畝　唐石經畝作畞皇本北監本作畝閩本作畒案五經文字云畞畝上說文下經典相承隷省

丘何爲是栖栖者與　釋文出丘何云或作丘何爲鄭作丘何是本今作丘何爲是

孔子曰非敢爲佞也　皇本高麗本曰上有對字

包曰疾世固陋　閩本北監本毛本疾作病又北監本包誤色案邢疏各本並作疾疾字不誤

驥不稱其力章

馬尚如定　北監本毛本定作是案定是形近之譌

或曰以德報怨章

何以報德 本德誤之今改正

公伯寮愬子路於季孫章

公伯寮愬子路於季孫 說文引作公伯寮案作寮俗省也

愬讃也 北監本毛本讃作譖案讃字誤也

於公伯寮 皇本高麗本寮下有也字

案左傳哀十二年 按十二乃十三之誤

秋官卿士職云協日刑殺 案卿當作鄉各本皆誤閩本日誤曰

賢者辟世章 各本竝合下子曰作者七人矣爲一章朱子集注本別爲一章

賢者辟世 皇本高麗本辟作避是正字下皆同

丗主莫得而臣　皇本作丗主莫得而臣之也

荷蕢　釋文出荷蕢本又作何音同宋漢書古今人表正作何蕢。按何荷正俗字

子路宿於石門章

子路宿於石門晨門曰　皇本高麗本重石門二字注爲之下有也字

閽人也　釋文出閽人云本或作昏同案周禮天官序官閽人注閽人司昏晨以啓閉者故字亦可省作昏

爲門人所問　（補）北監本毛本門人作閽人案門字誤也

子擊磬於衛章

有荷蕢而過孔氏之門者　皇本高麗本氏作子。按說文引蕢作臾據古文論語也

鄙哉硜硜乎　說文硜古文磬九經古義云何晏注云此硜硜者謂此磬聲也史記載樂記云石聲硜硜即磬字今禮記作磬。按硜本古文磬字段玉裁云後以硜爲堅确之意是所謂古今字

莫已知也斯已而已矣各本上兩已字並誤作已案養新錄云今人讀斯已而已兩已字皆如以考唐石經莫已斯已皆作人已之已而已作已止之已釋文莫已音紀下斯已同與石經正合集解此經經者徒信已而已皇疏申之云言孔子硜硜不宜隨世變唯自信已而已矣是唐以前論語斯已字皆不作止解由於經文作已不作已也已與已絕非一字宋儒誤讀斯已爲以未免改經文以就已說矣

契憂苦也今小雅大東傳作契契

衣涉濡褌也案褌當作褌褌字誤也閩本北監本作揮亦誤

子張曰書云章

山預曰冢〔補〕北監本毛本預作頂案頂字是也

始服齊斬今晉書禮志中服作同

此皆既葬除服諒陰之證也晉志陰作闇下同

書傳之說既多 晉志作先儒舊說往往亦見

預又作議曰 閩本北監本毛本又誤亦

既葬除喪而宴樂 毛本喪作服晉志同

比亦天子喪事 （補）北監本比作此案比字誤

不言喪服三年 晉志作服喪

而譏其宴樂早則既葬應除 晉志早上有已字則作明是也

堯崩 晉志崩作喪

寢苫枕由 案苫當作苫由當作甴皆形近之譌

拊祭於廟 案拊當作祔拊字非也閩本作柎亦誤

原壤夷俟章

幼而不孫弟　皇本孫弟作遜悌說見前

長而無述焉　釋文出長無云丁丈反是陸氏所據本無而字

是爲賊　皇本賊下有也字

不脩禮敬　北監本毛本敬作敎案教字是也

闕黨童子章

闕黨童子將命　皇本高麗本命下有矣字

今吾見此童子　本今誤令○今正

論語注疏校勘記卷十四終

論語注疏解經卷第十五

衛靈公第十五　何晏集解　邢昺疏

〔疏〕正義曰此章記孔子先禮後兵去亂就治并明忠信仁知勸學爲邦無所毀譽必察好惡志士君子之道事君相師之儀皆有恥且格之事故次前篇也

衛靈公問陳於孔子孔曰軍陳行列之法孔子對曰俎豆之事則嘗聞之矣孔曰俎豆禮器軍旅之事未之學也鄭曰萬二千五百人爲軍五百人爲旅軍旅末事本未立不可教以末事〔疏〕衛靈至學也○正義曰此章記孔子先禮後兵之事也衛靈公問陳於孔子者問軍陳行列之法於孔子也孔子對曰俎豆之事則嘗聞之矣軍旅之事未之學也者俎豆禮器萬二千五百人爲軍五百人爲旅孔子之意治國以禮義爲本軍旅爲末本未立則不可教以末事今靈公但問軍陳故對曰俎豆行禮之事則嘗聞之軍旅用兵之事未之學也左傳哀十一年孔文子之將攻大叔也訪於仲尼

仲尼曰胡簋之事則嘗學之矣甲兵之事未之聞也其意亦與此同軍旅甲兵亦治國之具也彼以文子非禮欲國內用兵此以靈公空問軍陳故並不荅非輕甲兵也○注俎豆禮器○正義曰案明堂位云俎有虞氏以梡夏后氏以嶡殷以椇周以房俎鄭注云梡斷木爲四足而已嶡之言蹷也謂中足爲橫距之象周禮謂之距椇之言枳椇也謂曲橈之也房謂足下跗也上下兩間有似於堂房魯頌曰籩豆大房又曰夏后氏以楬豆殷玉豆周獻豆鄭注云楬無異物之飾也獻疏刻之齊人謂無髮爲禿楬其委曲制度備在禮圖○注鄭曰萬二千五百人爲軍五百人爲旅○正義曰皆司馬序官文也

明日遂行在陳絶糧從者病莫能興孔曰從者弟子興起也孔子去衛如曹曹不容又之宋宋遭匡人之難又之陳會吳伐陳陳亂故乏食子路慍見曰君子亦有窮乎子曰君子固窮小人窮斯濫矣濫溢也君子固亦有窮時但不如小人窮則濫溢爲非

疏明日至濫矣○正義曰此章記孔子阨於陳也明日遂行者既荅靈公之明日也遂去衛國而之於他邦也在陳絶糧從者病莫能興者從者弟子也興起也孔子適在陳會

吳伐陳陳亂故乏絕糧食弟子從者困病莫能興起也子路慍見曰君子亦有窮乎者慍怒也子路以爲君子學則祿在其中不當有窮困今乃窮困故慍怒而見問於夫子曰君子豈亦如常人有窮困邪子曰君子固窮小人窮斯濫矣者濫溢也言君子固亦有窮困時但不如小人窮則濫溢爲非○注孔曰至乏食○正義曰云孔子去衛如曹曹不容又之宋宋遭匡人之難又之陳會吳伐陳者皆以孔子世家文而知也如之皆訓往

子曰賜也女以予爲多學而識之者與對曰然孔曰然謂多學而識之**非與**孔曰問今不然**曰非也予一以貫之**善有元事有會天下殊塗而同歸百慮而一致知其元則衆善舉矣故不待多學而一知之

〔疏〕子曰至貫之○正義曰此章言善道有統也子曰賜也女以予爲多學而識之者與者孔子問子貢女意以我爲多其學問記識之者與與語辭對曰然者子貢意以爲然是夫子多學而識之也非與者子貢又言今乃非多學而識之者與曰非也予一以貫之者孔子荅言已之善道非多學而識之也我但用一理以通貫之以其善有元事有會知其元則衆善舉矣故不待多學一以知之○注天下殊塗而同歸百慮而一致○正義

曰周易下繫辭文也**子曰由知德者鮮矣**王曰君子固窮而子路慍見故謂之少於知德

〔疏〕子曰由知德者鮮矣○正義曰此一章言子路鮮於知德鮮少也由子路名言君子固窮而子路慍見故謂之少於知德也

子曰無爲而治者其舜也與夫何爲哉恭己正南面而已矣言任官得其人故無爲而治

〔疏〕子曰無爲而治者其舜也與夫何爲哉恭己正南面而已矣○正義曰此一章美帝舜也帝王之道貴在無爲淸靜而民化之然後之王者以罕能及故孔子曰無爲而天下治者其舜也與所以無爲者以其任官得人夫舜何必有爲哉但恭敬己身正南面嚮明而已○注言任官得其人故無爲而治○正義曰案舜典命禹宅百揆棄后稷契作司徒皐陶作士垂共工益作朕虞伯夷作秩宗夔典樂教冑子龍作納言并四岳十二牧凡二十二人皆得其人故舜無爲而治也

子張問行子曰言忠信行篤敬雖蠻貊之邦行矣言不忠信行不篤敬雖州里行乎哉鄭曰萬二千五百家爲州五家爲鄰五鄰爲里行乎

哉言不可行立則見其參於前也在輿則見其倚於衡也夫然後行包曰衡軛也言思念忠信立則常想見參然在目前在輿則若倚車軛子張書諸紳孔曰紳大帶

疏子張至諸紳○正義曰此一章言可常行之行也子張問行者問於夫子何如則可常行子曰言忠信行篤敬雖蠻貊之邦行矣言不忠信行不篤敬雖州里行乎哉者孔子荅言必當言盡忠誠不欺於物行唯敦厚而常謹敬則雖蠻貊遠國其道行矣反此雖州里近處而行乎哉言不可行也立則見其參於前也在輿則見其倚於衡也夫然後行者輿是車輿也衡軛也言常思念忠信篤敬立則想見參然在目前在輿則若倚車軛夫能如是而後可行子張書諸紳者紳大帶也子張以孔子之言書之紳帶意其佩服無忽忘也○注鄭曰至爲里○正義曰周禮大司徒職云五家爲比五比爲閭四閭爲族五族爲黨五黨爲州是二千五百家爲州也今云萬二千五百家爲州誤也云五家爲鄰五鄰爲里遂人職文也○注紳大帶○正義曰以帶束腰垂其餘以爲飾謂之紳玉藻說帶云大夫大帶是一名大帶也玉藻稱天子素帶朱裏終辟諸侯素帶不朱裏而終辟大夫素帶辟垂士練帶率下辟

居士錦帶弟子縞帶并紐約用組三寸長齊於帶紳長制士三尺有司二尺有五寸子游曰參分帶下紳居二焉紳韠結三齊大夫大帶四寸雜帶君朱綠大夫玄華士緇辟二寸再繚四寸凡帶有率無箴功此紳帶之制也

子曰：直哉史魚！孔曰衛大夫史鰌 邦有道如矢，邦無道如矢。孔曰有道無道行直如矢言不曲 君子哉蘧伯玉！邦有道則仕，邦無道則可卷而懷之。包曰卷而懷謂不與時政柔順不忤於人

【疏】子曰至懷之○正義曰此章美衛大夫史鰌蘧伯玉之行也直哉史魚者美史魚之行正直也邦有道如矢邦無道如矢者此其直之行也矢箭也史鰌之德其性惟直國之有道無道行直如箭言不隨世變曲也君子哉蘧伯玉者美伯玉有君子之德也邦有道則仕邦無道則可卷而懷之者此其君子之行也國若有道則肆其聰明而在仕也國若無道則韜光晦知不與時○政亦常柔順不忤逆校人是以謂之君子也

子曰：可與言而不與言，失人；不可與言而與之言，失言。知者不失人，亦不失

言。【疏】子曰可與言而不與言失人不可與言而與之言失言知者不失人亦不失言○正義曰此章戒其知人也若中人以上可以語上是可與言而不與言是失於彼人也若中人以下不可以語上而已與之言則失於已言也惟知者明於事二者俱不失

子曰：志士仁人，無求生以害仁，有殺身以成仁。孔曰無求生以害仁死而後成仁則志士仁人不愛其身也【疏】子曰志士仁人無求生以害仁有殺身以成仁○正義曰此章言志善之士仁愛之人無求生而害仁若身死而後成仁則志士仁人不愛其身有殺其身以成其仁者也若伯夷叔齊及比干是也

子貢問爲仁。子曰：工欲善其事，必先利其器。居是邦也，事其大夫之賢者，友其士之仁者。孔曰言工以利器爲用人以賢友爲助【疏】子貢至仁者○正義曰此章明爲仁之法也子貢問爲仁者子貢欲爲仁未知其法故問之子曰工欲善其事必先利其器者將荅爲仁先爲設譬也若百工欲善其所爲之事當先脩利所用之器居是邦也事其大夫之賢者友其士之仁者此荅譬也言工以利

器爲用人以賢友爲助大夫尊故言事士卑故言友大夫言賢士言仁互文也**顏淵問爲邦子曰行夏之時**據見萬物之生以爲四時之始取其易知**乘殷之輅**馬曰殷車曰大輅左傳曰大輅越席昭其儉也**服周之冕**包曰冕禮冠周之禮文而備取其黈纊塞耳不任視聽**樂則韶舞**韶舜樂也盡善盡美故取之**放鄭聲遠佞人鄭聲淫佞人殆**孔曰鄭聲佞人亦俱能惑人心與雅樂賢人同而使人淫亂危殆故當放遠之

【疏】顏淵至人殆。正義曰此章言治國之法也顏淵問爲邦者爲猶之治問治國之禮法於孔子也子曰行夏之時者此下孔子荅以爲邦所行用之禮樂車服也夏之時謂以建寅之月爲正也據見萬物之生以爲四時之始取其易知故使行之乘殷之輅者殷車曰大輅謂木輅也取其儉素故使乘之服周之冕者冕禮冠也周之禮文而備取其黈纊塞耳不任視聽故使服之樂則韶舞者韶舜樂名也以其盡善盡美故使取之放鄭聲遠佞人鄭聲淫佞人殆者又當放棄鄭衛之聲遠離辨佞之人以鄭聲佞人亦俱能惑人心與雅樂賢人同然而使人淫亂危殆故使放遠之。注馬曰至儉也正義曰云殷車曰大輅者明堂位曰大輅殷輅也鄭注云大路木路也漢祭天乘殷之路今謂之桑根車者是也路訓大也君之所在以大爲號門曰路門寢曰路寢車曰路車故人君之車通以路爲名周禮巾車掌王之五路鄭玄云王在焉曰路彼解天子之車故云王在耳其實諸侯之車亦稱爲路云左傳曰大輅越席昭其儉也者桓二年文也越席結蒲爲席置於路中以茵藉示其儉也服虔云大路木路引之者以證殷路一名大路也杜元凱以大路爲玉路今所不取。注包曰至視聽正義曰云冕禮冠周之禮文而備者冠者首服之大名冕者冠中之別號故云冕禮冠也世本云黄帝作冕宋仲子云冕冠之有旒者禮文殘缺形制難詳周禮弁師掌王之五冕皆玄冕朱裏止言玄朱而已不言所用之物子罕篇云麻冕禮也蓋以木爲幹而用布衣之上玄下朱取天地之色其長短廣狹則經傳無文阮諶三禮圖漢禮器制度云冕制皆長尺六寸廣八寸天子以下皆同沈引董巴輿服志云廣七寸長尺二寸應劭漢官儀云廣七寸長八寸沈又云廣八寸長尺六寸者天子之冕廣七寸長尺二寸者諸侯之冕廣七寸長八寸者大夫之冕但古禮殘缺未知孰是故備載焉司馬彪漢書輿服志云孝明帝永平二年初詔有司采周官禮記尚書之文制冕皆前圓後方朱裏玄上前垂四寸後垂三寸天子白玉珠十二旒三公諸侯青玉珠七旒卿大夫黑玉珠五旒皆有前無後此則漢法耳其古禮鄭玄注弁師云天子衮冕以五采繅前後十二斿斿有五采玉十有二驚冕前後九斿毳冕前後七斿希冕前後五斿玄冕前後三斿斿皆五采玉十有二上公衮冕三采繅前後九斿斿有三采玉九侯伯驚冕三采繅前後七斿斿有三采玉七子男毳冕三采繅前後五斿斿有三采玉五孤卿以下皆二采繅二采玉焉蓋以繅采玉其斿又玉名依命數耳謂之冕者冕俛也以其後高前下有俛俯之形故因名焉蓋以在上位者先於驕矜欲令位彌高而志彌下故制此服令貴者下賤也云取其黈纊塞耳不任視聽者黈纊黃緜也案今禮圖衮冕以下皆有充耳天子以黈纊諸侯以青纊以其冕旒垂目黈纊塞耳欲使無為清靜以化其民故不任視聽也

子曰人無遠慮必有近憂王曰君子當思患而預防之〔疏〕子曰人無遠慮必有近憂。正義曰此章戒人備豫不虞也。注王曰君子當思患而預防之。正義曰此周易既濟象辭也王弼云存不忘亡既濟不忘未濟也

子曰已矣乎吾未見好德如好色者也〔疏〕子曰已矣乎吾未見好德如好色者也。正義曰此章疾時人

好色而不好德也

子曰：臧文仲其竊位者與！知柳下惠之賢而不與立也。孔曰：柳下惠，展禽也。知賢而不舉，是爲竊位。〔疏〕子曰臧文仲其竊位者與知柳下惠之賢而不與立也○正義曰：此章勉人舉賢也。竊，盜也。魯大夫臧文仲知賢不舉，偷安於位，故曰竊位。以其知柳下惠之賢，不稱舉與立於朝廷也。○注柳下惠展禽也○正義曰：案《魯語》展禽對臧文仲云「獲聞之」，是其人氏展，名獲，字禽。柳下惠是其所食之邑名，謚曰惠。《列女傳》：柳下惠死，門人將謚之，妻曰「夫子之謚宜爲惠乎」，門人從以爲謚。《莊子》云「柳下季」者，季是五十字，禽是二十字。

子曰：躬自厚而薄責於人，則遠怨矣。孔曰：責己厚，責人薄，所以遠怨咎。〔疏〕子曰躬自厚而薄責於人則遠怨矣○正義曰：此章戒人責己也。躬，身也。言凡事自責厚，薄責於人，則所以遠怨咎也。

子曰：不曰如之何如之何者，孔曰：不曰如之何者，猶言不曰奈是何。吾末如之何也已矣。孔曰：如之何者，言禍難已成，吾亦無如之何。〔疏〕子曰不曰如之何如之何者吾末如之何也已矣○正義曰：此

章戒人豫防禍難也如柰也不曰如之何猶言不曰柰是何末無也若曰柰是何者則是禍難已成不可救藥吾亦無柰之何

子曰羣居終日言不及義好行小慧難矣哉鄭曰小慧謂小小之才知難矣哉言終無成〔疏〕子曰羣居終日言不及義好行小慧難矣哉○正義曰此章貴義小慧謂小小才知言人羣朋共居終竟一日所言不及義事但好行小小才知以陵誇於人難有所成矣哉言終無成也

子曰君子義以爲質禮以行之孫以出之信以成之君子哉鄭曰義以爲質謂操行孫以出之謂言語〔疏〕子曰君子義以爲質禮以行之孫以出之信以成之君子哉○正義曰此章論君子之行也義以爲質謂操執以行者當以義爲體質文之以禮然後行之孫順其言語以出之守信以成之能此四者可謂君子哉

子曰君子病無能焉不病人之不已知也包曰君子之人但病無聖人之道不病人之不已知〔疏〕子曰君子病無能焉不病人之不已知也○正義曰此章戒人脩已也病猶患也言君子之人但患已無聖人之道不患人之

不知已也**子曰君子疾沒世而名不稱焉**疾猶病也〔疏〕子曰君子疾沒世而名不稱焉。正義曰此章勸人脩德也疾猶病也言君子病其終世而善名不稱也**子曰君子求諸己小人求諸人**君子責己小人責人〔疏〕子曰君子求諸己小人求諸人。正義曰此章言君子責於己小人責於人也求責也諸於也**子曰君子矜而不爭**包曰矜矜莊也**羣而不黨**孔曰黨助也君子雖衆不相私助義之與比〔疏〕子曰君子矜而不爭羣而不黨。正義曰此章言君子貌雖矜莊而不爭鬬君子雖衆而不私相黨助義之與比也**子曰君子不以言舉人**包曰有言者不必有德故不可以言舉人**不以人廢言**王曰不可以無德而廢善言〔疏〕子曰君子不以言舉人不以人廢言。正義曰此章言君子用人取其善節也有言者不必有德故不可以言舉人當察言觀行然後舉之夫婦之愚可以與知故不可以無德而廢善言也**子貢問曰有一言而可以終身行之者乎子曰其**

恕乎己所不欲勿施於人言己之所惡勿加施於人〔疏〕子貢至於人。正義曰此章言人當恕己不及物也子貢問曰有一言可以終身行之者乎者問於孔子求脩身之要道也子曰其恕乎己所不欲勿施於人者孔子荅言唯仁恕之一言可終身行之也己之所惡勿欲施於人即恕也

子曰吾之於人也誰毁誰譽如有所譽者其有所試矣包曰所譽者輒試以事不虛譽而已斯民也三代之所以直道而行也馬曰三代夏殷周用民如此無所阿私所以云直道而行〔疏〕子曰至行也。正義曰此章論正直之道也子曰吾之於人也誰毁誰譽者毁謂譖害譽謂稱揚言我之於人於誰毁於誰譽無私毁譽也如有所譽者其有所試矣者言所稱譽者輒試以事不虛譽而已也斯民也三代之所以直道而行也者斯此也三代夏殷周也言如此用民無所阿私夏殷周三代之令王所以得稱直道而行也

子曰吾猶及史之闕文也包曰古之良史於書字有疑則闕之以待知者有馬者借人乘之今亡矣夫

包曰有馬不能調良則借人乘習之孔子自謂及見其人如此至今無有矣言此者以俗多穿鑿

〔疏〕子曰至矣夫○正義曰此章疾時人多穿鑿也子曰吾猶及史之闕文也者史是掌書之官也文字也古之良史於書字有疑則闕之以待能者不敢穿鑿孔子言我尚及見此古史闕疑之文有馬者借人乘之者此舉喻也喻己有馬不能調良當借人乘習之也今亡矣夫者亡無也孔子自謂及見其人如此闕疑至今則無有矣言此者以俗多穿鑿

子曰巧言亂德小不忍則亂大謀 孔曰巧言利口則亂德義小不忍則亂大謀

〔疏〕子曰巧言亂德小不忍則亂大謀○正義曰此章戒人慎口忍事也有言者不必有德故巧言利口則亂德義山藪藏疾國君含垢故小事不忍則亂大謀

子曰衆惡之必察焉衆好之必察焉 王曰或衆阿黨比周或其人特立不羣故好惡不可不察也

〔疏〕子曰衆惡之必察焉衆好之必察焉○正義曰此章論知人之事也夫知人未易設有一人爲衆所惡不可即從雷同而惡之或其人特立不羣故必察焉又設有一人爲衆所好亦不可即從衆而好之或此人行惡衆乃阿黨比周故不可不察○注王曰或衆阿黨比

周○正義曰此解衆好之也謂衆多惡人私相阿曲朋黨比近周密也文十八年左傳言渾敦之惡云頑嚚不友是與比周杜注云比近也周密也言比是相近也周是親密也雖是親愛之義非爲善惡之名爲政篇子曰君子周而不比小人比而不周孔曰忠信爲周阿黨爲比以君子小人相對故觀文爲説也

子曰人能弘道非道弘人王曰才大者道隨大才小者道隨小故不能弘人疏子曰人能弘道非道弘人○正義曰此章論道也弘大也道者通物之名虛無妙用不可須臾離但仁者見之謂之仁知者見之謂之知是人才大者道隨之大也故曰人能弘道百姓則日用而不知是人才小者道亦隨小而道不能大其人也故曰非道弘人

子曰過而不改是謂過矣疏子曰過而不改是謂過矣正義曰此章戒人改過也人誰無過過而能改善莫大焉過而不改是謂過矣

子曰吾嘗終日不食終夜不寢以思無益不如學也疏子曰吾嘗終日不食終夜不寢以思無益不如學也○正義曰此章勸人學也

子曰君子謀道不謀食耕也餒

在其中矣學也祿在其中矣君子憂道不憂貧鄭曰餒餓也言人雖念耕而不學故飢餓學則得祿雖不耕而不餒此勸人學〔疏〕子曰君子謀道不謀食耕也餒在其中矣學也祿在其中矣君子憂道不憂貧○正義曰此章亦勸人學也人非道不立故必先謀於道道高則祿來故不假謀於食餒餓也言人雖念耕而不學則無知歲有凶荒故飢餓學則得祿雖不耕而不餒是以君子但憂道德不成不憂貧乏也然耕也未必皆餓學也未必皆得祿大判而言故云耳子曰知及之仁不能守之雖得之必失之包曰知能及治其官而仁不能守雖得之必失之知及之仁能守之不莊以涖之則民不敬包曰不嚴以臨之則民不敬從其上知及之仁能守之莊以涖之動之不以禮未善也王曰動必以禮然後善〔疏〕子曰至善也○正義曰此章論居官臨民之法也子曰知及之仁不能守之雖得之必失之者得位由知守位在仁若人知能及治其官而仁不能守雖得祿位必將失之知及之仁能

守之不莊以涖之則民不敬者莊嚴也涖臨也言雖知及其官仁能守位不嚴以臨之則民不敬從其上知及之仁能守之莊以涖之動之不以禮未善也者言動必以禮然後善李充云夫知及以得其失也蕩仁守以靜其失也寬莊涖以威其失也猛故必須禮然後和之以禮制知則精而不蕩以禮輔仁則溫而不寬以禮御莊則威而不猛故安上治民莫善於禮顏特進云知以通其變仁以安其性莊以安其慢禮以安其情化民之善必備此四者

子曰君子不可小知而可大受也小人不可大受而可小知也王曰君子之道深遠不可小了知而可大受小人之道淺近可小了知而不可大受也

疏 子曰君子不可小知而可大受也小人不可大受而可小知也○正義曰此章言君子小人道德深淺不同之事也言君子之道深遠仰之彌高鑽之彌堅故不可小了知也使人饜飫而已是可大受也小人之道淺近易爲窮竭故不可大受而可小了知也

子曰民之於仁也甚於水火馬曰水火及仁故民所仰而生者仁最爲甚水火吾見蹈而死者矣未見蹈仁而死者

也馬曰蹈水火或時殺人蹈仁未嘗殺人疏子曰至者也○正義曰此章勸人行仁道也子曰民之於仁也甚於水火者言水火飲食所由仁者善行之長皆民所仰而生者也若較其三者所用則仁最爲甚也水火吾見蹈而死者矣未見蹈仁而死者也者此明仁甚於水火之事也蹈猶履也水火雖所以養人若履蹈之或時殺人若履行仁道未嘗殺人也王弼云民之遠於仁甚於水火見有蹈水火者未嘗見蹈仁者也雖與馬意不同亦得爲一義

子曰當仁不讓於師孔曰當行仁之事不復讓於師言行仁急疏子曰當仁不讓於師正義曰此章言行仁之急也弟子之法爲事雖當讓於師若當行仁之事不復讓於師也

子曰君子貞而不諒孔曰貞正諒信也君子之人正其道耳言不必小信疏子曰君子貞而不諒○正義曰此章貴正道而輕小信也貞正也諒信也君子之人正其道耳言不必小信案昭七年左傳云子產爲豐施歸州田於韓宣子曰日君以夫公孫段爲能任其事而賜之州田今無祿早世不獲久享君德其子弗敢有不敢以聞於君私致諸子宣子辭子產曰古人有言曰其父析薪其子弗克負荷施將懼不能任其先人之祿其況能任大國之賜縱吾子爲政而可後

之人若屬有疆埸之言敝邑獲戾而豐氏受其大討吾子取州是免敝邑於戾而建置豐氏也敢以爲請杜注云傳言子産貞而不諒言段受晉邑卒而歸之是正也知宣子欲之而言畏懼後禍是不信故杜氏引此文爲注也

子曰事君敬其事而後其食孔曰先盡力而後食禄 疏 子曰事君敬其事而後其食○正義曰此章言其爲臣事君之法也言當先盡力敬其職事必有勳績而後食禄也

子曰有教無類馬曰言人所在見教無有種類 疏 子曰有教無類○正義曰此章言教人之法也類謂種類言人所在見教無有貴賤種類也

子曰道不同不相爲謀 疏 子曰道不同不相爲謀○正義曰此章言人之爲事必須先謀若道同者共謀則情審不誤若道不同而相爲謀則事不成也

子曰辭達而已矣孔曰凡事莫過於實辭達則足矣不煩文豔之辭 疏 子曰辭達而已矣○正義曰此章明言語之法也凡事莫過於實辭達則足矣不煩文豔也

師冕見孔曰師樂人盲者名冕**及階子曰階也及席子曰席也皆坐子告之**

曰某在斯某在斯孔曰歷告以坐中人姓字所在處師冕出子張問曰與師言之道與子曰然固相師之道也馬曰相導

疏師冕見至道也○正義曰此章論相師之禮也師冕見者師樂人盲者名冕見謂來見孔子也及階子曰階也及席子曰席也者師冕及階及席孔子並告之使師冕知而升階登席也皆坐子告之曰某在斯某在斯者孔子見瞽者必起弟子亦起冕既登席而坐孔子及弟子亦皆坐孔子歷以坐中人姓字所在處告師冕使知也師冕出子張問曰與師言之道與者道謂禮也子張見孔子歷告之未嘗知此禮既師冕出去而問孔子曰此是與師言之禮與子曰然固相師之道也者相猶導也孔子然荅子張言此固是相導樂師之禮也

論語注疏解經卷第十五

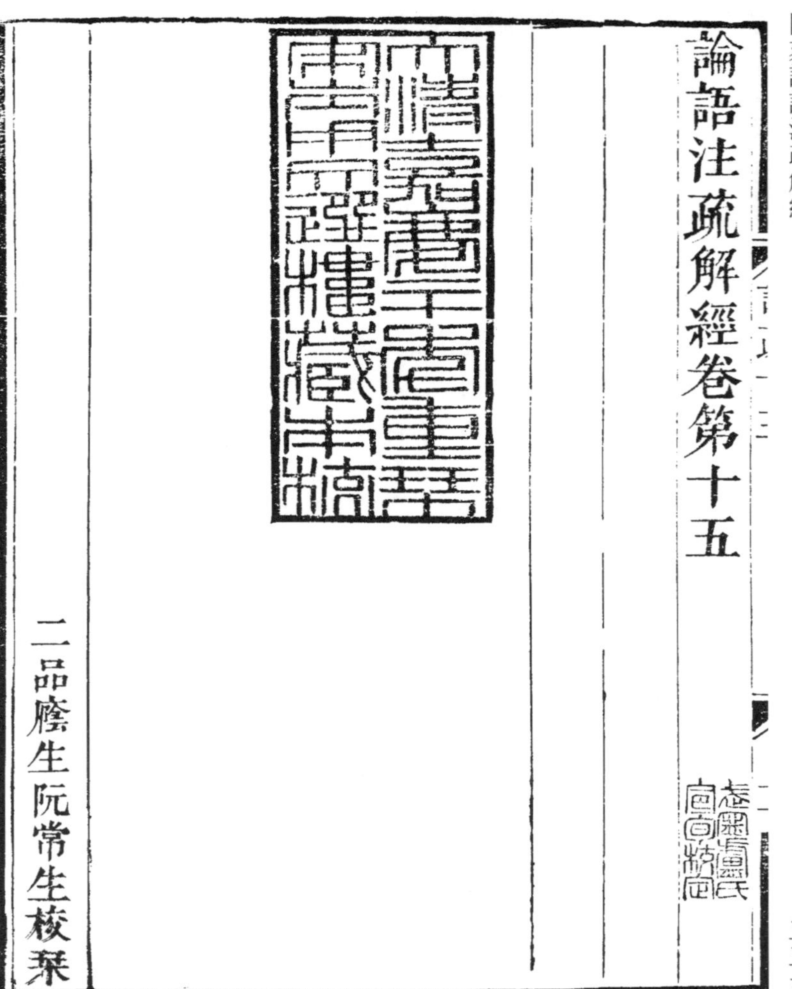

南昌盧氏宣旬校定

二品廕生阮常生校栞

論語注疏挍勘記

阮元撰盧宣旬摘録

衛靈公第十五

去亂就治 北監本去誤云毛本治作治案治字是也○今訂正

皆有恥且格之事 本且誤目今正

衛靈公問陳於孔子章

衛靈公問陳於孔子 釋文出問陣云直刃反注同本今作陳案陣爲陳之俗字顏氏家訓書證篇云太公六韜有天陳地陳人陳雲鳥之陳論語曰衛靈公問陳於孔子左傳爲魚麗之陳俗本多作阜旁車乘之車蒼雅及近世字書皆無惟王義小學章獨阜旁作車縱復俗行不宜追改六韜論語左傳也

軍旅末事 本末誤未下末事同○今正

不可教以末事 皇本不上有則字事下有也字閩本北監本毛本教以作以教案筆解亦作教以與

邢疏合作以教者非

孔文子之將攻大叔也 北監本毛本大作太

明日遂行章 朱子集注本合上爲一章

在陳絶糧 皇本糧作粮釋文出絶糧云音粮鄭本作粻音張糧也○案糧正字粻粮皆俗字

孔子去衛如曹 毛本去衛二字空闕

宋遭匡人之難 皇本無宋字

君子亦有窮乎 高麗本無有字

小人窮斯濫矣 説文引濫作𧬈案九經字樣云𧬈今經典相承作濫

此章記孔子阨於陳也 本阨誤路今正

但不如小人窮則濫溢爲非 本如誤好今正

孔曰至之食　案之是乏字上畫板損今補正

賜也女以予爲多學而識之者與章

問今不然　皇本然下有也字閩本北監本毛本問作謂

此章言善道有統也　本此誤一今正

是夫子多學而識之也　本夫誤天今正

子張問行章

立則見其參於前也　皇本高麗本參下有然字案釋文云參所金反包注云參然在目前是古讀如森不讀如驂字當作曑曑與曾子名同今作參隸之變體竟讀如驂甚誤

夫然後行　皇本高麗本行下有也字

在輿則若倚車軛　皇本車作衡軛下有也字釋文出枙字云本今作軛

玉藻説帶云 本玉誤王下同今並訂正

朱裏於辟 北監本毛本於作終案終字是也閩本亦誤今正

并紉約用組三寸 補北監本毛本紉作紐案紐字是也

紳居二焉 禮記玉藻二作一

直哉史魚章

則可卷而懷之 唐石經之作也案後漢書周黃徐姜申屠傳序曰孔子稱蘧伯玉邦無道則可卷而懷也亦作也字

則可卷而懷之者 北監本懷誤愢不成字毛本懷之二字空闕

則韜光晦知 北監本毛本知作迹

不與時政 閩本北監本毛本無時字

亦常柔順　閩本北監本毛本亦上有故字

不忤逆校人　補北監本校作於

可與言而不與言章

可與言而不與言　閩本北監本毛本不、與下有之字朱子集注本亦有之字案唐石經皇本高麗本石經考文提要引岳珂本俱無之字疏述經文本無之字則無之字是

亦不失言　皇本有所言皆是故無所失者也十字注各本竝無

志士仁人章

無求生以害仁　唐石經仁作人案文選曹植贈徐幹詩注及太平御覽四百十九俱引作人與唐石經合然皇疏云無求生以害仁者既志善行仁恆欲救物故不自求我之生以害於仁恩之理也則字當作仁又此本正義述經文亦作仁字

子貢問爲仁章

友其士之仁者　皇本高麗本者下有也字注爲助下同

將荅問仁　本問誤爲今正

乘殷之輅　釋文出之輅云音路本亦作路是假借字

不任視聽　本視誤劉今正

木輅也　本木誤未今正

巾車掌王之曰路　案曰當作五閩本北監本毛本之五並誤車曰

王在焉曰路　本王誤玉今正

○正義曰　本正誤玉今正

周之禮文而備者　閩本北監本毛本無而字案據注文有而字是

司馬彪漢書輿服志云　本馬誤焉今正

天子白玉珠十二旒　本白玉誤曰王下玉十有二玉七旒又玉名誤同今正

三公諸侯青玉珠七旒　青玉爲珠○按輿服志作三公諸侯七旒

卿大夫黑玉珠五旒　爲珠○按輿服志作卿大夫五旒黑玉

先於驕矜　北監本毛本先作失

案今禮圖　本今誤令今正

人無遠慮章

人無遠慮　皇本高麗本人下有而字

君子當思患而預防之　本思誤惡今正

巳矣乎章

已矣乎 皇本無乎字

臧文仲其竊位者與章

知賢而不舉是爲切位 皇本知下有其字無是字切作竊按此寫者省竊作窃遂譌爲切今訂正

柳下惠是其所食之邑名 浦鏜云惠當衍字

不曰如之何章

吾未如之何也已矣 本末誤未今正

好行小慧 皇本慧作惠注同釋文出行小慧云音惠小才知魯讀慧爲惠今從古案古多假惠爲慧如韓詩外傳五云主名者其臣惠漢書昌邑王傳云清狂不惠列子逢氏有子少而惠是也

君子義以爲質章

君子義以爲質 釋文出爲質云一本作君子義以爲質鄭本略同案文義君子字不當有孝經三才章疏引亦無君子字經義雜記云有者係衍文蓋先說義以爲質四句然後言君子哉明不當先言君子也

鄭曰義以爲質云云 高麗本無此注

君子病無能焉章

包曰君子之人云云 高麗本無此注

君子矜而不爭章

義之與比也 本比誤此今正

君子不以言舉人章

王曰不可以無德而廢善言 皇本高麗本竝無此注

取其善節也 北監本取誤敦不成字

有一言而可以終身行之者乎章

勿施於人皇本人下有也字

言己之所惡勿加施於人皇本高麗本竝無此注

吾之於人也章

吾之於人也皇本無也字

如有所譽者皇本所作可

馬曰三代云云高麗本無此注

吾猶及史之闕文也章

吾猶及史之闕文也唐石經無之字

今亡矣夫皇本高麗本今下有則字朱子集注本矣作已案宋石經作矣石經考文提要引宋本九經岳珂本

亦作矣今集注本作巳非

巧言亂德章

則亂大謀 高麗本無則字

巧言亂德 本巧誤則今正

衆惡之章

王曰衆或阿黨比周 北監本毛本作或衆是也

頑嚚不友 補北監本嚚作嚚是也

人能宏道章

非道宏人 皇本高麗本人下有也字

王曰才大者 皇本才作材下同又注首無王曰二字

君子謀道不謀食章

君子憂道不憂貧高麗本貧下有也字

故不假謀於食北監本毛本假作暇

君子不可小知章

王曰君子之道深遠皇本高麗本無王曰二字

君子貞而不諒章

曰君以夫公孫段本段誤叚下同今正

事君敬其事而後其食章

事君敬其事而後其食郡齋讀書志載蜀石經作敬其事而後食其祿○按皇疏云國家之事知無不爲是敬其事也必有纏勳績乃受祿賞是後其食也蜀石經作而後食其祿是依注文妄增也

敬其職事也毛本其作共浦鏜云共疑衍不知其爲誤字

辭達而已矣章

孔曰凡事莫過於實辭達則足矣高麗本無孔曰字皇本實下有足也二字

師冕見章

及席高麗本席下有也字案文義不當有也字各本俱無

歷告以坐中人姓字所在處皇本坐作座字下有及字處下有也字

論語注疏校勘記卷十五終

論語注疏解經卷第十六

季氏第十六　　何晏集解　　邢昺疏

〔疏〕正義曰此篇論天下無道政在大夫故孔子陳其正道揚其衰失稱損益以教人舉詩禮以訓子明君子之行正夫人之名以前篇首章記衛君靈公失禮此篇首章言魯臣季氏專恣故以次之也

季氏將伐顓臾。冉有季路見於孔子曰季氏將有事於顓臾。孔曰顓臾伏羲之後風姓之國本魯之附庸當時臣屬魯季氏貪其土地欲滅而取之冉有與季路爲季氏臣來告孔子孔子曰求無乃爾是過與孔曰冉求爲季氏宰相其室爲之聚斂故孔子獨疑求教之夫顓臾昔者先王以爲東蒙主孔曰使主祭蒙山且在邦域之中矣。孔曰魯七百里之封顓臾爲附庸在其域中是社稷之臣也何以伐爲孔曰已屬魯爲社稷之臣何用滅之爲冉有曰夫子欲之吾二臣者皆不欲也孔曰歸咎於季氏孔子曰求周任有言曰陳力就列不能者止馬曰周任古之良史言當陳其才力度已所任以就其位不能則當止危而不扶則將焉用彼相矣包曰言輔相人者當能持危扶顛若不能何用相爲且爾言過矣虎兕出於柙龜玉毁於櫝中是誰之過與馬曰柙檻也櫝匱也失虎毁玉豈非典守之過邪冉有曰今夫顓臾固而近於費馬曰固謂城郭完堅兵甲利也費季氏邑今不取後世必爲子孫憂孔子曰求君子疾夫孔曰疾如女之言舍曰欲之而必爲之辭孔曰舍其貪利之説而更作他辭是所疾也丘也聞有國有家者不患寡而患不均孔曰國諸侯家卿大夫不患土地人民之寡少患政理之不均

不患貧而患不安孔曰憂不能安民耳民安則國富蓋均無貧和無寡安無傾包曰政教均平則不貧矣上下和同不患寡矣大小安寧不傾危矣夫如是故遠人不服則脩文德以來之既來之則安之今由與求也相夫子遠人不服而不能來也邦分崩離析而不能守也孔曰民有異心曰分欲去曰崩不可會聚曰離析而謀動干戈於邦內孔曰干楯也戈戟也吾恐季孫之憂不在顓臾而在蕭牆之內也鄭曰蕭之言肅也牆謂屏也君臣相見之禮至屏而加肅敬焉是以謂之蕭牆後季氏家臣陽虎果囚季桓子

〔疏〕季氏至內也。○正義曰此章論魯卿季氏專恣征伐之事也季氏將伐顓臾者顓臾伏羲之後風姓之國本魯之附庸當時臣屬於魯而季氏貪其土地欲滅而取之也冉有季氏見於孔子曰季氏將有事於顓臾者冉有季路爲季氏臣來告孔子言季氏將有征伐之事於顓臾也孔子曰求無乃爾是過與者無乃乃也爾女也雖二子同來告以冉求爲季氏宰相其室爲之聚斂故孔子獨疑求教之言將伐顓臾乃女是罪過與與疑辭也夫顓臾昔者先王以爲東蒙主者言昔者先王始封顓臾爲附庸之君使主祭蒙山蒙山在東故曰東蒙且在邦域之中矣者魯之封域方七百里顓臾爲附庸在其域中也是社稷之臣也何以伐爲者言顓臾已屬魯爲社稷之臣何用伐滅之爲冉有曰夫子欲之吾二臣者皆不欲也者夫子謂季氏也冉有歸其咎惡於季氏也故言季氏欲伐我二人皆不欲也孔子曰求周任有言曰陳力就列不能者止者周任古之良史也夫子見冉有歸咎於季氏故呼其名引周任之言以責之言爲人臣者當陳其才力度已所任以就其列位不能則當自止退也危而不持顚而不扶則將焉用彼相矣者相謂輔相焉何也言輔相人者當持其主之傾危扶其主之顚躓若其不能何用彼相爲且爾言過矣者爾汝也汝爲季氏輔相而歸咎於季氏自是汝之言罪過矣虎兕出於柙龜玉毁於櫝中是誰之過與者此又爲輔相之人作譬也柙檻也櫝匱也虎兕皆猛獸故設檻以制之龜玉皆大寶故設匱以藏之若虎兕失出於檻龜玉損毁於匱中是誰之過與言是典守者之過也以喻主君有闕是輔相者之過也冉有曰今夫顓臾

固而近於費今不取後世必爲子孫憂者此冉有乃自言欲伐顓臾之意也固謂城郭完堅兵甲利也費季氏邑言今夫顓臾城郭甲兵堅固而又近於費邑若今不伐而取之後世必爲季氏子孫之憂也孔子曰求君子疾夫舍曰欲之而必爲之辭者孔子見冉有言將伐顓臾之意故又呼冉有名而責之如汝之言君子所憎疾夫以舍其探利之說而更作他辭是所疾也丘也聞有國有家者不患寡而患不均者此下孔子又爲言其正治之法以示非臆說故云丘也聞國謂諸侯家謂卿大夫言爲諸侯卿大夫者不患土地人民之寡少但患政理之不均平也不患貧而患不安者言不憂國家貧但憂不能安民耳民安則國富也蓋均無貧和無寡安無傾者孔子既陳其所聞更爲言其理蓋言政教均平則不貧矣上下和同不患寡矣小大安寧不傾危矣如上所聞此應云均無寡安無貧而此乃云均無貧和無寡安無傾者欲見政教均平又須上下和睦然後國富民多而社稷不傾危也故衍其文耳夫如是故遠人不服則脩文德以來之既來之則安之者言夫政教能均平和安如此故遠方之人有不服者則當脩文德使遠人慕其德化而來遠人既來當以恩惠安存之今由與求也相夫子者謂冉有季路輔相季氏也遠人不服而不能來也者謂不脩文德也邦分崩離析而不能守

也者民有異心曰分欲去曰崩不可會聚曰離析言國內之民又不能以恩惠安撫致有異心不可會聚莫能固守也而謀動干戈於邦內者謂將伐顓臾也吾恐季孫之憂不在顓臾而在蕭牆之內也○蕭牆謂屏也蕭之言肅也君臣相見之禮至屏而加肅敬焉是以謂之蕭牆孔子聖人有先見之明見季氏家臣擅命必知將爲季氏之禍因冉有言顓臾後世必爲子孫憂故言吾恐季孫之憂不遠在顓臾而近在蕭牆之內後季氏家臣陽虎果囚季桓子○注孔曰至孔子○正義曰云顓臾伏羲之後風姓之國者僖二十一年左傳云任宿須句顓臾風姓也實司太皞與有濟之祀杜注云太皞伏羲四國伏羲之後故主其祀顓臾在泰山南武陽縣東北是也云本魯之附庸當時臣屬魯者王制云公侯田方百里伯七十里子男五十里不能五十里者不合於天子附於諸侯曰附庸鄭注云不合謂不朝會也小城曰附庸附庸者以國事附於大國未能以其名通也言此顓臾始封爲附庸之君以國事附於魯耳猶不爲魯臣故曰魯之附庸春秋之世強陵弱衆暴寡故當此季氏之時而顓臾已屬魯爲臣故曰當時臣屬魯也○注使主祭蒙山○正義曰禹貢徐州云蒙羽其藝地理志云泰山蒙陰縣蒙山在西南有祠顓臾國在蒙山下○注曰魯七百里之封顓臾爲附庸在其域中○正義

曰明堂位曰成王以周公爲有勳勞於天下是以封周公於
曲阜地方七百里革車千乘鄭注云曲阜魯地上公之封地
方五百里加魯以四等之附庸方百里者二十四井五五二
十五積四十九開方之得七百里言其顓臾爲附庸在此七
百里封域之中也○注周任古之良史○正義曰周大夫也
與史佚臧文仲並古人立言之賢者也○馬曰至過邪○正
義曰云柙檻也者說文云柙檻也檻櫳也一曰圈以藏虎兕
爾雅云兕野牛郭璞云一角青色重千斤說文云兕如野牛
青色其皮堅厚可制鎧交州記曰兕出九德有一角角長三
尺餘形如馬鞭柄是也云櫝匱也者亦說文云也○注孔曰
干楯也戈戟也○正義曰干一名楯今謂之旁牌方言云楯
自關而東或謂之楯或謂之干關西謂之楯是干楯爲一也
施紛以持之孔注尚書費誓云施乃楯紛紛如綬而小繫於
楯以持之且以爲飾也干扞也並之以扞敵故牧誓云比爾
干也戈者考工記云戈柲六尺有六寸其刃廣二寸內倍之
胡三之援四之鄭玄注云戈今句孑戟也或謂之雞鳴或謂
之擁頸內謂胡以內接柲者也長四寸胡
六寸援八寸鄭司農云援直刃也胡其孑○**孔子曰天下**
有道則禮樂征伐自天子出天下無道則禮樂

征伐自諸侯出自諸侯出蓋十世希不失矣孔曰希少也周幽王爲犬戎所殺平王東遷周始微弱諸侯自作禮樂專行征伐始於隱公至昭公十世失政死於乾侯矣**自大夫出五世希不失矣**孔曰季文子初得政至桓子五世爲家臣陽虎所囚**陪臣執國命三世希不失矣**馬曰陪重也謂家臣陽虎爲季氏家臣至虎三世而出奔齊**天下有道則政不在大夫**孔曰制之由君**天下有道則庶人不議**孔曰無所非議

【疏】孔曰至不議○正義曰此一章論天下有道無道禮樂征伐所出不同及言衰失之世數也孔子曰天下有道則禮樂征伐自天子出者王者功成制禮治定作樂立司馬之官掌九伐之法諸侯不得制作禮樂賜弓矢然後專征伐是天下有道之時禮樂征伐自天子出也天下無道則禮樂征伐自諸侯出者謂天子微弱諸侯上僭自作禮樂專行征伐也自諸侯出蓋十世希不失矣者希少也言政出諸侯不過十世必失其位不失者少也若魯昭公出奔齊是也自大夫出五世希不失矣者言政在大夫不過五世必失其位不失

者少矣若魯大夫季桓子爲陽虎所囚是也陪臣執國命三世希不失矣者陪重也謂家臣也大夫已爲臣故謂家臣爲陪臣言陪臣擅權執國之政命不過三世必失其位不失者少矣若陽虎三世而出奔齊是也天下有道則政不在大夫者元爲政命制之由君也天下有道則庶人不議者議謂謗訕言天下有道則上酌民言以爲政教所行皆是則庶人無有非毁謗議也○注孔曰至乾侯○正義曰云周幽王爲犬戎所殺平王東遷者案周本紀云幽王三年嬖褒姒生伯服幽王欲廢太子太子母申侯女而爲后幽王得褒姒愛之使廢申后并去太子用褒姒爲后以其子伯服爲太子幽王之廢后去太子也申侯怒乃與繒西夷犬戎共攻幽王幽王舉烽火徵兵兵莫至遂殺幽王驪山下虜褒姒盡取周賂而去隱六年左傳稱周桓公言於王曰我周之東遷晉鄭焉依本紀又云於是諸侯乃卽申侯而共立故幽王太子宜臼是爲平王也云周始微弱者地理志云幽王淫褒姒滅宗周子平王東居洛邑於是王室之尊與諸侯無異其詩不能復雅故其詩謂之王國風是周始微弱也云諸侯自作禮樂者謂僭爲天子之禮樂若魯昭公之比也案昭二十五年公羊傳云子家駒曰諸侯僭於天子大夫僭於諸侯久矣昭公曰吾何僭矣哉子家駒曰設兩觀乘大輅朱干玉戚以舞大夏八

佾以舞大武是也云專征伐者謂不由王命專擅行其征伐春秋之時諸侯皆是也云始於隱公至昭公十世失政死於乾侯者隱公名息姑伯禽七世孫惠公弗皇子聲子所生平王四十九年即位是王室微弱政在諸侯始於隱公隱公卒弟桓公允立卒子莊公同立卒子閔公開立卒兄僖公申立卒子文公興立卒子宣公倭立卒子成公黑肱立卒子襄公午立卒子昭公禂立是爲十世也春秋昭公二十五年公孫於齊三十二年卒於乾侯是也○注孔曰至所囚○正義曰季文子初得政至桓子五世者謂文子武子悼子平子桓子爲五世也云爲家臣陽虎所囚者定五年左傳云九月乙亥陽虎囚季桓子及公父文伯是也○注陽虎至奔齊○正義曰魯伐陽虎陽虎出奔齊在定九年

孔子曰祿之去公室五世矣鄭曰言此之時魯定公之初魯自東門襄仲殺文公之子赤而立宣公於是政在大夫爵祿不從君出至定公爲五世矣**政逮於大夫四世矣**孔曰文子武子悼子平子**故夫三桓之子孫微矣**孔曰三桓謂仲孫叔孫季孫三卿皆出桓公故曰三桓也仲孫氏改其氏稱孟氏至哀公皆衰

〔疏〕孔子至微矣○正義曰此章言魯公室微弱政在大夫也

孔子曰祿之去公室五世矣者謂政在大夫爵祿不從君出始於宣公言此之時在魯定公之初故爲五世矣政逮於大夫四世矣者逮及也言君之政令及於大夫至今四世矣謂季文子武子悼子平子也故夫三桓之子孫微矣者三桓謂仲孫叔孫季孫三卿皆出桓公故曰三桓也仲孫氏改其氏稱孟氏以禮樂征伐自大夫出五世希不失故夫三桓子孫至哀公時皆衰微也○注鄭曰至世矣○正義曰魯自東門襄仲殺文公之子赤而立宣公者文十八年左傳云文公二妃敬嬴生宣公敬嬴嬖而私事襄仲宣公長而屬諸襄仲。欲立之叔仲不可仲見于齊侯而請之齊侯新立而欲親魯許之冬十月仲殺惡及視而立宣公是也公羊傳作子赤襄仲居東門故曰東門襄仲云至定公爲五世矣者謂宣公成公襄公昭公定公也○注孔曰文子武子悼子平子○正義曰此據左傳及世家文也

孔子曰益者三友損者三友友直友諒友多聞益矣友便辟馬曰便辟巧辟。人之所忌以求容媚**友善柔**馬曰面柔也**友便佞損矣**鄭曰便辯也謂佞而辨

疏　孔子至損矣○正義曰此章戒人擇友也益者三友損者三友者以人爲友損益於已其類各三也友直

友諒友多聞益矣者直謂正直諒謂誠信多聞謂博學以此三種之人爲友則有益於已也友便辟友善柔友便佞損矣者便辟巧辟人之所忌以求容媚者也善柔謂面柔和顏悅色以誘人者也便佞謂佞而復辯以此三種之人爲友則有損於已也

孔子曰益者三樂損者三樂樂節禮樂孔曰動得禮樂之節**樂道人之善樂多賢友益矣樂驕樂**恃尊貴以自恣**樂佚遊**王曰佚遊出入不節**樂宴樂損矣**孔曰宴樂沈荒淫瀆三者自損之道

【疏】孔子至損矣○正義曰此章言人心樂好損益之事各有三種也樂節禮樂者謂凡所動作皆得禮樂之節也樂道人之善者謂好稱人之美也樂多賢友者謂好多得賢人以爲朋友也言好此三者於身有益也樂驕樂者謂恃尊貴以自恣也樂佚遊者謂好出入不節也樂宴樂者謂好沈荒淫溢也言好此三者自損之道也○注沈荒淫瀆○正義曰云沈者書微子云沈酗於酒言人以酒亂若沈没於水故以耽酒爲沈也荒者廢也謂有所好樂而廢所掌之職事也書云酒荒於厥邑內作色荒外作禽荒皆是淫訓過也言耽酒爲過差也瀆者嬻慢也言無復禮節也 孔

子曰：侍於君子有三愆。孔曰：愆，過也。言未及之而言謂之躁，鄭曰：躁，不安靜。言及之而不言謂之隱，孔曰：隱匿不盡情實。未見顔色而言謂之瞽。周曰：未見君子顔色所趣嚮而便逆先意語者，猶瞽也。

〔疏〕“孔子”至“之瞽”。○正義曰：此章戒卑侍於尊審慎言語之法也。“侍於君子有三愆”者，愆，過也。言卑侍於尊有三種過失之事。“言未及之而言謂之躁”者，謂君子言事未及於己而輒先言，是謂躁動不安靜也。“言及之而不言謂之隱”者，謂君子言論及已，已應言而不言，是謂隱匿不盡情實也。“未見顔色而言謂之瞽”者，瞽謂無目之人也。言未見君子顔色所趣嚮而便逆先意語者，猶若無目人也。

孔子曰：君子有三戒：少之時，血氣未定，戒之在色；及其壯也，血氣方剛，戒之在鬭；及其老也，血氣既衰，戒之在得。孔曰：得，貪得。

〔疏〕“孔子”至“在得”。○正義曰：此章言君子之人自少及老有三種戒慎之事也。“少之時，血氣未定，戒之在色”者，少謂人年二十九以下血氣猶弱筋骨未定貪色則自損故戒之及其壯也血氣方剛戒之在鬬者壯謂氣力方當剛強憙於爭鬬故戒之及其老也血氣既衰戒之在得者老謂五十以上得謂貪得血氣既衰多好聚斂故戒之

孔子曰君子有三畏畏天命順吉逆凶天之命也**畏大人**大人即聖人與天地合其德**畏聖人之言**深遠不可易知測聖人之言也**小人不知天命而不畏也**恢疏故不知畏**狎大人**直而不肆故狎之**侮聖人之言**不可小知故侮之

【疏】孔子至之言○正義曰此章言君子小人敬慢不同也君子有三畏者心服曰畏言君子心所畏服有三種之事也畏天命者謂作善降之百祥作不善降之百殃順吉逆凶天之命也故君子畏之畏大人者大人即聖人也與天地合其德故君子畏之畏聖人之言者聖人之言深遠不可易知測故君子畏之也小人不知天命而不畏也者言小人與君子相反天道恢疏故小人不知畏也狎大人者狎謂慣忽聖人直而不肆故小人忽之侮聖人之言者侮謂輕慢聖人之言不可小知故小人輕慢之而不行也○注順吉逆凶天之命也○正義曰虞書大禹謨云惠廸吉從逆凶惟影

響孔安國云順道吉從逆凶吉凶之報若影之隨形響之應聲言不虛道卽天命也天命無不報故可畏之○注大人卽聖人與天地合其德○正義曰易云利見大人卽聖人也乾卦文言云夫大人者與天地合其德莊氏云謂覆載也與日月合其明謂照臨也與四時合其序若賞以春夏刑以秋冬之類也與鬼神合其吉凶若福善禍淫也此獨舉天地合其德者舉一隅也○注恢疏故不知畏○正義曰案老子德經云天網恢恢疏而不失言天之網羅恢恢疏遠刑淫賞善不失毫分也○注直而不肆故狎之○正義曰肆謂放肆言大人質直而不放肆故小人輕狎之也

孔子曰生而知之者上也學而知之者次也困而學之又其次也孔曰困謂有所不通**困而不學民斯爲下矣**〔疏〕孔子至下矣○正義曰此章勸人學也生而知之者上也者謂聖人也學而知之者次也者言由學而知道次於聖人謂賢人也困而學之又其次也者人本不好學因其行事有所困禮不通發憤而學之者復次於賢人也困而不學民斯爲下矣者謂知困而不學此爲下愚之民也○注孔曰困謂有所不通○正義曰言爲事不能通達者也左傳昭七年公如楚

孟僖子爲介不能相儀及楚不能荅郊勞九月公至自楚孟僖子病不能相禮乃講學之是其困而學之者也

孔子曰君子有九思視思明聽思聰色思溫貌思恭言思忠事思敬疑思問忿思難見得思義【疏】孔子至思義○正義曰此章言君子有九種之事當用心思慮使合禮義也視思明者目覩爲視見微爲明言君子覩視當思見微若離婁也聽思聰者耳聞爲聽聽遠爲聰言君子耳聽當思聞遠若師曠也色思溫者言顔色不可嚴猛當思溫也貌思恭者體貌接物不可驕亢當思恭遜也言思忠者凡所言論不可隱欺當思盡其忠心也事思敬者凡人執事多惰窳君子常思謹敬也疑思問者已有疑事不使在躬當思問以辨之也忿思難者謂人以非理忤已已必忿怒心雖忿怒不可輕易當思其後得無患難乎若一朝之忿忘其身以及其親是不思難者也見得思義者言若有所得當思義然後取不可苟也

孔子曰見善如不及見不善如探湯吾見其人矣吾聞其語矣孔曰探湯喻去惡疾隱居以求其志

行義以達其道吾聞其語矣未見其人也〔疏〕孔曰至人也○正義曰此章言善人難得也見善如不及者言爲善常汲汲也見不善如探湯者人之探試熱湯其去之必速以喻見惡事去之疾也吾見其人矣吾聞其語矣者言今人與古人皆有能若此者也隱居以求其志者謂隱遁幽居以求遂其己志也行義以達其道者謂好行義事以達其仁道也吾聞其語矣未見其人也者言但聞其語說古有此行之人也今則無有故未見其人也

齊景公有馬千駟死之日民無德而稱焉孔曰千駟四千匹伯夷叔齊餓于首陽之下馬曰首陽山在河東蒲坂縣華山之北河曲之中民到于今稱之其斯之謂與王曰此所謂以德爲稱〔疏〕齊景公至謂與○正義曰此章貴德也齊景公有馬千駟死之日民無德而稱焉者景公齊君景謚也馬四匹爲駟千駟四千匹也言齊君景公雖富有千駟及其死也無德可稱伯夷叔齊餓于首陽之下民到于今稱之其斯之謂與者夷齊孤竹君之二子讓位適周遇武王伐紂諫之不入及武王旣誅紂義不食周粟故于河東

郡蒲坂縣首陽山下采薇而食終餓死雖然窮餓民到于今稱之以爲古之賢人其此所謂以德爲稱者與 陳亢問於伯魚曰子亦有異聞乎 馬曰以爲伯魚孔子之子所聞當有異 對曰未也嘗獨立 孔曰獨立謂孔子 鯉趨而過庭曰學詩乎對曰未也不學詩無以言鯉退而學詩他日又獨立鯉趨而過庭曰學禮乎對曰未也不學禮無以立鯉退而學禮聞斯二者陳亢退而喜曰問一得三聞詩聞禮又聞君子之遠其子也

〔疏〕陳亢至子也○正義曰此章勉人爲詩爲禮也陳亢問於伯魚曰子亦有異聞乎者伯魚孔子之子鯉也弟子陳亢以爲伯魚是孔子之子所聞當有異於餘人故問之對曰未也者荅言未有異聞也嘗獨立鯉趨而過庭曰學詩乎對曰未也不學詩無以言鯉退而學詩者伯魚對陳亢言雖未有異聞有時夫子曾獨立於堂鯉疾趨而過其中庭夫子

謂己曰學詩乎己卽對曰未也夫子又言不學詩無以言以古者會同皆賦詩見意若不學之何以爲言也鯉於是退而遂學通於詩也他日又獨立鯉趨而過庭曰學禮乎對曰未也不學禮無以立鯉退而學禮者謂異日夫子又嘗獨立而伯魚趨過夫子訓之曰學禮乎荅言未也夫子又言若不學禮無以立身以禮者恭儉莊敬人有禮則安無禮則危故不學之則無以立其身也鯉於是退而學通於禮聞斯二者蓋言別無異聞但聞此詩禮二者也陳亢退而喜者旣問伯魚退而喜悅也曰問一得三聞詩聞禮又聞君子之遠其子也者亢言始但問異聞是問一也今乃聞詩可以言禮可以立且鯉也過庭方始受訓則知不常嘻嘻褻慢是又聞君子之疎遠其子也故爲得三所以喜也

邦君之妻君稱之曰夫人夫人自稱曰小童邦人稱之曰君夫人稱諸異邦曰寡小君異邦人稱之亦曰君夫人孔曰小君君夫人之稱對異邦謙故曰寡小君當此之時諸侯嫡妾不正稱號不審故孔子正言其禮也

【疏】邦君至夫人○正義曰此章正夫人之名稱也邦君之妻者諸侯之夫人也妻者齊也言與夫齊體上下

之通稱故曰邦君之妻也君稱之曰夫人者夫之言扶也能扶成人君之德也邦君自稱其妻則曰夫人也夫人自稱曰小童者自稱謙言已小弱之童稚也邦人稱之曰君夫人者謂國中之臣民言則繫君而稱之言是君之夫人故曰君夫人也稱諸異邦曰寡小君者諸於也謂已國臣民稱己君之夫人於他國之人則曰寡小君對異邦謙也以對異邦稱君曰寡君謙言寡德之君夫人對君爲小故曰寡小君也異邦人稱之亦曰君夫人者謂稱他國君妻亦曰君夫人也以當此之時諸侯嫡妾不正稱號不審故孔子正言其禮也

論語注疏解經卷第十六

二品廕生阮常生挍栞

論語注疏挍勘記　　阮元撰盧宣旬摘録

季氏第十六

揚其衰失　本揚誤楊今正

季氏將伐顓臾章

季氏將伐顓臾　唐石經臾作臾北監本作臾案臾是正字省作臾誤作臾

伏羲之後　皇本伏羲作宓犧釋文出宓字云音密又音伏本亦作伏案五經文字云宓論語注亦用作宓犧字音伏是唐時論語注俱作宓犧

季氏貪其土地　皇本無土字

欲滅而取之　皇本取作有

來告孔子　皇本子作氏下有也字

故孔子獨疑求教之 皇本之作也

且在邦域之中矣 釋文出邦域云邦或作封案邦與封古字雖通然此處疑本作封字孔注云魯七百里之封邢疏云魯之封域方七百里顓臾爲附庸在其域中也又云顓臾爲附庸在此七百里封域之中也皆作封字可證

魯七百里之封 皇本封作邦

何以伐爲 皇本高麗本作何以爲伐也

虎兕出於柙龜玉毁於櫝中 皇本無二於字高麗本毁下無於字釋文出於匣云本今作柙五經文字云柙與匣同見論語○按柙訓檻匣訓匱是柙爲正字匣爲假借字

櫝匱也 皇本匱作櫃案櫃乃匱之俗字

失虎毁玉豈非典守之過邪 皇本作失毁非典守者之過邪

後世必爲子孫憂 釋文出必爲子孫憂云本或作後世必爲子孫憂

而必爲之辭 皇本高麗本必下有更字

患政理之不均平 皇本理作治平下有也字釋文出政治云本今作理

則不貧矣 皇本不下有患字

而謀動干戈於邦內 釋文出邦內云鄭本作封內

干楯也 釋文出盾字云又作楯

不在顓臾 唐石經高麗本在下有於字釋文出不在顓臾云或作不在於顓臾

而在蕭牆之內也 隸釋載漢石經在下有於字云盍毛包周無於又牆作蘠閩本北監本毛本作墻。按墻俗牆字

言季氏將有征伐之事於顓臾也 本顓誤頊今正

且爾言過矣本且誤目今正

自是汝之言罪過矣本自誤目今正

言將伐顓臾之意本臾誤更今正

以舍其探利之說北監本毛本探作貪

不患土地人民之寡少本土誤士今正

則當修文德本文誤大今正

而在蕭牆之內也浦鏜云也下脫者字

至屏而加肅敬焉本肅誤蕭今正

武陽縣東北是也本北誤此今正

爾雅云兕野牛案爾雅野當作似各本皆誤

戈秘六尺有六寸　監本毛本秘作柲是也閩本亦誤

戈今句矛戟也　浦鏜云孑誤矛是也

胡其孑　孑當作孑閩本毛本並誤

天下有道章

周幽王爲犬戎所殺　本犬誤天今改

孔曰至乾侯　北監本毛本作至侯矣

幽王之廢后去太子也　今史記周本紀后上有申字

遂殺幽王麗山下　本同毛本麗作驪

云專征伐者　浦鏜云專下脫行字

子昭公裯立　閩本北監本毛本裯作禂○按史漢並作裯左傳作禂說詳左傳注疏校勘記二十

六

祿之去公室章

孔曰文子云云　皇本高麗本竝作鄭元曰

文公子妃　左氏文十八年傳子作二

欲立之　左氏文十八年傳欲上重襄仲二字

益者三友章

友便辟　高麗本辟作僻案馬讀辟爲避鄭讀辟爲譬今高麗本作僻葢與釋文同今既采馬注而字又作僻其誤甚矣

巧辟人之所忌以求容媚　皇本作巧避人所忌以求容媚者也

友便佞　說文引便作諞案五經文字云諞見周書與便巧之便同

便辨也　北監本毛本辨作辯說見前

益者三樂章

樂佚遊　釋文出佚遊云本亦作逸音同○按佚逸字多通用

謂好沈荒淫瀆也　浦鏜云瀆誤瀆

瀆者嫉慢也　案嫉是媟之誤閩本同

侍於君子有三愆章

言未及之而言謂之躁　釋文出躁字云魯讀躁爲傲今從古　案荀子勸學篇云未可與言而言謂之傲臨鐵論孝養章云言不及而言者傲也皆用魯論

言及之而不言謂之隱　皇本高麗本無而字

君子有三戒章

戒之在鬭　唐石經鬭誤鬬皇本閩本誤鬬北監本毛本誤鬬

戒之在得　釋文出在得云或作德非

生而知之者章

有悋禮不通　補北監本禮作屈

君子有九思章

孔子至思義　本義誤夫今正

凡人執事多惰寙　閩本北監本毛本寙作息

若一朝之忿　本一字空闕今補正

齊景公有馬千駟章

民無德而稱焉　皇本高麗本德作得又皇本無而字案得與德字雖通然此處自當作德王注云此所謂

以德爲稱正義云此章貴德也又云及其死也無德可稱又云其此所謂以德爲稱者與皆以斯字即指德言直截自然若改爲得頗乖文義

餓于首陽之下　案論語于皆作於惟此章作于

陳亢問於伯魚曰章

陳亢　説文云論語有陳伉案亢字子禽與爾雅亢鳥嚨訓相合作伉似非也然漢書古今人表陳亢陳子禽爲二人段玉裁説

未也不學詩無以言　皇本高麗本也下有曰字言下有也字

聞斯二者　皇本者下有矣字高麗本者作矣

問一得三　北監本毛本問誤聞

邦君之妻章

亦曰君夫人 皇本高麗本人下有也字

對異邦謙 本邦誤所今正

諸侯嫡妾不正 釋文出嫡妾云本又作適同

論語注疏校勘記卷十六終

論語注疏解經卷第十七

陽貨第十七

何晏集解　邢昺疏

【疏】正義曰此篇論陪臣專恣因明性習知愚禮樂本末六蔽之惡二南之美君子小人爲行各異今之與古其疾不同以前篇首章言大夫之惡此篇首章記家臣之亂尊卑之差故以相次也

陽貨欲見孔子孔子不見孔曰陽貨陽虎也季氏家臣而專魯國之政欲見孔子使仕歸孔子豚孔曰欲使往謝故遺孔子豚孔子時其亡也而往拜之遇諸塗孔曰塗道也於道路與相逢謂孔子曰來予與爾言曰懷其寶而迷其邦可謂仁乎曰不可馬曰言孔子不仕是懷寶也知國不治而不爲政是迷邦也好從事而亟失時可謂知乎曰不可孔曰言孔子栖栖好從事而數不遇失時不得爲有知日月逝矣

歲不我與馬曰年老歲月已往當急仕孔子曰諾吾將仕矣孔曰以順辭免

疏陽貨至仕矣○正義曰此章論家臣專恣孔子遜辭遠害之事也陽貨欲見孔子者陽貨陽虎也蓋名虎字貨爲季氏家臣而專魯國之政欲見孔子將使之仕也孔子不見者疾其家臣專政故不與相見歸孔子豚者歸遺也豚豕之小者陽貨欲使孔子往謝因得從容見之故遺孔子豚也孔子時其亡而往拜之者謂伺虎不在家時而往謝之也遇諸塗者塗道也孔子既至貨家而反於道路與相逢也謂孔子曰來予與爾言者貨呼孔子使來就己言我與汝有所言也曰懷其寶而迷其邦可謂仁乎者此陽貨謂孔子之言也寶以喻道德言孔子不仕是懷藏其道德也知國不治而不爲政是使迷亂其國也仕者當拯弱興衰使功被當世今爾乃懷寶迷邦可以謂之仁乎曰不可者此孔子遜辭言如此者不可謂之仁也好從事而亟失時可謂知乎者此亦陽貨謂孔子辭亟數也言孔子棲棲好從事而數不遇失時可謂有知者乎不得爲有知也曰不可者此亦孔子遜辭言如此者不可謂之知也日月逝矣歲不我與者此陽貨勸孔子求仕之辭逝往也言孔子年老歲月已往不復留待我也當急求仕孔子曰諾吾將仕矣者諾應辭也孔子

知其勸仕故應荅之言我將求仕以順辭免去也

子曰性相近也習相遠也孔曰君子慎所習子曰唯上知與下愚不移孔曰上知不可使爲惡下愚不可使強賢

疏子曰性相近也習相遠也子曰唯上知與下愚不移○正義曰此章言君子當慎其所習也性謂人所稟受以生而靜者也未爲外物所感則人皆相似是近也既爲外物所感則習以性成若習於善則爲君子若習於惡則爲小人是相遠也故君子慎所習然此乃是中人耳其性則可上可下故遇善則升逢惡則墜也孔子又嘗曰唯上知與下愚不可移之人不可移之使爲惡下愚之人不可移之使強賢此則非如中人性習相近遠也

子之武城聞弦歌之聲孔曰子游爲武城宰夫子莞爾而笑莞爾小笑貌曰割雞焉用牛刀孔曰言治小何須用大道子游對曰昔者偃也聞諸夫子曰君子學道則愛人小人學道則易使也孔曰道謂禮樂也樂以和人人和則易使子曰二三子孔曰從行者偃之

言是也前言戲之耳孔曰戲以治小而用大道疏子之至之耳。正義曰此章論治民之道也子之武城聞弦歌之聲者之適也武城魯邑名時子游爲武城宰意欲以禮樂化導於民故弦歌孔子因適武城而聞其聲也夫子莞爾而笑曰割雞焉用牛刀者莞爾小笑貌言雞乃小牲割之當用小刀何用解牛之大刀以喻治小何須用大道今子游治小用大故笑之子游對曰昔者偃也聞諸夫子曰君子學道則愛人小人學道則易使也者子游見孔子笑其治小用大故稱名而引昔聞夫子之言以對之道謂禮樂也禮節人心樂和人聲言若在位君子學禮樂則愛養下人也若在下小人學禮樂則人和而易使也子曰二三子者呼其弟子從行者也偃之言是也前言戲之耳者孔子語其從者言子游之說是我前言戲之以治小而用大道其實用大是也

公山弗擾以費畔召子欲往孔曰弗擾爲季氏宰與陽虎共執季桓子而召孔子子路不說曰末之也已何必公山氏之之也孔曰之適也無可之則止何必公山氏之適子曰夫召我者而豈徒哉如有用我者吾

其爲東周乎興周道於東方故曰東周疏公山至周乎○正義曰此章論孔子欲不避亂而興周道也公山弗擾以費畔名子欲往者弗擾卽左傳公山不狃也字子洩爲季氏費邑宰與陽虎共執季桓子據邑以畔來名孔子孔子欲往從之也子路不說曰末之也已何必公山氏之之也者上下二之俱訓爲適末無也已止也子路以爲君子當去亂就治今孔子乃欲就亂故不喜說且曰無可適也則止之何必公山氏之適也子曰夫召我者而豈徒哉如有用我者吾其爲東周乎者孔子荅其欲往之意也徒空也言夫人召我者豈空然哉必將用我道也如有用我道者我則興周道於東方其使魯爲周乎吾是以不擇地而欲往也○注弗擾爲季氏宰與陽虎共執季桓子○正義曰案定五年左傳曰六月季平子行東野還未至丙申卒于房陽虎將以璵璠斂仲梁懷弗與曰改步改玉陽虎欲逐之告公山不狃不狃曰彼爲君也子何怨焉既葬桓子行東野及費子洩爲費宰逆勞於郊桓子敬之勞仲梁懷仲梁懷弗敬子洩怒謂陽虎子行之乎九月乙亥陽虎囚季桓子是其事也至八年又與陽虎謀殺桓子陽虎敗而出至十二年季氏將墮費公山不狃叔孫輒率費人以襲魯國人敗諸姑蔑二子奔齊

子張問仁於孔子孔

子曰：能行五者於天下爲仁矣。請問之。曰：恭、寬、信、敏、惠。恭則不侮，孔曰：不見侮慢。寬則得衆，信則人任焉，敏則有功，孔曰：應事疾則多成功。惠則足以使人。【疏】子張至使人。○正義曰：此章明仁也。子張問仁於孔子者，問何如斯可謂之仁也。孔子曰能行五者於天下爲仁矣者，言爲仁之道有五也。請問之者，子張復請問五者之目也。曰恭寬信敏惠者，此孔子略言爲仁五者之名也。恭則不侮者，此下孔子又歷說五者之事也。言己若恭以接人，人亦恭以待己，故不見侮慢。寬則得衆者，言行能寬簡，則爲衆所歸也。信則人任焉者，言而有信，則人所委任也。敏則有功者，敏，疾也，應事敏疾則多成功也。惠則足以使人者，有恩惠則人忘其勞也。

佛肸召，子欲往。孔曰：晉大夫趙簡子之邑宰。子路曰：昔者由也聞諸夫子曰：親於其身爲不善者，君子不入也。孔曰：不入其國。佛肸以中牟畔，子之往也，如之何？子曰：然，有是言也不曰堅乎磨而不磷不曰白乎涅而不緇。孔曰磷薄也涅可以染皁言至堅者磨之而不薄至白者染之於涅而不黑喻君子雖在濁亂濁亂不能汙

吾豈匏瓜也哉焉能繫而不食匏瓠也言瓠瓜得繫一處者不食故也吾自食物當東西南北不得如不食之物繫滯一處

疏佛肸至不食○正義曰此章亦言孔子欲不擇地而治也佛肸名子欲往者佛肸爲晉大夫趙簡子之中牟邑宰以中牟畔來名孔子孔子欲往從之也子路曰昔者由也聞諸夫子曰親於其身爲不善者君子不入也者言君子不入不善之國也佛肸以中牟畔子之往也如之何者言今佛肸以中牟畔則是身爲不善而子欲往如前言何子曰然有是言也者孔子荅云雖有此不入不善之言也不曰堅乎磨而不磷不曰白乎涅而不緇者孔子之意雖言不入不善緣君子見幾而作亦有可入之理故謂之作譬磷薄也涅水中黑土可以染皁緇黑色也人豈不曰至堅者磨之而不薄至白者染之於涅而不黑以喻君子雖居濁亂濁亂不能汙也吾豈匏瓜也哉焉能繫而不食者孔子又爲言其欲往之意也匏瓠也瓠瓜得繫一處者不食故也吾自食物當東西南北

不得如不食之物繫滯一處江熙云夫子豈實之公山佛肸乎欲往之意以示無係以觀門人之意如欲居九夷乘桴浮于海耳子路見形而不及道故聞乘桴而喜聞之公山而不說升堂而未入室安得聖人之趣**子曰由也。女聞六言六蔽矣乎**六言六蔽者謂下六事仁知信直勇剛也**對曰未也居。吾語女**孔曰子路起對故使還坐**好仁不好學其蔽也愚**孔曰仁者愛物不知所以裁之則愚**好知不好學其蔽也蕩**孔曰蕩無所適守**好信不好學其蔽也賊**孔曰父子不知相爲隱之輩**好直不好學其蔽也絞好勇不好學其蔽也亂好剛不好學其蔽也狂**孔曰狂妄抵觸人

【疏】子曰至也狂。○正義曰此章勸學也子曰由也女聞六言六蔽矣乎者蔽謂蔽塞不自見其過也孔子呼子路而問之曰汝嘗聞六言不學而皆蔽塞者乎對曰未也者子路對言未曾聞也居吾語女者居由坐也禮君子問更端則起子路起對故使還坐吾將語女也好仁不好學其蔽也愚者此下

歷說六言六蔽之事也學者覺也所以覺寤未知也仁之爲行學則不固是以愛物好與曰仁若但好仁不知所以裁之所施不當則如愚人也好知不好學其蔽也蕩者明照於事曰知若不學以裁之則其蔽在於蕩逸無所適守也好信不好學其蔽也賊者人言不欺爲信則當信義若但好信而不學以裁之其蔽在於賊害父子不知相爲隱之輩也好直不好學其蔽也絞者絞切也正人之曲曰直若好直不好學則失於譏刺太切好勇不好學其蔽也亂者勇謂果敢當學以知義若好勇而不好學則是有勇而無義則爲賊亂好剛不好學其蔽也狂者狂猶妄也剛者無欲不爲曲求若好恃其剛不學以制之則其蔽也妄抵觸人

子曰小子何莫學夫詩包曰小子門人也詩可以興孔曰興引譬連類可以觀鄭曰觀風俗之盛衰可以羣孔曰羣居相切瑳。可以怨孔曰怨刺上政邇之事父遠之事君孔曰邇近也多識於鳥獸草木之名子謂伯魚曰女爲周南召南矣乎人而不爲周南召南其猶正牆面而

立也與馬曰周南召南國風之始樂得淑女以配君子三綱之首王教之端故人而不爲如向牆而立

疏子曰至也與○正義曰此章勸人學詩也子曰小子何莫學夫詩者小子門人也莫不也孔子呼門人曰何不學夫詩也詩可以興者又爲說其學詩有益之理也若能學詩詩可以令人能引譬連類以爲比興也可以觀者詩有諸國之風俗盛衰可以觀覽知之也可以羣者詩有如切如磋可以羣居相切磋也可以怨者詩有君政不善則風刺之言之者無罪聞之者足以戒故可以怨刺上政邇之事父遠之事君者邇近也詩有凱風白華相戒以養是有近之事父之道也又有雅頌君臣之法是有遠之事君之道也言事父與君皆有其道也多識於鳥獸草木之名者言詩人多記鳥獸草木之名以爲比興則因又多識於此鳥獸草木之名也子謂伯魚曰女爲周南召南矣乎者爲猶學也孔子謂其子伯魚曰女學周南召南之詩矣乎人而不爲周南召南其猶正牆面而立也與者又爲說宜學周南召南之意也牆面面向牆也周南召南國風之始三綱之首王教之端故人若學之則可以觀興人而不爲則如面正向牆而立無所觀見也○注周南至而立○正義曰云周南召南國風之始者詩序云然則關雎麟趾之化王者之風故繫之周公南言化自北而南也鵲巢騶

虞之德諸侯之風也先王之所以教故繫之召公周南召南正始之道王化之基是以周南召南二十五篇謂之正國風爲十五國風之始也云樂得淑女以配君子者亦詩關雎序文也言二南皆是正始之道先美家內之化是以關雎之篇說后妃心之所樂樂得此賢善之女以配己之君子也云三綱之首王化之端者白虎通云三綱者何謂謂君臣父子夫婦也君爲臣綱父爲子綱夫爲妻綱有夫婦然後有父子有父子然後有君臣二南之詩首論夫婦文王刑于寡妻至于兄弟以御于家邦是故二國之詩以后妃夫人之德爲首終以麟趾騶虞言后妃夫人有斯德興助其君子皆可以成功至于致嘉瑞故爲三綱之首王教之端也

子曰禮云禮云玉帛云乎哉鄭曰玉圭璋之屬帛束帛之屬言禮非但崇此玉帛而已所貴者乃貴其安上治民**樂云樂云鍾鼓云乎哉**馬曰樂之所貴者移風易俗非謂鍾鼓而已

〔疏〕子曰至乎哉○正義曰此章辨禮樂之本也子曰禮云禮云玉帛云乎哉者玉圭璋之屬帛束帛之屬皆行禮之物也言禮之所云豈在此玉帛云乎者哉言非但崇此玉帛而已所貴者在於安上治民樂云樂云鍾鼓云乎哉者鍾鼓樂之器也樂之所貴者貴其移風易俗非謂貴此

鍾鼓鏗鏘而已故孔子歎之重言之者深明樂之本不在玉帛鍾鼓也 **子曰色厲而內荏**孔曰荏柔也爲外自矜厲而內柔佞 **譬諸小人其猶穿窬之盜也與**孔曰爲人如此猶小人之有盜心穿穿壁窬窬牆〔疏〕子曰色厲而內荏譬諸小人其猶穿窬之盜也與○正義曰此章疾時人體與情反也厲矜莊也荏柔佞也穿穿壁窬窬牆也言外自矜厲而內柔佞爲人如此譬之猶小人外雖持正內常有穿壁窬牆竊盜之心也與 **子曰鄉原德之賊也**周曰所至之鄉輒原其人情而爲意以待之是賊亂德也一曰鄉向也古字同謂人不能剛毅而見人輒原其趣嚮容媚而合之言此所以賊德〔疏〕子曰鄉原德之賊也○正義曰此章疾時人之詭隨也舊解有二周曰所至之鄉輒原其人情而爲意以待之是賊亂德也何晏云一曰鄉向也古字同謂人不能剛毅而見人輒原其趣嚮容媚而合之言此所以賊德也 **子曰道聽而塗說德之棄也**馬曰聞之於道路則傳而說之〔疏〕子曰道聽而塗說德之棄也○正義曰此章疾時人不習而傳之也塗亦道也言聞之於道路則於道路傳而說之必多謬妄爲有

德者所棄也子曰鄙夫可與事君也與哉孔曰言不可與事君其未得之也患得之患得之者患不能得之楚俗言既得之患失之苟患失之無所不至矣鄭曰無所不至者言其邪媚無所不爲

〔疏〕子曰鄙夫至至矣○正義曰此章論鄙夫之行也子曰鄙夫可與事君也與哉者言凡鄙之人不可與之事君也其未得之也患得之者此下明鄙夫不可與事君之由也患得之者患不能得也言其初未得事君也時常患己不能得事君也既得之患失之者言不能任直守道常憂患失其祿位也苟患失之無所不至矣者苟誠也若誠憂失之則用心顧惜竊位偷安言其邪媚無所不爲也以此故不可與事君也

子曰古者民有三疾今也或是之亡也包曰言古者民疾與今時異古之狂也肆包曰肆極意敢言今之狂也蕩孔曰蕩無所據古之矜也廉馬曰有廉隅今之矜也忿戾孔曰惡理多怒古之愚也直今之愚也詐而已

矣【疏】子曰至已矣。○正義曰此章論今人澆薄不如古人也子曰古者民有三疾今也或是之亡也者亡無也言古者淳朴之時民之行有三疾今也澆薄或是亦無也言古者民疾與今時異古之狂也肆者此下歷言三疾也肆謂極意敢言多抵觸人也今之狂也蕩者謂忿怒而多咈戾惡理多怒古之愚也直者謂心直而無邪曲今之愚也詐而已矣者謂多行欺詐自利也

子曰巧言令色鮮矣仁王曰巧言無實令色無質【疏】子曰巧言令色鮮矣仁。○正義曰此章與學而篇同弟子各記所聞故重出之

子曰惡紫之奪朱也孔曰朱正色紫間色之好者惡其邪好而奪正色**惡鄭聲之亂雅樂也**包曰鄭聲淫聲之哀者惡其亂雅樂**惡利口之覆邦家者**孔曰利口之人多言少實苟能悅媚時君傾覆國家【疏】子曰至家者。○正義曰此章記孔子惡邪奪正也惡紫之奪朱也者朱正色紫間色之好者惡其邪好而奪正色也惡鄭聲之亂雅樂也者鄭聲淫聲之哀者惡其淫聲亂正樂也惡利口之覆邦家者利口之人多言少實苟能悅媚時君傾覆國家也。○注孔曰至正色。○正義曰云朱正色紫間色者皇氏云謂靑赤白黑五

方正色不正謂五方間色綠紅碧紫騮黃色是也青是東方正綠是東方間東爲木木色青木刻土土色黃並以所刻爲間故綠色青黃也朱是南方正紅是南方間南爲火火色赤火刻金金色白故紅色赤白也白是西方正碧是西方間西爲金金色白金刻木故碧色青白也黑是北方正紫是北方間北爲水水色黑水刻火火色赤故紫色赤黑也黃是中央正騮黃是中央間中央土土色黃土刻水水色黑故騮黃色黃黑也

子曰：予欲無言。子貢曰：子如不言，則小子何述焉？言之爲益少，故欲無言。

子曰：天何言哉？四時行焉，百物生焉，天何言哉？〔疏〕子曰至言哉○正義曰此章戒人愼言也子曰予欲無言者君子訥於言而敏於行以言之爲益少故欲無言子貢曰子如不言則小子何述焉者小子弟子也子貢聞孔子不欲言故告曰夫子若不言則弟子等何所傳述子曰天何言哉四時行焉百物生焉天何言哉者此孔子舉天亦不言而令行以爲譬也天何嘗有言語哉而四時之令遞行焉百物皆依時而生焉天何嘗有言語教命哉以喻人若無言但有其行不亦可乎

孺悲欲見孔子，孔子

辭以疾將命者出戸取瑟而歌使之聞之孺悲魯人也孔子不欲見故辭之以疾爲其將命者不已故歌令將命者悟所以令孺悲思之〔疏〕○正義曰此章蓋言孔子疾惡也孺悲欲見孔子孔子辭以疾者孺悲魯人也來欲見孔子孔子不欲見故辭之以疾也將命者出戸取瑟而歌使之聞之者將猶奉也奉命者主人傳辭出入人也初將命者來入戸言孺悲求見夫子辭之以疾又爲將命者不已故取瑟而歌令將命者聞之而悟已無疾但不欲見之所以令孺悲思之

宰我問三年之喪期已久矣君子三年不爲禮禮必壞三年不爲樂樂必崩舊穀既沒新穀既升鑽燧改火期可已矣馬曰周書月令有更火之文春取榆柳之火夏取棗杏之火季夏取桑柘之火秋取柞楢之火冬取槐檀之火一年之中鑽火各異木故曰改火也子曰食夫稻衣夫錦於女安乎曰安女安則爲之夫君子之居喪食旨不

甘聞樂不樂居處不安故不爲也今女安則爲之孔曰旨美也責其無仁恩於親故再言女安則爲之宰我出子曰予之不仁也子生三年然後免於父母之懷馬曰子生於三歲爲父母所懷抱夫三年之喪天下之通喪也孔曰自天子達於庶人予也有三年之愛於其父母乎孔曰言子之於父母欲報之恩昊天罔極而予也有三年之愛乎

【疏】宰我至母乎。正義曰此章論三年喪禮也宰我問三年之喪期已久矣者禮喪服爲至親者三年宰我嫌其期月大遠故問於夫子曰三年之喪期已久矣乎君子三年不爲禮禮必壞三年不爲樂樂必崩者此宰我又說喪不可三年之義也言禮檢人迹樂和人心君子不可斯須去身推在喪則皆不爲也不爲既久故禮壞而樂崩也舊穀既沒新穀既升鑽燧改火期可已矣者宰我又言三年之喪一期爲足之意也夫人之變遷本依天道一期之閒則舊穀已沒新穀已成鑽木出火謂之燧言鑽燧者又已改變出火之木天道萬物既已改新則人情亦宜從舊故喪禮但一期而除亦可已矣子曰食夫稻衣夫錦於女安乎者孔子見宰我言至親之喪欲以期斷故問之言禮爲父母之喪既殯食粥居倚廬斬衰三年期而小祥食菜果居堊室練冠縓緣要絰不除今女既期之後食稻衣錦於女之心得安否乎曰安者宰我言既期除喪即食稻衣錦其心安也女安則爲之者孔子言女心安則自爲之夫君子之居喪食旨不甘聞樂不樂居處不安故不爲也今女安則爲之者孔子又爲說不可安之禮旨美也言君子之居喪也疾即飲酒食肉雖食美味不以爲甘雖聞樂聲不以爲樂寢苫枕塊居處不求安也故不爲食稻衣錦之事今女既心安則任自爲之責其無仁恩於親故再言女安則爲之宰我出子曰予之不仁也子生三年然後免於父母之懷者予宰我名宰我方當愚執夫子不欲面斥其過故宰我既問而出去孔子對二三子言曰夫宰予不仁於父母也凡人子生未三歲常爲父母所懷抱既三年然後免離父母之懷是以聖人制喪禮爲父母三年夫三年之喪天下之通喪也者通達也謂上自天子下達庶人皆爲父母三年故曰通喪也予也有三年之愛於其父母乎者爲父母愛己故喪三年今予也不欲行三年之服是有三年之恩愛於父母乎。注馬曰至火也。正義曰云周禮月令有更火之文者周書孔子所删尚書百篇之餘也晉成康中得之汲冢有月令篇其辭今亡案周禮司爟掌行火之政令四時變國火以救時疾鄭玄注云行猶用也變猶易也鄭司農說以鄹子曰春取榆柳之火夏取棗杏之火季夏取桑柘之火秋取柞楢之火冬取槐檀之火其文與此正同釋者云榆柳青故春用之棗杏赤故夏用之桑柘黄故季夏用之柞楢白故秋用之槐檀黑故冬用之。注孔曰自天子達於庶人。正義曰禮記三年問云夫三年之喪天下之通喪也鄭玄云達謂自天子至於庶人喪服四制曰此喪之所以三年賢者不得過不肖者不得不及檀弓曰先王制禮也過之者俯而就之不至者跂而及之也聖人雖以三年為文其實二十五月而畢若駟之過隙然而遂之則是無窮也故先王為之立中制節壹使足以成文理則釋之矣喪服四制曰始死三日不怠三月不解期悲哀三年憂恩之殺也故孔子云子生三年然後免於父母之懷夫三年之喪天下之達喪也所以喪必三年為制也。注孔曰至愛乎。正義曰云欲報之德昊天罔極者小雅蓼莪文鄭箋云之猶是也我欲報父母是德昊天乎我心無極云予也有三年之愛乎者言宰予不欲服喪三年是無三年之愛也繆協云爾時禮壞樂崩三年不行宰我大懼其往以為聖人無微旨以戒將來故假時人之謂啓憤於夫子義在屈己以明道也

子

曰飽食終日無所用心難矣哉不有博弈者乎爲之猶賢乎已馬曰爲其無所據樂善生淫欲疏子曰至乎已。正義曰此章疾人之不學也子曰飽食終日無所用心難矣哉者言人飽食終日於善道無所用心則難以爲處矣哉不有博弈者乎爲之猶賢乎已者賢勝也已止也博說文作簙局戲也六箸十二棊也古者烏曹作簙圍棊謂之弈說文弈從廾言竦兩手而執之棊者所執之子以子圍而相殺故謂之圍棊圍棊稱弈者又取其落弈之義也夫子爲其飽食之無所據樂善生淫欲故教之曰不有博弈之戲者乎若其爲之猶勝乎止也欲令據此爲樂則不生淫欲也子路曰君子尚勇乎子曰君子義以爲上君子有勇而無義爲亂小人有勇而無義爲盜疏子路至爲盜。正義曰此章抑子路也子路曰君子尚勇乎者子路有勇意謂勇可崇尚故問於夫子曰君子當尚勇乎子曰君子義以爲上者言君子不尚勇而上義也上卽尚也君子有勇而無義爲亂小人有勇而無義爲盜者君子指在位者合宜爲義言在位之人有勇而無義則爲亂逆在下小人有勇而無義則爲盜賊 子貢曰。君子亦有惡乎。子曰。有惡。惡稱人之惡者。包曰好稱說人之惡所以爲惡 惡居下流而訕上者。孔曰訕謗毀 惡勇而無禮者。惡果敢而窒者。馬曰窒窒塞也 曰。賜也亦有惡乎。惡徼以爲知者。孔曰徼抄也。抄人之意以爲己有 惡不孫以爲勇者。惡訐以爲直者。包曰訐謂攻發人之陰私

【疏】子貢至直者。○正義曰此章論人有惡行可憎惡也子貢曰君子亦有惡乎者君子謂夫子也子貢問夫子之意亦有憎惡者乎子曰有惡者荅言有所憎惡也惡稱人之惡者謂好稱說人之惡所以惡之惡居下流而訕上者訕謗毀也謂人居下位而謗毀在上所以惡之也惡勇而無禮者勇而無禮義爲亂所以惡之也惡果敢而窒者窒謂窒塞謂好爲果敢窒塞人之善道所以惡之也曰賜也亦有惡乎者子貢言賜也亦有所憎惡也惡徼以爲知者徼抄也禮毋抄說若抄人之意以爲己有所以惡之惡不孫以爲勇者孫順也君子義以爲勇若以不順爲勇者亦可惡也惡訐以

爲直者訐謂攻發人之陰私也人之爲直當自直己若攻發他人陰私之事以成己之直者亦可惡也

子曰唯女子與小人爲難養也近之則不孫遠之則怨

疏 子曰唯女子與小人爲難養也近之則不孫遠之則怨。正義曰此章言女子與小人皆無正性難畜養所以難養者以其親近之則多不孫順疏遠之則好生怨恨此言女子舉其大率耳若其稟性賢明若文母之類則非所論也

子曰年四十而見惡焉其終也已

鄭曰年在不惑而爲人所惡終無善行

疏 子曰年四十而見惡焉其終也已。正義曰此章言人年四十猶爲惡行而見憎惡於人者則是其終無善行也已以其年在不惑而猶爲人所惡必不能追改故也

論語注疏解經卷第十七

二品廕生阮常生校栞

論語注疏挍勘記　阮元撰盧宣旬摘錄

陽貨第十七

陽貨欲見孔子章

歸孔子豚 釋文出歸孔子云如字鄭本作饋魯讀爲歸今從古案歸饋古今字儀禮聘禮注今文歸或爲饋

遇諸塗 釋文出塗字云字當作途○按古道塗字多作涂从辵从土皆後出字

言孔子栖栖好從事 北監本毛本栖作棲此疏中亦作棲案說文西爲本字或作棲此作栖又爲棲之俗字

以順辭免 皇本免下有害也二字

予與爾言者 本予誤子今正

仕者當拯弱興衰 北監本毛本弱作溺

言孔子年老　本老誤者今正

性相近也章

唯上知與下愚　皇本唯作惟說見前

不可使爲惡　皇本爲上有强字案釋文爲下强賢作音則此處亦無强字

未爲外物所感　本未誤夫今正

下愚之人　閩本北監本毛本人作夫

子之武城章

聞弦歌之聲　皇本弦作絃案說文有弦無絃

夫子莞爾而笑　釋文出莧爾云本今作莞案易夬莧陸夬夬虞注莧悅也讀如夫子莧爾而笑之莧是仲翔所見本亦作莧字

小人學道則易使也高麗本無也字

言雞乃小牲本牲誤往今正

而引昔聞夫子之言以對之本昔誤焉閩本同今正

公山弗擾以費畔章

公山弗擾皇本高麗本弗作不注同

何必公山氏之之也高麗本之字不重

如有用我者皇本用上有復字

此章論孔子不避亂而興周道也本避誤壁今正

改步改玉本玉誤王閩本同今正

子張問仁於孔子章

孔子曰 高麗本曰上有對字

佛肸召章

佛肸召 唐石經同皇本佛肸作胇肸後同案漢書古今人表作茀肸佛茀胇三字皆以音近通借五經文字云肸肸上說文下經典相承隸省

有是言也不曰堅乎 皇本不上有曰字

涅而不緇 閩本同毛本涅作湼案史記孔子世家及論衡問孔篇俱作不淄淄與緇古字通後漢書后妃紀云湼而不渝史記屈原賈生傳云皭然泥而不滓者也後漢書隗囂傳亦云賢者泥而不滓似皆本此當是古魯異文

故謂之作譬 浦鏜云爲誤謂

由也女聞六言六蔽矣乎章

由也女聞六言六蔽矣乎　皇本無也字

未也居吾語女　皇本居上有曰字

居由坐也　閩本同毛本由作猶

好剛不好學　本學誤之今正

小子何莫學夫詩章　皇本以子謂伯魚曰以下别爲一章朱子集注本與皇本同

羣居相切瑳　毛本瑳竝作磋

女爲周南召南矣乎　皇本高麗本召作邵下及注竝同○按周召字當作召作邵非

樂得淑女　皇本無樂字

如向牆而立　皇本立下有也字釋文出如鄉云又作向同說見前

王者之風　本王誤五今正

三綱者何謂今白虎通謂下有也字

禮云禮云章

鍾鼓云乎哉皇本閩本北監本毛本鍾作鐘注疏竝同

言非但崇此玉帛而已本而誤不今正

深明樂之本北監本毛本樂上有禮字此誤脫也

色厲而內荏章

其猶穿窬之盜也與釋文出穿踰云本又作窬音同案孔注云窬窬牆也則字當從踰

鄉原章

而爲意以待之皇上意上有已字

是賊亂德也皇本也上有者字釋文出是敗亂云敗或作賊字

而見人輒原其趣嚮皇本嚮作向釋文出趣鄉云本今作向說見前

言此所以賊德諸本有也字

道聽而塗說章

德之棄也高麗本無也字

鄙夫章

鄙夫可與事君也與哉釋文出與哉云本或作無哉

其未得之也患得之高麗本無也字

苟患失之高麗本無之字

言其邪媚無所不爲皇本無其字爲下有也字

則用心固惜案固當作顧各本皆不誤今正

古者民有三疾章

與今時異本今誤令今正

古之矜也廉釋文出廉字云魯讀廉爲貶今從古

今之狂也蕩者謂忿戾而多咈戾蕩者下毛本有謂無所依據太放浪也古之矜也廉者謂有廉隅自撿束也今之矜也忿戾者三十字閩本北監本竝有上謂字以下二十九字閩本實闕北監本空闕

巧言令色章

王曰巧言無實令色無質皇本高麗本無此節經注

惡紫之奪朱也章

惡紫之奪朱也高麗本無也字下雅樂下同

惡利口之覆邦家者　皇本者作也高麗本無者字

傾覆國家　皇本作傾覆其國家也

謂靑赤田白黑　北監本毛本田作黃是也浦鏜云謂上脫正字

緣紅碧紫騂黃色是也　浦鏜云色字衍

東爲木　本東誤策今正

木刻土　閩本同案刻當作克下同

中央上上色黃　案二上字並當作土浦鏜云央下脫爲字

土刻水　本土誤士今正

予欲無言章

天何言哉　釋文出天何言哉云魯讀天爲夫今從古

孺悲欲見孔子章

孺悲欲見孔子　釋文出孺悲云字亦作孺案五經文字云孺經典及釋文或作孺與孺同

孔子辭以疾　皇本高麗本以上有之字

爲其將命者不已　皇本已上有知字

宰我問三年之喪章

期已久矣　釋文出期已久矣云一本作朞

周書月令有更火之文　皇本無之文二字

食夫稻衣夫錦　皇本高麗本稻下錦下有也字案世說規箴篇引此文亦並有也字

安女安則爲之　皇本女上有曰字

子生於二歲　案二當作三皇本於作未

天下之通喪也 史記弟子列傳喪作義

於其父母乎 漢石經無乎字

欲報之恩 皇本恩作德

宰我嫌其期月太遠 北監本毛本期月作三年

推在喪則皆不爲也 案推當惟誤

一期之間 本間誤問今正

其辭今亡 本今誤令今正

天下之通喪也 禮記三年問通作達案此本疏後述經文亦作達喪

先王制禮也 今禮記檀弓王下有之字

不至者 今禮記檀弓至下有焉字

有三年之愛乎者 浦鏜云愛下脫於其父母四字

飽食終日章

不有博奕者乎 皇本閩本同北監本毛本奕作弈閩本疏中亦作弈此本疏中唯說文下作弈按當作弈从廾亦聲

馬曰 高麗本無馬曰字

善生淫欲 皇本欲作慾下有也字釋文出淫慾云本今作欲○按欲慾古今字

局戲也 毛本局作局說見前

古者烏曾作簙 閩本同北監本毛本曾改作曹是也案廣韻十九鐸衆經音義八藝文類聚七十四引世本竝作烏曹說文作烏冑段玉裁說文注已正其誤

夫子爲其飽食之之 按之之當是終日之誤

猶勝乎上也 北監本毛本上作止

君子尚勇乎章

君子義以爲上者 本以誤而今正

言君子不尚勇而上義也 北監本毛本上作尚

君子亦有惡乎章

子貢曰 皇本高麗本曰上有問字

君子亦有惡乎 漢石經無亦字下有惡無惡字

惡居下流而訕上者 漢石經無流字案皇疏云又憎惡爲人臣下而毁謗其君上者也邢疏云謂人居下位而謗毁在上所以惡之也是皇邢兩本亦無流字九經古義云當因子張篇惡居下流涉彼而誤鹽鐵論大夫曰文學居下而訕上漢書朱雲傳云小臣居下訕上是漢以前皆無流字

惡果敢而窒者 釋文出而窒云魯讀窒爲室今從古案室乃窒之省文隸釋載漢韓勑脩孔廟後碑以窒爲室

賜也亦有惡乎 皇本高麗本乎作也

惡徼以爲知者 釋文出徼以云鄭本作絞案敫聲交聲古音同部故得通借

抄人之意 皇本抄上有惡字

禮毋抄說 案抄當作勦北監本毋誤毋○按段玉裁云曲禮勦字从刀不从力

唯女子與小人章

遠之則怨 皇本怨上有有字

若文母之類 本母誤毋今正

年四十而見惡焉章

年四十而見惡焉漢石經作年卌見惡焉

論語注疏校勘記卷十七終

論語注疏解經卷第十八

微子第十八　何晏集解　邢昺疏

〔疏〕正義曰此篇論天下無道禮壞樂崩君子仁人或去或死否則隱淪巖野周流四方因記周公戒魯公之語四乳生八士之名以前篇言羣小在位則必致仁人失所故以此篇次之

微子去之箕子爲之奴比干諫而死 馬曰微箕二國名子爵也微子紂之庶兄箕子比干紂之諸父微子見紂無道早去之箕子佯狂爲奴比干以諫見殺 孔子曰殷有三仁焉 仁者愛人三人行異而同稱仁以其俱在憂亂寧民 〔疏〕微子至仁焉○正義曰此章論殷有三仁志同行異也微子去之箕子爲之奴比干諫而死者微子紂之庶兄箕子比干紂之諸父見紂無道微子去之箕子佯狂爲奴比干以諫見殺孔子曰殷有三仁焉者愛人謂之仁三人所行異而同稱仁以其俱在憂亂寧民也○注馬曰至見殺○正義曰云微箕二國名子爵也者孔安國云微圻內國名子爵爲紂卿士去無道鄭玄以爲微與箕俱在

圻內孔雖不言箕亦當在圻內王肅云微國名子爵入爲王卿士肅意蓋以微爲圻外故言入也微子名啓世家作開辟漢景帝名也微子紂之庶兄箕子比干紂之諸父者啓與其弟仲衍皆紂之同母庶兄也呂氏春秋仲冬紀云紂之母生微子啓與仲衍其時尤尚爲妾改而爲妻後生紂紂之父欲立微子啓爲太子太史據法而爭曰有妻之子不可立妾之子故立紂爲後徧檢書傳不見箕子之名惟司馬彪注莊子云箕子名胥餘不知出何書也家語曰比干是紂之親則諸父知比干是紂之諸父耳箕子則無文宋世家云箕子者紂之親戚也言親戚不知爲父爲兄也鄭玄王肅皆以箕子爲紂之諸父服虔杜預以爲紂之庶兄既無正文各以意言之耳云微子見紂無道早去之箕子佯狂爲奴比干以諫見殺者尚書微子篇備有去殷之事本紀云西伯既卒周武王之東伐至盟津諸侯叛殷會周者八百諸侯皆曰紂可伐矣武王曰爾未知天命乃復歸紂愈淫亂不止微子數諫不聽乃與太師○謀遂去比干曰爲人臣者不得不以死爭迺強諫紂紂怒曰吾聞聖人心有七竅剖比干觀其心箕子懼乃佯狂爲奴紂又囚之是也

柳下惠爲士師孔曰士師典獄之官三黜人曰子未可以去乎曰直道

而事人焉往而不三黜孔曰：苟直道以事人，所至之國俱當復三黜。枉道而事人何必去父母之邦〔疏〕「柳下」至「之邦」。○正義曰：此一章論柳下惠之行也。「柳下惠爲士師」者，士師，典獄之官也。「三黜」者，時柳下惠爲魯典獄之官，任其直道，羣邪醜直，故三被黜退。「人曰：子未可以去乎」者，或人謂柳下惠曰：吾子數被黜辱，未可以去離魯乎？「曰：直道而事人，焉往而不三黜？枉道而事人，何必去父母之邦」者，荅或人不去之意也。焉，何也。枉，曲也。時世皆邪，已用直道以事於人，則何往而不三黜乎？言苟直道以事人，所至之國俱當復三黜。若舍其直道而曲以事人，則在魯亦不見黜，何必去父母所居之國也。○注「士師，典獄之官」。○正義曰：士師，卽周禮司寇之屬，有士師、鄉士，皆以士爲官名。鄭玄云：「士，察也。主察獄訟之事。」是士師爲典獄之官也。

齊景公待孔子曰：若季氏則吾不能，以季孟之間待之。孔曰：魯三卿，季氏爲上卿，最貴；孟氏爲下卿，不用事。言待之以二者之間。曰：吾老矣，不能用也。孔子行。以聖道難成，故云吾老不能用。〔疏〕「齊景」至「子行」。○正義曰：此章言孔子失所也齊景公待孔子者待遇也謂以祿位接遇孔子也曰若季氏則吾不能以季孟之間待之者魯三卿季氏爲上卿最貴孟氏爲下卿不用事景公言我待孔子以上卿之位若魯季氏則不能以其有田氏專政故也又不可使其位卑若魯孟氏故欲待之以季孟二者之間曰吾老矣不能用也者時景公爲臣下所制雖說孔子之道而終不能用故託云聖道難成吾老不能用也孔子行者去齊而歸魯也○注以聖道難成故云吾老不能用○正義曰案世家云魯昭公奔齊頃之魯亂孔子適齊景公數問政景公說將以尼谿田封孔子晏嬰諫而止之異日景公止孔子曰奉子以季氏吾不能以季孟之間待之齊大夫欲害孔子孔子聞之景公曰吾老矣弗能用也孔子遂行反乎魯是其事也

齊人歸女樂季桓子受之三日不朝孔子行孔曰桓子季孫斯也使定公受齊之女樂君臣相與觀之廢朝禮三日

疏齊人歸女樂季桓子受之三日不朝孔子行○正義曰此章言孔子去無道也桓子季孫斯也使定公受齊之女樂君臣相與觀之廢朝禮三日孔子遂行也案世家定公十四年孔子年五十八由大司寇行攝相事於是誅魯大夫亂政者少正卯與聞國政三月粥羔豚者弗飾賈男女行者別

於塗塗不拾遺四方之客至乎邑者不求有司皆予之以歸齊人聞之而懼曰孔子為政必霸霸則吾地近焉我之為先并矣盍致地犂鉏請先嘗沮之沮之而不可則致地庸遲乎於是選齊國中女子好者八十人皆衣文衣而舞康樂文馬三十駟遺魯君陳女樂文馬於魯城南高門外季桓子微服往觀再三將受乃語魯君為周道遊往觀終日怠於政事子路曰夫子可以行矣孔子曰魯今且郊如致膰乎大夫則吾九可以止桓子卒受齊女樂三日不聽政郊又不致膰俎於大夫孔子遂行宿乎屯而師已送曰夫子則非罪孔子曰吾歌可夫歌曰彼婦人之口可以出走彼婦人之謁可以死敗蓋優哉游哉維以卒歲師已反桓子曰孔子亦何言師已以實告桓子喟然歎曰夫子罪我以羣婢故也孔子遂適衛矣

楚狂接輿歌而過孔子。孔曰接輿楚人佯狂而來歌欲以感切孔子曰

鳳兮鳳兮何德之衰。孔曰比孔子於鳳鳥鳳鳥待聖君乃見非孔子周行求合故曰衰

往者不可諫孔曰已往所行不可復諫止來者猶可追孔曰自今已來可追自止辟亂隱居

已而已而今之從政者殆而孔曰已而已而者言世亂

已甚不可復治也再言之者傷之深也孔子下欲與之言趨而辟之不得與之言包曰下下車〔疏〕楚狂至之言。正義曰此章記接輿佯狂感切孔子也楚狂接輿歌而過孔子者接輿楚人姓陸名通字接輿也昭王時政令無常乃被髮佯狂不仕時人謂之楚狂也時孔子適楚與接輿相遇而接輿行歌從孔子邊過欲感切孔子也曰鳳兮鳳兮何德之衰往者不可諫來者猶可追已而已而今之從政者殆而者此其歌辭也知孔子有聖德故比孔子於鳳但鳳鳥待聖君乃見今孔子周行求合諸國而每不合是鳳德之衰也諫止也言已往所行者不可復諫止也自今已來猶可追而自止欲勸孔子辟亂隱居也已而已而者言世亂已甚不可復治也再言之者傷之深也殆危也言今之從政者皆無德自將危亡無日故曰殆而而皆語辭也孔子下欲與之言者下謂下車孔子感其言故下車欲與語趨而辟之不得與之言者趨謂疾行也疾行以辟孔子故孔子不得與之言也

長沮桀溺耦而耕孔子過之使子路問津焉。鄭曰長沮桀溺隱者也耜廣五寸二耜爲耦津濟渡處長沮曰夫執輿者爲誰子。

路曰：爲孔丘。曰：是魯孔丘與？曰：是也。曰：是知津矣。馬曰：言數周流，自知津處。問於桀溺，桀溺曰：子爲誰？曰：爲仲由。曰：是魯孔丘之徒與？對曰：然。曰：滔滔者天下皆是也，而誰以易之？孔曰：滔滔，周流之貌。言當今天下治亂同，空舍此適彼，故曰誰以易之。且而與其從辟人之士也，豈若從辟世之士哉？士有辟人之法，有辟世之法。長沮、桀溺謂孔子爲士，從辟人之法；己之爲士，則從辟世之法。耰而不輟。鄭曰：耰，覆種也。輟，止也。覆種不止，不以津告。子路行以告，夫子憮然，爲其不達己意而便非己也。曰：鳥獸不可與同羣，孔曰：隱於山林是同羣。吾非斯人之徒與而誰與？孔曰：吾自當與此天下人同羣，安能去人從鳥獸居乎？天下有道，丘不與易也。言凡天下有道者，丘皆不與易也，己大而人小故也。〔疏〕長沮至易也○

正義曰此章記孔子周流爲隱者所譏也長沮桀溺耦而耕孔子過之使子路問津焉者長沮桀溺隱者也耜耕器也二耜爲耦津濟渡之處也長沮桀溺並二耜而耕孔子道行於旁過之使子路往問濟渡之處也長沮曰夫執輿者爲誰者執輿謂執轡在車也時子路爲御既使問津孔子代之而執轡故長沮見而問子路曰夫執輿者爲誰人子路曰爲孔丘者子路以其師名聞於天下故舉師之姓名以荅長沮也曰是魯孔丘與者長沮舊聞夫子之名見子路之荅又恐非是故復問之曰是魯國之孔丘與與是疑而未定之辭曰是也者子路言是魯孔丘也曰是知津矣者長沮言既是魯孔丘是人數周流天下自知津處故乃不告問於桀溺者長沮不告津處故子路復問桀溺桀溺曰子爲誰者不識子路故問之曰爲仲由者子路稱姓名以荅也曰是魯孔丘之徒與者桀溺舊聞魯孔丘之門徒有仲由有恐非是故復問之曰是與曰然者然九是也子路言已是魯孔丘之徒也曰滔滔者天下皆是也而誰以易之者此譏孔子周流天下也滔滔周流之貌言孔子何事滔滔然周流者乎當今天下治亂同皆是無道也空舍此適彼誰以易之爲有道者也且而與其從辟人之士也豈若從辟世之士哉者士有辟人辟世之法謂孔子從辟人之法長沮桀溺自謂從辟世之法且而皆語辭

與猶等也既言天下皆亂無以易之則賢者皆合隱辟且等其隱辟從辟人之法則有周流之勞從辟世之法則有安逸之樂意令孔子如已也耰而不輟者耰覆種也輟止也覆種不止不以津告子路行以告者子路以長沮桀溺之言告夫子夫子憮然者憮失意貌謂不達己意而便非己也曰鳥獸不可與同羣者孔子言其不可隱居避世之意也山林多鳥獸不可與同羣若隱於山林是同羣也吾非斯人之徒與而誰與者與謂相親與我非天下人之徒衆相親與而更誰親與言吾自當與此天下人同羣安能去人從鳥獸居乎天下有道丘不與易也者言凡天下有道者我皆不與易也爲其己大而人小故也○注耜廣五寸二耜爲耦○正義曰此周禮考工記文也鄭注云古者耜一金兩人並發之今之耜歧頭兩金象古之耦也月令云脩耒耜鄭注云耜者耒之金

子路從而後遇丈人以杖荷蓧包曰丈人老人也蓧竹器子路問曰子見夫子乎丈人曰四體不勤五穀不分孰爲夫子包曰丈人云不勤勞四體不分殖五穀誰爲夫子而索之邪植其杖而芸孔曰植倚也除草曰芸子路拱而

立未知所以答止子路宿，殺雞爲黍而食之，見其二子焉。明日，子路行以告。子曰：「隱者也。」使子路反見之。至，則行矣。孔曰：子路反至其家，丈人出行不在。子路曰：「不仕無義。鄭曰：留言以語丈人之二子。長幼之節，不可廢也；君臣之義，如之何其廢之？孔曰：言女知父子相養不可廢，反可廢君臣之義邪。欲絜其身，而亂大倫。包曰：倫，道理也。君子之仕也，行其義也。道之不行，已知之矣。」包曰：言君子之仕，所以行君臣之義，不必自己道得行。孔子道不見用，自己知之。

【疏】「子路」至「之矣」。○正義曰：此章記隱者與子路相識之語也。「子路從而後，遇丈人，以杖荷蓧」者，子路隨從夫子，行不相及而獨在後，逢老人以杖擔荷竹器。「子路問曰：子見夫子乎」者，夫子，孔子也。「丈人曰：四體不勤，五穀不分，孰爲夫子」者，丈人責子路云：不勤勞四體，不分殖五穀，誰爲夫子而來問我求索之邪？「植其杖而芸」者，植，倚立也；芸，除草也。丈人既責子路至於田中倚其荷蓧之杖而芸其苗子路拱而立者子路未知所以荅故隨至田中拱手而立也止子路宿殺雞爲黍而食之見其二子焉者丈人留子路宿殺雞爲黍而食之丈人知子路賢故又以二子見於子路也明日子路行以告者既宿之明日子路行去遂及夫子以丈人所言及雞黍見子之事告之也子曰隱者也使子路反見之至則行矣夫子言此丈人必賢人之隱者也使子路反求見之欲語以己道子路反而至其家則丈人出行不在也子路曰不仕無義者丈人既不在留言以語丈人之二子令其父還則述之此下之言皆孔子之意言父子之道天性也君臣之義也人性則皆當有之若其不仕是無君臣之義也長幼之節不可廢也君臣之義如之何其廢之者言女知父子相養是知長幼之節不可廢也反可廢君臣之義而不仕濁世欲清絜其身則亂於君臣之義大道理也君子之仕也行其義也道之不行已知之矣者言君子之仕非苟利祿而已所以行君臣之義亦不必自己道得行孔子道不見用自已知之也○注蓧竹器○正義曰說文作莜芸田器也

逸民伯夷叔齊虞仲夷逸朱張柳下惠少連逸民者節行超逸也包曰此七人皆逸民之賢者**子曰不降其**

志不辱其身伯夷叔齊與鄭曰言其直己之心不入庸君之朝謂柳下惠少連降志辱身矣言中倫行中慮其斯而已矣孔曰但能言應倫理行應思慮如此而已謂虞仲夷逸隱居放言包曰放置也不復言世務身中清廢中權馬曰清純潔也遭世亂自廢棄以免患合於權也我則異於是無可無不可馬曰亦不必進亦不必退唯義所在〔疏〕逸民至不可○正義曰此章論逸民賢者之行也逸民伯夷叔齊虞仲夷逸朱張柳下惠少連者逸民謂民之節行超逸者也此七人皆逸民之賢者也子曰不降其志不辱其身伯夷叔齊與者此下孔子論其逸民之行也言其直己之心不降志也不入庸君之朝不辱身也惟伯夷叔齊有此行也謂柳下惠少連降志辱身矣者言中倫行中慮其斯而已矣者又論此二人食祿亂朝是降志辱身也倫理也中慮也但能言應倫理行應思慮如此而已不以世務嬰心故亦謂之逸民謂虞仲夷逸隱居放言身中清廢中權者放置也清純潔也權反常合道也孔子又論此二人隱遯退居放置言語不復言

其世務其身不仕濁世應於純潔。遭世亂自廢棄以免患應於權也我則異於是無可無不可者孔子言我之所行則與此逸民異亦不必進亦不必退唯義所在故曰無可無不可也不論朱張之行者王弼云朱張字子弓荀卿以比孔子言其行與孔子同故不論也

大師摯適齊亞飯干適楚 孔曰亞次也次飯樂師也摯干皆名 **三飯繚適蔡四飯缺適秦** 包曰三飯四飯樂章名各異師繚缺皆名也 **鼓方叔入於河** 包曰鼓擊鼓者方叔名入謂居其河內 **播鼗武入於漢** 孔曰播搖也武名也 **少師陽擊磬襄入於海** 孔曰魯哀公時禮壞樂崩樂人皆去陽襄皆名

〔疏〕大師至於海。○正義曰此章記魯哀公時禮壞樂崩樂人皆去也大師摯適齊者太師樂官之長名摯去魯而適齊也亞飯干適楚者亞次也天子諸侯每食奏樂樂章各異各有樂師次飯樂師名干往楚三飯樂師名繚往蔡四飯樂師名缺往秦鼓方叔入於河者擊鼓者名方叔入於河內也播鼗武入於漢者播搖也鼗如鼓而小有兩耳持其柄搖之旁耳還自擊搖鼗鼓者名武入居於漢中也少師陽擊磬襄入於海者陽襄皆名二人

入居於海內也周公謂魯公孔曰魯公周公之子伯禽封於魯曰君子不施其親孔曰施易也不以他人之親易己之親不使大臣怨乎不以孔曰以用也怨不見聽用故舊無大故則不棄也無求備於一人孔曰大故謂惡逆之事

〔疏〕周公至故舊無大故則不棄也無求備於一人○正義曰此一章記周公戒魯公之語也周公謂魯公者魯公周公之子伯禽封於魯將之國周公戒之也曰君子不施其親者施易也言君子爲國不以他人之親易己之親當行博愛廣敬也不使大臣怨乎不以者以用也既仕爲大臣則當聽用之不得令大臣怨不見聽用故舊無大故則不棄者大故謂惡逆之事也故舊朋友無此惡逆之事則不有遺棄也無求備於一人者求責也任人當隨其才無得責備於一人也

周有八士伯達伯适仲突仲忽叔夜叔夏季隨季騧包曰周時四乳生八子皆爲顯士故記之爾○

〔疏〕周有八士伯達伯适仲突仲忽叔夜叔夏季隨季騧○正義曰此章記異也周時有人四偏生子而乳之每乳

皆二子凡八子皆爲顯士故記之耳鄭玄以爲成王時劉向馬融皆以爲宣王時

論語注疏解經卷第十八

大清嘉慶二十年重栞
宋本用文選樓藏本校

二品廕生阮常生校栞

論語注疏卷十八挍勘記　阮元撰盧宣旬摘録

微子第十八

微子去之章

其時尤尚爲妾　閩本同北監本毛本尤作猶是也○按今本吕氏春秋無其時猶三字

改而爲妻後生紂也　案吕氏春秋吕覽改作已後作而是

紂之父欲立微子啓○案吕氏春秋父下有紂之母三字立作置下同

比干是紂之親　今家語作比干於紂親

乃與太師謀遂去　史記殷本紀太師下有少師二字

吾聞聖人心有七竅　本竅誤竅今正

柳下惠爲士師章

所至之國　皇本所上有於字

齊景公待孔子章

季氏爲上卿最貴　史記孔子世家集注引上卿作正卿

異日　本日誤曰今正

齊人歸女樂章

齊人歸女樂　釋文出齊人歸云鄭作饋案說見陽貨篇

陳女樂馬於魯城南高門外　本馬誤焉史記孔子世家馬上有文字

則吾尤可以止　北監本毛本尤作猶止作止是也

彼婦人之口　北監本毛本無人字下彼婦人之謁亦無人字又謁作謁與今史記合

以羣婢故也　史記孔子世家無故字也下有夫字下適衞下無矣字

楚狂接輿歌而過孔子章

楚狂接輿歌而過孔子 高麗本孔子下有之門二字閩本狂誤往下同案高麗本有之門二字頗與古合蓋接輿乃楚狂之名過孔子者過孔子之門也莊子人閒世言孔子適楚楚狂接輿遊其門正指此事故鄭君注孔子下云下堂出門最爲明確包咸以下爲下車甚誤

何德之衰 漢石經何下有而字衰下有也字下可諫可追下竝同皇本高麗本句末亦竝有也字唐石經唯衰下有也字案莊子人閒世作何如德之衰也如與而古字通

已而已而今之從政者殆而 釋文出殆而云魯讀期斯已矣今之從政者殆今從古

來者猶可追 本猶誤尤下同今正

趍而辟之 各本趍作趨下同

長沮桀溺耦而耕章

夫執輿者爲誰 漢石經輿作車誰下有子字皇本誰下有乎字

曰是也曰 漢石經無也字下曰字皇本高麗本上曰上有對字

是魯孔丘之徒與 釋文出孔子之徒與云一本作子是本今作孔丘之徒與案史記孔子世家作子孔丘之徒與

滔滔者 釋文出滔滔云鄭本作悠悠案史記孔子世家亦作悠悠文選晉紀總論注引孔注云悠悠者周流之貌也鄭作悠悠亦从古論今注中仍作滔滔當是何晏从魯論妄改

耰而不輟 漢石經耰作櫌案說文亦引作櫌與漢石經合五經文字云櫌音憂覆種見論語經典及釋文皆作耰

子路行以告夫子憮然 漢石經無行字夫字案史記孔子世家亦無行字因丈人章而誤衍也皇侃疏已有行字

鳥獸不可與同羣　皇本高麗本羣下有也字

隱於山林是同羣　皇本作隱居於山林是與鳥獸同羣也○按文選劉孝標廣絶交論注引隱居山林是同羣也

有恐非是（補）　明監本有作又

是與　浦鏜云當爲是魯國孔丘之徒與八字

夫子憮然者憮失意貌　本憮並誤撫今正

謂不達已意　本謂誤其今正

鳥獸不可與同羣者　本鳥誤烏下並同閩本下山林多鳥獸鳥字亦誤烏

兩人並發之　今周禮攷工記注並作併

今之耜歧頭兩金　正俗字　閩本北監本毛本歧作岐○按岐歧

子路從而後章

以杖荷蓧　皇本蓧作篠釋文出蓧字云本又作條又作莜案說文玉篇竝引作莜是莜爲本字蓧爲假借字條又爲蓧之省文史記孔子世家引包氏注蓧草器名也字當从艸無疑今包注作竹器竹乃艸字之譌皇本竟改从竹作篠幷云蘿篪之屬誤益甚矣

植其杖而芸　漢石經植作置芸作耘釋文出而芸云音云多作耘字案植置古字通耘爲本字芸乃假借字

君臣之義如之何其廢之　漢石經作君臣之禮如之何其廢之也皇本作如之何其可廢也案後漢書申屠蟠傳注亦作其可廢也

欲絜其身　皇本閩本北監本毛本絜作潔案潔乃絜之俗字

道之不行　皇本高麗本行下有也字

見子之士　補明監本士作事是也

逸民章

朱張 釋文出朱張云鄭作侏張云音陟留反案鄭氏不以朱張爲人姓名故讀朱如周朱周一聲之轉書譸張爲幻本或作侜張亦作侏張此言逸民之行皆不合於正故云侏張猶師古注夷逸謂竄於蠻夷而遁亦不以爲人姓名也○按下無謂朱張之語

不辱其身 皇本高麗本身下有者字

其斯而已矣 漢石經作其斯以乎案已以古字通

謂虞仲夷逸 漢石經逸作佚案前夷逸字闕○按二字古多通用

身中清 史記孔子世家身作行

降志辱身矣者 案者字誤衍諸本竝無

中慮也 案此三字是中倫中慮之誤

應於純潔　北監本毛本同案潔當作絜

荀卿以比孔子　本比誤此今正

大師摯適齊章

入於河　唐石經皇本於作于下入於海入於漢同

播鼗武　皇本高麗本鼗作鞀釋文出鼗字云亦作鞉案説文鞀或从兆作鞉或从鼗从兆作鼗此作鼗乃鼗之變體

播搖也　皇本搖上有猶字

太師樂官之長　北監本同毛本太作大

鼗如鼓而小　本鼗誤人今正

周公謂魯公曰章

周公謂魯公曰　高麗本謂作語

君子不施其親　釋文出不弛云本今作施案施弛古字通禮記孔子閒居引詩弛其文德注弛作施周禮遂人以其施舍注云施讀爲弛

又以他人之親易己之親　案又當作不皇本作不以他人親易其親也

施不易也　孫志祖云不字當衍

無此惡逆之事　本事誤士今正

周有八士章

生八子　皇本生作得案釋文明出生字是陸氏所見本亦不作得字

故記之爾　皇本爾作耳

徧生子而乳之　本徧誤偏今正

論語注疏挍勘記卷十六終

論語注疏解經卷第十九

子張第十九　何晏集解　邢昺疏

〔疏〕正義曰此篇記士行交情仁人勉學或接聞夫子之語或辨揚聖師之德以其皆弟子所言故善次諸篇之後

子張曰士見危致命孔曰致命不愛其身**見得思義祭思敬喪思哀其可已矣**〔疏〕子張曰士見危致命見得思義祭思敬喪思哀其可已矣○正義曰此章言士行也士者有德之稱自卿大夫已下皆是致命謂不愛其身子張言爲士者見君有危難不愛其身致命以救之見得利祿思義然後取有祭事思盡其敬有喪事當盡其哀有此行者其可以爲士已矣

子張曰執德不弘信道不篤焉能爲有焉能爲亡孔曰言無所輕重〔疏〕子張曰執德不弘信道不篤焉能爲有焉能爲亡○正義曰此章言人行之不備者弘大也篤厚也亡無也言人執守其德不能弘大雖信善道不能篤厚人之若此雖存於世何能爲有而重雖沒於世何能爲無而輕言

於世無所輕重也子夏之門人問交於子張孔曰問與人交接之道子張曰子夏云何對曰子夏曰可者與之其不可者拒之子張曰異乎吾所聞君子尊賢而容衆嘉善而矜不能我之大賢與於人何所不容我之不賢與人將拒我如之何其拒人也包曰友交當如子夏汎交當如子張

疏子夏至人也○正義曰此章論與人結交之道子夏之門人問交於子張者門人謂弟子問交問與人交接之道子張曰子夏云何者子張反問子夏之門人汝師嘗說結交之道云何乎對曰子夏曰可者與之不可者拒之者子夏弟子對子張述子夏之言也子夏言結交之道若彼人賢可與交者即與之交若彼人不賢不可與之交者則拒之而不交子張曰異乎吾所聞者言已之所聞結交之道與子夏所說異也君子尊賢而容衆嘉善而矜不能者此所聞之異者也言君子之人見彼賢則尊重之雖衆多亦容納之人有善行者則嘉美之不能者則哀矜之我之大賢與於人何

所不容我之不賢與人將拒我如之何其拒人也者既陳其所聞又論其不可拒人之事誠如子夏所說可者與之不可者拒之設若我之大賢則所在見容也我若不賢則人將拒我不與已交又何暇拒他人乎然二子所言各是其見論交之道不可相非友交當如子夏汎交當如子張

子夏曰雖小道必有可觀者焉小道謂異端**致遠恐泥**包曰泥難不通**是以君子不爲也**

疏子夏曰雖小道必有可觀者焉致遠恐泥是以君子不爲也○正義曰此章勉人學爲大道正典也小道謂異端之說百家語也雖曰小道亦必有小理可觀覽者焉然致遠經久則恐泥難不通是以君子不學也

子夏曰日知其所亡孔曰日知其所未聞**月無忘其所能可謂好學也已矣**

疏子夏曰日知其所亡月無忘其所能可謂好學也已矣○正義曰此章勸學也亡無也舊無聞者當學之使日知其所未聞舊已能者當溫尋之使月無忘也能如此者可以謂之好學

子夏曰博學而篤志孔曰廣學而厚識之**切問而近思**切問者切問於己所學未悟之事近思者思己

所未能及之事汎問所未學遠思所未達則於所習者不精所思者不解**仁在其中矣**疏子夏曰博學而篤志切問而近思仁在其中矣○正義曰此章論好學近於仁也博廣也篤厚也志識也言廣學而厚識之使不忘切問者親切問於己所學未悟之事不汎濫問之也近思者思己所未能及之事不遠思也若汎問所未學遠思所未達則於所習者不精所思者不解仁者之性純篤今學者既能篤志近思故曰仁在其中矣**子夏曰百工居肆以成其事君子學以致其道**包曰言百工處其肆則事成猶君子學以致其道疏子夏曰百工居肆以成其事君子學以致其道○正義曰此章亦勉人學舉百工以爲喻也審曲面勢以飭五材以辨民器謂之百工五材各有工言百衆言之也肆謂官府造作之處也致至也言百工處其肆則能成其事猶君子勤於學則能至於道也**子夏曰小人之過也必文**孔曰文飾其過不言情實疏子夏曰小人之過也必文○正義曰此章言小人不能改過也言小人之有過也必文飾其過彊爲辭理不言情實也**子夏曰君子有三變望之儼然**

即之也溫，聽其言也厲。鄭曰：厲，嚴正。（疏）子夏曰君子有三變。望之儼然，即之也溫，聽其言也厲。○正義曰：此章論君子之德也。望之、即之及聽其言也，有此三者變易常人之事也。厲，嚴正也。常人遠望之則多懈惰，即近之則顏色猛厲，聽其言則多佞邪。唯君子則不然，人遠望之則正其衣冠，尊其瞻視，常儼然也；就近之則顏色溫和；及聽其言辭則嚴正而無佞邪也。

子夏曰：君子信而後勞其民，未信則以爲厲己也。王曰：厲猶病也。**信而後諫，未信則以爲謗己也。**（疏）子夏曰君子信而後勞其民，未信則以爲厲己也。信而後諫，未信則以爲謗己也。○正義曰：此章論君子使下事上之法也。厲猶病也。言君子若在上位，當先示信於民，然後勞役其民，則民忘其苦也。若未嘗施信而便勞役之，則民以爲從欲崇侈，妄加困病於己也。若爲人臣，當先盡忠於君，待君信己而後可諫君之失。若君未信己而便稱君過失以諫諍之，則君以爲謗讟於己也。

子夏曰：大德不踰閑，孔曰：閑猶法也。**小德出入可也。**孔曰：小德不能不踰法，故曰出入可。（疏）

子夏曰大德不踰閑小德出入可也○正義曰此章論人之德有小大而行亦不同也閑猶法也大德之人謂上賢也所行皆不越法則也小有德者謂次賢之人不能不踰法有時踰法而出旋能入守其法不責其備故曰可也

子游曰子夏之門人小子當洒埽應對進退則可矣抑末也本之則無如之何包曰言子夏弟子但當對賓客脩威儀禮節之事則可然此但是人之末事耳不可無其本故云本之則無如之何子夏聞之曰噫孔曰噫心不平之聲言游過矣君子之道孰先傳焉孰後倦焉包曰言先傳業者必先厭倦故我門人先教以小事後將教以大道譬諸草木區以別矣馬曰言大道與小道殊異譬如草木異類區別言學當以次君子之道焉可誣也馬曰君子之道焉可使誣言我門人但能洒埽而已有始有卒者其唯聖人乎孔曰終始如一唯聖人耳○

〔疏〕子游至人乎○正義曰此章論人學業有先後之法也子游曰子夏之門人小子當洒埽應對

進退則可矣抑末也本之則無如之何者子游言偃也門人小子謂弟子也應當也抑語辭也本謂先王之道言偃有時評論子夏之弟子但當對賓客脩威儀禮節之事則可然此但是人之末事耳不可無其本今子夏弟子於其本先王之道則無有不可奈何故云如之何也子夏聞之曰噫者噫心不平之聲子夏旣聞子游之言中心不平之故曰噫言游過矣者謂言偃所說爲過失也君子之道孰先傳焉孰後倦焉者言君子教人之道先傳業者必先厭倦誰有先傳而後倦者乎子夏言我之意恐門人聞大道而厭倦故先教以小事後將教以大道也譬諸草木區以別矣者諸之也言大道與小道殊異譬之草木異類區別言學當以次也君子之道焉可誣也者言君子之道當知學業以次安可便誣罔言我門人但能洒掃而已有始有卒者其唯聖人乎者卒猶終也言人之學道靡不有初鮮克有終能終始如一不厭倦者其唯聖人耳

子夏曰仕而優則學馬曰行有餘力則以學文**學而優則仕**

【疏】子夏曰仕而優則學學而優則仕○正義曰此章勸學也言人之仕官行己職而優閒有餘力則以學先王之遺文也若學而德業優長者則當仕進以行君臣之義也

子游曰喪致乎哀而止

孔曰毀不滅性〔疏〕子游曰喪致乎哀而止○正義曰此章言居喪之禮也言人有父母之喪當致極哀感不得過毀以至滅性滅性則非孝○注毀不滅性○正義曰此孝經文也注云不食三日哀毀過情滅性而死皆虧孝道故聖人制禮施教不令至於隕滅

子游曰吾友張也爲難能也包曰言子張容儀之難及**然而未仁**〔疏〕子游曰吾友張也爲難能也然而未仁○正義曰此章論子張材德也子游言吾同志之友子張其容儀爲難能及也然而其德未仁

曾子曰堂堂乎張也難與並爲仁矣鄭曰言子張容儀盛而於仁道薄也〔疏〕曾子曰堂堂乎張也難與並爲仁矣○正義曰此章亦論子張材德也堂堂容儀盛貌曾子言子張容儀堂堂然盛於仁道則薄故難與並爲仁矣

曾子曰吾聞諸夫子人未有自致者也必也親喪乎馬曰言人雖未能自致盡於他事至於親喪必自致盡〔疏〕曾子曰吾聞諸夫子人未有自致者也必也親喪乎○正義曰此章論人致誠之事也諸之也曾子言我聞之夫子言人雖未能自致盡其誠於他事至於親喪必自致

盡也

曾子曰吾聞諸夫子孟莊子之孝也其他可能也其不改父之臣與父之政是難能也馬曰孟莊子魯大夫仲孫速也謂在諒陰之中父臣及父政雖有不善者不忍改也【疏】曾子曰吾聞諸夫子孟莊子之孝也其他可能也其不改父之臣與父之政是難能也○正義曰此章論魯大夫仲孫速之孝行也言其他哭泣之哀齊斬之情饘粥之食他人可能及之也其在諒陰之中父臣及父政雖有不善者不忍改之也是他人難能也

孟氏使陽膚爲士師包曰陽膚曾子弟子士師典獄之官問於曾子曾子曰上失其道民散久矣如得其情則哀矜而勿喜馬曰民之離散爲輕漂犯法乃上之所爲非民之過當哀矜之勿自喜能得其情【疏】孟氏至勿喜○正義曰此章論典獄之法也孟氏使陽膚爲士師者陽膚曾子弟子士師典獄之官問於曾子者問其師求典獄之法也曾子曰上失其道民散久矣如得其情則哀矜而勿喜者言上失爲君之道民人離散爲輕易漂掠犯於刑法亦已久矣乃上之失

政所爲非民之過女若求得其情當哀矜之勿自喜也

子貢曰紂之不善不如是之甚也是以君子惡居下流天下之惡皆歸焉

孔曰紂爲不善以喪天下後世憎甚之皆以天下之惡歸之於紂

〔疏〕子貢曰紂之不善不如是之甚也是以君子惡居下流天下之惡皆歸焉○正義曰此章戒人爲惡也紂名辛字受德商末世之王也爲惡不道周武王所殺謚法殘義損善曰紂言商紂雖爲不善以喪天下亦不如此之甚也乃後人憎甚之耳下流者謂爲惡行而處人下若地形卑下則衆流所歸人之爲惡處下衆惡所歸是以君子常爲善不爲惡惡居下流故也紂爲惡行居下流則人皆以天下之惡歸之於紂也

子貢曰君子之過也如日月之食焉過也人皆見之更也人皆仰之

孔曰更改也

〔疏〕子貢曰君子之過也如日月之食焉過也人皆見之更也人皆仰之正義曰此章論君子之過似日月之食也更改也言君子苟有過過也則爲衆所知如日月正當食時則萬物皆覩也及其改過之時則人皆復仰其德如日月明生之後則萬物亦皆仰

其明衛公孫朝馬曰：公孫朝，衛大夫。問於子貢曰：「仲尼焉學？」子貢曰：「文武之道，未墜於地，在人。賢者識其大者，不賢者識其小者，莫不有文武之道焉。夫子焉不學？孔曰：文武之道未墜落於地，賢與不賢各有所識，夫子無所不從學。而亦何常師之有？」孔曰：無所不從學，故無常師。

〔疏〕「衛公」至「之有」。○正義曰：此章論仲尼之德也。「衛公孫朝」者，衛大夫也。「問於子貢曰：仲尼焉學」者，問子貢，仲尼何所從學而得成此聖也。意謂孔子生知，無師所從學也。「子貢曰：文武之道未墜於地，在人。賢者識其大者，不賢者識其小者，莫不有文武之道焉。夫子焉不學」者，焉猶安也，言文武之道未墜落於地，行之在人，賢與不賢各有所識，夫子皆從而學，安得不學乎？「而亦何常師之有」者，言夫子無所不從學，故無常師。

叔孫武叔語大夫於朝馬曰：魯大夫叔孫州仇。武，謚。○曰：「子貢賢於仲尼。」子服景伯以告子貢。子貢曰：「譬之宮牆，賜之牆也及肩闚見室家之好。夫子之牆數仞。不得其門而入。不見宗廟之美百官之富。得其門者或寡矣。包曰：七尺曰仞。夫子之云不亦宜乎。包曰：夫子謂武叔。

【疏】「叔孫」至「宜乎」。○正義曰：此章亦明仲尼之德也。叔孫武叔語大夫於朝曰子貢賢於仲尼者，叔孫武叔，魯大夫，有時告語諸大夫於朝中曰子貢賢才過於仲尼。子服景伯以告子貢者，景伯亦魯大夫子服何也，以武叔之言告之子貢也。子貢曰譬之宮牆，賜之牆也及肩，闚見室家之好；夫子之牆數仞，不得其門而入，不見宗廟之美百官之富者，子貢聞武叔之言已賢於仲尼，此由君子之道不可小知，故致武叔有此言，乃爲之舉喻，曰譬如人居之宮，四圍各有牆，牆卑則可闚見其在內之美，猶小人之道可以小知也；牆高則不可闚見在內之美，猶君子之道不可小知也。今賜之牆也纔及人肩，則人闚見牆內室家之美好；夫子之牆高乃數仞，七尺曰仞，若人不得其門而入，則不見宗廟之美備、百官之富盛也。得其門者或寡矣者，言夫聖閫非凡可及，故得其門而入者或少矣。夫子之云不亦宜乎者，夫子謂武叔，以此論之郈武叔云子貢賢於仲尼亦其宜也不足怪焉○注馬曰魯大夫叔孫州仇武謚○正義曰案世本州仇公子叔此六世孫叔孫不敢子也春秋定十年秋叔孫州仇仲孫何忌帥師圍郈左傳曰武叔懿子圍郈是知叔孫武叔即州仇也謚法云剛強直理曰武

叔孫武叔毁仲尼子貢曰無以爲也仲尼不可毁也他人之賢者丘陵也猶可踰也仲尼日月也無得而踰焉人雖欲自絶其何傷於日月乎多見其不知量也言人雖自絶弃於日月其何能傷之乎適足自見其不知量也

〔疏〕叔孫至量也○正義曰此章亦明仲尼也叔孫武叔毁仲尼者訾毁孔子之德也子貢曰無以爲也仲尼不可毁也者言無用爲此毁訾夫仲尼之德不可毁也他人之賢者丘陵也猶可踰也仲尼日月也無得而踰焉者子貢又爲設譬也言他人之賢譬如丘陵雖曰廣顯猶可踰越至於仲尼之賢則如日月不可得而踰也人雖欲自絶其何傷於日月乎者言人雖欲毁訾夫日月特自絶弃於日月其何能傷之乎故人雖欲毁仲尼亦不能傷仲尼

也多見其不知量也。多猶適也皆化。但不能毀仲尼又適足自見其不知量也。注言人至量也○正義曰云適足自見其不知量也者據此注意似訓多爲適所以多得爲適者古人多祇同音。多見其不知量猶襄二十九年左傳云多見疏也服虔本作祇見疏解云祇適也晉宋杜本皆作多張衡西京賦云炙炮夥清酤多皇恩溥洪德施施與多爲韻此類衆矣故以多爲適也

陳子禽謂子貢曰子爲恭也仲尼豈賢於子乎子貢曰君子一言以爲知一言以爲不知言不可不慎也夫子之不可及也猶天之不可階而升也夫子之得邦家者孔曰謂爲諸侯若卿大夫所謂立之斯立道之斯行綏之斯來動之斯和其生也榮其死也哀如之何其可及也孔曰綏安也言孔子爲政其立教則無不立道之則莫不與。行安之則遠者來至動之則莫不和睦故能生則榮顯死則。哀痛〔疏〕陳子至及

也○正義曰此章亦明仲尼之德也陳子禽謂子貢曰子爲恭也仲尼豈賢於子乎者此子禽必作陳亢當是同其姓字耳見其子貢每事稱譽其師故謂子貢云當是子爲恭孫故也其實仲尼才德豈賢於子乎子貢曰君子一言以爲知一言以爲不知言不可不愼也者子貢聞子禽之言以此言拒而非之也言君子出一言是則人以爲有知出一言非則人以爲不知知與不知既由一言則其言不可不愼也今乃云仲尼豈賢於子乎則是女不愼其言是爲不知也夫子之不可及也如天之不可階而升也者又爲設譬言夫子之德不可及也他人之賢猶他物之高者可設階梯而升上之至於仲尼之德猶天之高不可以階梯而升上之夫子之得邦家者所謂立之斯立道之斯行綏之斯來動之斯和其生也榮其死也哀如之何其可及也者又爲廣言仲尼爲政之德也得邦謂爲諸侯得家謂爲卿大夫綏安也言孔子爲政其立教則無不立道之則莫不興行安之則遠者來至動之則民莫不和睦故能生則榮顯死則哀痛故如之何其可及也

論語注疏解經卷第十九

大清嘉慶二十年重刊宋本十三經注疏用文選樓藏本校定

盧氏宣旬校定

二品廕生阮常生校栞

論語注疏校勘記　　阮元撰盧宣旬摘錄

子張第十九

或辨揚聖帥之德　北監本毛本辨作辯帥作師。按帥字誤今正

士見危致命章

當盡其哀　浦鏜云思誤當

子夏之門人章

其不可者拒之　漢石經皇本高麗本拒作距下並同釋文於佾篇

我之大賢與　高麗本無之字下我之不賢與亦無之字

如之何其拒人也者　本者誤有今正

雖小道章

亦必有小理可觀覽者焉 本小誤少今正

日知其所亡章

使月無忘也 閩本同北監本毛本也作已屬下能字讀

博學而篤志章

思己所未能及之事 皇本作近思於己所能及之事也

汎問所未學 皇本汎上有并字

則於所習者不精 皇本習作學

百工居肆章

猶君子學以致其道 皇本致作立

以飭五材　閩本北監本毛本材作財案作材與周禮攷工記合

小人之過也章

小人之過也必文　皇本必下有則字案作必則文義頗難通攷文所載古本作則必文古文與皇本悉合此亦疑作則必今皇本誤倒

君子有三變章

望之儼然　皇本儼作嚴釋文出儼然云本或作嚴音同案古多借嚴爲儼公羊桓二年傳注儼然人望而畏之釋文亦云儼本又作嚴

君子信而後勞其民章

則以爲厲己也　釋文出厲字云鄭讀爲賴

則以爲謗己也　高麗本也作矣

此章論君子使下事上之法也　閩本北監本毛本作事上使下案使下指君子信而後勞其民事上指信而後諫據經文前後此本爲是

大德不踰閑章

小德不能不踰法　閩本北監本毛本德下有則字是衍文

子夏之門人小子章

子游曰　漢石經游作斿案九經古義云説文云扵旌旗之游游與斿通大宰九貢八曰斿貢注云斿讀如囿游之游漢武班碑亦以斿爲游

子游曰　讀若偃古人名扵字子游游旌旗之流也从扵汓聲

當洒埽　皇本閩本北監本毛本埽作掃釋文出洒掃云上色買反又所綺反正作灑經典下素報反本今作埽案五經文字云灑經典或借洒爲灑埽字埽經典及釋文多作掃是俗字

抑末也　釋文出末字云本末之末字或作未非也

但當對賓客　皇本但下有於字

言先傳業者　皇本傳下有大字

焉可誣也　案九經古義云漢書薛宣傳云君子之道焉可憮也蘇林曰憮同也兼也晉灼曰憮音誣師古曰論語載子夏之言謂行業不同所守各異惟聖人爲能體備之家君曰蘇解得之據此是古本有作憮者當是古魯異傳

其唯聖人乎　閩本北監本毛本唯作惟說見前

吾聞諸夫子章

吾聞諸夫子人未有自致者也　漢石經作吾聞諸子人未有自致也者

吾聞諸夫子孟莊子之孝也章

是難能也　皇本高麗本無能字

魯大夫仲孫連也　閩本北監本毛本同案連當作速疏內同

謂在諒陰之中　皇本陰作闇

雖有不善者　皇本無有字

孟氏使陽膚爲士師章

則哀矜而勿喜　案鹽鐵論後刑章舊唐書懿宗紀竝引此文則作卽卽則古字通

上失其道　本上誤土今正

紂之不善章

紂之不善　皇本高麗本善下有也字注於紂下亦有也字

不如是之甚也　漢石經之作其

君子之過也章

如日月之食焉　皇本高麗本食焉作蝕也

衛公孫朝章

未墜於地　漢石經墜作隧案墜隧古字通

賢者識其大者　漢石經識作志案志識古今字康成注周禮保章氏云志古文識賈疏云古之文字少志意之志與記識之識同後代自有記識之字不復以志爲識

叔孫武叔語大夫於朝章

譬之宮牆　漢石經作辟諸宮牆皇本高麗本作譬諸宮牆也案白虎通社稷篇亦引作諸與漢石經合○按譬正字辟假借字

闚見室家之好　閩本北監本毛本闚作窺朱子集注本亦作窺案五經文字云窺與闚同

夫子之牆數仞　皇本夫子上有夫字高麗本作夫子之牆也釋文出數仞云仞一作刃音同案古多假刃爲仞如書旅獒爲山九仞左氏昭卅二年傳仞溝洫釋文並云仞本作刃

不得其門而入皇本高麗本入下有者字

夫子之云本夫誤天今訂正

案此本用仇公子叔此六世孫毛本上此字作世用作州是也浦鏜云叔此當叔牙誤

叔孫武叔毁仲尼章皇本合上爲一章

仲尼日月也皇本高麗本日上有如字案後漢書孔融傳列女傳二注引此文並有如字

人雖欲自絕皇本高麗本絕下有也字

疏本此字實闕

此章亦明仲尼也浦鏜云尼下當脱之德二字

猶可踰也本踰字實闕

猶可踰越　本踰字實闕

則如日月　本月下四字實闕閩本同北監本毛本空闕

不可得而踰也　本踰字實闕

人雖欲自絕　本雖字實闕

其何傷於日月乎者言　本言下六字實闕閩本同北監本空闕毛本作人雖欲毀訾夫

○今依毛本補正

日月　本月下三字實闕閩本同北監本空闕毛本作特自絕

其何能傷之乎　本乎下五字實闕閩本同北監本空闕毛本作故人雖欲毀

仲尼亦不　本不下四字實闕閩本同北監本空闕毛本作能傷仲尼

多見其不知量也　浦鏜云也下脱者字

皆化但不能毀仲尼 毛本化作作浦鏜云皆化當言非之誤

言人至量也 本量誤者今訂正

所以多得爲適者 本所誤斥今訂正

古人多祗同者 閩本同案者當作音今正

服虔本作祗 北監本毛本祗作秖亦誤○按當作祇

炙炮夥清酤多 本夥清酤三字實闕閩本同○嚴杰案西京賦夥作敍讀如支

皇恩溥 本溥字實闕閩本同

陳子禽謂子貢章

夫子之不可及也 高麗本無也字

夫子之得邦家者 高麗本無之字

動之則莫不和睦 皇本睦作穆○按睦穆古書多通用

故能生則榮顯 皇本則下有見字○按此本能字實闕榮誤荣顯誤显○今訂正

死則哀痛 皇本哀上有見字

陳子禽謂子貢曰 本陳誤東今正

此子禽必作陳亢 各本必作不

是爲不知也 本是誤豈今正

如天之不可階而升也者 浦鏜云如當依經文作猶

可設階梯而升上之 本階梯誤皆弟今正

其生也榮 本生誤主今正

動之則民莫不和睦 本民字實闕

故如之何其可及也　浦鏜云故當衍字

論語注疏校勘記卷十九終

論語注疏解經卷第二十

堯曰第二十　何晏集解　邢昺疏

〔疏〕正義曰此篇記二帝三王及孔子之語明天命政化之美皆是聖人之道可以垂訓將來故殿諸篇非所次也

堯曰咨爾舜天之厤數在爾躬厤數謂列次也允執其中四海困窮天祿永終包曰允信也困極也永長也言爲政信執其中則能窮極四海天祿所以長終舜亦以命禹孔曰舜亦以堯命己之辭命禹曰予小子履敢用玄牡敢昭告于皇皇后帝孔曰履殷湯名此伐桀告天之文殷家尚白未變夏禮故用玄牡皇大后君也大大君帝謂天帝也墨子引湯誓其辭若此有罪不敢赦包曰順天奉法有罪者不敢擅赦帝臣不蔽簡在帝心言桀居帝臣之位罪過不可隱蔽以其簡在天心故朕躬有罪無以萬方萬方有罪罪在朕

躬孔曰無以萬方萬方不與也萬方有罪我身之過周有大賚善人是富周周家賚賜也言周家受天大賜富於善人有亂臣十人是也雖有周親不如仁人孔曰親而不賢不忠則誅之管蔡是也仁人謂箕子微子來則用之百姓有過在予一人謹權量審法度脩廢官四方之政行焉包曰權秤也量斗斛興滅國繼絕世舉逸民天下之民歸心焉所重民食喪祭孔曰重民國之本也重食民之命也重喪所以盡哀重祭所以致敬寬則得衆信則民任焉敏則有功公則說孔曰言政教公平則民說矣凡此二帝三王所以治也故傳以示後世

疏堯曰至則說○正義曰此章明二帝三王之道凡有五節初自堯曰至天祿永終記堯命舜之辭也二自舜以命禹一句舜亦以堯命己之辭命禹也三自曰予小子至罪在朕躬記湯伐桀告天之辭也四自周有大賚至在予一人言周家受天命及伐紂告天之辭也五自謹權量至公則說此明二帝三王政化之法也

堯曰咨爾舜天之厤數在爾躬者此下是堯命舜以天命之辭也咨咨嗟也爾女也厤數謂列次也堯姓伊祁名放勛舜姓姚名重華謚法云翼善傳聖曰堯仁義盛明曰舜堯子丹朱不肖不堪嗣位虞舜側微堯聞之聰明將使嗣位故先咨嗟歎而命之欲使重其事言天位之列次當在女身故我今命授於女也允執其中四海困窮天祿永終者此堯戒舜以爲君之法也允信也困極也永長也言爲政信執其中則能窮極四海天之祿籍所以長終汝身舜亦以命禹者舜有子商均亦不肖禹有治水大功故舜禪位與禹故亦以堯命己之辭命禹也曰予小子履敢用玄牡敢昭告于皇皇后帝者此下湯伐桀告天辭也禹受舜禪傳位子孫至桀無道湯有聖德應天順人舉干戈而伐之遂放桀於南巢自立爲天子而以此辭告天也履殷湯名稱小子謙也玄牡黑牲也殷尚白而用黑牲者未變夏禮故也昭明也皇大也后君也大大君帝謂天帝也謂殺牲明告天帝以伐桀之意有罪不敢赦者言己順天奉法有罪者不敢擅放赦也帝臣不蔽簡在帝心者帝天也帝臣謂桀也桀是天子天子事天猶臣事君故謂桀爲帝臣也言桀居帝臣之位罪過不可隱蔽以其簡閱在天心故也朕躬有罪無以萬方萬方有罪罪在朕躬者言我身有罪無用汝萬方萬方不與也萬方有罪過在我身自

責化不至也周有大賚善人是富者周周家也文王武王居岐周而王天下故曰周家賚賜也周家受天大賜富於善人有亂臣十人是也雖有周親不如仁人百姓有過在予一人者此武王誅紂誓衆之辭湯亦傳位子孫至末孫帝紂無道周武王伐而滅之而以此辭誓衆言雖有周親不賢不忠則誅之若管蔡是也不如有仁德之人賢而且忠若箕子微子來則用之也百姓謂天下衆民也言若不教百姓使有罪過當在我一人之化不至也謹權量審法度脩廢官四方之政行焉者此下摠言二帝三王所行政法也權秤也量斗斛也謹飭之使鈞平法度謂車服旌旂之禮儀也審察之使貴賤有別無僭偪也官有廢闕復脩治之使無曠也如此則四方之政化興行焉興滅國繼絶世舉逸民天下之民歸心焉者諸侯之國爲人非理滅之者復興立之賢者當世祀爲人非理絶之者則求其子孫使復繼之節行超逸之民隱居未仕者則舉用之政化若此則天下之民歸心焉而不離析也所重民食喪祭者言帝王所重有此四事重民國之本也重食民之命也重喪所以盡哀重祭所以致敬寬則得衆信則民任焉敏則有功公則說者又言帝王之德務在寬簡示信敏速公平也寬則人所歸附故得衆信則民聽不惑皆爲己任用焉敏則事無不成故有功政教公平則民說凡此上事二

帝三王所以治也故傳之以示後世此章有二帝三王之事錄者採合以成章檢大禹謨湯誥與泰誓武成則此章其文略矣○注厤數謂列次也○正義曰孔注尚書云謂天道謂天厤運之數帝王易姓而興故言厤數謂天道鄭玄以厤數在汝身謂有圖錄之名何云列次義得兩通○注孔曰至若以此正義曰云履殷湯名者案世本湯名天乙者安國意蓋以湯受命之王依殷法以乙日生名天乙至將爲王改名履故二名也亦可安國不信世本無天乙之名皇甫謐巧欲傳會云以乙日生故名履字天乙又云祖乙亦云乙日生復名乙引易緯孔子所謂天之錫命故可同名既以天乙爲字何云同名乎斯文妄矣云墨子引湯誓其辭若此者以其尚書湯誓無此文而湯誥有之又與此小異唯墨子引湯誓其辭與此正同故言之所以證此爲伐桀告天之文也○注以其簡在天心故○正義曰云簡閱在天心言天簡閱其善惡也○注孔子至用之○正義曰云親而不賢不忠則誅之管蔡是也者金縢云武王既喪管叔及其羣弟乃流言於國曰公將不利於孺子周公乃致辟管叔于商囚蔡叔于郭鄰[illegible]謂殺管叔而殺蔡叔也云仁人謂箕子微子來則用之者箕子紂之諸父書洪範序云以箕子歸作洪範宋世家云微子開者殷帝乙之首子而帝紂之庶兄周武王克殷微子乃持

其祭器造於軍門肉袒面縛左牽羊右把茅膝行而前以告於是武王乃釋微子復其位成王誅武庚乃命微子代殷之後於宋是言雖有管叔蔡叔爲周親不如箕子微子之仁人也案周書泰誓云雖有周親不如仁人是武王往伐紂次于河朔誓衆之辭也孔傳云周至也言紂至親雖多不如周家之少仁人此文與彼正同而孔注與此異者蓋孔意以彼爲伐紂誓衆之辭此汎言周家政治之法欲兩通其義故不同也○注權秤也量斗斛○正義曰漢書律厤志云權者銖兩斤鈞石也所以稱物平施知輕重也本起於黃鍾之重一龠容千二百黍重十二銖兩之爲兩二十四銖爲兩十六兩爲斤三十斤爲鈞四鈞爲石五權謹矣量者龠合升斗斛也所以量多少也本起於黃鍾之龠用度數審其容以子穀秬黍中者千有二百實其龠合龠爲合十合爲升十升爲斗十斗爲斛而五量加矣志又云度者分寸尺丈引也所以度長短也本起黃鍾之長以子穀秬黍中者一黍之廣爲一分十分爲寸十寸爲尺十尺爲丈十丈爲引而五度審矣而此不言度者從可知也

子張問於孔子曰。何如斯可以從政矣。子曰。尊五美。屏四惡。斯可以從政矣。孔曰屏除也

子張

曰何謂五美子曰君子惠而不費勞而不怨欲而不貪泰而不驕威而不猛子張曰何謂惠而不費子曰因民之所利而利之斯不亦惠而不費乎王曰利民在政無費於財擇可勞而勞之又誰怨欲仁而得仁又焉貪君子無衆寡無小大無敢慢孔曰言君子不以寡小而慢也斯不亦泰而不驕乎君子正其衣冠尊其瞻視儼然人望而畏之斯不亦威而不猛乎

子張曰何謂四惡子曰不教而殺謂之虐不戒視成謂之暴馬曰不宿戒而責目前成爲視成慢令致期謂之賊孔曰與民無信而虛刻期猶之與人也出納之吝謂之有司孔曰

謂財物俱當與人而吝嗇於出納惜難之此有司之任耳非人君之道

【疏】子張至有司○正義曰此章論爲政之理也子張問於孔子曰何如斯可以從政矣子曰尊五美屛四惡斯可以從政矣者屛除也子張問其政術孔子荅當尊崇五種美事屛除四種惡事則可也子張曰何謂五美者未知其目故復問之子曰君子惠而不費勞而不怨欲而不貪泰而不驕威而不猛者此孔子爲述五美之目也子張曰何謂惠而不費者子張雖聞其目猶未達其理故復問之子曰因民之所利而利之斯不亦惠而不費乎者此孔子爲說其惠而不費之一美也民居五土所利不同山者利其禽獸渚者利其魚鹽中原利其五穀人君因其所利使各居其所安不易其利則是惠愛利民在政且不費於財也擇可勞而勞之又誰怨者孔子知子張未能盡達故旣荅惠而不費不須其問卽爲陳其餘者此說勞而不怨者也擇可勞而勞之謂使民以時則又誰怨恨哉欲仁而得仁又焉貪○此說欲而不貪也言常人之欲失在貪財我則欲仁而仁斯至矣又安得爲貪乎君子無衆寡無小大無敢慢斯不亦泰而不驕乎者此說泰而不驕也常人之情敬衆大而慢寡小君子則不以寡小而慢之也此不亦是君子安泰而不驕慢乎君子正其衣冠尊其瞻視儼然人望而畏之斯不亦威而不猛乎

者此說威而不猛也言君子常正其衣冠尊重其瞻視端居儼然人則望而畏之斯不亦雖有威嚴而不猛厲者乎子張曰何謂四惡者子張未聞四惡之義故復問之子曰不教而殺謂之虐者此下孔子歴荅四惡也爲政之法當先施教令於民猶復寧申勑之教令既治而民不從後乃誅也若未嘗教告而卽殺之謂之殘虐不戒視成謂之暴者謂不宿戒而責目前成謂之卒暴慢令致期謂之賊者謂與民無信而虛刻期期不至則罪罰之謂之賊害猶之與人也出納之吝謂之有司者謂財物俱當與人而人君吝嗇於出納而惜難之此有司之任耳非人君之道**孔子曰不知命無以爲君子也**孔曰命謂窮達之分**不知禮無以立也不知言無以知人也**馬曰聽言則別其是非也（疏）孔子曰不知命無以爲君子也不知禮無以立也不知言無以知人也○正義曰此章言君子立身知人也命謂窮達之分言天之賦命窮達有時當待時而動若不知天命而妄動則非君子也禮者恭儉莊敬立身之本若其不知則無以立也聽人之言當別其是非若不能別其是非則無以知人之善惡也

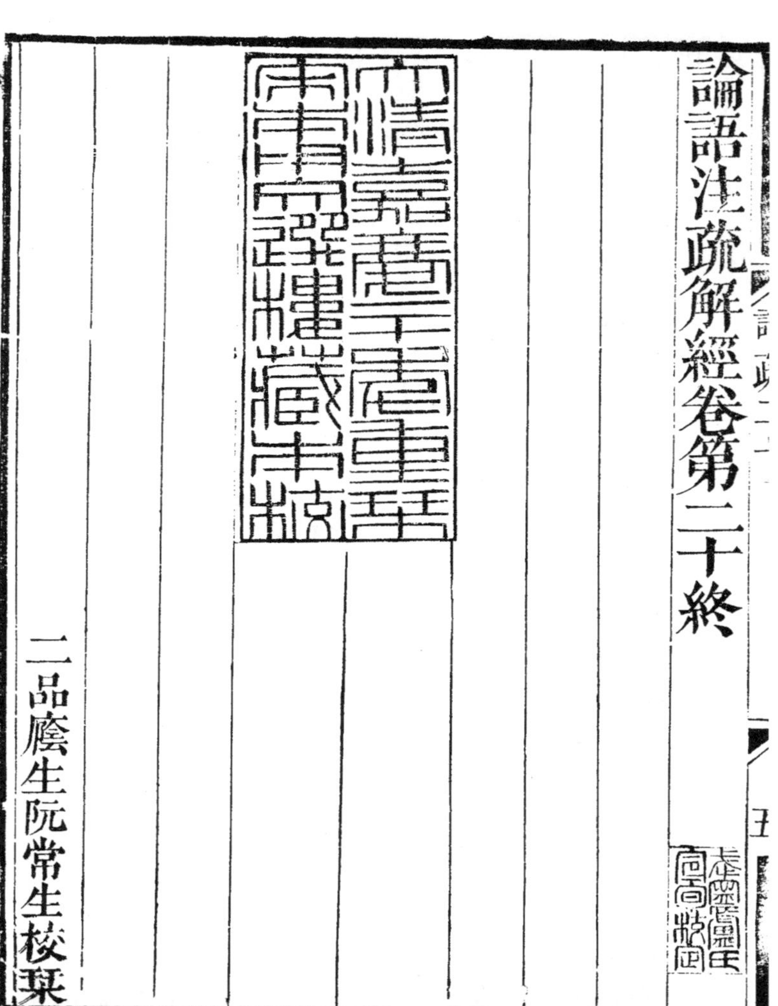

論語注疏解經卷第二十終

二品廕生阮常生校栞

論語注疏挍勘記　　阮元撰盧宣旬摘錄

堯曰第二十

堯曰章

殷豕尚白　皇本豕作家是也

墨子引湯誓　孫志祖云今墨子兼愛篇作湯説疑説字正誓字之譌

言桀居帝臣之位　筆解此注作包曰

罪過不可隱蔽　皇本罪上有有字

無以萬方　漢石經無作毋

萬方有罪罪在朕躬　漢石經皇本高麗本不重罪字案書湯誥云其爾萬方有罪在予一人國語周語引湯誓云萬夫有罪在余一人墨子兼愛篇下亦云萬方有罪卽當朕身呂氏春秋季秋紀云萬夫有罪在余一人説

苑貴德篇云百姓有過在予一人與此竝大同而小異核其文義俱不重罪字

萬方不與也 皇本與作預○按預俗字古書多假與爲豫

四方之政行焉 皇本焉作矣案漢書律麻志亦引作矣

信則民任焉 漢石經皇本高麗本竝無此句案此句疑因陽貨篇子張問仁章誤衍

公則說 皇本說上有民字

禹有治水大功 本大誤太今正

故舜禪位與禹 浦鏜云與疑於字誤

皇大也 本大誤天今正

大大君帝 本下大字誤作夫今正

居岐周而王天下 本岐誤歧今正

謂有圖籙之名　浦鏜云籙誤録○按籙録古今字

皇甫謐巧欲傳會　閩本同傳誤傳

注孔子至用之　〔補〕案曰誤子

所謂殺管叔而殺蔡叔也　北監本作蔡蔡叔毛本作囚蔡叔案北監本是也

而帝紂之庶兄　今史記宋世家作而紂之庶兄也

不如周家之少仁人　閩本北監本毛本少作多案今孔傳本作不如周家之少仁人孔疏云多惡不如少善故言紂至親雖多不如周家之少仁人則穎達所見本作少字朱子集注本引孔傳誤作多蓋據誤本改也

所以稱物平施知輕重也　閩本北監本毛本稱作秤俗字漢書律厤志本作稱

合龠爲合　北監本毛本作十龠案漢書律厤志作合龠舊本亦有誤作十龠者唐六典云二龠爲合

此云合龠猶言兩龠也若作十龠未免太多矣

十升爲斗本斗誤十今正

而五量加矣今漢書律厤志加作嘉

子張問於孔子章

子張問於孔子曰皇本高麗本問下有政字

尊五美屏四惡案漢平都相蔣君碑遵五迸四隸釋云後漢傳有遵五迸四之文此碑亦然蓋漢人傳魯論有如此者攷說文無迸字古多借屏爲之詩作之屏之禮記王制屏之遠方穀梁宣元年傳放猶屏也皆作屏字雅禮記大學迸諸四夷作迸釋文引皇云迸猶屏也又尊乃遵字之省文宗敬則率循也義亦相近

因民之所利而利之易益卦注周禮旅師疏及文選洞簫賦注引此文並作因民所所利而利之案皇疏兩述經文皆無上之字疑後人據俗本誤增

擇可勞而勞之　皇本可上有其字

言君子不以寡小而慢也　皇本慢下有之字

與民無信而虚刻期　皇本刻作剋

出納之吝　唐石經皇本高麗本納作内注同釋文出内字云如字又音納注同本今作納○按内納古今字

又誰怨者　本又誤且今正

此説勞而不怨者也　浦鏜云者字衍

又焉貪　浦鏜云貪下脱者

我則欲仁而仁斯至矣　本則誤財今正

此説威而不猛也　本猛誤猛今正

當先施教令於民　本民誤氏今正

猶復丁寧申勑之 本寧上脱丁字

謂不宿戒而責目前成謂之卒暴 本責目誤貴日今正

不知命章 釋文出孔子曰不知命無以爲君子也云魯論無此章今從古

孔子曰 朱子集注本無孔字案唐石經宋石經釋文皇本高麗本及閩本北監本毛本竝有孔字據此則朱子從外

子曰者非也

命謂窮達之分 本達誤逵今正

當待時而動 本待作侍今正

立身之本 本立誤以今正

論語注疏挍勘記卷二十終

傳古樓景印

“四部要籍選刊”已出書目

序號	書名	底本	定價 / 圓
1	四書章句集注（3 册）	清嘉慶吴氏刻本	150
2	阮刻周易兼義（3 册）	清嘉慶阮元刻本	150
3	阮刻尚書注疏（4 册）	清嘉慶阮元刻本	200
4	阮刻毛詩注疏（10 册）	清嘉慶阮元刻本	500
5	阮刻禮記注疏（14 册）	清嘉慶阮元刻本	700
6	阮刻春秋左傳注疏（14 册）	清嘉慶阮元刻本	700
7	楚辭（2 册）	清初毛氏汲古閣刻本	100
8	杜詩詳注（9 册）	清康熙四十二年初刻本	450
9	文選（12 册）	清嘉慶十四年胡克家影宋刻本	600
10	管子（3 册）	明萬曆十年趙用賢刻本	150
11	墨子閒詁（3 册）	清光緒毛上珍活字印本	150
12	李太白文集（8 册）	清乾隆寶笏樓刻本	400
13	韓非子（2 册）	清嘉慶二十三年吴鼒影宋刻本	98
14	荀子（3 册）	清乾隆五十一年謝墉刻本	148
15	文心雕龍（1 册）	清乾隆六年黄氏養素堂刻本	148
16	施注蘇詩（8 册）	清康熙三十九年宋犖刻本	398
17	李長吉歌詩（典藏版）（1 册）	顧起潛先生過録何義門批校清乾隆王氏寶笏樓刻本	198
18	阮刻毛詩注疏（典藏版）（6 册）	清嘉慶阮元刻本	598

序號	書名	底本	定價 / 圓
19	阮刻春秋公羊傳注疏（5 册）	清嘉慶阮元刻本	298
20	楚辭（典藏版）（1 册）	清汲古閣刻本	148
21	阮刻儀禮注疏（8 册）	清嘉慶阮元刻本	398
22	阮刻春秋穀梁傳注疏（3 册）	清嘉慶阮元刻本	164
23	柳河東集（8 册）	明三徑草堂本	398
24	阮刻爾雅注疏（3 册）	清嘉慶阮元刻本	164
25	阮刻孝經注疏（1 册）	清嘉慶阮元刻本	55
26	阮刻論語注疏解經（3 册）	清嘉慶阮元刻本	164

圖書在版編目（CIP）數據

阮刻論語注疏解經 /（清）阮元校刻. -- 杭州：浙江大學出版社，2021.8（2023.4 重印）
（四部要籍選刊 / 蔣鵬翔主編）
ISBN 978-7-308-21622-7

Ⅰ. ①阮… Ⅱ. ①阮… Ⅲ. ①儒家②《論語》—注釋 Ⅳ. ①B222.22

中國版本圖書館 CIP 數據核字（2021）第 153822 號

阮刻論語注疏解經
（清）阮元 校刻

叢書策劃	陳志俊
叢書主編	蔣鵬翔
責任編輯	吴　慶
責任校對	蔡　帆
封面設計	温華莉
出版發行	浙江大學出版社 （杭州市天目山路 148 號　郵政編碼 310007） （網址：http://www.zjupress.com）
排　　版	杭州尚文盛致文化策劃有限公司
印　　刷	浙江海虹彩色印務有限公司
開　　本	850mm×1168mm 1/32
印　　張	23.25
字　　數	253 千
印　　數	1001—2000
版印次	2021 年 8 月第 1 版　2023 年 4 月第 2 次印刷
書　　號	ISBN 978-7-308-21622-7
定　　價	164.00 圓（全三册）

浙江大學出版社市場運營中心聯繫方式：(0571)88925591;http://zjdxcbs.tmall.com